Bildung - Prävention - Zukunft

Ausgewählte Beiträge des 15. Deutschen Präventionstages

(10. und 11. Mai 2010 in Berlin)

I0096149

Herausgegeben von

Erich Marks und Wiebke Steffen

Mit Beiträgen von:
Meinrad Armbruster, Silke Baer, Jörg Dittmann, Dieter Dölling, Stefan Fischer, Jan Goebel, Johann Haffner, Cordula Heckmann, Sandra Heisig, Dieter Hermann, Klaus Hurrelmann, Vanessa Jantzer, Liv-Berit Koch, Hans Rudolf Leu, Olaf Lobermeier, Erich Marks, Ulrike Meyer-Timpe, Nils Neuber, Peter Parzer, Franz Resch, Karla Schmitz, Carlo Schulz, Wiebke Steffen, Rainer Strobl, Ria Uhle, Haci-Halil Uslucan, Harald Weilnböck

Forum Verlag Godesberg GmbH 2012

Bibliographische Information der Deutschen Nationalbibliothek

Die Deutsche Nationalbibliothek verzeichnet diese Publikation in der
Deutschen Nationalbibliographie: detailierte bibliografische Daten
sind im Internet über http://dnb.d-nb.de abrufbar.

© Forum Verlag Godesberg GmbH, Mönchengladbach
Alle Rechte vorbehalten
Mönchengladbach 2012

Satz und Layout: Karla Schmitz und Kathrin Geiß
Coverdesign: Konstantin Megas, Mönchengladbach

Gesamtherstellung: Books on Demand GmbH, Norderstedt
Printed in Germany

978-3-942865-02-9 (Printausgabe)
978-3-942865-03-6 (eBook)

Inhalt

Vorwort der Herausgeber

Zum 15. Geburtstag des Kongresses kamen am 10. und 11. Mai 2010 insgesamt ca. 4.500 Teilnehmende und Gäste des 15. Deutschen Präventionstages in das Internationale Congress Centrum (ICC) in Berlin. Unter der Schirmherrschaft des Regierenden Bürgermeisters Klaus Wowereit wurden neben dem Schwerpunktthema „Bildung – Prävention – Zukunft" in mehr als 500 Vorträgen, Präsentationen und Ausstellungsbeiträgen aktuelle Themen der Kriminalprävention und angrenzender Präventionsbereiche bearbeitet.

Dieser Dokumentationsband fasst einerseits die Schriftfassungen jener Vorträge zusammen, die dem Schwerpunktthema „Bildung – Prävention – Zukunft" zuzuordnen sind. Andererseits gibt der Band einen Überblick über den gesamten Kongress und beinhaltet das Kongressgutachten, die Berliner Erklärung des Deutschen Präventionstages sowie die ausführliche Kongressevaluation.

Mit Blick auf die Gesamtdarstellung des 15. Deutschen Präventionstages sind insbesondere drei weitere Dokumentationsbereiche zu nennen:

- Die Beratungen des 4. Internationalen Forums des Deutschen Präventionstages wurden in englischer Sprache in einem gesonderten Dokumentationsband veröffentlicht: *Marc Coester & Erich Marks (Eds.): International Perspectives of Crime Prevention 4 – Contributions from the 4. Annual International Forum 2010 within the German Congress on Crime Prevention*; erschienen im Forum Verlag Godesberg, Mönchengladbach 2012, ISBN 978-3-942865-00-5 (Printausgabe) und 978-3-942865-01-2 (eBook)

- Eine vollständige Wiedergabe aller Kongressdokumente findet sich im Internet unter http://www.praeventionstag.de/nano.cms/15-DPT. Hier sind insbesondere das vollständige Kongressprogramm, die Abstracts aller Vorträge und Präsentationen, Informationen zu den Referentinnen und Referenten, Kurzinformationen über die ausstellenden Fachorganisationen sowie weitere Foto- und Filmdokumente veröffentlicht.

- Erstmals zu einem Deutschen Präventionstag stehen im Internet auch Filmmitschnitte der Eröffnungs- und Abschlussveranstaltung des Kongresses zur Verfügung. Besonders hinzuweisen ist hier auf die vielbeachteten Vorträge von Professor Dr. Gerald Hüther sowie Professor Dr. Michael Braungart.

Namentlich danken wir dem Bundesministerium für Familie, Senioren, Frauen und Jugend (BMFSFJ) für die finanzielle Förderung des 15. Deutschen Präventionstages, die auch diese Veröffentlichung möglich gemacht hat. Des weiteren danken wir den Autorinnen und Autoren des Buches sowie Kathrin Geiß für Texterfassung und Gestaltung, Karla Schmitz für die Endredaktion und Carl Werner Wendland für die verlegerische Betreuung.

Erich Marks und Wiebke Steffen

I. Der 15. Deutsche Präventionstag im Überblick

Berliner Erklärung des 15. Deutschen Präventionstages

10. und 11. Mai 2010 in Berlin

Bildung und Qualifizierung sind die Voraussetzung für individuelle Lebenschancen und soziale Teilhabe. In Deutschland wird der Bildungserfolg jedoch in hohem Maß von Schicht und Herkunft bestimmt. Einkommens-, Bildungs- und Integrationsarmut, die Erfahrung sozialer Ungerechtigkeit und sozialen Ausschlusses können Kriminalität, insbesondere Gewaltkriminalität begünstigen. Bildungsgerechtigkeit, gleiche Chancen beim Zugang zu Bildung, sind deshalb auch ein Beitrag zur Prävention von Gewalt und Kriminalität.

Die Bildung der nachwachsenden Generation ist eine der zentralen Zukunftsaufgaben unserer Gesellschaft. Deshalb hat der 15. Deutsche Präventionstag „Bildung – Prävention – Zukunft" zu seinem Schwerpunktthema gemacht und damit eine Problematik aufgegriffen und vertieft, die bereits bei den Verhandlungen des 14. Deutschen Präventionstages deutlich wurde: Das Zusammenwirken von Bildungsgerechtigkeit, Integration und sozialer Teilhabe bei der Entstehung, wie erst recht bei der Verhinderung von Gewaltkriminalität.

Auf der Basis des Gutachtens von Dr. Wiebke Steffen „Lern- und Lebensräume von Kindern und Jugendlichen als Orte von Bildung und Gewaltprävention" zum Schwerpunktthema geben der Deutsche Präventionstag, seine ständigen Veranstaltungspartner sowie seine diesjährigen gastgebenden Veranstaltungspartner diese „Berliner Erklärung" ab.

Gesellschaftliche Veränderungen und ihre sozialen Folgen beeinträchtigen die Bildungsgerechtigkeit in Deutschland: Der Bildungserfolg wird in hohem Maße von Schicht und Herkunft bestimmt, soziale Ungleichheit wird so vererbt

- Modernisierungsprozesse haben dazu geführt, dass Kinder und Jugendliche heute in einer Gesellschaft aufwachsen, die zum einen durch die Pluralisierung von Lebensstilen, Werthaltungen und Zielen, zum andern durch sozialstrukturell höchst unterschiedlich gestaltete Lebenschancen und Lebenslagen gekennzeichnet ist.

- Mit diesen Veränderungen sind Chancen wie Risiken verbunden. Die meisten Kinder und Jugendlichen sind in der Lage, die Herausforderungen ohne größere Auffälligkeiten zu bewältigen und gut ins Leben zu finden. Es gibt aber auch junge Menschen, welche die Chancen nicht nutzen können, die überfordert sind und an den Risiken scheitern.

- Denn die Bedingungen für eine selbstbestimmte Nutzung der Chancen setzen Ressourcen voraus, die für diese Aufwachsenden nicht erreichbar sind. Das betrifft insbesondere Kinder und Jugendliche unterer Sozialgruppen – darunter viele mit einem Migrationshintergrund. Zu diesen Risikogruppen gehören mindestens ein Fünftel bis zu einem Viertel aller jungen Menschen.

- Die Bildungssysteme sind derzeit noch nicht hinreichend in der Lage, diese Benachteiligungen abzubauen. Risikolagen führen zu einer deutlichen Verschlechterung der Bildungschancen. Nach wie vor besteht in Deutschland die Problematik herkunftsbedingter Ungleichheit – und die damit verbundene Diskussion um Chancengleichheit und Bildungsgerechtigkeit.

Bildung ist mehr als Schule: Lern- und Lebensräume von Kindern und Jugendlichen als Bildungsorte

- Bildung ist mehr als Schule, nämlich ein kontinuierlicher Prozess im Lebensverlauf, der an vielen Orten des Aufwachsens von Kindern und Jugendlichen stattfindet. Die (Bildungs-)Leistungen dieser Lern- und Lebensräume können aber offensichtlich immer weniger selbstverständlich für alle jungen Menschen sichergestellt werden, weshalb diese dann auch nicht auf die für den Schulerfolg notwendigen bildungsrelevanten Ressourcen zurückgreifen können.

- Vieles, was der Schule zugeschrieben wird, Positives wie Negatives, Erfolge wie Misserfolge, ist keineswegs ausschließlich oder auch nur überwiegend auf die Schule allein zurückzuführen. Die formale Bildung, die Schule, kann nur funktionieren, wenn die Bildungsorte vor und neben ihr funktionieren. Zu nennen sind hier insbesondere die Bildungsorte Familie, Kindertagesbetreuung, Angebote und Einrichtungen der Kinder- und Jugendhilfe. Diese Bildungsorte sind – zusammen mit der Schule – für das Aufwachsen praktisch aller Kinder relevant sowie von gleichrangiger Bedeutung, weshalb sie auch aufeinander bezogen sein und miteinander kooperieren sollten.

- Eine entscheidende Bedeutung für den Erfolg von Lern- und Bildungsprozessen kommt der Familie zu; und dieser Erfolg hängt in hohem Maße von ihrer sozialen Lage, ihren Lebensbedingungen ab. Der Einfluss der Familie ist so groß, dass Ungleichheiten anschließend durch Unterstützungssysteme und Bildungsinstitutionen nur schwer wieder ausgeglichen werden können. Die Familie muss als Ort der Bildung anerkannt und gestärkt werden, wenn weitere Maßnahmen der Bildungsförderung nicht vergeblich sein sollen.

- Die Kindertagesbetreuung, das Aufwachsen in öffentlicher Verantwortung, ist ein Weg, Benachteiligungen durch einen frühen Zugang zu öffentlich organisierten und verantworteten Bildungsorten und bildungsfördernden Lebenswelten auszugleichen. Auch die weiteren Angebote und Einrichtungen der Kinder- und Jugendhilfe sind nicht unerheblich an den Bildungsverläufen von Kindern und Jugendlichen im Schulalter beteiligt und spielen eine zentrale Rolle als außerschulische Lernorte, die Bildungsprozesse auf der Grundlage von aktiver Beteiligung und Mitwirkung ermöglichen.

Bildung ist Prävention, Prävention ist Bildung

- Bildungsorte sind als Lern- und Lebensräume von Aufwachsenden gleichzeitig auch Orte, an denen sich Gewalt ereignen und an denen Gewalt verhindert werden kann. Strategien, Programme und Maßnahmen zur Verhinderung von Gewalt im Kindes- und Jugendalter können demgemäß auch unter dem Aspekt der Bildung verstanden und beschrieben werden.

- Denn zum einen stellen alle auf die Person bezogenen Formen von Gewaltprävention Bildungsansprüche, sind auf die Entwicklung der Persönlichkeit, die Ausbildung von Identität und den Erwerb von Handlungskompetenzen gerichtet. Zum andern lässt sich der überwiegende Teil der in den letzten Jahren entwickelten Strategien als pädagogische Strategien kennzeichnen. Diese Ausrichtung wird der Tatsache gerecht, dass es die Gewaltprävention im Kindes- und Jugendalter mit Aufwachsenden zu tun hat – und auftretende oder drohende Gewalt als Lernchancen verstanden werden können, ggf. auch als Chancen für pädagogische Unterstützung.

- Gewaltpräventive Strategien in der Familie richten sich überwiegend an die Eltern mit dem Ziel der Stärkung und Förderung ihrer Erziehungs- und Beziehungskompetenzen, um so (auch) zu verhindern, dass Kinder zu Opfern elterlicher Gewalt werden mit ihren erheblichen Folgeproblemen für die weitere Entwicklung der Kinder. In der Kindertagesbetreuung, der Schule, sowie in den Angeboten und Einrichtungen der Kinder- und Jugendhilfe stehen dagegen vor allem die jungen Menschen selbst im Fokus der Maßnahmen, Programme und Strategien.

- Die für die letzten Jahre festzustellende günstige Entwicklung der Gewaltkriminalität im Kindes- und Jugendalter allgemein, aber auch an den vier hier analysierten Bildungsorten Familie, Kindertagesbetreuung, Schule, Angebote und Einrichtungen der Kinder- und Jugendhilfe, bestätigt die pädagogische Ausrichtung der Gewaltprävention ebenso wie ihre Leistungen für die Integration und soziale Teilhabe der Aufwachsenden.

Der Deutsche Präventionstag appelliert an die Verantwortlichen in der Politik und in den Medien sowie in zivilgesellschaftlichen Gruppierungen auf kommunaler, Landes- und Bundesebene:

1. Den Beitrag der zunehmend pädagogisch ausgerichteten Gewalt- und Kriminalprävention zu Integration und sozialer Teilhabe wahrzunehmen, zu würdigen und diesen bewährten Weg der Verdeutlichung gesellschaftlich verbindlicher Normen und Werte zu unterstützen und auszubauen.

2. Weiterhin alle Anstrengungen zu unternehmen, die Familien in ihren Erziehungs- und Beziehungskompetenzen zu unterstützen, die Ursachen von Armut und Benachteiligung entschieden zu bekämpfen, Kindern und ihren Familien einen angemessenen Lebensstandard sowie Teilhabechancen am gesellschaftlichen

Leben zu ermöglichen. Bei aller Bedeutung von Maßnahmen früher Förderung und früher Hilfen gilt es, perfektionierte Kontrollsysteme zu vermeiden, das Erziehungsrecht der Eltern zu respektieren und auf Freiwilligkeit und Partizipation zu setzen.

3. Die Kindertagesbetreuung weiter auszubauen, wobei allerdings darauf geachtet werden muss, diese Einrichtungen der frühen, individuell orientierten Förderung nicht mit Erwartungen zu überhäufen, denen die Einrichtungen und die in ihnen tätigen Fachkräfte unter den derzeit geltenden Rahmenbedingungen gar nicht entsprechen können. Eltern müssen stärker und systematischer in die Erziehungs- und Bildungsprozesse der Kindertageseinrichtungen einbezogen werden. Ihr Ausbau zu Zentren für integrierte und niedrigschwellig zugängliche Dienstleistungsangebote ist anzustreben.

4. Den Auf- und Ausbau der Schulen zu gebundenen Ganztagsschulen zu forcieren, insbesondere auch mit dem Ziel, die herkömmliche Unterrichtsschule um andere Bildungsinhalte und andere Formen des Lernens zu ergänzen. Die Bildungssysteme sind im Hinblick auf eine Verstärkung des Prinzips der individuellen Förderung und Unterstützung, des Ausbaus ganztägiger Angebote und der Vernetzung der formellen und informellen Bildung weiterzuentwickeln. Dazu ist nicht nur die Kooperation mit der Kinder- und Jugendhilfe anzustreben, sondern auch die Schaffung von neuen Bildungsorten hin zu lokalen Bündnissen für Bildung und kommunalen Bildungslandschaften.

5. Alle Anstrengungen zu unternehmen, um Bildungsgerechtigkeit herzustellen als der Voraussetzung für individuelle Lebenschancen und gesellschaftliche Teilhabe und damit auch für die Verhinderung von Gewalt und Kriminalität.

Der 15. Deutsche Präventionstag verweist in diesem Zusammenhang auf die Verhandlungen des 12. , 13. und des 14. Deutschen Präventionstages, die Forderungen und Appelle der „Wiesbadener Erklärung", der „Leipziger Erklärung" und der „Hannoveraner Erklärung". Ihre Aktualität und Dringlichkeit bestehen unvermindert fort.

Berlin, 11. Mai 2010

Erich Marks / Karla Schmitz

Zusammenfassende Gesamtdarstellung des 15. Deutschen Präventionstages

Der 15. Deutsche Präventionstag stand unter der Schirmherrschaft des Regierenden Bürgermeisters von Berlin Klaus Wowereit und fand am 10. und 11. Mai 2010 im Internationalen Congress Centrum (ICC) Berlin statt. Das Schwerpunktthema des Kongresses lautete „Bildung – Prävention – Zukunft".

Die jährlich stattfindenden Deutschen Präventionstage verfolgen das Ziel, Kriminalprävention ressortübergreifend, interdisziplinär und in einem breiten gesellschaftlichen Rahmen darzustellen, zu erörtern und zu stärken. Dieser Beitrag soll auch aus dokumentarischen Gründen einen Überblick über die Struktur und die zahlreichen Themen, Sektionen und Foren des 15. Deutschen Präventionstages vermitteln.

Leitbild des Deutschen Präventionstages

Das Selbstverständnis und die Rahmenziele sind kongressübergreifend in einem Leitbild formuliert: Der Deutsche Präventionstag wurde 1995 als nationaler jährlicher Kongress speziell für das Arbeitsfeld der Kriminalprävention begründet. Von Beginn an war es das Ziel, Kriminalprävention ressortübergreifend, interdisziplinär und in einem breiten gesellschaftlichen Rahmen darzustellen und zu stärken. Nach und nach hat sich der Deutsche Präventionstag auch für Institutionen, Projekte, Methoden, Fragestellungen und Erkenntnisse aus anderen Arbeitsfeldern der Prävention geöffnet, die bereits in mehr oder weniger direkten Arbeitszusammenhängen stehen. Neben der weiterhin zentral behandelten Kriminalprävention reicht das erweiterte Spektrum des Kongresses von der Suchtprävention oder der Verkehrsprävention bis hin zu den verschiedenen Präventionsbereichen im Gesundheitswesen.

Der Kongress wendet sich insbesondere an alle Verantwortungsträger der Prävention aus Behörden, Gemeinden, Städten und Kreisen, Gesundheitswesen, Jugendhilfe, Justiz, Kirchen, Medien, Politik, Polizei, Präventionsgremien, Projekten, Schulen, Sport, Vereinigungen und Verbänden, Wissenschaft, etc..

Der Deutsche Präventionstag will als jährlich stattfindender nationaler Kongress:

- aktuelle und grundsätzliche Fragen der verschiedenen Arbeitsfelder der Prävention und ihrer Wirksamkeit vermitteln und austauschen,
- Partner in der Prävention zusammenführen,
- Forum für die Praxis sein und Erfahrungsaustausch ermöglichen,
- Internationale Verbindungen knüpfen und Informationen austauschen helfen,
- Umsetzungsstrategien diskutieren,
- Empfehlungen an Praxis, Politik, Verwaltung und Wissenschaft erarbeiten und aussprechen.

Programmbeirat

Zur Vorbereitung eines jeden Präventionstages wird ein Programmbeirat[1] gebildet, in dem der Veranstalter sowie die gastgebenden und ständigen Veranstaltungspartner repräsentiert sind. Der Programmbeirat ist zuständig für inhaltliche Gestaltungsfragen des jeweilig anstehenden Kongresses sowie für Ausblicke und erste Vorplanungen künftiger Kongresse.

Der - wie in den Vorjahren veröffentlichte - Aufruf zur Einreichung von Vortragsthemen wurde wiederum sehr positiv aufgenommen und ergab eine große Zahl von Vorschlägen und Bewerbungen, die die Zahl der limitierten Vortragseinheiten in den verschiedenen Foren erneut deutlich überstieg.

Partner

Das Engagement und die Verbundenheit der DPT-Partner sind ein zentraler Baustein für das Gelingen des Kongresses. Allen beteiligten Entscheidungsträgern und Repräsentanten der DPT-Partner sei besonders herzlich für ihr Engagement gedankt. Insgesamt 24 Organisationen und Institutionen haben sich in unterschiedlichen Formen und vielfältigen Rollen ausdrücklich als offizielle Partner des 15. Deutschen Präventionstages mit ihrem Logo, ihrem guten Namen sowie personellen und finanziellen Ressourcen eingebracht. Ein ebenso herzlicher Dank gilt erneut dem Bundesministerium für Familie, Senioren, Frauen und Jugend für die Förderung des 15. Deutschen Präventionstages. Im Einzelnen waren beteiligt:

Gastgebende Veranstaltungspartner
- Land und Stadt Berlin

Ständige Veranstaltungspartner
- DBH-Bildungswerk
- Polizeiliche Kriminalprävention der Länder und des Bundes (ProPK)
- Stiftung Deutsches Forum für Kriminalprävention (DFK)
- WEISSER RING e. V.

Kooperationspartner und Sponsoren
- Bundesministerium für Familie, Senioren, Frauen und Jugend (BMFSFJ)
- Bundeszentrale für gesundheitliche Aufklärung (BZgA)

---

[1] Renate Engels (DBH-Bildungswerk); Prof. Dr. Hans-Jürgen Kerner (Deutsche Stiftung für Verbrechensverhütung und Straffälligenhilfe - DVS); Erich Marks (Deutscher Präventionstag - DPT); Andreas Mayer (Polizeiliche Kriminalprävention der Länder und des Bundes – ProPK); Corinna Metzner (WEISSER RING); Jürgen Mutz (Deutsche Stiftung für Verbrechensverhütung und Straffälligenhilfe – DVS); Karla Schmitz (Deutscher Präventionstag - DPT); Norbert Seitz (Stiftung Deutsches Forum für Kriminalprävention - DFK); Dr. Wiebke Steffen (Bayerisches Landeskriminalamt); Ria Uhle (Senatsverwaltung für Bildung, Wissenschaft und Forschung, Berlin); Stephan Voß (Senatsverwaltung für Inneres und Sport, Berlin)

- Deutsche Bahn AG
- Deutsche Post DHL
- Deutsche Sportjugend im Deutschen Olympischen Sportbund (dsj)
- Deutsches Jugendinstitut (dji)
- Friedrich Ebert Stiftung
- Gramberg Haberstroh
- Kriminologisches Forschungsinstitut Niedersachsen (KFN)
- proVal
- Stiftung Kriminalprävention

Partnerkongresse
- Deutscher Familiengerichtstag (DFGT)
- Deutscher Jugendgerichtstag (DJGT)
- Österreichischer Präventionskongress

Internationale Partner
- European Forum for Urban Safety, Paris (EFUS)
- International Centre for the Prevention of Crime, Montreal (ICPC)

Medienpartner
- Deutschlandfunk
- Stiftungs-TV

Der 15. Deutsche Präventionstag gliederte sich in die Bereiche:

- **Plenen**
    - Eröffnungsplenum
    - Abschlussplenum

- **Vorträge**
    - Schwerpunktthema
    - Offenes Forum
    - Internetforum
    - DPT-Universität
    - Viertes Internationales Forum (AIF) des Deutschen Präventionstages
    - Firmenvorträge
    - Projektspots

- **Ausstellung**
  - Infostände
  - Infomobile
  - Sonderausstellungen
  - Posterpräsentationen

- **Werkstatt**
  - Begleitveranstaltungen
  - Bühne
  - Filmforum

Plenen

Eröffnungsplenum

- Begrüßung durch den Geschäftsführer des Deutschen Präventionstages
  Erich Marks
- Grußwort des Senators für Inneres und Sport
  Dr. Ehrhart Körting
- Grußwort des Vorsitzenden der Deutschen Stiftung für Verbrechensverhütung
  und Straffälligenhilfe
  Prof. Dr. Hans-Jürgen Kerner
- Einführende Bemerkungen der DPT-Gutachterin zum Schwerpunktthema
  Dr. Wiebke Steffen
- Grußwort des Leiters der Konzernsicherheit der DB AG
  Prof. Gerd Neubeck
- Vortrag: „Was prägt uns, Wissen oder Erfahrung?
  Prof. Dr. Gerald Hüther, Leiter der Zentralstelle für Neurobiologische Präventi-
  onsforschung der Universität Göttingen und Mannheim/Heidelberg
- Künstlerische Beiträge:
  CABUWAZI: Kinder- und Jugendzirkus e. V.
  „Mit Musik gegen Gewalt" Schulorchester der Fritzlar-Homberg Grundschule

Abschlussplenum

- Abschlussvortrag des Kongresspräsidenten
  Prof. Dr. Hans-Jürgen Kerner, Universität Tübingen
- „Berliner Erklärung" des Deutschen Präventionstages
  Dr. Wiebke Steffen, Bayerisches Landeskriminalamt, München

- Vortrag: Cradle to Cradle und Prävention von Umweltkriminalität
  Prof. Dr. Michael Braungart, Erasmus-Universität Rotterdam, GF der EPEA Internat. Umweltforschung GmbH Hamburg, wissenschaftl. Leiter des Hamburger Umweltinstituts

- Ausblick & Verabschiedung
  Erich Marks, Geschäftsführer des Deutschen Präventionstages, Hannover

- Musikalischer Ausklang:
  Chor des Lessing Gymnasiums Berlin – lesSINGersTC

Vorträge

Schwerpunktthema

Zum Schwerpunktthema „Bildung – Prävention – Zukunft" wurden die nachfolgenden 20 Vorträge als Parallelveranstaltungen angeboten. Ziel der thematischen Auswahl der einzelnen Themen war es, das Schwerpunktthema des Kongresses, ergänzend zum Kongressgutachten, systematisch und in seinen zentralen Aspekten zu erfassen und zu dokumentieren.

- *Prof. Dr. Klaus Hurrelmann*, Hertie School of Governance
  Kompetenzdefizite junger Männer - Eine Herausforderung für die präventive Arbeit

- *Prof. Dr. Meinrad Armbruster*, Hochschule Magdeburg-Stendal (FH)
  ELTERN-AG: Ein Präventionsprogramm der frühen Elternbildung für sozial Benachteiligte

- *Prof. Dr. Herbert Scheithauer*, Freie Universität Berlin
  Der Umgang mit Leaking und Androhung schwerer Formen von Gewalt an deutschen Schulen. Das Berliner Leaking-Projekt und NETWASS

- *Prof. Dr. Nils Neuber*, Westfälische Wilhelms-Universität
  Bildungspotenziale im Sport – ein vernachlässigtes Feld der Bildungsdebatte?

- *Prof. Dr. Christian Pfeiffer*, Kriminologisches Forschungsinstitut Niedersachsen (KFN) e. V.
  "Tägliches Fitnesstraining in der Schule" Der Weg zu besseren Schulleistungen und weniger Gewalt - Konzept für einen Modellversuch

- *Hartmut Pfeiffer*, Landeskriminalamt Niedersachsen
  Prof. Dr. Peter Wetzels, Universität Hamburg - Institut für Kriminologie
  "PaC - Prävention als Chance" - Implementation und Evaluation eines integrierten Programms der Kommunalen Kriminalprävention.Theoretisch-methodische Desiderate und die Widrigkeit der realen Welt.

- *Ria Uhle*, Senatsverwaltung für Bildung,Wissenschaft und Forschung
  Veränderungen, Umbrüche, Krisen - Gewaltprävention an Schulen im Wandel

- *Silke Baer*, Cultures Interactive e.V.
  PD Dr. Harald Weilnböck, Berlin / Zürich
  Bildung in Zeiten des Extremismus -- Lebensweltlich-narratives Arbeiten in der Gruppe. Zwei Modellprojekte und qualitative EU-Begleitforschung

- *Prof. Dr. Haci-Halil Uslucan*, Helmut-Schmidt-Universität Hamburg
  Verkannte Potenziale: Bildungsbeteiligung und Bildungsförderung von Jugendlichen mit Zuwanderungsgeschichte

- *Dr. Hans Rudolf Leu*, Deutsches Jugendinstitut
  Kindertagesbetreuung im Ausbau. Quantitative und qualitative Grundlagen frühkindlicher Bildung

- *Cordula Heckmann*, Gemeinschaftsschule Campus Rütli, Berlin, Bezirk Neukölln
  Campus Rütli CR² - von einer Schule mit zweifelhaftem Ruf zu einem Modellprojekt

- *Carlo Schulz*, Koordinierungsstelle Gewaltprävention
  Aller guten Dinge ist eins!

- *PD Dr. Peter F. Lutz*, Leibniz Universität Hannover
  Vorschulische Bildung zahlt sich aus - Das Beispiel des Perry Preschool Projekts

- *Siegfried Arnz*, Senatsverwaltung für Bildung, Wissenschaft und Forschung, Berlin
  Neue Chancen für erfolgreiche Prävention durch die Reform der Schulstruktur

- *Prof. Dr. Dieter Hermann*, Universität Heidelberg & WEISSER RING e. V
  Vanessa Jantzer, Zentrum für Psychosoziale Medizin der Universitätsklinik Heidelberg
  Schulsozialarbeit – kriminalpräventive Wirkungen und Verbesserungsmöglichkeiten

- *Vera Bethge*, Bezirksamt Neukölln von Berlin
  Irina Neander, Bezirksamt Neukölln von Berlin
  Marita Stolt, Richard-Schule Berlin-Neukölln
  Gemeinsame Verantwortung für Bildung und Erziehung - Schule und Jugendhilfe in Kooperation

- *Ulrike Meyer-Timpe*, Die Zeit
  Was Armut für die Bildungschancen bedeutet. Die Folgen der Kinderarmut belasten Deutschlands Zukunft – Perspektiven und konkrete Handlungsvorschläge

- *Dr. Joerg Dittmann*, ISS - Institut für Sozialarbeit und Sozialpädagogik e. V.
  Dr. Jan Goebel, Deutsches Institut für Wirtschaftsforschung - Abteilung SOEP
  Dr. Sandra Heisig, ISS - Institut für Sozialarbeit und Sozialpädagogik e. V.
  Präventionsstrategien am Übergang Schule in Ausbildung – Ansätze in der Arbeit mit benachteiligten Jugendlichen

- *Liv-Berit Koch*, Camino gGmbH
  Maria Macher, Diakonisches Werk Neukölln-Oberspree e.V.
  „Stadtteilmütter in Neukölln" – Vorstellung des Projektes und erster Evaluationsergebnisse

- *Dr. Siegfried Haller*, Stadt Leipzig
  Projekt des BMBF "Lernen vor Ort - ein Präventionsansatz"

Offenes Forum

Im Offenen Forum wurden aktuelle Themen der Kriminalprävention im engeren und weiteren Sinn bearbeitet, die nicht unmittelbar mit dem Schwerpunktthema bzw. einem anderen Vortragsforum korrespondieren.

- *Prof. Dr. Elisabeth Pott*, Bundeszentrale für gesundheitliche Aufklärung (BZgA)
  Junge Menschen im Fokus einer neuen Alkoholpräventionskampagne der BZgA

- *Claudia Zinke*, Staatssekretärin für Bildung, Jugend und Familie
  Das Berliner Netzwerk Kinderschutz

- *Dr. Michael Kohlstruck*, TU Berlin
  Prävention rechter Gewalt

- *Benjamin Dorsch*, Bundeskriminalamt
  Dr. Uwe Kemmesies, Bundeskriminalamt
  Saskia Lützinger, Bundeskriminalamt
  Extremismen in biographischer Perspektive (EbiP): Ein Projekt des Bundeskriminalamtes

- *Dr. Peter Jedelsky*, WEISSER RING Österreich
  Rasche Opferhilfe verhindert viel

- *Prof. Dr. Thomas Görgen*, Deutsche Hochschule der Polizei
  Barbara Nägele, Zoom - Gesellschaft für prospektive Entwicklungen e.V.
  Kathrin Rauchert, Deutsche Hochschule der Polizei
  SiliA – ein modulares Aktionsprogramm zur Förderung der Sicherheit älterer Menschen

- *Prof. Dr. Dr. Michael Bock*, Johannes-Gutenberg-Universität Mainz
  Der Jugendstrafvollzug als Durchgangsstadium in der Biographie junger Männer

- *Prof. Dr. Barbara Kavemann*, Katholische Hochschule für Sozialwesen Berlin
  Sexuelle Gewalt - ein vergessenes Thema?

- *Prof. Dr. Andreas Beelmann*, Friedrich-Schiller-Universität
  Gelingensbedingungen präventiver Arbeit

- *Thomas Müller*, Polizeikommissariat Papenburg
  Anforderungen an eine optimale Unterstützung kommunaler Präventionsgremien

- *Dr. Wolfgang Stelly*, Universität Tübingen
  Dr. Jürgen Thomas, Universität Tübingen
  Arm, randständig und ausgegrenzt? Veränderungen der Lebenslagen von Jugendstrafgefangenen

- *Vivien Kurtz*, Kriminologisches Forschungsinstitut Niedersachsen (KFN) e. V.
  Yvonne Ziert, Kriminologisches Forschungsinstitut Niedersachsen (KFN) e. V.
  Entwicklungsverzögerungen vorbeugen - Erste Befunde aus dem Modellprojekt
  "Pro Kind"

- *Prof. em. Dr. Arthur Kreuzer*, Justus-Liebig-Universität Gießen, WEISSER
  RING e. V.
  Strafrecht als präventiver Opferschutz? - Zur notwendigen Reform des Rechts
  der Sicherungsverwahrung

- *Prof. Dr. Andreas Böttger*, arpos institut
  Frederick Groeger-Roth, Landespräventionsrat Niedersachsen
  Lokale Messung von Risiko- und Schutzfaktoren für jugendliches Problemverhalten

- *Dr. Klaus Bott*, Hessisches Landeskriminalamt
  Dr. Kerstin Reich, Universität Tübingen
  Mehrfach- und Intensivtäter in Hessen - Hintergründe und Bedingungsfaktoren
  krimineller Karrieren

- *Andreas Mayer*, Polizeiliche Kriminalprävention der Länder und des Bundes
  (ProPK)
  Hinsehen statt Wegschauen: Kinderschutz geht alle an!

- *Yilmaz Atmaca*, Strohhalm e.V.
  Jenny Breidenstein, Strohhalm e.V.
  HEROES – Gegen Unterdrückung im Namen der Ehre. Ein Gleichstellungspro-
  jekt von Strohhalm e.V.

- *Prof. Dr. Klaus Hoffmann-Holland*, Freie Universität Berlin
  Gewalt am 1. Mai in Berlin – kriminologische Perspektiven

- *Susanne Bauer*, Der Polizeipräsident in Berlin
  Präventionsarbeit der Berliner Polizei

- *Kerstin Jüngling*, Fachstelle für Suchtprävention im Land Berlin
  UPDATE - zielgruppenspezifische Prävention von Computer- und Internetsucht

Internetforum

(Kriminal-)Prävention und das Internet haben zahlreiche inhaltliche Berührungspunk-
te und Schnittmengen. Nach den erstmals positiven Erfahrungen mit einem gesonderten Internetforum beim 12. DPT wurde ein solches Forum auch beim diesjährigen
Jahreskongress angeboten, um das Internet gezielt und in der gesamten Bandbreite
seiner Chancen und Risiken in einem eigenen Forum betrachten und erörtern zu können. Neben der generellen Auseinandersetzung sind hier beispielsweise internetspezi-
fische Straftaten ebenso zur Sprache gekommen wie netzbasierte Beratungsangebote,
präventionsspezifische Informationsangebote und Datenbanken oder methodische
Fragen der Medienkompetenz.

Es wurden 5 Vorträge im Internetforum angeboten:

- *Heinz Thiery*, Bundeskonferenz für Erziehungsberatung
  Cybermobbing, virtuelle Gewalt, virtuelle Welten - das Internet verändert die
  Kultur

- *Marco Weller*, Netzwerk gegen Gewalt
  www.medienkompetenz-hessen.de und die Multiplikatorenfortbildung Internet-
  Medien-Coach

- *Walter Staufer*, Bundesprüfstelle für jugendgefährdende Medien
  Was macht mein Kind im Internet? Aktuelle Entwicklungen – Gefährdungen –
  Medienempfehlungen

- *Dr. Kirsten Thiemann*, Gegen Vergessen - Für Demokratie e.V.
  Martin Ziegenhagen, Gegen Vergessen - Für Demokratie e.V.
  Prävention durch mediale Präsenz und Niedrigschwelligkeit - Erfahrungen der
  Online-Beratung gegen Rechtsextremismus

- *Peter Vahrenhorst*, Polizeipräsidium Bielefeld
  Michael Wenzel, Medienzentrum Bielefeld
  Surfen mit SIN(N) - Sicherheit im Netz, Bielefelder Netzwerk zur Erhöhung
  der Medienkompetenz

DPT-Universität

Im Bereich der DPT-Universität 2010 wurden zwei Open-Space-Veranstaltungen, die
in Zusammenarbeit mit der Friedrich-Ebert-Stiftung durchgeführt wurden, drei Vorlesungen, sowie eine Buchlesung angeboten:

- open space : ANGST – PRÜGEL – AUSGRENZUNG
  Schulmobbing hat viele Gesichter. Schauen wir hin, damit wir sie erkennen.
  Leitung: *Ilona Böttger*, Fields GmbH, Berlin

- *Prof. Dr. Christian Pfeiffer*, Kriminologisches Forschungsinstitut Niedersachsen
  (KFN) e.V.
  Tägliches Fitnesstraining – der Weg zu guten Schulnoten

- *Heike Marquardt*, Integrationsbeauftragte des Bezirksamtes Berlin-Lichtenberg
  Lesung: „Papa, wer ist ein Fremder?"

- open space: VOLL BLAU! VOLL COOL?
  Lässt du dich zur Flasche machen?
  Leitung: *Ilona Böttger*, Fields GmbH, Berlin

- *Dr. Matthias Braasch*, Fachbereich Rechtswissenschaft, Justus-Liebig-
  Universität Gießen
  „Ach, was muss man von bösen Kindern hören oder lesen?"
  Wie wird man kriminell und was lässt sich dagegen tun?

- *Prof. Dr. Stefan Koelsch*, Freie Universität Berlin und University of Sussex
  „Gut drauf durch Musik?! Sie kann mehr als du denkst!"

Viertes Internationales Forum (AIF) des Deutschen Präventionstages[2]
An den Beratungen des 15. DPT und des 4. AIF haben neben zahlreichen Teilnehmenden aus Deutschland auch 192 Kolleginnen und Kollegen aus insgesamt 36 Ländern[3]
teilgenommen. Konferenzsprache war Englisch. Die Ergebnisse des 4. Internationalen Forums wurden in englischer Sprache in einem gesonderten Dokumentationsband
veröffentlicht:

Marc Coester & Erich Marks (Eds.): International Perspectives of Crime Prevention 4
– Contributions from the 4. and 5. Annual International Forum 2010 and 2011 within
the German Congress on Crime Prevention; erschienen im Forum Verlag Godesberg, Mönchengladbach 2012, ISBN 978-3-942865-00-5 (Printausgabe) und 978-3-
942865-01-2 (eBook).

Das 4. Annual International Forum wurde in spezieller Kooperation mit der Hauptver-
sammlung 2010 des Europäischen Forums für urbane Sicherheit (EFUS, Paris) ausgerichtet und stand unter dem Titel „Wie vereinen Städte Sicherheit und Grundrechte".
Die Veranstaltung fand unter Beteiligung weiterer internationaler Akteure, wie dem
Internationalen Center für Kriminalprävention (ICPC, Montreal) in Saal 7 statt und
richtete sich ausdrücklich an alle nationalen und internationalen Teilnehmerinnen
und Teilnehmer des Deutschen Präventionstages. Die gesamte Veranstaltung wurde
simultan in den Sprachen deutsch, englisch, spanisch, französisch und italienisch ge-
dolmetscht.

*Eröffnung: Sicherheit und Freiheit in einem neuen europäischen und
internationalen Kontext*
Moderation: Michel Marcus, EFUS-Generalsekretär

- Begrüßung und Einführung
  Erich Marks, Geschäftsführer des DPT, Vorstand EFUS und Vorstand ICPC
  Prof. Dr. Hans-Jürgen Kerner, Präsident des Deutschen Präventionstages und
  der Deutschen Stiftung für Verbrechensverhütung und Straffälligenhilfe
  Alberto Juan Belloch Julbe, Bürgermeister v. Saragossa u. Präsident von EFUS
- Regierungen überzeugen, in Prävention zu investieren – Kriminalität verrin-
  gern, Rechte schützen
  Prof. Dr. Irvin Waller, Professor für Kriminologie, Universität Ottawa

---

[2] Zur Konzeption und weiteren Hintergrundinformationen zum AIF s. http://www.aif-prevention.org
[3] Belgien, Brasilien, Burundi, Chile, China, Dänemark, Finnland, Frankreich, Ghana, Griechenland,
     Großbritannien, Israel, Italien, Kamerun, Kanada, Kenia, Kroatien, Luxemburg, Moldavien, Niederlan-
     de, Nigeria, Norwegen, Österreich, Pakistan, Polen, Portugal, Schweiz, Senegal, Spanien, Südafrika,
     Südkorea, Tschechien, Ukraine, Ungarn, USA, Zypern

- Der internationale Kontext und der Aktionsplan des 12. UNO Kongresses zur Kriminalitätsprävention
  Dr. Paula Miraglia, Generaldirektorin des Internationalen Zentrums für Kriminalprävention (ICPC), Montreal

- Sicherheit und Grundrechte im städtischen Kontext sicherstellen
  Dr. Alexander Butchart, Weltgesundheitsorganisation Genf

Sicherheit und Grundrechte in Einwanderungsgesellschaften
- Die Erfahrungen in Modena und Italien
  Giorgio Pighi, Oberbürgermeister von Modena, Präsident des Italienischen Forums für Urbane Sicherheit

- Die Erfahrungen in Molenbeek-Saint-Jean und Belgien
  Philippe Moureaux, Bürgermeister von Molenbeek-Saint-Jean und Präsident des belgischen Urbanen Forums für Sicherheit

- Wie gehen Städte im Vereinigten Königreich mit den unterschiedlichen Problemen im Zusammenhang mit Migration und im Kontext von Sicherheit und Grundrechten um?
  Jane Mowat, Präsidentin des National Community Safety Network (NCSN)

- Beispiele aus Deutschland: 'Violence Prevention Network' und 'Cultures interactives' Berlin
  PD Dr. Harald Weilnböck (Berlin/ Zürich)

Sicherheitstechnik im Dienste der Menschenrechte?
- Die Herausforderung neuer Technologien im Zusammenhang mit Grundrechten und Privatsphäre
  Peter Schaar, Federal Commissioner for Data Protection and Freedom of Information

- Neue Sicherheitstechniken, Demokratie, Privatsphäre und effektive Kriminalprävention
  Peter Squires, Professor für Kriminologie und Politik, Universität Brighton

- Die Nutzung von sozialen Netzwerken in der Kriminalprävention
  Johanna Seppälä, Stadt Helsinki

- Neue Technologien, um bürgerschaftliches Engagement und soziale Teilhabe zu fördern
  Cecile Arches, Stadt Issy-les-Moulineaux

Einbeziehung von Bürgern und Zivilgesellschaft in die Kriminalprävention
Moderation: Dr. Marc Coester, Koordinator des DPTs für Internationale Angelegenheiten

- Bürgerbeteiligung in der Kriminalprävention
  Prof. Dr. Paul Ekblom, Professor für Design Against Crime, University of the Arts London

- Gemeinden für effektive Kriminalitätsprävention mobilisieren: der „Communities That Care" Ansatz
  Dr. Sabrina Oesterle, Forschungsgruppe soziale Entwicklung, Universität Washington, Seattle

- Das Bürgerbeteiligungsprojekt FONDACA in Genua
  Francesco Scidone, Ratsherr verantwortlich für Sicherheit und Prävention der Stadt Genua

- Überblick über die Gewaltprävention in Berlin
  Stephan Voß, Geschäftsführer der Landeskommission Berlin gegen Gewalt

Lokale Antworten in einem sich ändernden europäischen Kontext für Kriminalprävention - die Aufgabe von (D)EFUS
Moderation: Michel Marcus, EFUS-Generalsekretär

- Die Vision des Europäischen Parlaments für Kriminalprävention, Sicherheit und Freiheit
  Juan Fernando Lopez Aguilar, Mitglied des Europäischen Parlaments, Präsident des Committee on Civil Liberties, Justis and Home Affairs (LIBE)

- Der Aktionsplan zur Umsetzung des Stockholm-Programms „Recht, Freiheit und Sicherheit (2009-2014)"
  EU Crime Prevention Network (EUCPN)

- Ein Forum für deutsch-europäischen Austausch zu menschenrechtbasierter Kriminalprävention: (D)EFUS
  Erich Marks, Geschäftsführer des DPT und Vorstand EFUS
  Dr. Martin Schairer, Bürgermeister für Recht, Sicherheit und Ordnung der Stadt Stuttgart und EFUS-Vorstandsmitglied

Zusammenfassung und Ausblick

- *Alberto Juan Belloch Julbe*, Bürgermeister von Saragossa und Präsident von EFUS

- *Guilherme Pinto*, Oberbürgermeister von Matosinhos und Präsident des Portugiesischen Forums für Urbane Sicherheit

- *Pierre Cohen*, Präsident der Toulouse Metropolitan Area

Firmenvorträge

- *Dirk Fleischer*, Leiter Operations der DB Sicherheit GmbH
  Scratching, Etching, Abziehen, Dissen... - Situationsbeschreibung der Gewalt
  im öffentlichen Raum

- *Prof. Gerd Neubeck*, Leiter Konzernsicherheit der Deutschen Bahn AG
  Profit um jeden Preis? - Die gesellschaftliche Verantwortung deutscher Konzerne

- *RA Harald Bex*, Westdeutscher Handwerkskammertag e. V.
  Birgit Grosch, Westdeutscher Handwerkskammertag e. V.
  Wolfgang Wirth, Kriminologischer Dienst des Landes Nordrhein-Westfalen
  Integrationsplanung – Netzwerkbildung – Arbeitsmarktintegration: Übergangs-
  management für Strafgefangene in Kooperation mit dem Handwerk

Projektspots

Projektspots sind praxisbezogene Kurzvorträge von 15 Minuten Dauer bzw. Projekt-
vorstellungen zu verschiedenen aktuellen Themen der (Kriminal-)Prävention. Es wurden insgesamt 118 Projektspots angeboten:

- *Monika Becker-Allwörden*, Behörde für Inneres, Hamburg
  Claudia Ludwigshausen, Behörde für Schule und Berufsbildung, Hamburg
  Erfahrungen mit dem Konzept "Handeln gegen Jugendgewalt"

- *Andrea Enri Weber*, Galli Theater, Berlin
  Die andere Seite - Theater zur Prävention von Gewaltexzessen

- *Yvonne Brugger*, Landesamt für Verfassungsschutz Baden-Württemberg, Stuttgart
  Tina Schmidt-Böhringer, Landeszentrale für politische Bildung Baden-Württ-
  temberg (LpB), Stuttgart
  Team mex. Mit Zivilcourage gegen Extremismus

- *Kerstin Lück*, Konflikthaus Potsdam
  Gemeinsam für Konfliktkultur und Gewaltprävention in Schulen

- *Helmut Sailer*, Polizeidirektion Aalen
  BvB-Lehrgänge / Polizei - Prävention unterstützt Bildung

- *Peter Reckling*, DBH-Fachverband für Soziale Arbeit, Strafrecht und Kriminalpolitik, Köln
  Kerstin Schreier, DBH-Fachverband für Soziale Arbeit, Strafrecht und Kriminalpolitik, Köln
  Übergangsmanagement - vom Strafvollzug

- *Christiane Richter*, Seniorpartner in School e.V. – Bundesverband, Berlin
  Brücke zwischen Alt und Jung - Junge Alte

- *Petra Unterberg*, DRK Kreisverband Kehl
  Amokprävention: Eine Kooperation von Polizei und DRK Kehl

- *Beate Köhn*, Berliner Notdienst Kinderschutz, Berlin
  Beratung - Krisenintervention – Inobhutnahme
- *Gunnar Cronberger*, BOGESTRA, Bochum
  Konfliktlösung durch Kommunikation - jugendl. Fz.-Begleiter
- *Sonja Mzyk*, Deutsche Angestellten-Akademie Ostwürttemberg, Aalen
  BvB-Lehrgänge / Bildungsträger - Bildung schafft Prävention
- *Doris Nithammer*, Stiftung SPI, Berlin
  Diversionsmittler/-innen in Berlin
- Dr. Michael Koch, Jugendamt der Stadt Offenbach am Main
  Offenbacher Rahmenkonzept "Gewaltprävention an Schulen"
- Victoria Schwenzer, Camino gGmbH, Berlin
  Elternbeteiligung & Gewaltprävention in Bildungslandschaften
- Rainer Becker, Deutsche Kinderhilfe e.V., Berlin
  Kinderschutzhotlines: erfolgreicher Beitrag zum Kinderschutz
- Thomas Heppener, Anne Frank Zentrum, Berlin
  Peer Education – eine Chance für Demokratie & Vielfalt
- Barbara Eritt, IN VIA Kath. Mädchensozialarbeit f. d. Erzbistum Berlin e. V.
  Yvonne Mazylis, IN VIA Kath. Mädchensozialarbeit f. d. Erzbistum Berlin e. V.
  Lost in cyber world
- *Lutz Klein*, Berufsfortbildungswerk (bfw) des DGB, Gießen
  Prävention durch haftinterne Bildungsmaßnahmen?!
- *Eckhart Lazai*, Der Polizeipräsident in Berlin
  Stephen Minowitz, Der Polizeipräsident in Berlin
  Brummi-Prävention für Kinder mit der Klappmaulpuppe
- *Karin Bracht*, familie e.V., Berlin
  Andrea Kuner, familie e.V., Berlin
  TESYA family - Tandem -Trainings für Eltern und Jugendliche
- *Dr. Miriam K. Damrow*, Universität Halle
  Präventionskompetenzen von Kinderschutzfachkräften
- *Julia von Weiler*, Innocence in Danger e.V., Köln
  SMART USER - Partizipation und Peer to Peer Prävention als Weg
- *Werner Broßmann*, Polizeidirektion Mosbach
  Richard Zorn, Polizeidirektion Mosbach
  Neue Medien - Fluch oder Segen?
- *Dr. Christoph Schallert*, Johannes-Gutenberg-Universität Mainz
  KonTrakt - Ein Modellprojekt für den Jugendstrafvollzug
- *Wolfgang Welp-Eggert*, Landesinstitut für Schule, Bremen
  Gewalt an Schulen: "(Keine) Angst vor Strafanzeigen!?"

- *Gina-Ursula Graichen*, Der Polizeipräsident in Berlin
  Prävention von Kindesmisshandlung und -vernachlässigung
- *Thomas Schlingmann*, Tauwetter e.v., Berlin
  Schulische Prävention bei sexueller Gewalt gegen Jungen
- *Wolfgang Kahl*, Deutsches Forum für Kriminalprävention, Bonn
  Impulse für das Kommunale Präventionsmanagement
- *Dr. Bojan Godina*, Institut für kulturrelevante Kommunikation und Wertebildung (IKU), An-Institut der ThH-Friedensau, Nürtingen
  Harald Grübele, vimotion GmbH, Burgstetten
  Leo Keidel, Polizeidirektion Waiblingen
  Jugendliche als Medienscouts
- *Jeannette Blasko*, CJD Chemnitz
  Friedericke Schebitz, CJD Chemnitz
  U-Haftvermeidung - Leben ohne Straftaten
- *Kirsten Rohardt*, Freie Universität Berlin
  Prof. Dr. Herbert Scheithauer, Freie Universität Berlin
  Anton Walcher, Freie Universität Berlin
  fairplayer.manual: Prävention von Bullying und Schulgewalt
- *Uwe Löher*, Der Polizeipräsident in Berlin
  Maria Tischbier, Der Polizeipräsident in Berlin
  Straftaten gegen Homosexuelle, Präventionsmöglichkeiten
- *Ivo Engelmann*, Der Polizeipräsident in Berlin
  Gary Menzel, Der Polizeipräsident in Berlin
  Frank Schattling, Der Polizeipräsident in Berlin
  Stopp Tokat - Netzwerkinitiative gegen Raub und Gewalt
- *Stefan Becker*, Bund Deutscher Kriminalbeamter, Berlin
  Die sichere Identität im Netz – Potential für Prävention?
- *Sabine Hübner*, Fallschirm - Stiftung SPI, Berlin
  Ambulante Hilfen für straffällige Kinder und Jugendliche
- *Melanie Wegel*, Universität Tübingen
  Ursachen der Opferwerdung bei Mobbing an Schulen
- *Konstanze Schmidt*, Netzwerk gegen Gewalt, Wiesbaden
  Sibylle Schreiber, TERRE DES FEMMES e.V., Wiesbaden
  Gewalt im Namen der Ehre - Möglichkeiten der Prävention und Intervention
- *Iris Hölling*, Wildwasser e. V., Berlin
  Interkulturelle Präventions- und Interventionsarbeit von Wildwasser e.V.
- *Philipe Sufryd*, Forum Ziviler Friedensdienst e.v., Bonn
  Kommunale Konfliktberatung als Hilfe zur Selbsthilfe

- *Denise Weßel-Therhorn*, Institut für Gewaltprävention, Selbstbehauptung und Konfliktmanagement, Holdorf
  Web@Train Family

- *Thomas Rösch*, Justizvollzugsanstalt Freiburg
  Das Bildungszentrum der Justizvollzugsanstalt Freiburg

- *Walter Hölzer*, Koordinierungsstelle Gewaltprävention, Weilburg
  Praxisbausteine der Gewaltprävention für Schulen

- *Dr. Daniela Runkel*, Universität Erlangen-Nürnberg
  EFFEKT-Interkulturell: Prävention an „Brennpunktschulen"

- *Carola Klein*, LARA Krisen-und Beratungszentrum für vergewaltigte und sexuell belästigte Frauen, Berlin
  Vergewaltigung unter KO-Tropfen- Prävention Information

- *Joachim Häfele*, Hafencity University Hamburg
  Urbane Disorder-Phänomene und Kriminalitätsfurcht

- *Prof. Dr. Günter Dörr*, Landesinstitut für präventives Handeln, St. Ingbert
  Neue Wege der Prävention im Saarland

- *Mario Watz*, JVA Rockenberg
  Berufliches Fördermanagement im Jugendstrafvollzug

- *Timo Hartmann*, Der Polizeipräsident in Berlin
  Werner Mattausch, Der Polizeipräsident in Berlin
  Aggression u. Gewalt an Schulen, Fortbildungen für Lehrer

- *Thorsten Meyer*, Schutzengelprojekt der Landkreise Cloppenburg und Vechta
  Renate Meyer, Polizeiinspektion Cloppenburg/Vechta
  Seniorenforum: Wie wollen wir morgen leben?

- *Prof. Dr. Barbara Kavemann*, Katholische Hochschule für Sozialwesen Berlin
  Ulrike Kreyssig, Bundeskonferenz der Interventionsprojekte, Berlin
  Modelle der Prävention häuslicher Gewalt in Grundschulen

- *Holger Bölkow*, Bundeskriminalamt, Wiesbaden
  Celina Sonka, Bundeskriminalamt, Wiesbaden
  Monitoringsystem für Kinder- und Jugenddelinquenz: Erfahrungen des Bundeskriminalamtes

- *Waltraud Kretschmann*, International Delphic Council, Berlin
  Delphiade der Künste

- *Rocco Röske*, Der Polizeipräsident in Berlin
  Grit Siedschlag, Der Polizeipräsident in Berlin
  Coaching for Kids, polizeiliches Sozialverhaltenstraining

- *Arno Winther*, Schulpsychologisches Beratungszentrum Berlin Spandau
  Notfallpläne für Berliner Schulen

- *Gerhard Wendt*, KJHZ Neukölln EJF, Berlin
  Chancen der Elternarbeit mit arabischen Familien

- *Dagmar Riedel-Breidenstein*, Strohhalm e.v., Berlin
  Interkulturelle Präventionsarbeit gegen sexuellen Missbrauch

- *Berit Haußmann*, Deutsches Jugendinstitut e. V., München
  Annalena Yngborn, Deutsches Jugendinstitut e. V., München
  Logische Modelle in der Delinquenzprävention

- *Katrin Stüllenberg*, Stiftung Kriminalprävention, Münster
  5 Jahre Deutscher Förderpreis Kriminalprävention

- *Katrin Hentze*, Deutscher Kinderschutzbund LV Berlin e.V.
  Armutskompetenz als Herausforderung in der Sozialen Arbeit

- *Georg von Strünck*, Der Polizeipräsident in Berlin
  Polizeiliche Anti-Gewalt-Veranstalt. für Kinder u. Jug.

- *Dr. Anja Meyer*, Landespräventionsrat Niedersachsen, Hannover
  Qualität durch Kompetenz. Das Beccaria-Qualifzierungsprogramm

- *Dr. Ohle Wrogemann*, Sportjugend des LSB Rheinland-Pfalz, Mainz
  Ein Bewegungskonzept zur Entwicklung von Konfliktfähigkeit

- *Detlef Otto Bönke*, Bundesministerium der Justiz, Berlin
  Erich Marks, Deutscher Präventionstag, Hannover
  Aktuelle UN-Empfehlungen zur Kriminalprävention

- *Tim Marx*, Sozialer Dienst der Justiz, Magdeburg
  Evaluationsergebnisse des Anti-Gewalt-Trainings Magdeburg

- *Sabine Maria Schäfer*, AKF - Arbeitsgemeinschaft für kath. Familienbildung,
  e.V. Bonn und Caritas Erziehungsberatungsstelle Berlin Mitte
  Elternkurs: Kess-erziehen

- *Christine Spies*, Trainerin für Gewaltprävention, Berlin
  WINNING TEAM© - Amok- und Suizidprävention in der Schule

- *Susanne Hartmann*, Stiftung Pro Kind, Hannover
  Roswitha Schneider, Pro Kind Bremen
  PIPE - Förderung der Eltern-Kind-Interaktion

- *Kerstin Jahnke*, Quartiersmanagement Wrangelkiez, ASUM GmbH, Berlin
  Gewaltprävention als strategischer Ansatz im Quartiersmanagement

- *Erich Marks, Deutscher Präventionstag*, Hannover
  Dr. Martin Schairer, Landeshauptstadt Stuttgart
  Neues Deutsch-Europäisches Forum für urbane Sicherheit (DEFUS)

- *Annika von Walter*, Stiftung SPI, Clearingstelle Jugendhilfe/Polizei, Berlin
  Upgrade: Max und Moritz 2.010

- *Markus Hess*, Freie Universität Berlin
  fairplayer.sport - Soziale Kompetenz spielerisch fördern

- *Jürgen Schendel*, Stiftung SPI, Programmagentur Rechtskundepaket, Berlin
  Projektwochen zum Rechtskundepaket "Recht aufschlussreich"

- *Golschan Derachschande*, BORA e.V., Berlin
  Henrike Krüsmann, BORA e.V., Berlin
  PIKITA- Prävention von Häuslicher Gewalt in Kitas

- *Dr. Franziska Becker*, Konfliktagentur im Sprengelkiez - Stadtteilmediation
  Wedding, Berlin
  Mediation und Prävention in sozialen Brennpunkten

- *Kerstin Schenkel*, Camino gGmbH, Berlin
  Zur Evaluation von Modellprojekten zur Gewaltprävention

- *Antja Gentzmann*, Opferhilfe Berlin e.V.
  Stabilisierung männlicher Jugendlicher mit Gewalterfahrungen

- *Sebastion Koerber*, Rheinflanke gGmbh, Köln
  Niederschwellige Bildungsansätze durch Straßenfußball

- *Christian Weicht*, European Designing Out Crime Association, Lemgo
  Räumliche Kriminalitätsvermeidung in europäischen Schulen

- *Heidrun Mayer*, beta Institut gemeinnützige GmbH, Augsburg
  PAPILIO. Präventionsprogramm für Kindergärten.

- *Gerd Koop*, Präventionsrat Oldenburg
  Wie organisiert man erfolgreich kommunale Präventionsarbeit?

- *Özcan Ülger*, BAG Evangelische Jugendsozialarbeit e.V., Bonn
  Integration durch Online-Beratung

- *Hark-Mo Daniel Park*, Korean Institute of Criminology (KIC), Seoul
  Opferschutz und Opferrechte in Korea

- *Gerd Liesegang*, Berliner Fussball-Verband, Berlin
  Präventionsmodell Berliner Jugendfussball

- *Hans-Jörg Schacht*, Polizeipräsidium Gelsenkirchen
  ZIT für Krisensituationen/Amoklagen für alle Schulformen

- *Beate Kentner-Figura*, Zentralinstitut für seelische Gesundheit Mannheim
  Hometreatment- Intervention und Prävention bei Delinquenz?

- *Bettina Heine*, Diakonisches Werk Steglitz und Teltow-Zehlendorf, Berlin
  Überschuldungsprävention bei Jugendlichen als Bildungsaufgabe

- *Matthias Rau*, Johannes-Gutenberg-Universität Mainz
  Integration von Strafgefangenen mit Migrationshintergrund

- *Klaus Böhm*, Behandlungsinitiative Opferschutz (BIOS-BW) e.V., Karlsruhe
  Verbesserung des präventiven Opferschutzes im Strafrecht

- *Ute Paul*, BIG e.V. , Berlin
  BIG Prävention an Schulen - ein Bericht aus der Praxis
- *Ursula Schele*, PETZE Institut für Gewaltprävention ggmbH, Kiel
  PETZEn hilft. Prävention von Missbrauch für Schulen
- *Klaus Farin*, Archiv der Jugendkulturen e. V. , Berlin
  Culture on the Road. Jugendkulturelle Bildung gegen Rassismus
- *Silvia Wallner-Moosreiner*, Sozialdienst kath. Frauen Landesstelle Bayern e.v.,
  München
  PräGe Prävention von häuslicher Gewalt - Konzept für Schulen
- *Ali Kaaf*, familie e.v. , Berlin
  Sylvie Lehmann, familie e.v. , Berlin
  "Arabische Reise" Gruppe für Kinder arabischer Herkunft
- *Claudia Greve*, Innenministerium NRW, Düsseldorf
  Der Präventionsatlas NRW - ein Wegweiser zur Prävention
- *Thomas Hoffmann*, Polizeidirektion Pforzheim
  Kriminal- und Verkehrsprävention durch "Schutzengel"
- *Susanne Schumacher*, Stalking Opferhilfe Berlin e.V.
  Stalking - Opferhilfe und Recht
- *Christine Böckmann*, Miteinander - Netzwerk für Demokratie und Weltoffenheit
  in Sachsen-Anhalt e.v., Magdeburg
- *Ricarda Milke*, Miteinander - Netzwerk für Demokratie und Weltoffenheit in
  Sachsen-Anhalt e.v., Magdeburg
  Bildungsarbeit mit rechtsextrem gefährdeten Jugendlichen?
- *Elisabeth Wütz*, Johanniter-Jugend in der Johanniter-Unfall-Hilfe e.V. , Berlin
  !Achtung – Prävention sexuellen Missbrauchs im Jugendverband
- *Kazim Erdogan*, Aufbruch Neukölln e.V. , Berlin
  Väter mit türkischem Migrationshintergrund in Berlin
- *Gabriela Kreter*, Karlschule Hamm
  Schulerfolg: Der LPR/NRW präsentiert die Karlschule in Hamm
- *Prof. Dr. Michael Galuske*, Universität Kassel
  "Am Anfang habe ich gedacht, ich will mich nicht ändern!"
- *Andrea Sieverding*, Landeskriminalamt Niedersachsen, Hannover
  PaC – Prävention als Chance. Gewaltprävention von Anfang an
- *Silke Baer*, Cultures Interactive e.V. , Berlin
  Cultures Interactive -- jugendkultureller Ansatz gegen Extremismus
- *Heike Herold*, Frauenhauskoordinierung e.V. , Berlin
  Verknüpfung Frauenschutz und Kinderschutz bei häuslicher Gewalt

- *Dr. Regina Trüb*, Bundesamt für Migration und Flüchtlinge, Nürnberg
  Bildung-Integration-Prävention: Positionen des Bundesamtes
- *Wolf Ortiz-Müller*, Stop-Stalking, Berlin
  "Aufhören muss der Täter" - Stalkerberatung als Opferschutz
- *Dr. Katharina Beclin*, Rechtswissenschaftliche Fakultät der Universität Wien
  Bildungsoffensive gegen Jugendkriminalität?
- *Dirk Friedrichs*, PiT- Hessen, Frankfurt
  PiT-Hessen: 6 Jahre erfolgreich Gewaltprävention
- *Prof. Dr. Roland Roth*, Hochschule Magdeburg-Stendal (FH)
  Programmevaluationen des Berliner Integrationsbeauftragten
- *Franz Nowak-Sylla*, JVA Bielefeld-Brackwede I
  Karin Schweers, Drogenberatungsstelle Bielefeld
  "Trotz alle dem!" - Drogen-Rückfallpräventionsprogramm im Strafvollzug
- *Dr. Helmut Fünfsinn*, Hessisches Ministerium der Justiz, Wiesbaden
  Elektronische Fußfessel und Prävention - ein Widerspruch?
- *Thomas Nebling*, Techniker Krankenkasse, Hamburg
  "Kompetent als Patient" - Gesundheitsbildung als Prävention
- *Helmolt Rademacher*, Hessisches Kultusministerium Projekt GuD, Frankfurt
  Gewaltprävention und Demokratielernen
- *Judy Korn*, Violence Prevention Network e.V. , Berlin
  Violence Prevention Network - Verantwortungspädagogik
- *Dietmar Schurian*, Der Polizeipräsident in Berlin
  Netzwerkinitiative "Wir lassen uns nicht betäuben"
- *Serap Altinisik*, TERRE DES FEMMES e.V. , Berlin
  Anne Lenz, TERRE DES FEMMES e.V. , Berlin
  Workplace Policy – Unternehmen gegen Häusliche Gewalt
- *Friederike Gabriel*, Bewährungshilfe Stuttgart e.V.
  Prävention mit schweren Gewaltstraftätern im Regelvollzug
- *Sabine Drexler*, AOK Baden-Württemberg, Stuttgart
  Jutta Ommer-Hohl, AOK Baden-Württemberg, Stuttgart
  ScienceKids - innovative Gesundheitsbildung in der Schule

Ausstellung

Die kongressbegleitende Ausstellung des 15. Deutschen Präventionstages gliederte sich in 178 Infostände, 2 Infomobile, 10 Sonderausstellungen und 18 Posterpräsentationen.

Infostände

- ADHS Selbsthilfegruppe Neubrandenburg
- AIM Bundesarbeitsgemeinschaft Individualpädagogik e.v.
- Aktion "Sportler setzen Zeichen" - WEISSER RING e. V.
- Anne Frank Zentrum
- Arbeitsgemeinschaft Kinder- und Jugendschutz (AJS) NRW e.v.
- Arbeitsstelle Rechtsextremismus und Gewalt (ARUG)
- Archiv der Jugendkulturen e. V.
- Balu und Du e.v.
- Beauftragter des Senats für Integration und Migration, Berlin
- Behandlungsinitiative Opferschutz (BIOS-BW) e.v.
- Berliner Fussball-Verband
- Berliner Krisendienst
- Berliner Notdienst Kinderschutz
- Berufsfortbildungswerk des DGB
- beta Institut gemeinnützige GmbH
- BORA e.V.
- Bündnis Berliner Frauenhäuser und Frauenberatungsstellen (BBFF)
- Bündnis für Demokratie und Toleranz - gegen Extremismus und Gewalt
- Bundesamt für Migration und Flüchtlinge
- Bundesarbeitsgemeinschaft Kinder- und Jugendschutz e.v.
- Bundesarbeitsgemeinschaft Prävention & Prophylaxe e. V.
- Bundesministerium der Justiz / Bundesamt für Justiz
- Bundesministerium für Verkehr, Bau und Stadtentwicklung
- Bundespolizei
- Bundesprogramm „VIELFALT TUT GUT. Jugend für Vielfalt, Toleranz und Demokratie" des Bundesministeriums für Familie, Senioren, Frauen und Jugend
- Bundesprüfstelle für jugendgefährdende Medien
- Bundesverband Frauenberatungsstellen und Frauennotrufe
- Bundesverwaltungsamt
- Bundeszentrale für gesundheitliche Aufklärung (BZgA) - Kampagnen und Maßnahmen zur Suchtprävention
- Bundeszentrale für gesundheitliche Aufklärung/Deutsches Jugendinstitut: Nationales Zentrum Frühe Hilfen
- Bundeszentrale für politische Bildung

- Camino gGmbH
- CJD Chemnitz
- CJD Nienburg
- culture.net e.V.
- Cultures Interactive e.V.
- Dachverband der autonomen Frauenberatungsstellen NRW e.V.
- Das Bildungszentrum der Justizvollzugsanstalt Freiburg
- DBH-Fachverband für Soziale Arbeit, Strafrecht und Kriminalpolitik
- Der Polizeipräsident in Berlin
- Deutsche Liga für das Kind in Familie und Gesellschaft e. V.
- Deutsche Sportjugend im Deutschen Olympischen Sportbund e.V. (dsj)
- Deutsche Vereinigung für Jugendgerichte und Jugendgerichtshilfen e.V. (DVJJ)
- Deutscher Behindertensportverband e.V.
- Deutscher Ju-Jutsu Verband e.V.
- Deutscher Kinderschutzbund
- Deutsches Forum für Kriminalprävention
- Deutsches Jugendinstitut e. V.
- DGfPI - Deutsche Gesellschaft für Prävention und Intervention bei Kindesmiss-handlung und -vernachlässigung e. V.
- Diakonisches Werk Neukölln-Oberspree e.V.
- Durchboxen im Leben e.V.
- EJF Gemeinnützige AG
- European Forum for Urban Security (EFUS)
- Fachkräfteportal der Kinder- und Jugendhilfe
- Fachstelle für Suchtprävention im Land Berlin
- Förderung der Bewährungshilfe in Hessen e.V.
- Förderverein Gewaltfrei Lernen e.V.
- FREIE HILFE BERLIN e.V.
- Freie Kulturschule e.V.
- GdP Gewerkschaft der Polizei
- gegen-missbrauch e.V.
- Gemeindejugendwerk Sachsen
- Gemeinnützige Gesellschaft zur Förderung Brandenburger Kinder und Jugend-licher mbH -GFB

- Gesellschaft Bürger & Polizei e.v.
- Gewalt Akademie Villigst und AWOLON und ROTE KARTE RHEINLAND
- Glen Mills Academie Deutschland e. V.
- GSJ - Gesellschaft für Sport und Jugendsozialarbeit gGmbH / Sportjugend Berlin
- HaLT (Hart am Limit) - Coburg
- Haus des Jugendrechts Stuttgart
- Heinrich-Seidel-Grundschule
- Hessisches Ministerium der Justiz, für Integration und Europa
- Initiative Schutz vor Kriminalität e.V.
- Initiative Sicherer Landkreis Rems-Murr e.V.
- International Psychoanalytic University Berlin und Denkzeit Gesellschaft
- Jugendstation Gera
- Justizministerium des Landes Nordrhein-Westfalen
- Justizvollzug Nordrhein-Westfalen
- Justizvollzugsanstalt Wiesbaden
- Katholische Bundes-Arbeitsgemeinschaft Straffälligenhilfe
- Kindergärten City
- KOK - Bundesweiter Koordinierungskreis gegen Frauenhandel und Gewalt an Frauen im Migrationsprozess
- Kommunaler Präventionsrat der Stadt Rödermark
- Kommunikationszentrum E-WERK e.V.
- Koordinierungsstelle Gewaltprävention im Staatlichen Schulamt Weilburg (Hessen)
- Kreispolizeibehörde Gütersloh
- Kreispolizeibehörde Minden-Lübbecke
- Kriminalpräventiver Rat der Landeshauptstadt Düsseldorf
- Kriminalpräventiver Rat der Stadt Schleswig
- Kurzzeithelden gGmbH
- Landeskommission Berlin gegen Gewalt
- Landeskriminalamt Baden-Württemberg
- Landeskriminalamt Brandenburg
- Landeskriminalamt Niedersachsen
- Landeskriminalamt Sachsen
- Landespolizeiamt Schleswig-Holstein
- Landespräventionsrat Niedersachsen

- Landespräventionsrat Sicherheitsoffensive Brandenburg
- Landesstelle für Gleichbehandlung - gegen Diskriminierung (Berlin)
- Landkreis Aurich
- Landkreis Gifhorn
- Landkreis Waldeck-Frankenberg
- Landrat des Ennepe-Ruhr-Kreis als Kreispolizeibehörde
- Lehren-Forschen-Lernen e.V.
- Lernen aktiv e. V.
- Lichtmädchen e.V.
- MANEO
- Männer gegen Männergewalt e.V.
- MediationsZentrum Berlin e.V.
- Nachbarschaftsheim Schöneberg e.V.
- Netzwerk gegen Gewalt
- Netzwerk Gewaltprävention und Konfliktregelung Münster
- OASIS – Optimierung arbeitsmarktlicher und sozialer Integration im Strafvollzug
- Opferhilfe Berlin e.V.
- pad e.V.
- Passage - Frauen- und Jugendvollzug
- Pestalozzi - Fröbel - Haus
- PETZE Institut für Gewaltprävention gGmbH
- PiT- Hessen
- Polizei Hamburg und Beratungstelle Gewaltprävention
- Polizei Hessen
- Polizeidirektion Flensburg
- Polizeidirektion Pforzheim
- Polizeiinspektion Schwerin
- Polizeiliche Kriminalprävention der Länder und des Bundes (ProPK)
- Polizeipräsidium Bielefeld
- Präventionsrat Gelsenkirchen
- Präventionsrat im Harlingerland e. V.
- Präventionsrat Oldenburg
- PräventSozial Justiznahe Soziale Dienste gGmbH

- Projekt des Hessischen Kultusministeriums - Gewaltprävention und Demokratielernen GuD
- Rat für Kriminalitätsverhütung Schleswig-Holstein
- Respekt e.V.
- Ringm@ster Frühwarnsystem
- Rummelsberger Dienste für junge Menschen gGmbH
- Sächsisches Staatsministerium des Innern - Landespräventionsrat im Freistaat Sachsen
- Sächsisches Staatsministerium des Innern - Landesprogramm "Weltoffenes Sachsen"
- Schutzengelprojekt der Landkreise Cloppenburg und Vechta
- Senatsverwaltung für Justiz, Berlin
- Seniorpartner in School e.V. - Bundesverband
- Spiel & Action e.V.
- Sport u. Kooperation International e.V.
- Stadt Winsen (Luhe)
- Stalking Opferhilfe Berlin e.V.
- Startklar - straffällige weibliche Jugendliche innerhalb und außerhalb des Justizvollzuges
- Stiftung Opferhilfe Niedersachsen
- Stiftung SPI - Sozialpädagogisches Institut Berlin "Walter May"
- Stop-Stalking
- Streetlife, Wolfsburg
- Strohhalm e.V.
- SUB/WAY berlin e.V.
- Tannenhof Berlin-Brandenburg e.V.
- Tauwetter e.V.
- Theater EUKITEA gGmbH
- theaterpädagogische werkstatt gGmbH
- Universal-Stiftung Helmut Ziegner
- Universität Erlangen
- Verband für sozial-kulturelle Arbeit
- Verbandsgemeindeverwaltung Kirchheimbolanden
- Verein Programm Klasse2000 e.V.
- Violence Prevention Network e.V.

- webjungs.de
- WEISSER RING e.V.
- Wellenbrecher e. V.
- Wildwasser e. V.
- ZDK Gesellschaft Demokratische Kultur gGmbH
- Zentralstelle kompetent. für Demokratie
- ZUFF e. V. - Zufluchtswohnungen für Frauen
- Zweikampfverhalten e.V.

Infomobile
- Stadtsportbund Düsseldorf e.V.
- Shakerbar

Sonderausstellungen
- Berliner Initiative gegen Gewalt an Frauen - BIG e.V.
- Bundespolizeidirektion Sankt Augustin
- Fotoausstellung TRAFFIC - www.just-art-online.de
- Freie Kulturschule e.V.
- Gangway e.V.
- HUjA e. V.
- Jugendstrafanstalt Berlin
- Landeskriminalamt Sachsen-Anhalt
- Senatsverwaltung für Wirtschaft, Technologie und Frauen, Berlin
- Wanderausstellung „8UNG IN DER SCHULE" - Initiative Gesundheit und Arbeit (iga)

Posterpräsentationen
- Berliner Krisendienst
- Caritasverband für das Erzbistum Berlin e.V.
- Charity Child
- Culture.net e.V.
- Deutsche Gesellschaft für Baby- und Kindermassage
- Fachstelle für Suchtprävention im Land Berlin
- Institut für Klinische Psychologische Diagnostik der Universität zu Köln
- Johannes-Gutenberg-Universität Mainz
- Jugendhilfe Göttingen e.V.Runder Tisch gegen häusliche Gewalt
- Stop-Stalking

- Technische Universität Darmstadt
- Universität Halle
- Universität Hildesheim

Werkstatt

Begleitveranstaltungen

Begleitend zum 15. Deutschen Präventionstag fanden die folgenden 10 Veranstaltungen statt:

- Sitzung des Programmbeirats des 15. Deutschen Präventionstages
- Internes Arbeitstreffen der Geschäftsführerinnen und Geschäftsführer der Landespräventionsräte
- Communities That Care European Meeting
- General Assembly 2010 of the European Forum for Urban Safety
- Gründungsversammlung des deutsch-europäischen Forums für urbane Sicherheit (DEFUS)
- Erfahrungsaustausch für haupt- und ehrenamtlich Tätige in der Bewährungs- und Straffälligenhilfe: „Erfahrungen, Hindernisse und Erfolgsstrategien"
- 17. DVS-Stiftungstag
- Governance Meeting of the International Centre for the Prevention of Crime (ICPC)
- Gemeinsames Treffen der AG Kripo und des UA FEK
- Treffen der Vorsitzenden und der Geschäftsführer der Landespräventionsgremien

DPT-Bühne

Es wurden acht Bühnenstücke angeboten:

- "Time out" - Ein Theaterstück des Berliner Tschechow-Theaters vom Kulturring in Berlin e. V. in Zusammenarbeit mit der Johann-Julius-Hecker-Schule
  Kulturring in Berlin e.V.
- "Eigentlich wollte ich fliegen" - Ein Theaterstück für Kinder und Jugendliche zum Thema Gewaltprävention
  Theater EUKITEA gGmbH
- Die andere Seite - Theater zur Prävention von Gewaltexzessen
  Galli Theater
- Präventionsprojekt "Geheimsache Igel" - Präventionstheater für Kindergarten und Grundschule
  Gewaltpräventionstheater-Projekt "GEHEIMSACHE IGEL"

- "Mit Musik und Tanz für Toleranz" - Ein musisch-kulturelles Programm von Schülern der Förderschule Lb "Schule an der Lindenallee"

- Gewaltfrei Lernen - Konfliktfähigkeit in Bewegung trainieren Förderverein Gewaltfrei Lernen e.V.

- "Bruutox - oder - Held in Not" - Ein Stück des Heilbronner Kinder- und Jugendtheaters "Radelrutsch" zum Thema "Faszination von Computerspielen" Polizeidirektion Heilbronn

Filmforum

Im Filmforum des 15. Deutschen Präventionstages wurden 11 Filme gezeigt und diskutiert.

- Kurzfilm: Glück im Maß Nachbarschaftshaus Wannseebahn e.V.

- "Lebensläufe" Medienwerkstatt Identity Films

- Neues Medienpaket sensibilisiert junge Menschen für das Thema Zivilcourage Polizeiliche Kriminalprävention der Länder und des Bundes (ProPK)

- GG 19 – 19 gute Gründe für die Demokratie culture.net e.V.

- Gewaltprävention mit dem elektronischen Baukasten am Beispiel Schul- und Klassenklima Stiftung "Verantwortung statt Gewalt"

- Präventionsfilme aus Ungarn Ministerium für Justiz und Polizeiwesen

- Wut im Bauch: Kinder im Wedding machen Theater Deutscher Kinderschutzbund LV Berlin e.V.

- Jugend und Alkohol: (K)Omasaufen Polizeidirektion Flensburg

- Alkoholprävention im (Sport-)Verein Politik zum Anfassen e.V.

- Trailer zum Kinodokumentarfilm „Friedensschlag - Das Jahr der Entscheidung" Work and Box Company - ein Projekt von hand in

- Heinrich-Seidel-Grundschule - eine Schule, die bewegt Heinrich-Seidel-Grundschule

Teilnehmende und Besucher

Die zahlenmäßige Entwicklung der Kongressteilnehmenden und –besucher der vergangenen Jahre ergibt sich aus der nachfolgenden Tabelle:

	registrierte Kongressteil-nehmende	registrierte Besucher der Bühne und der DPT-Universität	Gesamtzahl der registrierten Teilnehmenden und Besucher
5. DPT, Hoyerswerda, 1999	610	-	610
6. DPT, Düsseldorf, 2000	1.214	-	1.214
7. DPT, Düsseldorf, 2001	1.226	-	1.226
8. DPT, Hannover, 2003	1.219	50	1.269
9. DPT, Stuttgart, 2004	1.235	750	1.985
10. DPT, Hannover, 2005	1.907	1.550	3.457
11. DPT, Nürnberg, 2006	1.442	780	2.222
12. DPT, Wiesbaden, 2007	1.901	1.624	3.525
13. DPT, Leipzig, 2008	1.744	2.400	4.144
14. DPT, Hannover 2009	2.129	718	2.847
15. DPT, Berlin 2012	2.728	1.691	4.419

Medienresonanz

Der 15. Deutsche Präventionstag hat wie in den Vorjahren eine positive Presseresonanz erfahren. Dies gilt ebenso für die Printmedien wie auch für die Radio- und Fernsehberichterstattung. Verantwortet wurde die Presse- und Öffentlichkeitsarbeit des 15. Deutschen Präventionstages erneut von Susanne Kirchhoff, Richterin am OLG Osnabrück, die einen Großteil der Presseberichte in einem gesonderten Medienspiegel dokumentiert hat.

Dokumentation und Evaluation

Die Gesamtdokumentation der Programme und der einzelnen Präsentationen der jährlichen Deutschen Präventionstage erfolgt grundsätzlich über das Internet. Die Beiträge zum Schwerpunktthema werden zusätzlich in gedruckter Form veröffentlicht. Die zentralen Programmpunkte und Beiträge aller bisherigen Kongresse sind auf der Homepage „www.praeventionstag.de" dokumentiert und stehen dort auch als Downloads zur Verfügung, sofern die Referenten der vergangenen Jahre entsprechende Dokumente zur Verfügung gestellt haben. Diese Dokumentation wird ständig weiterentwickelt und steht als benutzerfreundliche Internetdatenbank zur Verfügung.

Seit dem 5. Deutschen Präventionstag im Jahr 1999 werden Kongresskataloge mit Abstracts zu allen Präsentationen und Programmpunkte gedruckt. Buchdokumentationen wurden bislang zum 4. DPT (1998), zum 11. DPT (2006), zum 12. DPT (2007) sowie zum 13. DPT (2008) vorgelegt und werden seit dem 12. Kongress (2007) jährlich als Sammelband zum jeweiligen Schwerpunktthema der Kongresse veröffentlicht.

Der 15. Deutsche Präventionstag wurde durch die Agentur proval mittels einer Onlinebefragung aller Kongressteilnehmenden evaluiert (s. Seiten 105 bis 144).

Gutachten und Berliner Erklärung

Zur Vorbereitung der Beratungen zum Schwerpunktthema des 15. Deutschen Präventionstages „Bildung – Prävention - Zukunft" hat Frau Dr. Wiebke Steffen mit ihrem wissenschaftlichen Gutachten erneut eine viel beachtete und gewürdigte Grundlage gelegt. Der Text des Gutachtens ist in diesem Sammelband ab Seite 39 veröffentlicht.

Die insbesondere auf dem Gutachten aufbauende Berliner Erklärung des Deutschen Präventionstages und seiner ständigen Veranstaltungspartner ist auf den Seiten 5 bis 8 abgedruckt.

Wiebke Steffen

Gutachten
für den 15. Deutschen Präventionstag
10. & 11. Mai 2010 Berlin

„Bildung – Prävention – Zukunft "

Lern- und Lebensräume von Kindern und Jugendlichen
als Orte von Bildung und Gewaltprävention

Wiebke Steffen
Heiligenberg (Baden) / München

0   Zusammenfassung

1   Lebenslagen und Lebenschancen in Deutschland

1.1   Aufwachsen in der Spätmoderne

1.2   Lebenschancen in prekären Lebenslagen

1.3   Bildung, Integration, Teilhabe: Wie steht es mit der Gerechtigkeit?

2   Bildung ist mehr als Schule

2.1   Bildung und Bildungsorte

2.2   Bildungsorte als Orte von Gewaltprävention

3   Bildungsorte und Gewaltprävention

3.1   Familie als Ort von Bildung und Prävention

3.1.1   Familie als Bildungsort

3.1.2   Familie als Ort von Gewaltprävention

3.2   Kindertagesbetreuung als Ort von Bildung und Prävention

3.2.1   Aufwachsen in öffentlicher Verantwortung

3.2.2   Kindertagesbetreuung als Ort von Gewaltprävention

3.3   Schule als Ort von Bildung und Prävention

3.3.1   Schule als Ort von Bildung

3.3.2   Schule als Ort von Gewaltprävention

3.4   Kinder- und Jugendhilfe als Ort von Bildung und Prävention

3.4.1   Kinder- und Jugendhilfe als Ort von Bildung

3.4.2   Kinder- und Jugendhilfe als Ort von Gewaltprävention

Literaturverzeichnis

0

Zusammenfassung

Das Schwerpunktthema des 15. Deutschen Präventionstages „Bildung – Prävention – Zukunft" greift eine Problematik auf, die bereits im Gutachten zum Schwerpunktthema des 14. Deutschen Präventionstages 2009 „Solidarität leben – Vielfalt sichern" deutlich wurde: Die Tatsache, dass in Deutschland der Bildungserfolg der nachwachsenden Generation in hohem Maße von Schicht und Herkunft bestimmt wird. Bildung und Qualifizierung sind aber die Voraussetzung für individuelle Lebenschancen und gesellschaftliche Teilhabe. Gleiche Chancen beim Zugang zu Bildung fördern Integration und Teilhabe und sind deshalb auch ein Beitrag zur Prävention von Gewalt und Kriminalität.

Das **Gutachten** zum Schwerpunktthema des 15. Deutschen Präventionstages „Lern- und Lebensräume von Kindern und Jugendlichen als Orte von Bildung und Gewaltprävention" geht

1.

zunächst auf die **gesellschaftlichen Voraussetzungen und Veränderungen** ein, die Bildung und Bildungschancen in Deutschland bestimmen und sich vor allem zum Nachteil von Kindern und Jugendlichen unterer Sozialgruppen und solcher mit einem Migrationshintergrund auswirken: Auf die mit gesellschaftlichen Modernisierungsprozessen verbundenen Herausforderungen und Anforderungen sowie auf die mit der Verschlechterung von Lebenslagen einhergehenden Desintegrations- und Exklusionserfahrungen – die Bildungsgerechtigkeit wie soziale Teilhabe in Frage stellen und damit auch ein Risiko für Gewaltkriminalität im Kindes- und Jugendalter sein können.

2.

Es greift dann die Diskussion darüber auf, dass **Bildung mehr als Schule** ist, nämlich ein kontinuierlicher Prozess im Lebensverlauf, und dass Bildungsprozesse von Kindern und Jugendlichen folglich an vielen Orten ihres Aufwachsens stattfinden: An Lern- und Lebensräumen, deren (Bildungs-)Leistungen aber offensichtlich immer weniger selbstverständlich für alle Heranwachsenden sichergestellt werden können, weshalb diese Kinder dann auch nicht auf die für den Schulerfolg notwendigen bildungsrelevanten Ressourcen zurückgreifen können.

Diese Orte der Bildung, Erziehung und Betreuung können auch **Orte von Gewalt und Gewaltprävention** im Kindes- und Jugendalter sein – und die Strategien zur Verhinderung bzw. Minderung von Gewalt können auch unter dem Aspekt der Bildung beschrieben werden. Denn zum einen stellen alle auf die Person bezogenen Formen von Prävention Bildungsansprüche, sind auf die Entwicklung der Persönlichkeit, die Ausbildung von Identität bzw. auf den Erwerb von Handlungskompetenzen gerichtet. Zum andern lässt sich der überwiegende Teil der in den letzten Jahren entwickelten

Strategien als pädagogische Strategien bezeichnen, die Gewalt im Kindes- und Jugendalter auch als Lernchancen begreifen, ggf. auch als Chancen für pädagogische Unterstützung.

3.

Unter dem Aspekt „Bildungsorte und Gewaltprävention" werden dann die **vier Bildungsorte**, die für das Aufwachsen praktisch aller Kinder relevant sowie von gleichrangiger Bedeutung sind und sich in ihrer Wirkung ergänzen – weshalb sie auch aufeinander bezogen sein und miteinander kooperieren sollten – auf ihre Leistungen, Chancen und Risiken als Bildungsorte, ihre Bedeutung für das Auftreten von **Gewalt** und ihre Strategien für die **Verhinderung bzw. Minderung von Gewaltkriminalität** hin analysiert: Familie, Kindertagesbetreuung, Schule, Angebote und Einrichtungen der Kinder- und Jugendhilfe.

3.1

Die **Familie** ist ohne Frage die primäre Lebenswelt von Kindern und Jugendlichen. Obwohl fast alle Kinder in Familien aufwachsen, sind doch auch prekäre Entwicklungen festzustellen und eine Vielzahl von neuen Herausforderungen an Väter, Mütter und Kinder.

Zu diesen Herausforderungen gehören auch die Aufgaben der Familie im **Bildungsprozess** von Kindern. In einer wohl zuvor noch nie so deutlich sichtbaren Form haben die PISA-Studien nicht nur die zentrale Funktion der Familie für den Erfolg von Lern- und Bildungsprozessen der nachwachsenden Generation deutlich gemacht, sondern auch, in welchem Maße dieser Erfolg von ihrer sozialen Lage, ihren Lebensbedingungen abhängt. Benachteiligt sind vor allem Kinder unterer Sozialgruppen und mit Migrationshintergrund. Dabei ist der Einfluss der Familie so groß, dass Ungleichheiten anschließend durch Unterstützungssysteme und Bildungsinstitutionen nur schwer wieder ausgeglichen werden können. Weshalb sich die Frage stellt, ob und wie die öffentliche Verantwortung für das Aufwachsen von Kindern verstärkt werden kann mit dem Ziel, elterliche Beziehungs- und Erziehungskompetenzen zu unterstützen – ohne in das Erziehungsrecht der Eltern einzugreifen.

Familiale Erziehung gelingt nicht immer störungsfrei und ohne Defizite – auch mit dem Risiko, dass die Kinder zu Opfern und Tätern von **Gewaltkriminalität** werden bzw. Opfer von Gewalt in der Familie durch Vernachlässigung bzw. psychische, physische und/oder sexuelle Misshandlung („Kindeswohlgefährdung").

Diese Gewalt an Kindern kann erhebliche Folgeprobleme haben und die Entwicklung der Kinder nachhaltig beeinträchtigen. Programme und Maßnahmen der **frühen Prävention** sind deshalb gerade im Kontext der Familie von erheblicher Bedeutung: Gesetzliche Reglungen wie das „Gewaltächtungsgesetz", Angebote der Familienbildung, Frühe Hilfen. Wichtig sind aber auch die grundsätzliche **Förderung** elterlicher

Kompetenzen und elterlichen Verhaltens durch Unterstützungs- und Interventionsmaßnahmen sowie die Regelangebote der Kinder- und Jugendhilfe.

3.2

Die **Kindertagesbetreuung**, das Aufwachsen in öffentlicher Verantwortung, ist ein Weg, Benachteiligungen durch einen frühen Zugang zu öffentlich organisierten und verantworteten Bildungsorten und bildungsfördernden Lebenswelten außerhalb der Familie auszugleichen. In den letzten Jahren ist ein grundlegender Wandel hinsichtlich der Einschätzung der Bedeutung **frühkindlicher Bildung und Betreuung** außerhalb der Familie festzustellen. Inzwischen ist die Kindertagesbetreuung eine Lebenswelt, die nahezu alle Kinder in Deutschland erfahren – wenn auch sehr unterschiedlich in Umfang und Qualität.

Es ist auch nicht zu verkennen, dass die Kindertageseinrichtungen inzwischen mit **Erwartungen** überhäuft werden, denen die Einrichtungen und die in ihnen tätigen Fachkräfte unter den derzeit geltenden Rahmenbedingungen gar nicht entsprechen können. Auf jeden Fall sind erhebliche Anstrengungen erforderlich, wenn die Kindertagesbetreuung auch nur ansatzweise in die Lage versetzt werden soll, den Anforderungen und Erwartungen zu genügen. Außerdem müssen die Eltern stärker und systematischer in die Erziehungs- und Bildungsprozesse der Kindertagesstätten eingebunden werden, etwa durch den Ausbau der Kindertageseinrichtungen zu Zentren für integrierte und niedrigschwellig zugängliche Dienstleistungs- und Unterstützungssysteme („Familienzentren", „Early Excellence Centres").

Als erste öffentlich organisierte und verantwortete Instanz außerhalb der Familie ist die Kindertagesbetreuung auch ein Ort für **Gewaltprävention**, insbesondere weil sie Kindern wie Familien schon in einem sehr frühen Stadium Förderung, Hilfe sowie Unterstützung anbieten und so vor (potenzieller) Gewalt schützen kann. Denn nicht die Gewalt zwischen den Kindern oder gegenüber den Betreuungspersonen ist der Anlass für Maßnahmen der Gewaltprävention: Tatsächlich dürfte in Kindertagesstätten kein „Gewaltproblem" vorliegen – ganz abgesehen davon, dass die Verwendung des Gewaltbegriffs für kindliches Verhalten ohnehin problematisch und unangemessen ist.

Bei der (Gewalt-)Prävention in der Kindertagesstätte geht es in erster Linie darum, soziale Kompetenzen zu fördern, Benachteiligungen zu verhindern oder abzubauen, Integration und soziale Teilhabe von Kindern zu unterstützen. Außerdem geht es für die Fachkräfte darum, präventive Aufgaben innerhalb sozialer Frühwarnsysteme zu übernehmen, um etwaige Problemkonstellationen in der Versorgung und Erziehung eines Kindes möglichst frühzeitig zu erkennen.

3.3

Auch wenn Bildung mehr ist als Schule und gelingende Lebensführung wie soziale Integration ebenso auf Bildungsprozessen in Familien sowie Einrichtungen der Kinder- und Jugendhilfe und der beruflichen Bildung aufbauen, ist **Schule** ohne Frage der **zentrale öffentliche Bildungsort** für Kinder und Jugendliche im Prozess des Aufwachsens. Der Bildung im Schulalter kommt eine Schlüsselrolle für die individuelle Entwicklung, für die gesellschaftliche Teilhabe und für die Vermittlung von Kompetenzen zu.

Nicht zuletzt wegen dieser Bedeutung ist Schule gleichzeitig auch ein heftig kritisierter Bildungsort: Das deutsche Schulsystem scheint nicht die Bildungsleistungen zu erbringen, die es sollte und die von ihm erwartet werden. Weder wird der Anspruch auf Chancengleichheit verwirklicht, noch der auf eine umfassende schulische Allgemeinbildung.

Benachteiligt sind Kinder und Jugendliche aus sozial schwachen Lagen – und diese Risikolagen haben in den letzten Jahren zugenommen. Migrationshintergrund ist eine Risikolage, die in allen Stufen des Schulsystems zu Benachteiligungen führt. Die geschlechtsspezifische Benachteiligung von Mädchen ist inzwischen aufgehoben; neue Problemlagen gibt es dagegen für Jungen. Insgesamt produziert das deutsche Schulsystem zu viele **Bildungsverlierer**. Allerdings dürfen nicht alle Probleme nur der Schule angelastet werden, sondern auch den der Schule zeitlich vorgelagerten bzw. sie ergänzenden Bildungsorten Familie, Kindertagesbetreuung, Angebote der Kinder- und Jugendhilfe. Der formale Bildungsort Schule kann nur funktionieren, wenn die (non-formalen) Bildungsorte vor und neben ihm funktionieren.

Eine Antwort auf die nicht zu verkennenden Probleme der schulischen Bildung, die zentrale bildungspolitische Hoffnung schlechthin, wird in dem bundesweiten Auf- und Ausbau der **Ganztagsschulen** gesehen, in der Möglichkeit, die herkömmliche Unterrichtsschule nicht nur zeitlich auszuweiten, sondern auch um andere Bildungsinhalte und andere Formen des Lernens zu ergänzen. Wie allerdings die Chance genutzt werden kann, die Stärken der Schule mit den Stärken der anderen Bildungsakteure zu verbinden, insbesondere mit denen der **Kinder- und Jugendhilfe** ist noch weitgehend ungeklärt. Ebenso ungeklärt wie die Dauer (und das Ausmaß) der Umstellung des Schulsystems zu Ganztagsschulen sowie die Umsetzung der „Vision" einer Entwicklung von lokalen Bündnissen für Bildung bzw. von kommunalen Bildungslandschaften.

Zu den Forderungen an den öffentlichen Bildungsort Schule gehören auch die, etwas gegen die **Gewalt** und die Gewaltbereitschaft bei Kindern und Jugendlichen zu tun. Zwar ist Schule eher selten der „Tatort" für Jugendgewalt und es ist hier auch nicht zu einer allgemeinen Zunahme der körperlichen Gewalt und/oder einer zunehmenden Brutalisierung gekommen. Aber Schule ist der Ort, an dem sich Kinder und Jugendliche verlässlich aufhalten und deshalb auch für präventive Maßnahmen und Programme prinzipiell erreichbar sind.

Strategien der **Gewaltprävention** an der Schule zielen folglich zum einen darauf ab, die Gewalt zu verhindern bzw. zu verringern, zu der es zwischen den Schülern und Schülerinnen kommt, zum andern darauf, die Gewalt(bereitschaft) von Kindern und Jugendlichen insgesamt positiv zu beeinflussen. Gewaltprävention und die Förderung sozialer Kompetenzen sind Daueraufgaben schulischer Bildung und Erziehung und hängen eng mit der **Schulentwicklung** zusammen.

Gerade in diesem Zusammenhang muss auf eine Forschungslücke und einen Forschungsbedarf hingewiesen werden: In den empirischen Arbeiten über „Gewalt an der Schule" wurde bislang fast ausnahmslos nur über die Gewalt von Schülern und Schülerinnen geforscht und es wurden auch nur darauf bezogene Präventionsprogramme entwickelt und eingesetzt. Nur selten, wenn überhaupt, war dagegen die **Gewalt von Lehrkräften** an Schülern und Schülerinnen und deren Prävention ein Thema.

3.4

Angebote der **Kinder- und Jugendhilfe** sind nicht unerheblich an den Bildungsverläufen von Kindern und Jugendlichen im Schulalter beteiligt. Das entspricht dem Auftrag der Kinder- und Jugendhilfe zur Förderung der Persönlichkeitsentwicklung sowie zur Vermeidung bzw. zum Abbau von Benachteiligungen beizutragen und Bildungsprozesse zu initiieren und zu befördern.

Innerhalb der Kinder- und Jugendhilfe spielen vor allem die Angebote der **Kinder- und Jugendarbeit** eine zentrale Rolle im Alltag von Kindern und Jugendlichen als außerschulische, überwiegend non-formale Lernorte, die Bildungsprozesse auf der Grundlage von aktiver Beteiligung und Mitwirkung ermöglichen. Freiwilligkeit und Partizipation sind fest verankerte Grundprinzipien der Kinder- und Jugendhilfe und können durchaus die Kooperation mit anderen Partnern erschweren, etwa mit der Schule.

Wichtig sind innerhalb der Jugendarbeit die Bildungseffekte des **freiwilligen Engagements** durch aktive Mitarbeit in Vereinen, Verbänden und Initiativen. Allerdings sind auch bei der Inanspruchnahme dieses außerschulischen Lernortes herkunftsbedingte Unterschiede zu erkennen: Mit ihrer formalen Bildung steigt auch die Wahrscheinlichkeit, dass Jugendliche durch aktive Mitwirkung die Bildungsgelegenheiten des freiwilligen Engagements nutzten.

Prävention ist eines der Strukturprinzipien der Kinder- und Jugendhilfe: Jugendhilfe reagiert nicht erst auf Beeinträchtigungen und Schädigungen, sondern bemüht sich frühzeitig um die Abwendung von Gefährdungen und Gefahren. Dabei ist **Gewaltprävention** eine Aufgabe neben anderen.

Der spezifische Ansatz der Kinder- und Jugendhilfe liegt auch hier in den Prinzipien der Freiwilligkeit und Partizipation. Außerdem darin, an den **Ressourcen** und nicht an den Defiziten junger Menschen anzuknüpfen – und den Blick nicht nur auf das Gewaltverhalten zu richten, sondern auf den jungen Menschen als Ganzes, der als Person akzeptiert wird, was nicht bedeutet, dass auch sein Gewaltverhalten akzeptiert wird.

Nicht selten gerät die Jugendhilfe in den Konflikt zwischen den unterschiedlichen Interessen von Jugendlichen und Erwachsenen. Eine ihrer zentralen Aufgaben ist es, Jugendliche in solchen Konflikten zu unterstützen und Konflikte zu deeskalieren, insbesondere mit dem Ziel, das Verhalten der Jugendlichen als altersgemäß anzusehen und nicht vorschnell als „Gewalt" zu etikettieren. Auch bei den Jugendlichen, die bereits mit Gewaltverhalten auffällig – straffällig – geworden sind, geht die Jugendhilfe davon aus, dass pädagogische Ansätze dazu beitragen können, Gewaltverhalten zu verhindern.

Vorbemerkung

„Bildung und Qualifizierung sind die Voraussetzung für individuelle Lebenschancen und gesellschaftliche Teilhabe ... deshalb muss in einem demokratischen Staat Bildungsgerechtigkeit gegeben sein ... Diese Bildungsgerechtigkeit ist in Deutschland jedoch nicht vorhanden: Hier wird der Bildungserfolg in hohem Maße von Schicht und Herkunft bestimmt."

Diese Aussage im Gutachten zum Schwerpunktthema des 14. Deutschen Präventionstages 2009 „Solidarität leben – Vielfalt sichern" stützte sich auf Befunde der Sozialberichterstattung auf Bundesebene, hier insbesondere auf die der Bildungsberichte.[1] Die in diesen Berichten und weiteren empirischen Studien immer wieder festgestellte Problematik herkunftsbedingter Ungleichheit und die damit verbundene Diskussion um Chancengleichheit und Bildungsgerechtigkeit in Deutschland war der Anlass, „Bildung – Prävention – Zukunft" zum Schwerpunktthema des 15. Deutschen Präventionstages 2010 zu machen. Denn gleiche Chancen beim Zugang zu Bildung fördern Integration und Teilhabe und sind deshalb auch ein Beitrag zur Prävention von Gewalt und Kriminalität.

1
Lebenslagen und Lebenschancen in Deutschland

Kinder und Jugendliche wachsen heute in Deutschland in einer Gesellschaft auf, die – als Folge gesellschaftlicher Modernisierungsprozesse – nicht nur durch die Pluralisierung von Lebensstilen, Werthaltungen und Zielen sowie durch zunehmende Desintegrationserscheinungen gekennzeichnet ist, sondern auch durch eine wachsende sozio-ökonomische Spaltung sowie eine zunehmende soziale und ethnisch-kulturelle Vielfältigkeit.

---

[1]   BBE 2006 und BBE 2008.

Alle Berichte und Analysen etwa zu den Armutsrisiken, zur Bildungssituation, zur Integration von Migranten und ihren Kindern machen deutlich, dass sich die Lebenslagen für große Teile der Bevölkerung in Deutschland in den letzten Jahren und Jahrzehnten erheblich verschlechtert haben. Die Gesellschaft driftet immer weiter auseinander, die sozialen Unterschiede werden größer, Integrationsprobleme nehmen zu, die soziale Teilhabe ganzer Bevölkerungsgruppen ist in Frage gestellt.[2]

1.1
Aufwachsen in der Spätmoderne

Die Modernisierung unserer Gesellschaft mit ihren Merkmalen der

- funktionalen Differenzierung

- Individualisierung und

- sozialen Desintegration

hat nicht nur für die Gesellschaft insgesamt, sondern auch für den Einzelnen Chancen wie Risiken gebracht. Sein Lebensweg, seine privaten, beruflichen und sonstigen Möglichkeiten stehen weitaus weniger als in früheren Jahrhunderten schon mit der Geburt (fast) unveränderbar fest. In der **funktional differenzierten** Gesellschaft gibt es nicht mehr jene eindeutigen Fahrpläne, nach denen Lebensverläufe festgelegt sind.

Diese **Individualisierung** gibt dem Einzelnen die **Chance** zu persönlicher Unabhängigkeit und Autonomie, bringt die Möglichkeit, sein Leben selbst gestalten zu können. Sie birgt aber auch **Risiken**: Die Freisetzung aus traditionellen Bindungen kann zu Entwurzelung, Vereinzelung und Orientierungslosigkeit führen, auch zu zunehmender Distanz in sozialen Beziehungen – und sie bedeutet auf jeden Fall steigende **Wahl- und Entscheidungszwänge**. Der Einzelne kann nicht nur sein Leben (weitgehend) selbst bestimmen, er muss es auch – und nicht jeder ist dazu fähig und in der Lage. Das vor allem dann nicht, wenn seine realen Lebensbedingungen, die jeweiligen **Lebenslagen**, seine soziale Teilhabe, seine Integration in die Gesellschaft – oder genauer: in den verschiedenen gesellschaftlichen Funktionsbereichen - (drastisch) beschränken und dadurch auch die Chancen, die Individualisierung grundsätzlich bringt.[3]

---

2 Ausführlich dazu und zum Folgenden das Gutachten zum Schwerpunktthema des 14. Deutschen Präventionstages 2009 „Solidarität leben – Vielfalt sichern" (Steffen 2009c) und die „Hannoveraner Erklärung" des 14. Deutschen Präventionstages.

3 Auf der gesellschaftlichen Ebene sind ebenfalls **Desintegrationserscheinungen** unübersehbar. Mit wachsendem Engagement wird die Frage diskutiert, wie eine Gesellschaft, die sich immer stärker an Werten wie Selbstverwirklichung und Emanzipation des Individuums orientiert, überhaupt einen Zusammenhalt als solidarische Gemeinschaft realisieren kann. Insbesondere ist es zur Wiederentdeckung der **sozialen Ungleichheit** gekommen und der damit verbundenen Destabilisierung von Lebenslagen (Steffen 2009c). *Heitmeyer* weist vor dem Hintergrund der Ergebnisse seiner aktuellen Studie zu den „Deutschen Zuständen" nachdrücklich darauf hin, dass viele Menschen fürchteten, die Gesellschaft werde auseinander brechen und gesellschaftliche Spaltung wie politische Resignation würden zunehmen. Politische Gestal-

Kinder und Jugendliche wachsen also „in einer Gesellschaft auf, die durch die Pluralisierung der Lebensstile, Werthaltungen und Ziele gekennzeichnet ist und in der sich
die sozialstrukturell gegebenen objektiven Lebenschancen höchst unterschiedlich
darstellen ... Die damit verbundenen Anforderungen zur erfolgreichen Lebensbewältigung sowie Lern- und Bildungserwartungen an die Subjekte stellen für alle Kinder
und Jugendlichen, ihre Familien und ihre pädagogischen Umwelten neue Herausforderungen dar. Dabei ist zu konstatieren, dass viele Kinder und Jugendliche in der Lage
sind, die Herausforderungen ohne größere Auffälligkeiten zu bewältigen. Es gibt aber
auch eine ... Zahl von Kindern und Jugendlichen, die die Chancen nicht nutzen können, die an den Risiken scheitern und die überfordert sind" (BMFSFJ 2009a, 45).[4]

1.2
Lebenschancen in prekären Lebenslagen

Obwohl Deutschland nach wie vor eines der wohlhabendsten Länder Europas ist,
verschlechtern sich auch hier die Lebenslagen, sind nicht nur Einkommen, sondern
auch Bildung und Gesundheit zunehmend ungleich verteilt, nehmen Desintegrations-
erfahrungen zu, während die Chancen auf soziale Teilhabe und Integration abnehmen.

So ist dem Dritten **Armuts- und Reichtumsbericht** zufolge die Kluft zwischen Arm
und Reich tiefer geworden, hat die Ungleichverteilung der Einkommen zugenommen
– und insbesondere für Kinder auch das Risiko, in relativer Armut aufzuwachsen.
Vom Risiko der **Einkommensarmut** waren 2005 ein Viertel (26%) der deutschen Bevölkerung betroffen; sozial- und familienpolitische Transferleistungen senkten dieses
Risiko auf 13%.[5]

Zu den besonders armutsgefährdeten Gruppen zählen Arbeitslose, Personen ohne ab-
geschlossene Berufsausbildung, Alleinerziehende und Personen mit Migrationshintergrund – jeweils einschließlich ihrer Kinder. Einkommen und Vermögen entscheiden jedoch wesentlich über die Handlungsoptionen des Einzelnen in der Gesellschaft.

---

tungsmöglichkeiten, diese Zustände zu ändern, sieht er vor allem in den Kommunen, wo die Probleme
sichtbar werden (www.swp.de/hechingen/nachrichten/politik/art4306,421629? vom 27. März 2010).

[4] *Keupp* (2009, 215) stellt fest „80 Prozent der Heranwachsenden finden gut ins Leben", fragt „warum
eigentlich?" und nennt „sieben Chancen, die Kinder brauchen": Urvertrauen zum Leben; Dialektik von
Bezogenheit und Autonomie; Entwicklung von Lebenskohärenz; Schöpfung sozialer Ressourcen durch
Netzwerkbildung; materielles Kapital als Bedingung für Beziehungskapital; demokratische Alltagskultur
durch Partizipation; Selbstwirksamkeitserfahrungen durch Engagement.

[5] Der britische Sozialforscher *Richard Wilkinson* kommt aufgrund seiner Auswertungen zu dem Ergebnis,
Ungleichheit sei die Ursache fast aller sozialer Probleme in wohlhabenden Industriestaaten und je größer die
Unterschiede zwischen Arm und Reich seien, umso größer seien auch die sozialen Probleme. Wachsende
Ungleichheit teile eine Gesellschaft und reibe sie auf – und für diese Entwicklung sei die Politik ganz entschei-
dend verantwortlich (www.zeit.de/2010/13/Wohlstand-Interview-Richard-Wilkinson vom 26. März 2010.
Siehe dazu auch die Analysen und Forderungen der 8. *Österreichischen Armutskonferenz*, die zum Thema
„Soziale Investitionen zahlen sich aus, für alle!" am 23./24. Februar 2010 in Salzburg stattfand: (www.ots.
at/presseaussendung/OTS_0145/ergebnisse vom 25. Februar 2010)

Das wird durch die **Bildungsberichterstattung** wie durch die **Gesundheitsbe-richterstattung**[6] bestätigt: Bildungserfolg, Gesundheitschancen und Krankheitsrisi-ken von Kindern und Jugendlichen werden nach wie vor in hohem Maße von Schicht und Herkunft bestimmt. Benachteiligt sind insbesondere Jugendliche unterer Sozial-gruppen und solche mit einem Migrationshintergrund.[7]

Ohnehin wirkt sich die **Verschlechterung der Lebenslagen** vor allem zum **Nach-teil von Kindern und Jugendlichen** aus. Einkommens-, Bildungs- und Integrati-onsarmut führen zu Entwicklungsstörungen. Schicht und Herkunft bestimmen den Bildungserfolg und damit Integration und soziale Teilhabe. Desintegrations- und Exklusionserfahrungen aber können Gewaltkriminalität begünstigen. Oder, mit den anklagenden Worten *Meyer-Timpes* (2008): „Arme Kinder sind stark gefährdet auf ihrem Zukunftsweg: Armut macht krank, Armut hält dumm, Armut kann kriminell machen."[8]

Dennoch ist *Keupp* (2009, 214) zuzustimmen, wenn er vor einer Panikmache in Bezug auf die heranwachsende Generation warnt und darauf hinweist, dass sich die Lebensumstände von Familien heute im Vergleich mit denen von vor zwanzig oder fünfzig Jahren enorm verbessert hätten. Allerdings: Eine Gruppe profitiere kaum von den Fortschritten bei Bildung und Gesundheit, dem Zugewinn an Sicherheit und Le-benschancen - die Kinder am unteren Rand der Gesellschaft, die Familien, in denen sich Armut, Arbeitslosigkeit und Vernachlässigung ballten. Und zu dieser Risikogrup-pe gehörten immerhin ein Viertel bis ein Fünftel aller Kinder.

---

[6] Der „Gesundheit von Kindern und Jugendlichen in Deutschland" hat sich zuletzt und sehr ausführlich, gerade auch unter dem Aspekt gleicher Chancen, der 13. Kinder- und Jugendbericht gewidmet (BMFSFJ 2009a).

[7] In Deutschland hat fast ein Fünftel der Gesamtbevölkerung einen Migrationshintergrund, allerdings nicht unbedingt eigene Migrationserfahrungen: Deutschland ist die europäische Nation mit den meisten Zu-gewanderten. Kennzeichnend ist die große Heterogenität der etwa 15 Millionen Menschen mit **Migra-tionshintergrund**, seien sie Deutsche oder Ausländer. Ihre Lebenslagen, mögliche Integrationsdefizite und die sich daraus ergebenden Integrationsbedürfnisse unterscheiden sich erheblich. Wenn **gelungene Integration** als die Annäherung der Lebensbedingungen von Menschen mit Migrationshintergrund an die der Einheimischen im Sinne gleicher Chancen und gleicher Teilhabe verstanden wird, dann schneiden die einzelnen Herkunftsgruppen im Vergleich sehr unterschiedlich erfolgreich ab. Wirklich zufriedenstel-lend integriert sind Migranten jedoch nirgendwo in Deutschland (ausführlich m.w.N. Steffen 2009c, Kap. 1.2.4).

[8] **Ulrike Meyer-Timpe** wird auf dem **15. Deutschen Präventionstag** zum Thema „Was Armut für die Bil-dungschancen bedeutet. Die Folgen der Kinderarmut belasten Deutschlands Zukunft – Perspektiven und konkrete Handlungsvorschläge" referieren. Eine Studie der *OECD* zur Lebensqualität von Kindern kommt zu dem Ergebnis, dass trotz hoher staatlicher Ausgaben die Kinderarmut in Deutschland im internationalen Vergleich sehr hoch sei; jedes sechste Kind lebe hier in relativer Armut, im OECD-Schnitt nur jedes achte (Bericht in der Süddeutschen Zeitung vom 02.09.2009). Allerdings, so das Bundesjugendkuratorium in seiner Stellungnahme zur Kinderarmut in Deutschland, müsse Armut bei Kindern nicht zwangsläufig zu Beeinträchtigungen führen. Vielen Eltern gelinge es, auch unter schwierigen materiellen Voraussetzungen gute Bedingungen für die Entfaltung ihrer Kinder zu schaffen und in nahezu allen Familien schränkten sich die Eltern zu Gunsten ihrer Kinder ein (BJK 2009, 10ff.; siehe auch FN 10).

Entsprechend konstatiert der *13. Kinder- und Jugendbericht* (BMFSFJ 2009a, 45): „Die sich in den aktuellen gesellschaftlichen Veränderungen andeutenden widersprüchlichen Tendenzen lassen das ‚Aufwachsen heute' zu einer Konstellation ‚riskanter Chancen' werden ... Denn die Bedingungen für eine selbstbestimmte Nutzung dieser Chancen ... setzen Ressourcen voraus, die für viele Heranwachsende nicht erreichbar sind. Die institutionellen Ressourcen aus dem Bildungssystem, der Kinder- und Jugendhilfe und dem Gesundheitssystem sind in ihrer gegenwärtigen Gestalt aber nur unzureichend in der Lage, die person- und milieugebundenen Ungleichheiten zu kompensieren und Ressourcen so zu fördern, dass von einer Ressourcengerechtigkeit gesprochen werden könnte. Insofern tragen sie ihrerseits unabsichtlich zur Risikoerhöhung bei."

Mit dem Ziel, solche Ressourcen zu schaffen, hat das Bundeskabinett am 16. Februar 2005 den **Nationalen Aktionsplan** „Für ein kindergerechtes Deutschland 2005 – 2010" (NAP) beschlossen und im Frühjahr 2008 die Initiative „Für ein kindergerechtes Deutschland" gestartet, um die politische und öffentliche Aufmerksamkeit für Kindergerechtigkeit zu erhöhen. Unter anderem sieht die Bundesregierung Handlungsbedarf in sechs Handlungsfeldern, darunter „Chancengerechtigkeit durch Bildung" und „Entwicklung eines angemessenen Lebensstandards für alle Kinder".

Im Zwischenbericht zum NAP von 2008 wird festgestellt, das Bundesministerium für Familie, Senioren, Frauen und Jugend habe „entscheidende Erfolge auf dem Weg zu einem kindergerechten Deutschland ... bereits erzielen können".[9] Das sieht allerdings das *Bundesjugendkuratorium*[10] nicht so (2009, 4 und 16ff.)[11]: Trotz politischer Absichtserklärungen, diverser Maßnahmen und politischer Initiativen habe die Kinderarmut bislang keineswegs nachhaltig reduziert werden können. Als Maßnahmen zum Abbau der Kinderarmut werden vorgeschlagen[12]: Integration von Müttern und Vätern in den Arbeitsmarkt, Sozialtransfers in Richtung einer Kindergrundsicherung, Neubemessung der Hartz-IV-Regelsätze[13], nachhaltige Förderung von benachteiligten

---

[9]   www.bmfsfj.de/BMFSFJ/kinder-und-jugend,did=31372,render=renderPrint.html vom 11.05.2009 (Abfragedatum: 28. März 2010).

[10] Das Bundesjugendkuratorium (BJK) ist ein von der Bundesregierung eingesetztes Sachverständigengremium, das die Bundesregierung in grundsätzlichen Fragen der Kinder-und Jugendhilfe und in Querschnittsfragen der Kinder- und Jugendpolitik berät.

[11] Kritisch auch *Cathrin Kahlweit*: Die „Erfolge" ließen sich nur schwer mit der Realität in Einklang bringen. „Wäre die Familienministerin ehrlich, würde sie zugeben, dass der Nationale Aktionsplan schon am Tag seiner Verkündigung zum Scheitern verurteilt war" ... „Kann es sein, dass es beim Verfassen des Nationalen Aktionsplans gar nicht sosehr um das Kindeswohl ging? Vieles, was theoretisch kindgerecht sein soll, ist nämlich vor allem arbeitsgerecht ... alles rein ökonomische Überlegungen, die mit Kindeswohl nur am Rande zu tun haben." (SZ Magazin Nr. 12 vom 26. März 2010).

[12] Ähnliche Vorschläge macht das „Bündnis zur Bekämpfung der Kinderarmut" (NRW-Landesverbände 2010).

[13] Inzwischen – mit Urteil vom 9. Februar 2010 - hat das Bundesverfassungsgericht entschieden, dass die Vorschriften des SGB II („Hartz-IV-Gesetz"), die die Regelleistung für Erwachsene und Kinder betreffen, nicht den verfassungsrechtlichen Anspruch auf Gewährleistung eines menschenwürdigen Existenzminimums erfüllen (Pressemitteilung Nr. 5/2010 vom 9. Februar 2010).

Kindern und Familien durch Infrastrukturangebote und Bildungsförderung, Verknüpfung der Vielzahl unterschiedlicher lokaler und regionaler Anbieter sozialer Dienste und Bildungsmaßnahmen zu präventiven Netzwerken.[14]

1.3
Bildung, Integration, Teilhabe: Wie steht es mit der Gerechtigkeit?[15]

Schon vor einigen Jahren forderte das *Bundesjugendkuratorium* die Bildungspolitik dazu auf, sich auf die (oben beschriebenen) gesellschaftlichen Veränderungen und ihre sozialen Folgen einzustellen. Die Bildung der nachwachsenden Generation sei eine zentrale Zukunftsaufgabe, umfassende Bildung entscheide zunehmend über gesellschaftliche Teilhabe (BJK 2004b, 10). Dem schließt sich das *Bundesministerium für Bildung und Forschung* an, wenn es die Qualifizierungsinitiative der Bundesregierung „Aufstieg durch Bildung" (vom Januar 2008) mit den Worten einleitet: „Bildung und Qualifizierung sind die Voraussetzung für individuelle Lebenschancen und gesellschaftliche Teilhabe" (BMBF 2009a)[16]. Und im *Koalitionsvertrag* zwischen CDU, CSU und FDP vom 26. Oktober 2009 heißt es im Kapitel II. Bildungsrepublik Deutschland: „Bildung ist Voraussetzung für umfassende Teilhabe des Einzelnen in der modernen Wissensgesellschaft. Bildung ist daher für uns Bürgerrecht. Deswegen sagen wir der Bildungsarmut den Kampf an" (2009, 59).

Bildung ist im 21. Jahrhundert zum wichtigsten Schlüssel für den sozialen Aufstieg und damit für die Teilhabe am gesellschaftlichen Wohlstand geworden – das ist mittlerweile politischer Konsens.[17] Deshalb muss in einem demokratischen Staat wie Deutschland „Bildungsgerechtigkeit" gegeben sein: Alle Mitglieder unserer Gesellschaft müssen entsprechend ihren Voraussetzungen die gleichen Chancen beim Zugang zu Bildung haben, unabhängig von der Zugehörigkeit zu bestimmten Gruppen. Diese Bildungsge

---

[14] Ein Beispiel für eine solche „Präventionskette" ist das Projekt „Mo.Ki – Monheim für Kinder"; siehe dazu Hübenthal 2009.

[15] So die Überschrift zum DJI Bulletin 81 PLUS (DJI 2008)

[16] Zu dieser „Qualifizierungsinitiative" fanden inzwischen zwei „Bildungsgipfel" zwischen dem Bund und den Ländern statt: Am 22. Oktober 2008 in Dresden und am 16. Dezember 2009 in Berlin. Die Ergebnisse kommentiert Professor Wassilios Fthenakis, Präsident des Didacta Verbandes der Bildungswirtschaft so: „Die Bildungsrepublik Deutschland ist ein armes Land - arm an politischem Willen, die Maßnahmen zu bezahlen, die dringend notwendig sind, um die Zukunft unserer Kinder zu sichern und das deutsche Bildungssystem Internationalen Standards anzupassen." (http://bildungsklick.de/pm/71450/armes-reiches-land/druckversion; Abrufdatum: 29. Januar 2010)

[17] Bildung bestimmt jedoch nicht nur die Entwicklungs- und Handlungschancen jedes und jeder Einzelnen in Beruf, Privatleben und als Bürger, sondern auch die Zukunftsfähigkeit unserer Gesellschaft (BBE 2008, 6). Einer Prognose des *CEPS* (Centre for European Policy Studies) in Brüssel zufolge wird Deutschland wirtschaftlich im internationalen Vergleich deutlich zurückfallen. Reformstau und fehlende Bildungsinvestitionen gefährdeten den Wohlstand: Zu viele Jugendliche, vor allem Migranten, verließen die Schule ohne Abschluss; jeder fünfte 15-jährige Deutsche komme heute nicht mehr über Grundschulniveau hinaus; das werde Deutschland nicht zum Hightech-Staat, sondern zum Land der Hilfsarbeiter machen – Deutschland brauche eine rasche Bildungsinitiative (aus einem Interview der Süddeutschen Zeitung vom 16. März 2010 mit Daniel Gros, CEPS-Chef und Co-Autor des Buches „Nachkrisenzeit").

rechtigkeit ist in Deutschland jedoch nicht vorhanden: Hier wird der Bildungserfolg in hohem Maße von Schicht und Herkunft bestimmt - und das hat Tradition.[18]

Nicht erst seit PISA, IGLU und TIMMS[19] werden in Deutschland die Zusammenhänge zwischen sozialer Herkunft und Verbleib im Bildungssystem – bzw. die Abhängigkeit des schulischen Erfolges von der sozialen Lage – heftig diskutiert: Auch wenn die Bildungsexpansion seit den 1960er-Jahren[20] ohne Zweifel zu einer Niveauanhebung in der Bildungsbeteiligung der Bevölkerung geführt hat, bleibt doch die „Problematik herkunftsbedingter Ungleichheit und damit verbunden die Diskussion um Chancengleichheit und Bildungsgerechtigkeit .. in Deutschland … ein zentrales Thema im bildungssoziologischen und erziehungswissenschaftlichen Diskurs. Anhand empirischer Studien lassen sich regelmäßig bedeutsame Unterschiede in Bildungsbeteiligung und schulischem Erfolg von Kindern und Jugendlichen in Abhängigkeit von Geschlecht, sozialer Herkunft, Region und Nationalität bzw. Migrationshintergrund nachweisen" (Bos/Wendt 2008, 47).

Aber erst und vor allem durch die internationalen Bildungs-Vergleichsstudien (den sog. „PISA-Schock") hat dieses Thema in der öffentlichen Diskussion wieder an Bedeutung gewonnen: Zwar ist es keinem Teilnehmerland gelungen, Schülerleistungen von der sozialen Herkunft der Schülerinnen und Schüler zu entkoppeln, doch war in keinem der Teilnahmestaaten der Zusammenhang zwischen sozialer Herkunft und etwa der Lesekompetenz so groß wie in Deutschland. Das gilt insbesondere für die Kinder von Migranten, die bei allen diesen Untersuchungen immer wieder als besondere „Risikogruppe" identifiziert werden.[21]

---

[18] Bildungsgerechtigkeit ist der Gegenbegriff zu Bildungsbenachteiligung. Es geht dabei um gleiche Bildungschancen, um gleiche Zugänge zur Bildung, nicht um Gleichheit von Bildung. Siehe dazu das DJI Bulletin 81 (Heft 1/2008), das sich dem Thema des 13. Deutschen Kinder- und Jugendhilfetages (18.-20. Juni 2008 in Essen) „Gerechtes Aufwachsen ermöglichen" widmet und empirische Ergebnisse zu den Bereichen „Bildung – Integration – Teilhabe" vorstellt. Ähnlich auch *Kraus* (2008, 9f.): „Beim Start in die Bildungslaufbahn sollten – abgesehen von den Genen – alle die gleichen Chancen haben, gleiche Zielchancen kann es aber nicht geben …Überhaupt geht es in der Bildung nicht um Verteilungsgerechtigkeit im Sinne von Chancenverteilung, sondern um Chancennutzung." Siehe dazu auch das Jahresgutachten 2007 „Bildungsgerechtigkeit" des *Aktionsrats Bildung*, in dem es heißt: „Bildungsgerechtigkeit wird .. als das Ziel verstanden, die Teilhabe der Gesellschaftsmitglieder unabhängig von Disparitäten zu gestalten. Bildungsgerechtigkeit darf nicht verwechselt werden mit sozialer Gleichheit …Bildungspolitik muss dem Eindruck entgegentreten, durch Bildungsgerechtigkeit werde soziale Gleichheit hergestellt." (2007, 135, 145).

[19] PISA: Programme for International Student Assessment (www.mpib.berlin.mpg.de/pisa/); IGLU: Internationale Grundschul-Lese-Untersuchung (www.iglu.ifs-dortmund.de); TIMMS: Trends in International Mathematics and Science Study (www.timms.mpg.de).

[20] Zu den damaligen Protagonisten der Debatte um Chancenungleichheit und Bildungsgerechtigkeit gehörten beispielsweise Georg Picht und seine 1964 veröffentlichte Arbeit – oder eher: Streitschrift - „Die deutsche Bildungskatastrophe", Ralf Dahrendorf und sein Plädoyer „Bildung ist Bürgerrecht" (1965) oder auch Hansgert Peisert und seine Analyse „Soziale Lage und Bildungschancen in Deutschland" (1967).

[21] *Geißler* und *Weber-Menges* (2008, 22) kommen bei ihrer Analyse der vorhandenen Daten zum Fazit: „Migrantenkinder haben es im deutschen Bildungssystem besonders schwer: sie sind doppelt benachteiligt. Infolge der starken tendenziellen Unterschichtung der deutschen Gesellschaft durch Migranten stoßen viele von ihnen auf dieselben Probleme, mit denen einheimische Kinder aus sozial schwachen Familien zu

Auch die Befunde der *1.World Vision-Kinderstudie*[22] dokumentieren die zunehmende „Kulturalisierung" und „Vererbung" von Ungleichheit: „Die schlechteren Startchancen von Kindern aus den unteren Herkunftsschichten durchziehen alle Lebensbereiche und wirken wie ein Teufelskreis. Armutsrisiken und fehlende Ressourcen werden als Belastungen erlebt und schränken Teilhabemöglichkeiten ein: in der Familie, die durch materiellen Druck und existentielle Sorgen häufig überfordert ist; in der Schule, in der meist die Zeit und die Möglichkeiten für eine individuelle Förderung zum Ausgleich von Nachteilen fehlt, sowie im Wohnumfeld oder bei der Freizeitgestaltung."

Für das *Bundesjugendkuratorium* ist die Weiterentwicklung des Bildungssystems im Hinblick auf eine Verstärkung des Prinzips der individuellen Förderung und Unterstützung, des Ausbaus ganztägiger Angebote und der Vernetzung von Formen der formellen und informellen Bildung ein „weiterer Ansatzpunkt zur Überwindung der ‚Vererbung' sozialer Ungleichheiten" (2009, 30).[23]

2
Bildung ist mehr als Schule

2.1
Bildung und Bildungsorte

Bildung ist, folgt man der Definition des *12. Kinder- und Jugendberichtes*, „ein umfassender Prozess der Entwicklung einer Persönlichkeit in der Auseinandersetzung mit sich und ihrer Umwelt. Das Subjekt bildet sich in einem aktiven Ko-Konstruktions- bzw. Ko-Produktionsprozess, eignet sich die Welt an und ist dabei auf bildende Gelegenheiten, Anregungen und Begegnungen angewiesen, um kulturelle, instrumentelle, soziale und personale Kompetenzen entwickeln und entfalten zu können" (BMFSFJ 2005a, 31).[24]

---

kämpfen haben und die in Deutschland im Vergleich zu anderen Gesellschaften besonders stark ausgeprägt sind. Hinzu kommen die Schwierigkeiten der bi-kulturellen Migrationssituation, das Aufwachsen und Leben in einer ‚anderen', ‚fremden' kulturellen und sozialen Umgebung."

[22] Die erste World Vision-Kinderstudie „Kinder in Deutschland 2007" stützt sich auf eine repräsentativ zusammengesetzte Stichprobe von 1.592 Kindern im Alter von 8 bis 11 Jahren. Die Kinder wurden persönlich-mündlich befragt; zusätzlich wurde ein Elternfragebogen zum familiären Hintergrund eingesetzt. Die Kinderstudie ergänzt die Shell-Jugendstudien (www.shell.com/de-de/jugendstudie/), die im Alter von 12 Jahren einsetzen und wurde von Wissenschaftlern der Universität Bielefeld und TNS Infratest Sozialforschung in München erstellt. Konzeptionelle Grundlegung und inhaltliche Ausrichtung der Studie: Klaus Hurrelmann und Sabine Andresen. Auftraggeber: Das weltweit operierende Kinderhilfswerk World Vision Deutschland eV.(http://www.worldvisionkinderstudie.de/die-studie-2007.html).   Siehe dazu auch Klaus Hurrelmann: Sozial schwache Kinder fühlen sich früh benachteiligt. Ergebnisse der 1. World Vision Kinderstudie (http://www.uni-bielefeld.de/gesundhw/ag4/projekte/worldvision.html)

[23] Auch *Heitmeyer* fordert vor dem Hintergrund seiner Untersuchungsergebnisse Chancengleichheit in der Bildungspolitik, von der wir nach wie vor weit entfernt seien – das Schlimmste sei der Befund, dass Bildung in Deutschland immer noch vererbt werde - und warnt gleichzeitig davor, Menschen zunehmend nach ihrer ökonomischen Nützlichkeit zu bewerten (www.swp.de/hechingen/nachrichten/politik/art4306,421629? vom 27. März 2010).

[24] Oder, in der Sichtweise des Koalitionsvertrages zwischen CDU, CSU und FDP (2009, 59): „Bildung ist Bedingung für die innere und äußere Freiheit des Menschen. Sie schafft geistige Selbständigkeit, Urteilsvermögen und Wertebewusstsein. Bildung ist Voraussetzung für umfassende Teilhabe des Einzelnen in der modernen Wissensgesellschaft."

Junge Menschen in diesem Sinne zu bilden, war und ist nicht allein Aufgabe der Schule. Auch wenn dieser Institution ein zentraler Stellenwert zukommt, reicht Bildung
weit über Schule hinaus. Bildungsprozesse von Kindern und Jugendlichen finden an
vielen **Orten des Aufwachsens** statt, an formalen wie an non-formalen[25]: Nicht nur in
der Schule, sondern auch in der Familie, in Einrichtungen und Angeboten der Kinder-
und Jugendhilfe, in der Gleichaltrigengruppe, im Gebrauch und in der Nutzung von
Medien, aber auch beim Besuch kommerzieller Freizeitangebote, in Nachhilfeinstitu-
tionen, bei Auslandreisen oder beim Jobben (BMFSFJ 2005a, 32).

Bildung ist also (viel) mehr als Schule, Bildung ist ein kontinuierlicher Prozess im
Lebensverlauf.[26] So sind die Voraussetzungen, die ein Kind beim Eintritt in die Schule mitbringt, unter anderen das Resultat von Bildungsprozessen in der Familie und/
oder in Einrichtungen der Kindertagesbetreuung, auf die Kinder dann zurückgreifen
können (DJI Bulletin 81 PLUS 2008, 1) – oder eben auch nicht.

Denn die Formen der zeitlich vorgelagerten bzw. schulergänzenden non-formalen
oder Alltagsbildung[27] seien „dabei, zum eigentlichen Schlüssel- und Zukunftspro-
blem in Sachen Bildung zu werden", da deren Leistungen „offenbar immer weniger
selbstverständlich für alle Heranwachsenden durchschnittlich sichergestellt werden
können" (Rauschenbach 2009a, 87) - weshalb diese Kinder dann eben auch nicht auf
die für den Schulerfolg notwendigen bildungsrelevanten Ressourcen zurückgreifen
können.

Gelingende Alltagsbildung sei nicht (mehr) selbstverständlich. Die formale Bildung,
die Schule, könne aber nur funktionieren, wenn die Bildungswelten vor und neben ihr
funktionierten: „Vieles, was der Schule zugerechnet wird – Positives wie Negatives,
Erfolge wie Niederlagen -, ist in Wirklichkeit keineswegs ausschließlich oder auch
nur überwiegend auf diese zurückzuführen" ... „ Es ist jedenfalls nicht so einfach
von der Hand zu weisen, dass nicht die formale Bildung, sondern die bislang kaum
beachtete *Alltagsbildung die Kluft zwischen den Privilegierten und den sozial Benachteiligten, zwischen den Bildungsgewinnern und den Bildungsverlierern erzeugt"*
(Rauschenbach 2009a, 86, 89).

Auch das *Bundesjugendkuratorium* hat bereits 2002 in seinen „Leipziger Thesen" und
auch 2004 in seinem Positionspapier „Neue Bildungsorte für Kinder und Jugendli-

---

[25] Formale Bildung findet in Bildungs- und Ausbildungseinrichtungen statt und führt in der Regel zu anerkannten Abschlüssen. Non-formale Bildung findet außerhalb der Bildungs- und Ausbildungseinrichtungen
für die allgemeine und berufliche Bildung statt und führt nicht zur Erwerb eines anerkannten Abschlusses
(BBE 2008, VIIf.).

[26] So etwa BJK 2002 und 2003; BBE 2008, 6; Rauschenbach 2009a, 25.

[27] So nennt Rauschenbach (2009a, 76, 83ff.) diese wichtige, aber in ihrer Bedeutung verkannte „andere Seite
der Bildung". **Alltagsbildung** ist für ihn die Seite des lebensweltgebundenen Bildungsgeschehens, bei der
es nicht nur um andere Bildungsorte geht, sondern auch um andere Modalitäten des Lernens und andere
Inhalte der Bildung.

che" für ein neues Verständnis von Bildung plädiert, auf die gleichrangige Bedeutung der unterschiedlichen Bildungsorte formeller, nichtformeller und informeller Art sowie ihrer komplementären Wirkung im Prozess des Aufwachsens hingewiesen – und die Forderung aufgestellt, dass jedes Kind Bildungseinrichtungen wie die Kindertagesbetreuung, die Schule und Angebote der Jugendhilfe als Lern- und Lebensräume erlebt, in denen seine Entwicklung – eng abgestimmt mit dem Elternhaus – gefördert wird (BJK 2004b, 5, 13).[28]

Für den *12. Kinder- und Jugendbericht* ist der Befund, dass sich Zielsetzungen, Problemdiagnosen sowie praxisorientierte und politische Reformvorschläge für eine bessere Ausschöpfung von gesellschaftlichen Bildungspotenzialen nicht mehr allein auf den Prozess des Aufwachsens *in*, sondern auch *vor* und *neben der Schule* richteten, das Resultat einer Kumulation von gesellschaftlichen Entwicklungen im Bereich der Demografie, der Wirtschaft und des Arbeitsmarktes. Vor dem Hintergrund, dass es Aufgabe von Staat und Gesellschaft sei, den Heranwachsenden im Rahmen der „öffentlichen Verantwortung für das Aufwachsen" eine bedürfnisgerechte und selbst bestimmte Gestaltung ihres Lebens zu ermöglichen und ihnen Chancen für den Erwerb von Kompetenzen zu eröffnen, müssten Überlegungen zum Um- und Ausbau des Bildungs-, Betreuungs- und Erziehungssystems gesellschaftliche Anforderungen mit subjektiven Bedürfnissen und Fähigkeiten sowie mit kindlichen und jugendlichen Lebenslagen verknüpfen (BMFSFJ 2005a, 51f.).

2.2
Bildungsorte als Orte von Gewaltprävention

Orte der Bildung, Erziehung und Betreuung, und hier insbesondere die Orte Familie, Kindertagesbetreuung, Schule, Angebote und Einrichtungen der Kinder- und Jugendhilfe, sind gleichzeitig auch Orte, an denen sich Gewalt ereignen und an denen Gewalt verhindert werden kann, sind Handlungsfelder für Strategien zur Verhinderung von Gewalt[29] im Kindes- und Jugendalter.

Bildungsorte auch als Orte der Gewaltprävention zu verstehen, gilt uneingeschränkt für die drei öffentlich verantworteten Instanzen, während die Familie als privater Lebensraum hier eine Sonderstellung einnimmt. In Anbetracht der Entwicklung zu einer (behutsamen) Stärkung der öffentlichen Verantwortung für das Aufwachsen von Kindern und der in den letzten Jahren unternommenen Bemühungen zur Unterstützung

---

[28] In diesem Zusammenhang weist das *Bundesjugendkuratorium* insbesondere auch auf die notwendige Kooperation von Jugendhilfe und Schule hin, da ein solch umfassendes Bildungsverständnis durch Schule in ihrer klassischen Prägung als Unterrichtsschule kaum zu realisieren sei (Näheres dazu in Kap. 3.3).

[29] Sie sind natürlich auch Handlungsfelder für die Verhinderung von Kriminalität im Kindes- und Jugendalter ganz generell. Wegen der erheblichen – auch medialen – Bedeutung, die der „Jugendgewalt" zukommt und im Anschluss an die bisherigen Gutachten für den Deutschen Präventionstag, insbesondere an die Aussage im Gutachten für den 14. Deutschen Präventionstag 2009, Gewalt sei ein Indikator sozialer Desintegration und mangelnder sozialer Teilhabe, wird der Schwerpunkt wieder bei der Gewaltprävention liegen.

der familialen Erziehung auch mit dem Ziel der Ächtung von Gewalt, wird der „Bildungsort Familie" ebenfalls als Handlungsfeld für Gewaltprävention analysiert und diskutiert.[30]

Es mag überraschen, Strategien, Programme und Maßnahmen der Gewaltprävention unter dem Aspekt von Bildung zu beschreiben. Aber zum einen stellen alle auf die Person bezogenen Formen von Prävention **Bildungsansprüche**, sind auf die Entwicklung der Persönlichkeit, die Ausbildung von Identität bzw. auf den Erwerb von Handlungskompetenzen gerichtet. Zum andern lässt sich der überwiegende Teil der in den letzten Jahren entwickelten Strategien als **pädagogische Strategien** kennzeichnen. Diese Ausrichtung wird der Tatsache gerecht, dass es die Gewaltprävention im Kindes- und Jugendalter mit Aufwachsenden zu tun hat, die ihre Identität und ihr moralisches Bewusstsein erst noch entwickeln müssen (Arbeitsstelle 2007, 281).

„Pädagogisch" und nicht kontrollierend und/oder strafend orientiert sind die Strategien übrigens zumeist auch dann, wenn sie sich - wie etwa bei der Prävention von Gewalt in der Familie - auf das Verhalten von Erwachsenen beziehen.

Der „erzieherische" Blick auf Gewalthandeln bedeutet auch, auftretende oder drohende Gewalt im Kindes- und Jugendalter als **Lernchancen** zu begreifen, ggf. auch als Chancen für pädagogische Unterstützung. Das heißt nicht, diese Gewalt zu akzeptieren oder zu verharmlosen. Wohl aber, Gewaltprävention in erster Linie erzieherisch und als ko-produktiven Prozess zu verstehen: Gewalt im Kindes- und Jugendalter kann und muss vorrangig durch Erziehung, Lernen sowie Kompetenzerwerb bewältigt werden und eine nachhaltige Gewaltprävention kann nur gemeinsam mit den Kindern und Jugendlichen, mit den Peers, den Eltern, anderen Erziehungspersonen, ggf. dem relevanten sozialen Umfeld gelingen (Arbeitsstelle 2007, 281ff.).

Eng verknüpft mit diesem pädagogischen Blick ist die in der Fachpraxis vorherrschende Position, Gewalthandeln von Kindern nur als einen und nicht als den zentralen Aspekt ihres Verhaltens anzusehen und den Fokus stärker auf ihre Kompetenzen, Ressourcen und die Ausbildung von Schutzfaktoren zu richten sowie die jeweiligen sozialen und kulturellen Milieus, die Szenen und Sozialräume mit einzubeziehen (Arbeitsstelle 2007, 282).

Allerdings birgt dieser „pädagogische Blick" auf Gewalt und Gewaltprävention die Gefahr einer „geradezu inflationären Erweiterung des Verständnisses von Kriminal- und Gewaltprävention" in sich, einer Entgrenzung der Gewalt- und Präventionsbegriffe, die u.a. dazu führen kann, dass allgemein förderliche Programme und Maßnahmen der universellen (auch primären oder sozialen) Prävention zu gewaltpräventiven

---

[30] So auch die Entscheidung und Begründung im Bericht der Arbeitsstelle Kinder- und Jugendkriminalitätsprävention des Deutschen Jugendinstitutes, der – wie schon in den vorhergehenden Gutachten – als wichtige Grundlage und Referenz dient (Arbeitsstelle 2007, 15).

Programmen und Maßnahmen umettikettiert werden. Diese „Engführung" wird der Bedeutung dieser Programme nicht gerecht – und kann für die Zielgruppen eine diskriminierende Wirkung haben, die dann wiederum Nutzung und Wirkung der Programme beeinträchtigen kann (Arbeitsstelle 2007, 16ff.).

Als **gewaltpräventiv** werden deshalb nur jene Strategien, Programme, Maßnahmen bzw. Projekte bezeichnet, die direkt oder indirekt die Verhinderung bzw. die Reduktion von Gewalt im Kindes- und Jugendalter zum Ziel haben. Strategien der Gewaltprävention müssen in einem begründbaren und nachvollziehbaren Zusammenhang *vorrangig* darauf abzielen, Gewalt im Kindes- und Jugendalter zu verhindern bzw. zu reduzieren – entweder auf der Basis überzeugender empirischer Belege oder Erfahrungen oder an Hand von plausiblen theoretischen Annahmen (Arbeitsstelle 2007, 17f.)

„Gewaltpräventiv" sind also vor allem die Strategien, Programme, Maßnahmen bzw. Projekte, die entweder als **selektive Prävention** (auch: situative oder sekundäre) auf besondere Teilgruppen, Individuen oder auch Situationen zielen, die durch eine erhöhte Belastung mit Risikofaktoren gekennzeichnet sind und somit unter einem gesteigerten Täter- wie Opferwerdungsrisiko stehen („gefährdete Personen als Täter und Opfer") bzw., bei Situationen, dadurch gefährdet sind, dass sich hier Gewaltkriminalität ereignen kann („Tatgelegenheiten"). Oder aber als **indizierte Prävention** (auch: tertiäre) auf jene Personen zielen, die bereits straffällig geworden sind und bei denen durch die Programme und Maßnahmen eine Verbesserung ihrer zukünftigen Entwicklung angestrebt wird bzw. auf die Situationen, in denen sich bereits gehäuft Straftaten ereignet haben („Kriminalitätsbrennpunkte").[31]

3
Bildungsorte und Gewaltprävention

Wenn gleichberechtigte Chancen in der Bildung – Bildungsgerechtigkeit – als *ein* Mittel der **Prävention** von Gewalt und Kriminalität bei Kindern und Jugendlichen gesehen werden,[32] dann gilt es zum einen, die **Lern- und Lebensräume von Kindern und Jugendlichen** auf ihre Leistungen, Chancen und Risiken als Bildungsorte hin zu analysieren, insbesondere hinsichtlich gelingender/nicht gelingender Bildung. Zum andern gilt es, ihre Bedeutung für das Auftreten von Gewalt sowie ihre Funktion als **Handlungsfelder** für die Verhinderung bzw. Verminderung von Gewaltkriminalität im Kindes- und Jugendalter aufzuzeigen.

Allerdings kann dabei nicht auf alle oben genannten Bildungsorte formeller, nichtformeller und informeller Art eingegangen werden – das würde den Rahmen dieses Gutachtens weit überschreiten. Ausgewählt werden die vier Bildungsorte, die für das

---

[31]   Siehe dazu ausführlicher Steffen (2009c). Diese Definition entspricht auch der Überzeugung, dass gewaltpräventive Strategien nur dann berechtigt sind - zumindest wenn es sich um öffentliche Interventionen handelt – wenn Gefährdungen oder Gefahrensituationen vorliegen bzw. begründet zu befürchten sind.

[32]   So etwa im Programm Innere Sicherheit, Fortschreibung 2008/2009.

Aufwachsen praktisch aller Kinder relevant sowie von gleichrangiger Bedeutung sind und sich in ihrer Wirkung ergänzen[33], weshalb sie auch aufeinander bezogen sein und miteinander kooperieren sollten: Familie, Kindertagesbetreuung, Schule, Angebote und Einrichtungen der Kinder- und Jugendhilfe.[34]

3.1
Familie als Ort von Bildung und Prävention

Die primäre Lebenswelt von Kindern und Jugendlichen ist die Familie. Ungeachtet der historischen Ausweitung institutioneller und staatlicher Erziehungs- und Bildungseinflüsse kommt ihr eine zentrale Stellung für das Aufwachsen von Kindern und Jugendlichen zu ... Die Beobachtung und Analyse des gesellschaftlichen Wandels von Familienstrukturen und familiären Beziehungen bildet deswegen einen zentralen Ausgangspunkt für eine zukunftsorientierte Gestaltung von Entwicklungs- und Bildungsprozessen im Kindes- und Jugendalter." (BMFSFJ 2005a, 52).

3.1.1
Familie als Bildungsort

Fast alle Kinder wachsen in Familien auf. Allerdings ist der Familienbegriff heute in der Bevölkerung (nicht dagegen in der amtlichen Statistik) viel weiter gefasst als noch vor einigen Jahren: Im Vergleich zu Befragungsergebnissen des Jahres 2000 gelten 2007 für mehr Menschen beispielsweise auch unverheiratete Eltern mit ihren Kindern sowie allein erziehende Mütter oder Väter als Familie (BMFSFJ 2009b, 32). Nach *Peuckert* bezeichnet „Familie" eine Lebensform, die mindestens ein Kind und ein Elternteil umfasst und einen dauerhaften und im Inneren durch Solidarität und persönliche Verbundenheit charakterisierten Zusammenhang aufweist (2007, 36).[35]

Der amtlichen Statistik zufolge[36] leben in Deutschland 13,8 Millionen Kinder in 12,3 Millionen Familien mit Kindern. Mehr als die Hälfte der Familien (53%) hat lediglich ein Kind, 11% haben drei und mehr Kinder. Knapp drei Viertel (74%) der in Deutschland lebenden Familien sind Ehepaare (bei Familien mit Migrationshintergrund sogar 82%, bei den Familien ohne Migrationshintergrund 71%). Von den Mehrkindfamilien

---

[33] Siehe zu den Zukunftsperspektiven für ein öffentlich verantwortetes, abgestimmtes System von Bildung, Betreuung und Erziehung die Ausführungen im *12. Kinder- und Jugendbericht*, insbesondere Kap. 7 (BMFSFJ 2005a) und hier im Gutachten Kap. 3.3.1.

[34] Damit wird beispielsweise nicht auf die Bildungsprozesse eingegangen, die sich im Gebrauch und in der Nutzung von **Medien** ergeben, obwohl Medien nicht erst heute sehr wirkungsvolle (Mit-)Erzieher sind und gerade hinsichtlich ihrer Wirkung auf Gewalt heftig diskutiert werden. Aber erstens gehören Medien nicht zu dem o.g. „abgestimmten System von Bildung, Betreuung und Erziehung" und zweitens ist das „Medienthema" so umfangreich, dass es allein das Schwerpunktthema eines Deutschen Präventionstages sein könnte.

[35] Auch für den *12. Kinder- und Jugendbericht* sind diese „engen Beziehungen", in denen die als Familie bezeichneten Personengruppen leben, ein zentrales Kriterium für Konstellationen, in denen Kinder aufwachsen (BMFSFJ 2005a, 113).

[36] Mikrozensus 2007 des Statistischen Bundesamtes, zitiert nach BMFSFJ 2009b, 32 ff.

sind 85% der Eltern verheiratet, bei den Ein-Kind-Familien sind es 66%. Seit etwa 100 Jahren ist der Anteil der Kinder, die bis zum 18. Lebensjahr bei beiden leiblichen Eltern aufwachsen, konstant: über 80%.

Hinter diesen Befunden verbergen sich ein nicht unerheblicher Wandel kindlicher Lebenswelten und eine Vielfalt von Familienformen.[37] Kinder wachsen in Deutschland zwar überwiegend in familialen Lebensformen auf, die dem traditionellen „Normalentwurf" entsprechen, zunehmend aber auch in hiervon abweichenden Familienformen sowie in wechselnden familiären Konstellationen (BMFSFJ 2005a, 54; Bertram 2009).[38]

Insgesamt sei eine eher **prekäre Entwicklung** festzustellen, die, so *Rauschenbach* (2009a 117f.) das so gern gezeichnete Bild von der heilen und funktionsfähigen Familie etwas brüchiger werden lasse: „Die schrumpfende Haushaltsgröße, die zurückgehende Zahl der Familien, die Abnahme der Kinderzahl pro Familie, der Rückgang verheirateter Paare mit Kindern, die nicht zu leugnende Instabilität ehelicher Partnerschaften, die abnehmende Zahl neu geschlossener Ehen sowie der jahrelange Rückgang der Geburten" ... „Familie als Lebensform ist inzwischen von einer kulturellen *Selbstverständlichkeit* zu einer individuellen *Wahlmöglichkeit* geworden".

„Verantwortlich" für diese Entwicklung sind die Individualisierung der Lebensführung und die Pluralisierung der Lebensformen durch die Modernisierung der Gesellschaft.[39] Dazu kommen „binnenfamiliale Wandlungsprozesse", bedingt vor allem durch den Wandel der Frauenrolle, abzulesen an der gestiegenen weiblichen Erwerbsbeteiligung, insbesondere der Erwerbsbeteiligung von Müttern.[40] Inzwischen gehört die Erleichterung der Vereinbarkeit von Familie und Beruf zu den familienpolitischen Prioritäten der Bevölkerung (BMFSFJ 2009b).[41]

---

[37] Das machen schon die Unterschiede zwischen Ost- und Westdeutschland deutlich (siehe dazu etwa BMFSFJ 2005a, 53).

[38] So ist beispielsweise die moderne Kleinfamilie, also die auf der Ehe gründende Gemeinschaft der Eltern mit ihren leiblichen Kindern, zu Beginn des 21. Jahrhunderts nur noch eine unter mehreren Familienformen, wenn auch die bedeutsamste (Peuckert 2007, 36).

[39] Siehe oben Kap. 1.1; so auch Peuckert 2007, 36,48; Rauschenbach 2009a, 121 und 2009b; Schwind 2009.

[40] Daten und Zahlen dazu finden sich bei Peuckert 2007, 48ff.

[41] Siehe dazu die Forderungen des Zeitforschers *Ulrich Mückenberger* nach einer „zeitpolitischen Wende": Mütter und Väter müssten den gesetzlichen Anspruch erhalten, ihre Arbeitszeit vorübergehend zu reduzieren – ohne auf Karrierechancen verzichten zu müssen (2009, 10).

Denn, so *Rauschenbach*, auch im 21. Jahrhundert gäbe es keine Alternative zur Lebensform Familie, die sich in modernen Gegenwartsgesellschaften abzeichne oder gar in nennenswertem Umfang etabliert hätte. Das Festhalten an traditionellen Familienbildern verhindere allerdings, richtige Antworten auf die neuen Herausforderungen von Vätern, Müttern und Kindern zu finden. (2009b, 3).

Zu diesen Herausforderungen gehören auch die Aufgaben der Familie im **Bildungsprozess** von Kindern. Denn: In der Familie fängt für Kinder alles an – auch in puncto Bildung (Rauschenbach 2009a, 124). In diesem Zusammenhang konstatiert der *12. Kinder- und Jugendbericht*, dass die Familie für die meisten Kinder den entscheidenden Rahmen für die kognitive, emotionale und sprachliche Entwicklung biete, für die Persönlichkeits- und Sozialentwicklung sowie für die körperliche und psychische Gesundheit. Damit habe die Familie einen entscheidenden Einfluss auf den Verlauf kindlicher Bildungsprozesse (BMFSFJ 2005a, 114).

Elterliche Beziehungs- und Erziehungskompetenzen, ihre Entwicklung und Umsetzung im konkreten Erziehungsalltag sind jedoch nicht losgelöst davon, unter welchen Bedingungen Familien ihr Leben gestalten – wollen oder müssen: zu nennen sind etwa ihre ökonomischen und zeitlichen Ressourcen[42], die Organisation von Betreuungsarrangements für die Kinder außerhalb der Familie oder die Zusammenarbeit mit der Schule (BMFSFJ 2005b, 15).

In einer wohl zuvor noch nie so deutlich sichtbaren Form haben die **PISA-Studien**[43] nicht nur die zentrale Funktion der Familie für den Erfolg von Lern- und Bildungsprozessen der nachwachsenden Generation deutlich gemacht, sondern auch, in welchem Maße dieser Erfolg von ihrer sozialen Lage, ihren Lebensbedingungen abhängt. Stärker als in jedem anderen Land, das an den PISA-Studien teilgenommen hat, wird in Deutschland der Schulerfolg von der **sozialen Herkunft** eines Kindes bestimmt. Und zwar nicht nur von den damit verbundenen ökonomischen sowie zeitlichen Ressourcen, sondern auch von den ebenfalls davon abhängigen familiären Bindungs- und Bildungsprozessen, von der familiären (sozialräumlichen) Umgebung, von der Förderung in der und durch die Familie.[44]

---

[42] Siehe zu den Auswirkungen unsicherer Arbeitsverhältnisse, Konkurrenzdruck und der Angst vor dem sozialen Abstieg auf den Familienalltag Lange/Jurczyk 2009.

[43] Siehe oben FN 19.

[44] Der *12. Kinder- und Jugendbericht* führt dazu aus: „ Die Lebenslagen von Kindern unterscheiden sich erheblich, je nach familialem Hintergrund, nach Bildungsstand, sozio-ökonomischer Lage, kultureller und ethnischer Zugehörigkeit sowie regionaler Gegebenheiten. Eine Vielzahl von Dimensionen bestimmen dabei die Lebenslagen, insbesondere das Bildungs- und Ausbildungsniveau, der Erwerbsstatus, die Gesundheit, die Wohnsituation und das Wohnumfeld, die Familiensituation und die sozialen Netzwerke sowie das Einkommen und Vermögen." (BMFSFJ 2005a, 118).

Benachteiligt sind vor allem Jugendliche unterer Sozialgruppen und mit Migrationshintergrund.[45] Kinder mit mindestens einem im Ausland geborenen Elternteil sind selbst bei gleichem sozioökonomischen Status seltener auf dem Gymnasium und häufiger in den niedriger qualifizierenden Schularten als deutsche Schülerinnen und Schüler zu finden" (BBE 2008, 62 f).[46]

Diese Benachteiligung zeigt sich auch, wenn es um den Stand der kognitiven Kompetenzen (in den Bereichen Lesen, Mathematik und Naturwissenschaften) der Schülerinnen und Schüler geht.[47] Zwar scheint es gelungen zu sein, die herkunftsbedingten Kompetenzunterschiede etwas zu verringern. Schülerinnen und Schüler mit Migrationshintergrund sind aber weiterhin deutlich im Rückstand: „Insgesamt bleibt die Förderung von Kindern und Jugendlichen mit Migrationshintergrund im Ergebnis unzureichend" (BBE 2008, 85).[48]

Der Familie kommt jedoch nicht nur eine zentrale Bedeutung – in positiver wie in negativer Hinsicht - im Bildungsprozess von Kindern zu, sondern dieser „weichenstellende Einfluss der Familie" schlage, so *Rauschenbach* (2009a, 123) offenkundig stärker auf die Lebens- und Bildungschancen Heranwachsender durch, als dies anschließend durch Unterstützungssysteme und Bildungsinstitutionen gezielt ausgeglichen werden könne. Oder, mit den Worten des *Wissenschaftlichen Beirats für Familienfragen*: Die Familie muss als Ort der Bildung anerkannt und gestärkt werden, wenn weitere Maßnahmen der Bildungsförderung nicht vergeblich sein sollen (BMFSFJ 2005b. 5).

Diese Intensität des Bildungsortes Familie, die es schwer macht, Ungleichheiten später – mit den Mitteln der gegenwärtigen Bildungs- und Sozialpolitik - wieder auszugleichen, liegt vor allem daran, dass die Familie der primäre Beziehungs- und Erziehungskontext ist (BMFSFJ, 2005b, 9), der „erste, der am längsten anhaltende und am wenigsten thematisch selektive sowie zugleich der zeitintensivste Ort des Aufwach-

---

[45] Siehe dazu oben, Kap. 1, Zum „Einfluss besonderer Lebenslagen" wie Einkommensarmut, Migration und sozialräumlichen Bedingungen siehe auch BMFSFJ 2005b, 118ff. Zu den Lebensbedingungen von Jugendlichen mit Migrationshintergrund, insbesondere zu ihrem Lebensalltag auch Uslucan 2009 und Thiessen 2009. **Haci-Halil Uslucan** wird auf dem **15. Deutschen Präventionstag** zum Thema „Verkannte Potenziale: Bildungsbeteiligung und Bildungsförderung von Jugendlichen mit Zuwanderungsgeschichte" referieren.

[46] Solche herkunftbedingten Unterschiede sind auch bei der **Inanspruchnahme außerschulischer Lernorte** erkennbar – etwa von Angeboten der Kinder- und Jugendarbeit und insbesondere bei der Mitwirkung (dem freiwilligen Engagement) in Vereinen, Verbänden und Initiativen (BBE 2008, 80). Die außerschulischen Lernorte erfüllen damit nicht die in sie gesetzten Erwartungen hinsichtlich eines Ausgleichs der ungleichen Zugangschancen zu Lerngelegenheiten im schulischen Bereich. Siehe dazu auch Kap. 3.4.

[47] Seit Mitte der 1990er-Jahre wird in Deutschland systematisch untersucht, welche Lernprozesse an „zentralen Gelenkstellen" des Schulsystems erreicht werden. Aussagen dazu, mit einem Kapitel zur „Bedeutung der Migration für das Bildungswesen", enthielt bereits der Bildungsbericht 2006.

[48] Wie für Chancengleichheit von Kindern mit Migrationshintergrund gesorgt werden kann, zeigt etwa die Schulbehörde in Toronto/Kanada (Artikel „Weltmeister der Integration" in DIE ZEIT Nr. 35 vom 21. August 2008).

sens" in dem zudem die Trias von *Betreuung, Erziehung und Bildung* verankert sei. Da in der Familie für Kinder dem Grunde nach alles zusammenfließe, könnten sich Defizite und Risiken in der Betreuung, in der Erziehung und in der Bildung so gravierend auswirken. (Rauschenbach 2009a, 124ff.).

Angesichts der festgestellten Defizite und Benachteiligungen plädiert *Rauschenbach* (2009a, 133f.) dafür, die **öffentliche Verantwortung** für das Aufwachsen von Kindern behutsam zu stärken mit dem Ziel, „Familien so zu unterstützen und sie so in ein Bildungs-, Betreuungs- und Erziehungsnetzwerk einzubinden, dass diese in die Lage versetzt werden, auch unter den erheblich veränderten Bedingungen gegenwärtiger Gesellschaften ihrer grundlegenden Verantwortung für das Aufwachsen der Kinder gerecht zu werden, ohne der Belastung eines immer weniger erfüllbaren Anspruchs ausgesetzt zu sein, alles selbst können und erledigen zu müssen … Darin liegt die eigentliche Herausforderung für Staat und Gesellschaft, Familien nicht zu entlasten, sondern diese zu befähigen" … Die „Familie sollte als eine Lebensform anerkannt werden, die man am ehesten dadurch stärkt, dass man – erstens – ihre tatsächliche Lage pragmatisch zur Kenntnis nimmt, zugleich aber – zweitens – auch realisiert, dass ihre für ewig gehaltene Stabilität in einer hinreichend großen Zahl brüchig geworden ist und das man ihr daher – drittens – vor allem durch den Auf- und Ausbau familienfreundlicher Infrastrukturangebote dient."[49]

Auch der *Wissenschaftliche Beirat für Familienfragen* spricht sich für die Stärkung elterlicher Beziehungs- und Erziehungskompetenzen aus, weist aber nachdrücklich auf das „natürliche" Recht der Eltern hin, ihre Kinder zu erziehen, das Verfassungsrang besitze;[50] deshalb könne der Staat den Eltern auch keinen bestimmten Erziehungsstil vorschreiben, sondern ein bestimmtes Erziehungsverhalten nur empfehlen und fördern. Der Beirat hält es für erfolgversprechend, **Bildungsangebote** für Eltern zu entwickeln und diese leicht zugänglich zu machen; wichtig ist dem Beirat dabei das Prinzip der **freiwilligen** Teilnahme an diesen Angeboten. Die Rolle staatlicher Träger könne sich nur auf die Erweiterung des Angebots und die Garantie seiner Vielfältigkeit beziehen, nicht aber auf inhaltliche Verbindlichkeit.[51] Weiter spricht sich der Beirat für die Bildung und Pflege von **Erziehungspartnerschaften** aus, für die koordinierte Zusammenarbeit aller an der Erziehung beteiligten Personen und Institutionen, insbesondere von Erzieherinnen und Erziehern in Kindertagesstätten und Lehrerinnen und Lehrern an Schulen. Wichtig ist dem Beirat die **Partizipation**, die Möglichkeit für Eltern (und auch für Kinder) ihre Meinung in den jeweiligen Einrich-

---

[49] Siehe dazu auch Bertram 2009 und Kap. 3.2.

[50] Im Artikel 6, Absatz 2 des Grundgesetzes der Bundesrepublik Deutschland heißt es „Pflege und Erziehung der Kinder sind das natürliche Recht der Eltern und die zuvörderst ihnen obliegende Pflicht."

[51] „Elternzeugnisse, gar verbunden mit Sanktionen bei ‚ungenügenden' Leistungen (wie z.B. gekürzte Kindergeldzahlungen) sind ein ungeeignetes und darüber hinaus ein rechtlich fragwürdiges Mittel, elterliche Kompetenzen zu steigern und mehr verantwortete Elternschaft erreichen zu wollen." (BMFSFJ 2005b, 26).

tungen für Kinder zu sagen und einen festen Platz in Prozessen der Entscheidungsfindung zu haben (BMFSFJ 2005b, 24ff.).

Allerdings, so der Beirat, bestehe ein **Dilemma** darin, dass gerade die Eltern, die sich am dringendsten mit ihrem erzieherischen Handeln selbstkritisch auseinander setzen sollten, dafür zumeist schlechte Voraussetzungen mitbrächten – und dass es Problemlagen gäbe, in denen Experten eingreifen müssten und die Eltern dadurch zuweilen für begrenzte oder gar unbestimmte Zeit nicht mehr die Hauptakteure im Erziehungsprozess ihrer Kinder wären (BMFSFJ 2005b, 29).

3.1.2
Familie als Ort von Gewaltprävention

Familiale Erziehung gelingt also nicht immer störungsfrei und ohne Defizite. Der *12. Kinder- und Jugendbericht* stellt sogar fest, dass immer weniger selbstverständlich davon ausgegangen werden könne, dass das Recht und die Pflicht zur Erziehung von Eltern gleichermaßen gekonnt wie selbstverständlich umgesetzt werde (BMFSFJ 2005a, 49).

Wie gezeigt, wirken sich gesellschaftliche Entwicklungen auf die Familien und ihre Betreuungs-, Erziehungs- und Bildungsleistungen aus. Defizite und Probleme können das Heranwachsen von Kindern in unserer sozial und ethnisch-kulturell hoch differenzierten Gesellschaft zu eigenverantwortlichen und gemeinschaftsfähigen Persönlichkeiten gefährden – auch hinsichtlich der Gefahr, dass sie zu Opfern und Tätern von (Gewalt-)Kriminalität werden (Steffen 2009a).

Um dieses Gefährdungsrisiko zu verhindern oder zumindest zu verringern sind vor allem die öffentlich verantworteten Instanzen Kindertagesbetreuung, Jugendhilfe, Schule, Polizei und Justiz gefragt. Sie sind eindeutig für die Prävention von Gewaltkriminalität im Kindes- und Jugendalter zuständig, während die Familie als Privatraum hier eine Sonderstellung einnimmt (Arbeitsstelle 2007, 15). Aber im Sinne der oben vertretenen Forderung, die öffentliche Verantwortung für das Aufwachsen von Kindern behutsam zu stärken, sollte neben der privaten Verantwortung der Eltern verstärkt auch die **„öffentliche Verantwortung" für die Prävention von Gewalt** als eine gesamtgesellschaftliche Aufgabe und Herausforderung anerkannt werden. Das auch vor dem Hintergrund, dass in den letzten Jahren eine Vielzahl von Bemühungen, die familiale Erziehung zu unterstützen, auch mit dem Ziel der „Ächtung von Gewalt" unternommen worden sind (Arbeitsstelle 2007, 15).

Familiale Betreuungs-, Erziehungs- und Bildungsdefizite können nicht nur dazu beitragen, dass Kinder und Jugendliche im Prozess des Heranwachsens zu Opfern und Tätern von Gewaltkriminalität werden. Sie können auch bewirken, dass Kinder und Jugendliche durch (elterliche) Vernachlässigung bzw. physische, psychische und/ oder sexuelle Misshandlung direkt und unmittelbar Opfer von Gewalt in der Familie

werden („Kindeswohlgefährdung") und/oder auch mittelbare Opfer der Gewalthandlungen zwischen den Eltern bzw. Sorgeberechtigten („Kindeswohlgefährdung bei
Partnergewalt").[52]

Untersuchungsergebnisse deuten drauf hin, dass die Mehrzahl der gefährdeten Kinder nicht ausschließlich einer Gewaltform ausgesetzt ist und dass Kinder, die bereits
Opfer von Gewalt waren, ein hohes Risiko aufweisen, erneut viktimisiert zu werden.
Weitere gewichtige Risikofaktoren sind Partnergewalt[53], die Bejahung harscher Stra-
fen und die Ablehnung des Kindes (Galm u.a. 2007, 35f.).

Ganz ohne Frage ist die Gewalt an Kindern grundsätzlich abzulehnen. Darüber hinaus
aber auch deshalb, weil sie erhebliche **Folgeprobleme** haben kann, die sich „je nach
Art und Ausprägung der Kindeswohlgefährdung im Kontext mit der weiteren Lebens-
realität vielfältig" gestalten. Belegt sind u.a. Beeinträchtigungen der emotionalen,
Interessens- und kognitiven Entwicklung, die wiederum Konflikte in Kindertageseinrichtungen und Schulen bedingen können sowie Schulleistungsstörungen. Vor allem
bei Jungen kann das (Mit-)Erleben von Gewalt den Hintergrund für eigene Straffällig-
keit und Gewaltbereitschaft bilden (Galm u.a. 2007, 37f.; Heynen 2007, 62).

In welchem Ausmaß frühe Kindheitserfahrungen, insbesondere starker psychischer
Stress in früher Kindheit, die folgende körperliche und sozial-emotionale Entwicklung hin zu psychischen Erkrankungen oder Gewaltkriminalität beeinflussen können,
sogar irreversibel, darauf hat insbesondere die **neuro-biologische Forschung** aufmerksam gemacht (Bundesarbeitsgemeinschaft 2009, 13; Lucas 2009; Roth 2008,
11). Forschung, die auch grundsätzlich und unabhängig von solchen Stresserfahrun-
gen gezeigt hat, dass insbesondere in den frühen Jahren die entscheidenden Grundlagen für die weitere Entwicklung gelegt werden (Hüther u.a. 1999).

Deshalb ist gerade im Kontext der Familie die **Bedeutung früher Prävention** unübersehbar – um es möglichst gar nicht erst zu Gefährdungen des Kindeswohls kommen zu
lassen bzw. zumindest den Schutz von Kindern und Jugendlichen bei Gefahren für ihr
Wohl zu verbessern.[54] Zu unterscheiden sind hier universelle Präventionsstrategien, die

---

[52] Zu Definition, Ausmaß, Auswirkungen und Prävention dieser Formen der Gewalt in der Familie siehe
      Galm u.a. 2007; Heynen 2007; Kindler 2007; Buskotte 2007. Siehe auch „Daten und Fakten zur Kindes-
      vernachlässigung und –misshandlung", Nationales Zentrum Frühe Hilfen (www.fruehehilfen.de/3334.98.
      html) und Wetzels 2009.

[53] Die Situation der Kinder und Jugendlichen, die mittelbar oder unmittelbar von häuslicher Gewalt (Partner-
      gewalt) betroffen worden sind, hat lange wenig Beachtung gefunden. Inzwischen wird häusliche Gewalt
      jedoch als ein ernst zu nehmendes Kriterium für Kindeswohlgefährdung angesehen und auch der Gesetz-
      geber hat die Schutzmöglichkeiten erweitert: Die Polizeigesetze der Länder regeln die Wegweisung bzw.
      den Platzverweis der gewalttätigen Person, das Gewaltschutzgesetz ermöglicht etwa die Zuweisung der
      Wohnung und auch die Stalking-Gesetzgebung kann sich positiv auswirken. Es ist Aufgabe des Jugend-
      amtes, einer möglichen Kindeswohlgefährdung aufgrund der miterlebten Gewalt nachzugehen, weiterfüh-
      rende Hilfen zu vermitteln und ggf. auch familiengerichtliche Verfahren zu initiieren (Heynen 2007, 64ff.;
      Buskotte 2007).

[54] So befasst sich etwa die zum 1.10.2005 in Kraft getretene Neuregelung des § 8a SGB VIII „Schutzauftrag bei

sich prinzipiell an alle Eltern richten; selektive Strategien, die sich an Eltern mit geringen Beziehungs- und Erziehungskompetenzen richten sowie an solche, die bereits ein
unangemessenes Erziehungsverhalten entwickelt haben und schließlich indizierte Strategien, die zum Einsatz kommen, wenn in der kindlichen Entwicklung bereits kritisch
zu beurteilende Abweichungen oder Störungen aufgetreten sind, die mit problemati-
schem Erziehungsverhalten in Verbindung stehen (BMFSFJ 2005b, 22f). Diese Unter-
scheidungen sind jedoch nicht immer klar zu treffen: Ebenso wie die Grenzen zwischen
Normalität, Belastung und Entwicklungsgefährdung fließend sind und der Unterstützungsbedarf der Eltern von Informationen über gezielte Unterstützung und Anleitung
bis hin zur Prävention von Kindeswohlgefährdung reicht, verlaufen auch die Grenzen
zwischen den Präventionsstrategien unscharf und die jeweiligen Programme und Maßnahmen können durchaus verschiedene Präventionsstrategien verfolgen.

Zu den *universellen Präventionsstrategien* zählt beispielsweise das „Gesetz zur
Ächtung der Gewalt in der Erziehung", das vor fast zehn Jahren, am 2.11.2000 in
Kraft getreten ist[55]. Der dadurch neu gefasste § 1631 Absatz 2 des Bürgerlichen Ge-
setzbuches (BGB) legt eindeutig fest: „Kinder haben ein Recht auf gewaltfreie Erziehung. Körperliche Bestrafungen, seelische Misshandlungen und andere entwür-
digende Maßnahmen sind unzulässig." Die vom BMFSFJ und dem BMJ in Auftrag
gegebene *Begleitforschung* zu den Auswirkungen des Gewaltächtungsgesetzes stellt
einen positiven Wandel in den Einstellungen zur Gewaltfreiheit fest, der sich jedoch
im Erziehungsalltag bislang erst ansatzweise niedergeschlagen habe. Insbesondere sei
in den gewaltbelasteten Familien der Gebrauch körperlicher Gewalt nicht abgesunken
und auch die Zahl dieser Familien habe sich kaum verändert (Bussmann 2005).

Das entspricht Befunden der *KFN-Schülerbefragungen*, denen zufolge die durch Eltern an ihren Kindern verübte Gewalt nicht durchweg gesunken sei; gerade schwere
Formen der Gewalt kämen 2005 noch genauso häufig vor wie 1998 (Baier u.a. 2006,
43). Die 2007 und 2008 vom KFN durchgeführten Befragungen können dann allerdings feststellen, dass weniger Jugendliche elterliche Gewalt hätten erleiden müssen
und insbesondere in den Städten die Quote der völlig gewaltfrei erzogenen Kinder
deutlich gestiegen sei (Baier u.a. 2009). Für *Erthal/Bussmann* legen die Ergebnisse
einer von ihnen 2007/2008 durchgeführten europäischen Vergleichsstudie nahe, „die
Frage nach dem Gewalt senkenden Einfluss eines Körperstrafenverbots zu bejahen";

Kindeswohlgefährdung" mit der Ausgestaltung des Verfahrens zur Abwendung einer unmittelbar drohenden
Kindeswohlgefährdung, für die bereits „gewichtige Anhaltspunkte" bestehen und bezieht sich damit nicht mehr
auf die frühzeitige Erkennung von Risikofaktoren und Gefährdungen (Galm u.a. 2007, 40).

[55] Wiederum zehn Jahre zuvor, 1990, wurde eine entsprechende Regelung schon von der „Gewaltkommis-
sion" der Bundesregierung gefordert (Schwind/Baumann u.a. 1990). International wurde das Recht auf
gewaltfreie Erziehung 1989 im Artikel 19 der UN-Kinderrechtskonvention festgeschrieben. Bereits zehn
Jahre zuvor, 1979, wurde in Schweden als erstem europäischem Staat ein derartiges Recht gesetzlich
verankert (Erthal/Bussmann 2009, 37).

für Deutschland sei seit 1996 ein kontinuierlicher Rückgang der rechtlichen Billigung von Gewalt in der Erziehung zu verzeichnen (Erthal/Bussmann 2009, 53).

Eher universell ausgerichtet sind auch die vielfältigen Angebote der **Familienbildung**.[56] So zielen etwa **Elterntrainingsprogramme** auf die Förderung des elterlichen Erziehungsverhaltens, werden zumeist im Gruppenformat angeboten und beinhalten eine strukturierte Abfolge von Trainingsitzungen, die sich oft mit Übungen zu positiven Erziehungspraktiken, der Vermittlung sozialer Regeln und dem Umgang mit Problemverhalten der Kinder befassen[57] Elterntrainingsprogramme zeigen im Durchschnitt hohe Wirkungen und erzielen zum Teil höhere Effekte als die sog. sozialen Trainingsprogramme für Kinder. Allerdings stellt sich bei den Programmen nicht selten das Problem, dass Eltern aus Hochrisikofamilien und belasteten Kontexten nur sehr schwer für eine Teilnahme zu gewinnen sind oder die Kurse oft abbrechen (Beelmann 2009, 261f.).[58]

Zu den *selektiven Präventionsstrategien* – zumindest ganz überwiegend - zählen etwa die **„Frühen Hilfen"**[59], lokale und regionale Unterstützungssysteme mit koordinierten Hilfeangeboten für Eltern und Kinder ab Beginn der Schwangerschaft und in den ersten Lebensjahren mit einem Schwerpunkt auf der Altersgruppe der 0- bis 3-Jährigen. Sie zielen darauf ab, Entwicklungsmöglichkeiten von Kindern und Eltern in Familie und Gesellschaft frühzeitig und nachhaltig zu verbessern. Neben alltagspraktischer Unterstützung wollen Frühe Hilfen insbesondere einen Beitrag zur Förderung der Beziehungs- und Erziehungskompetenz von (werdenden) Müttern und Vätern leisten. Damit tragen sie maßgeblich zum gesunden Aufwachsen von Kindern bei und sichern deren Rechte auf Schutz, Förderung und Teilhabe ... Grundlegend sind Angebote, die sich an alle (werdenden) Eltern mit ihren Kindern im Sinne der Gesundheitsförderung richten (universelle Prävention). Darüber hinaus wenden sich Frühe Hilfen insbesondere an Familien in Problemlagen (selektive Prävention) ... Zentral für die praktische Umsetzung Früher Hilfen ist .. eine enge Vernetzung und Kooperation von Instituten und Angeboten aus den Bereichen der Schwangerschaftsberatung, des Gesundheitswesens, der interdisziplinären Frühförderung, der Kinder- und Jugendhilfe und weiterer sozialer Dienste ...“ [60]

---

[56]   Beispiele dafür mit kurzen Beschreibungen finden sich bei Sann/Thrum 2008 und bei Lösel 2006.

[57]   Beispiele dafür sind etwa das Triple-P-Programm (www.triplep.de) oder das Programm „EFFEKT – Entwicklungsförderung in Familien: Eltern- und Kinder-Training", die bislang einzige kombinierte Entwicklungs- und Präventionsstudie in Deutschland (Universität Erlangen-Nürnberg) Lösel u.a. (2008 und 2010).

[58]   Siehe dazu auch die „Bestandsaufnahme und Evaluation von Angeboten im Elternbildungsbereich", die *Lösel* im Auftrag des BMFSFJ erstellt hat (Stand November 2006); zu beziehen über publikationen@ bundesregierung.de

[59]   Begriffsbestimmung nach www.fruehehilfen.de/4010.0.html

[60]   Kritisch zu „frühen Hilfen als perfektioniertes Kontrollsystem" Keupp 2009. Siehe dazu auch Sann/Schäfer 2008.

Seit März 2007 betreiben die Bundeszentrale für gesundheitliche Aufklärung (BZgA) und das Deutsche Jugendinstitut (DJI) im Rahmen des Aktionsprogramms des BMFS-FJ „Frühe Hilfen für Eltern und Kinder und soziale Frühwarnsysteme" in gemeinsamer Trägerschaft das *Nationale Zentrum Frühe Hilfen (NZFH)*.[61] Das Zentrum unterstützt die Praxis dabei, familiäre Belastungen früher und effektiver zu erkennen und bedarfsgerechte Unterstützungsangebote bereitzustellen. Das übergeordnete Ziel des NZFH ist es, Kinder durch eine möglichst wirksame Vernetzung von Hilfen des Gesundheitswesens und der Kinder- und Jugendhilfe früher und besser von Gefährdungen zu schützen, indem vor allem die Erreichbarkeit von Risikogruppen verbessert wird.[62]

Die geförderten Modellprojekte werden evaluiert, erste Ergebnisse liegen vor. Wegen der kurzen Laufdauer der Evaluation kann eine nachhaltige Wirkung jedoch noch nicht nachgewiesen werden. Bereits jetzt hat sich allerdings gezeigt, dass sehr viel weniger Familien durch die Modellprojekte erreicht werden können, als dies ursprünglich geplant war (DJI 2009d, 46).

Schon vor der Einrichtung dieses Nationalen Zentrums Früher Hilfen waren auf *kommunaler wie auch auf Landesebene* deutliche Aktivitäten für ein verstärkt frühes und präventiv ausgerichtetes Anbieten von Hilfen zu erkennen, die zwischenzeitlich noch ausgebaut worden sind.[63] Die meisten dieser Ansätze sind selektiv angelegt, richten sich also an und auf Familien mit erhöhten Misshandlungs- und Vernachlässigungsrisiken. Bei diesen sog. (Hoch-)**Risikofamilien** ist die Lebenssituation durch viele negative Bedingungen und Risiken belastet ist, die sich offenbar gegenseitig noch bestärken und beeinflussen. Zu diesen Risiken gehören beispielsweise Armut, fehlende soziale Unterstützung in der Familie, biografische Belastungen der Eltern, wie etwa die, dass Eltern in ihrer eigenen Kindheit misshandelt oder vernachlässigt wurden, psychische Erkrankungen oder Alkohol- und Drogenmissbrauch (Bundesarbeitsgemeinschaft 2009, 12).

---

[61] www.fruehehilfen.de/3232.98.html; siehe dazu auch eine erste Wertung dieses Zentrums bei von der Leyen 2009.

[62] Siehe dazu die von dem NZFH in Auftrag gegebene Expertise zum internationalen Stand der Wirkungsforschung (Lengning/Zimmermann 2009), die sehr informative Stellungnahme des Deutschen Jugendinstitutes zum Thema „Neue Konzepte Früher Hilfen" (DJI 2009d), sowie die Fachtagung „Interdisziplinäre Frühförderung im System der Frühen Hilfen" vom 22.-23. März 2010 in Kassel Wilhelmshöhe

[63] Siehe dazu Galm u.a. 2007; das Heft 1-2/2005 der IKK-Nachrichten „Gewalt gegen Kinder: Früh erkennen – früh helfen" (Informationszentrum Kindesmisshandlung/Kindesvernachlässigung des Deutschen Jugendinstitutes e.V.) sowie den Nationalen Aktionsplan „Für ein kindergerechtes Deutschland 2005 – 2010", in dem das Thema „Aufwachsen ohne Gewalt" Schwerpunkt einnimmt. Bereits im Koalitionsvertrag vom November 2005 haben die Koalitionsfraktionen CDU, CSU und SPD die frühe Förderung gefährdeter Kinder thematisiert. Im Koalitionsvertrag der neuen Bundesregierung vom 26. Oktober 2009 wird im Kapitel III „Sozialer Fortschritt" wiederum das Thema „Kinderschutz und Frühe Hilfen" erwähnt und eine Intensivierung angestrebt.

Familienbezogene **Frühpräventionskonzepte** verfolgen den Ansatz einer möglichst frühzeitigen Erkennung von Problemkarrieren und bestehen - in der Tradition der sozialpädagogischen Frühförderung und kompensatorischen Vorschulerziehung – aus unterschiedlichen Hilfsangeboten für Kinder bis zum sechsten Lebensjahr und ihren Familien. Zur Wirksamkeit dieser Programme liegen zum Teil sehr umfassende Evaluationen mit langen Follow-up-Zeiträumen vor, bei denen u.a. auch die spätere Delinquenz und Kriminalität als Erfolgskriterien dienten (Beelmann 2009, 262). [64]

Neben diesen auf frühe Erkennung und Hilfe ausgerichteten Strategien gibt es natürlich noch **Unterstützungs- und Interventionsmaßnahmen**, die auf die grundsätzliche Förderung elterlicher Kompetenzen und elterlichen Verhaltens gerichtet sind. Diese eltern- und familienzentrierten Ansätze versuchen über systematische Ausbildung, Unterstützung und Hilfen für Eltern und Familien, das Risiko einer dissozialen Entwicklung von Kindern und Jugendlichen zu verhindern.

Zu den *indizierten Präventionsstrategien* zählen etwa die *Regelangebote der Kinder- und Jugendhilfe*: Hilfen zur Erziehung, die darauf abzielen, Eltern in geeigneter Weise anzuleiten und zu unterstützen, etwa im Rahmen von Erziehungs- und Familienberatungshilfe oder Sozialpädagogischer Familienhilfe. [65] Kindbezogene Hilfen orientieren sich an dem individuellen Förder- und/oder Behandlungsbedarf eines Kindes oder Jugendlichen und sollen Entwicklungsbeeinträchtigungen ausgleichen sowie psychosoziale und kognitive Kompetenzen stärken. Wenn Eltern nicht bereit oder in der Lage sind, die angebotenen Hilfen zu akzeptieren oder ihr Erziehungsverhalten zu ändern, können familiengerichtliche Schritte eingeleitet werden (Galm u.a. 2007, 42). [66]

---

[64] Eines der bekanntesten dieser Programme ist die **Perry Preschool Study**, für die 1962 in Ypsilanti, Michigan, USA „besonders benachteiligte" Kinder im Alter von 4-5 Jahren ausgewählt wurden. Es konnte gezeigt werden, dass die geförderte Gruppe fast 35 Jahre nach der Programmdurchführung unter anderem eine signifikant geringere Zahl an Verurteilungen und Inhaftierungen für kriminelle Delikte aufwies (Beelmann 2009, 262). Bekannt sind jedoch nicht nur diese Effekte, sondern auch die Kosten-Nutzen-Analyse, der die Perry Preschool Study unterzogen wurde: Pro Vorschulkind ergab sich ein Nettogewinn von fast 250.000 Dollar (siehe dazu das Skript der Sendung „Forschung und Gesellschaft" in Deutschlandradio Kultur vom 26. Februar 2009; Sybille Salewski: Lernen zahlt sich aus. Der Ökonom James Heckman berechnet den Wert frühkindlicher Bildung). **Peter Lutz** wird auf dem **15. Deutschen Präventionstag** zum Thema „Vorschulische Bildung zahlt sich aus - Das Beispiel des Perry Preschool Projects" referieren. **Meinrad Armbruster** wird auf dem **15. Deutschen Präventionstag** zum Thema „ELTERN-AG: Ein Präventionsprogramm der frühen Elternbildung für sozial Benachteiligte" referieren.

[65] Kritisch zur – unzureichenden – personellen Situation in der Erziehungs- und Familienberatung Menne 2009.

[66] An Sanktionen denkt beispielsweise auch die *CDU Baden-Württemberg*, die auf ihrem Parteitag im November 2009 forderte, Eltern, die ihre Kinder vernachlässigten, die staatlichen Hilfen zu kürzen. Hartz IV-Empfänger, die sich zu wenig um ihre Kinder kümmerten, sollten mit Sanktionen belegt werden (SZ vom 23. November 2009). Eine entgegengesetzte Haltung nimmt der *Wissenschaftliche Beirat für Familienfragen* ein, der „Elternzeugnisse, gar verbunden mit Sanktionen" für nicht geeignet hält, elterliche Kompetenzen zu steigern (BMFSFJ 2005b, 26; auch FN 51

Hinsichtlich der **Wirkung** der Programme und Maßnahmen der **selektiven und indizierten Präventionsstrategien** kommt *Beelmann* insgesamt zu dieser Würdigung: „Mit gebotener Vorsicht können wir feststellen, dass entwicklungspsychologisch fundierte und evidenz-basierte Programme zur Prävention von Gewalt und Kriminalität ...existieren, wie etwa soziale Trainingsprogramme für Kinder, Elterntrainingsprogramme oder frühe familienorientierte Maßnahmen für Hochrisiko-Gruppen." (2009, 269).[67]

3.2
Kindertagesbetreuung als Ort von Bildung und Prävention

„Elementare Bildung ist Aufgabe der Familie, aber nicht allein Privatsache ... Elementare Bildung ist eine gesellschaftliche Aufgabe und braucht deshalb öffentliche Verantwortung." (BJK 2004a)

3.2.1
Aufwachsen in öffentlicher Verantwortung

Wenn die Entwicklungs- und Bildungschancen von Kindern erheblich durch ihren Familienhintergrund bestimmt werden, dann kann die Förderung von Bildungsgerechtigkeit auch bedeuten, die Benachteiligungen durch einen frühen Zugang zu öffentlich organisierten und verantworteten Bildungsorten und bildungsfördernden Lebenswelten außerhalb der Familie auszugleichen. Aufwachsen in öffentlicher Verantwortung hieße dann, allen Kindern optimale Perspektiven zu eröffnen – gleichgültig, wie viel sie von zu Hause mitbekommen.[68]

Der erste öffentlich organisierte und verantwortete Bildungsort außerhalb der Familie ist die **Kindertagesbetreuung**[69]; dazu zählen Tageseinrichtungen für Kinder wie Krippen, Kindergärten u.ä. und die Kindertagespflege.[70] Der Besuch von Einrichtungen der Frühpädagogik soll zu mehr Gerechtigkeit *zwischen* den Kindern beitragen,

---

[67] Allerdings sind v.a. die von der Kinder- und Jugendhilfe eingesetzten Hilfen bei Verdacht auf oder Bestehen von innerfamiliärer Gewalt gegen Kinder **nicht systematisch evaluiert** worden (Galm u.a. 2007, 43). Von daher ist die Aussage im *Koalitionsvertrag* zwischen CDU, CSU und FDP vom 26. Oktober 2009 zu begrüßen (S. 71): „Wir werden das Kinder- und Jugendhilfesystem und seine Rechtsgrundlagen im SGB VIII auf Zielgenauigkeit und Effektivität hin überprüfen. Wir wollen frühe, schnelle und unbürokratische Hilfezugänge durch hoch qualifizierte Leistungsangebote und den Abbau von Schnittstellenproblemen zwischen der Jugendhilfe und anderen Hilfesystemen erreichen. Das gilt insbesondere bei Frühen Hilfen und bei Hilfen für junge Menschen mit Behinderungen. Wir werden die Qualität der Kinder- und Jugendhilfe evaluieren und gegebenenfalls Standards weiterentwickeln."

[68] Siehe dazu DJI Bulletin 80, 2007, 33 und Bock-Famulla 2008, 6.

[69] Die Kindertagesbetreuung gehört zur Kinder- und Jugendhilfe und ist Teil der Sozialgesetzgebung, geregelt im SGB VIII, dem Kinder- und Jugendhilfegesetz. Sie fällt in die Zuständigkeitsbereich der Kommunen bzw. der örtlichen Jugendämter; faktisch erbracht wird sie jedoch mit weit über 60% von nicht-staatlichen Anbietern, den sog. „freien Trägern", häufig konfessionelle Anbieter der katholischen und evangelischen Kirchen (Sommerfeld 2007, 74f.; Rauschenbach 2009, 138f.).

[70] Kindertagespflege ist eine familiennahe, flexible Betreuungsform durch eine Tagespflegeperson – etwa eine Tagesmutter – vor allem für Kinder unter drei Jahren (DJI Thema 2009/02). Siehe zu Stand und Herausforderungen auch Jurczyk/Heitkötter 2007.

und durch frühe Förderung sollen sich die Zukunftschancen für *alle* Kinder erhöhen (DJI Bulletin 81, 1/2008, 11).

Diese Einschätzung der Bedeutung der **Frühförderung** entspricht nicht nur den Erkenntnissen der Neurobiologie[71], sondern auch denjenigen der Bildungsökonomie.[72] Da der frühe Zugang zu Bildung und bildungsfördernden Lebenswelten die gesamte Bildungsbiographie positiv beeinflussen könne, sei es sehr viel sinnvoller und effizienter, früh zu investieren, statt später für Reparatur und Folgekosten zu zahlen (Bock-Famulla 2008, 6).

Noch der *12. Kinder- und Jugendbericht* setzte an dem „unübersehbaren Nachholbedarf" Deutschlands „mit Blick auf sein öffentliches Bildungs-, Betreuungs- und Erziehungsangebot" an: „Zu lange und zu einseitig hat die ehemalige Bundesrepublik nahezu ausschließlich auf Familie und Schule als den fraglos gegebenen Stützpfeilern von Kindheit und Jugend gesetzt. Dabei war die Familie vor allem für die Betreuung und Erziehung der Kinder, die Schule für die Bildung verantwortlich" (BMFSFJ 2005a, 28 f).

In den letzten Jahren ist jedoch der öffentlich organisierte und verantwortete Bildungsort „Kindertagesbetreuung" so in Bewegung geraten, dass ein **grundlegender Wandel im Verständnis der Bedeutung frühkindlicher Bildung und Betreuung außerhalb der Familie** festgestellt werden kann: „Die Kindertagesbetreuung erweist sich für Deutschland als eine kinderpolitische Weichenstellung" (DJI Bulletin 80, 2007, 33). [73] Angesichts der historischen Entwicklung der öffentlichen Kindertages-

---

[71] Siehe dazu beispielsweise die Ausführungen bei Bergmann/Hüther 2009 und Hüther 2009 „Warum das Hirn so wird, wie man es benutzt". Erst in den letzten 10 Jahren sei es Hirnforschern und Entwicklungspsychologen gelungen nachzuweisen, in welchem Ausmaß die Strukturierung des Gehirns davon abhänge, wie und wofür ein Kind sein Gehirn benutze. Zum Zeitpunkt der Geburt sei das menschliche Gehirn noch sehr unfertig. So gut wie alles, worauf es im späteren Leben ankomme, müsse erst noch hinzugelernt und als neue Erfahrung im Gehirn abgespeichert werden (Bergmann/Hüther 2009, 68f.). Unser Gehirn vernetze sich, denke und arbeite so, wie wir es benutzen, und neue Vernetzungen bildeten sich vor allem dann besonders rasch heraus und würden immer dann besonders fest verknüpft, womit wir uns intensiv beschäftigten, für uns von ganz besonderer Bedeutung sei (Hüther 2009, 59). **Gerald Hüther** wird auf dem Eröffnungsplenum des **15. Deutschen Präventionstages** zum Thema „Was prägt uns, Wissen oder Erfahrung?" referieren.

[72] Erkenntnissen der **Bildungsökonomie** zufolge gehen die Erträge von Bildungsinvestitionen mit zunehmendem Alter tendenziell zurück. Vor allem für Kinder aus sozial benachteiligten Schichten seien die Erträge im frühkindlichen Bereich tendenziell höher (Wößmann 2008). Siehe dazu auch die Forschungsergebnisse von *James J. Heckmann*, amerikanischer Nobelpreisträger für Ökonomie im Jahr 2000, der in qualifizierten frühpädagogischen Angeboten die mit Abstand kostengünstigste Maßnahme sieht, um Personen in die Gesellschaft zu integrieren und für den Arbeitsmarkt verfügbar zu machen (DJI Bulletin 81 PLUS 1/2008, 1)

[73] Für *Rauschenbach* (2007, 5) wurden in einem „familienpolitischen Dreisprung" in den letzten Jahren auf den Weg gebracht: der Rechtsanspruch auf einen Kindergartenplatz (1996), die Einführung des Elterngeldes (2007), der vereinbarte Rechtsanspruch für Kinder ab dem vollendeten ersten Lebensjahr auf einen Betreuungsplatz (ab 2013). **Hans Rudolf Leu** wird auf dem **15. Deutschen Präventionstag** zum Thema „Kindertagesbetreuung im Ausbau. Quantitative und qualitative Grundlagen frühkindlicher Bildung" referieren.

betreuung in Deutschland war das nicht unbedingt zu erwarten.[74]

Denn seit jeher war die Betreuung der eigenen Kinder in Deutschland *Privatsache*: Noch Ende der 1980er-Jahre, also vor nicht einmal zwei Jahrzehnten, wurden in Westdeutschland unter dreijährige Kinder zu 99% und drei- bis sechsjährige Kinder zu 88% im privaten Umfeld betreut, wenn die Mutter keiner Erwerbstätigkeit nachging; war die Mutter erwerbstätig, dann reduzierten sich zwar die Anteile privater Betreuung, lagen aber immer noch bei 88% bzw. 75%.[75]

Inzwischen ist der Bildungsort Kindertagesbetreuung eine Lebenswelt, die nahezu alle Kinder in Deutschland erfahren – allerdings sehr unterschiedlich in Umfang und Qualität.[76] 2002 lag die Versorgungsquote der **Kinder unter drei Jahren** in den westlichen Flächenländern bei nur 2%, in den östlichen Flächenländern bei 37% und in den Stadtstaaten bei 26%. 2008 ist sie in den westlichen Ländern (Flächenländer und Stadtstaaten) auf 12,2% gestiegen, in den östlichen Ländern auf 42,4%. Da durch das Kinderförderungsgesetz[77] ab August 2013 ein Rechtsanspruch auf einen Betreuungsplatz besteht, muss „die Ausbaudynamik der Angebote für unter Dreijährige (jedoch) noch deutlich gesteigert werden" (DJI Thema 2009/2). Das gilt auch vor dem Hintergrund der derzeit noch geringen Zeitdauer, mit der Kinder pro Tag in den Einrichtungen betreut werden: In den westlichen Ländern wird ein Drittel (33%) der Kinder lediglich bis zu 5 Stunden wochentags außerhalb der Familie betreut; in den östlichen Ländern gilt diese kurze Betreuungszeit für weniger als die Hälfte (16%); hier werden 63% der Kinder ganztags (mehr als 7 Stunden) betreut (DJI Bulletin 81, 11).

Deutlich höher waren und sind die Versorgungsquoten für die **drei- bis sechsjährigen Kinder**.[78] In den östlichen Ländern ohnehin, aber auch in den westlichen Flächenländern hat sich das Versorgungsangebot von 69% verfügbarer Plätze im Jahr 1990 bis 2008 auf eine Quote der Inanspruchnahme von 91% entwickelt. Dabei kam der Ausbau vor allem den Kindern im Alter zwischen drei und vier Jahren zugute: Von den Dreijährigen besuchten 1992 31% einen Kindergarten, im Jahr 2008 dagegen 81%; bei den Vier- und Fünfjährigen stieg die Quote von 78% auf 95% (Rauschenbach

---

[74]   Siehe dazu Rauschenbach 2009a, 138f.; auch BMFSFJ 2005a, 37 und Sommerfeld 2007, 74.

[75]   In der DDR dagegen wurde seit den 1960er-Jahren die Kindertagesbetreuung so konsequent ausgebaut, dass von einer „institutionellen" Kindheit im Osten gesprochen werden kann (Rauschenbach 2009a, 141).

[76]   Siehe dazu auch den von der Bertelsmann-Stiftung herausgegebenen „Länderreport Frühkindliche Bildungssysteme 2008" (Bock-Famulla 2008).

[77]   KiFöG - „Gesetz zur Förderung von Kindern unter drei Jahren in Tageseinrichtungen und in Kindertagespflege" - in Kraft seit 1. Januar 2009; Bund, Länder und Kommunen haben sich darauf verständigt, dass es bis zum Jahr 2013 bundesweit im Durchschnitt für jedes dritte Kind unter drei Jahren einen Betreuungsplatz geben wird. Man geht davon aus, dass dies ausreicht, um dem 2013 in Kraft tretenden Rechtsanspruch auf einen Platz für Kinder ab dem vollendeten ersten Lebensjahr zu entsprechen.

[78]   Für diese Altersgruppe besteht bereits seit dem 1. Januar 1996 ein Rechtsanspruch auf einen Kindergartenplatz.

2009, 142ff.)[79]. Allerdings nutzten in den westlichen Ländern nur 20% der Kinder das Angebot einer ganztägigen Bildung, Erziehung und Betreuung; in den östlichen Ländern dagegen 63% (DJI Bulletin 81, 11); für die Sachverständigenkommission zum *12. Kinder- und Jugendbericht* (BMFSFJ 2005a) ist ein bedarfsgerechtes Angebot erst dann erreicht, wenn 50% der Plätze in Ganztagsform bereitgestellt werden. Derzeit liegen jedenfalls die Betreuungswünsche der Eltern für Kinder unter drei Jahren sowie für Schulkinder noch weit über dem zur Verfügung stehenden Platzangebot (Gragert u.a. 2008, 31).

Insgesamt ist die Kindertagesbetreuung zu einer neuen **Selbstverständlichkeit** geworden: Zum Ausbau „kam in einer atemberaubend kurzen Zeit ein Mentalitätswandel hinzu". Inzwischen geht es "nicht mehr um das *Ob*, sondern vor allem um das *Wie* einer ausgebauten öffentlichen Kindertagesbetreuung" (Rauschenbach 2009a, 145). Den Erkenntnisse von Neurowissenschaftlern und Psychologen zufolge entspricht ein Bildungsangebot im Kindergarten sowohl den Bildungsbedürfnissen der Kinder als auch ihrem Bildungsbedarf (Schneider 2009, 32).[80] Nach wie vor nehmen allerdings nicht alle Familien und damit auch nicht alle Kinder das freiwillige Angebot früher Bildung, Erziehung und Betreuung an. So gehen etwa Kinder mit einem **Migrationshintergrund**[81] seltener in eine Kindertageseinrichtung und sie besuchen sie zudem erst später, also weniger häufig vor dem dritten Lebensjahr. Auch Kinder unter drei Jahren aus Familien mit **Sozialhilfebezug** nutzen dieses Angebot seltener (DJI Bulletin 81, 11).[82]

---

[79]   Den Befunden des *Nationalen Bildungsberichtes* 2008 zufolge, besuchten im Jahr 2007 bis zu 95% der 4- und 5-Jährigen **Kindertageseinrichtungen** – „obwohl die Nutzung des Angebotes an Kindertageseinrichtungen und Kindertagespflege freiwillig ist, wird sie zunehmend zu einer Normalität in der Bildungsbiografie von Kindern ... Dabei gibt es noch immer erhebliche regionale Unterschiede mit Blick auf den zeitlichen Umfang und das Alter, in dem Kinder erstmalig diese Angebote in Anspruch nehmen" (BBE 2008, 50).

[80]   Grundlegend zum Wandel der Betreuung, zu den Effekten auf die Entwicklung der Kinder, zur Zufriedenheit der Eltern auch *Heitkötter* 2009. 2004 hat die Kultusministerkonferenz/Jugendministerkonferenz einen Rahmenplan für die frühe Bildung beschlossen mit dem Anspruch, Bildung nicht erst in der Grundschule zu vermitteln, sondern bereits für den Elementarbereich verbindlich zu machen. Alle 16 Bundesländer haben inzwischen Bildungspläne für die Kindertagesstätten ausgearbeitet, die vom Paradigma der Gleichrangigkeit und Interdependenz von Erziehung, Betreuung und Bildung bestimmt werden (Schneider 2009, 32).

[81]   Einen **Migrationshintergrund** haben 29% der Kinder in Kindergärten Westdeutschlands, aber nur 6% in Ostdeutschland. Auffallend – und offenbar stärker ausgeprägt als in den Schulen - ist die unausgewogene Verteilung von Kindern mit Migrationshintergrund in den Einrichtungen: über 60% besuchen Einrichtungen, in denen überdurchschnittlich viele Kinder mit Migrationshintergrund betreut werden – keine besonders günstige Voraussetzung für die soziale Integration dieser Kinder. „Man kann davon ausgehen, dass Einrichtungen mit einem so hohen Anteil an Kindern mit Migrationshintergrund zusätzlich personelle Ressourcen benötigen, wenn die hohen Erwartungen erfüllt werden sollen, die an sie als Orte der Integration unterschiedlicher Kulturen und frühsprachlicher Förderung gestellt werden" (BBE 2008, 53). Unbestritten hat die Beherrschung der deutschen Sprache enorme Bedeutung für erfolgreiche Bildungsverläufe. Seit 2005 arbeitet das DJI-Projekt **„Sprachliche Förderung in der Kita"** daran, der Praxis im Vorschulbereich dafür entsprechende Materialien an die Hand zu geben. Inzwischen ist in der Praxis erprobtes Konzept für eine integrierte sprachliche Basisarbeit entstanden (www.dji.de).

[82]   Interessant ist in diesem Zusammenhang das „Stimmungsbild", das eine Studie der Deutschen Telekom

Nicht zuletzt wegen der Forderung nach Chancengleichheit für alle Kinder[83] - so spielen etwa frühkindliche Bildungsprozesse in Kindertageseinrichtungen eine nicht zu unterschätzende Rolle für die Vorbereitung der Kinder auf die Schule[84] - wird diskutiert, ob für Kinder ab vier oder fünf Jahren nicht, analog zur Schulpflicht, eine **Kindergartenpflicht** eingeführt werden sollte.[85] Auch dies ist ein Hinweis auf den erfolgten Mentalitätswechsel: „von der einstigen öffentlichen Kindertagesbetreuung als ambivalentes fünftes (Not-)Rad am Wagen der Kleinkinderziehung zu einem künftig unerlässlichen frühen Bildungsangebot für ausnahmslos *alle* Kinder" (Rauschenbach 2009a, 145f.).

Das *Bundesjugendkuratorium* sieht die Kindertageseinrichtungen sogar inzwischen mit **Erwartungen überhäuft**. Man erwarte von ihnen: die Aktivierung von Bildungsreserven durch frühzeitige und gezielte Förderung; die Leistung eines wirkungsvollen Beitrags zur Herstellung von Chancengerechtigkeit im Bildungsbereich; einen Beitrag zur verbesserten Vereinbarkeit von Familie und Erwerbstätigkeit durch ein ausreichendes Platzangebot und durch eine flexible Gestaltung der Öffnungszeiten; die Kompensation von Begrenzungen und Einschränkungen in der familialen Sozialisation, indem man Kindern etwa Gruppenerfahrungen ermöglicht oder Aktivierungsmöglichkeiten außerhalb von Medienkonsum schafft; eine Verbesserung der gesellschaftlichen Integration, vor allem von Menschen mit Migrationsgeschichte; Übernahme von Aufgaben einer präventiven Sozialen Arbeit durch frühzeitiges Erkennen von möglichen Problemkonstellationen in der Versorgung und in der Erziehung eines Kindes. Mit diesen Erwartungen seien Anforderungen verbunden, denen die Einrichtungen und die in ihnen tätigen Fachkräfte unter den derzeit geltenden Rahmenbedingungen gar nicht entsprechen könnten. Es bestehe die „große **Gefahr**, dass die Kindertageseinrichtungen an den diffusen und gleichzeitig komplexen Anforderungen scheitern" (2008, 10ff.).

Stiftung (2010) bei Eltern und Nicht-Eltern zum Stellenwert frühkindlicher Bildung erhoben hat, insbesondere zu ihren Erwartungshaltungen hinsichtlich der Rolle/Funktion des Kindergartens/der Kindertagesstätte.

[83] Siehe zur Polarisierung von Lebens- und Bildungschancen von Kindern und Familien und den Herausforderungen für Kindertageseinrichtungen auch Meier-Gräwe 2009 (DJI Thema 2009/02) und das Gutachten für den 14. DPT.

[84] Obwohl das spezifische Leistungspotenzial der Kindertageseinrichtungen eigentlich nicht in einer Vorwegnahme der schulischen Bildung liegen sollte, sondern in einer konsequenten Individualisierung des kindlichen Lernens (Rauschenbach 2009a, 153; BJK 2008, 19ff.). Der – noch nicht gelöste – Konflikt zwischen „individueller Förderung" und „Erreichen der Schulreife" ist nicht zu verkennen.

[85] Für eine Kindergartenpflicht spricht sich beispielsweise der *Aktionsrat Bildung* aus, wenn er in seinem Jahresgutachten 2008 der Politik empfiehlt: „Es wird empfohlen, allen Kindern einen Kindergartenbesuch mit dem vollendeten zweiten Lebensjahr zu ermöglichen, diesen für Kinder mit besonderem Förderbedarf verpflichtend zu machen, einen obligatorischen Vorschulbesuch für alle mit dem vollendeten vierten Lebensjahr vorzusehen sowie die Ausbildung des Vorschulpersonals zu akademisieren, um dem Bildungsauftrag des vorschulischen Bereichs besser gerecht zu werden" (2008, 146).

Auf jeden Fall sind erhebliche **Anstrengungen** erforderlich, wenn die Kindertagesbetreuung auch nur ansatzweise in die Lage versetzt werden soll, den Anforderungen
und Erwartungen zu genügen. Dazu gehören insbesondere: Der weitere Ausbau der
Kindertageseinrichtungen, vor allem für Kinder unter drei Jahren und das insbesondere in den westlichen Ländern; die Verbesserung der Personalausstattung hinsichtlich
der verfügbaren Personalressourcen und die Qualifikation des Personals sowie die
Verbesserung ihres Berufsbildes und Status, wobei jedoch nicht nur eine Qualitätsof-
fensive erforderlich ist, sondern – bei dem absehbaren Mangel an frühpädagogischen
Fachkräften – auch eine Steigerung der Ausbildungskapazitäten.[86]

Zu diesen Anstrengungen gehört auch die Notwendigkeit, **Eltern** stärker und systematischer in die Erziehungs- und Bildungsprozesse der Kindertageseinrichtungen einzubeziehen. Denn trotz der „Zunahme öffentlich verantworteter Betreuung, Bildung und
Erziehung bleibt die umfassende Förderung von Kindern eine Koproduktionsleistung
zwischen Familie, öffentlichem Betreuungsangebot und weiterem sozialen Umfeld"
(Heitkötter 2009, 21). Kindertagesstätten sollen sich in Richtung einer stärkeren Berücksichtigung von Familien als Adressatengruppe ausweiten, zu **Zentren für integrierte und niedrigschwellig zugängliche Dienstleistungen und Unterstützungssysteme** für Kinder und Familien werden (BJK 2008, 27; Stöbe-Blossey 2010, 95).

Diskutiert und erprobt werden in diesem Zusammenhang Projekte wie „Familienzentren", „Kinder- und Familienzentren", „Eltern-Kind-Zentren". Vorbild für solche
Zentren sind die britischen „Early Excellence Centres (EEC)", die 1997 mit einem
Pilotprogramm der Regierung gestartet wurden. Inzwischen gibt es mehr als 100 solcher Zentren. Ihr Ziel ist es, mit Angeboten aus einer Hand auf die komplexen Bedürfnisse von Familien einzugehen. Im Mittelpunkt steht die Einbindung der Eltern in die
Erziehungsarbeit und Entwicklung des Kindes. Durch Angebote zur Fort- und Weiterbildung werden die Kompetenzen und das Selbstbewusstsein der Eltern gestärkt,
damit sie sich für die Belange ihrer Kinder besser einsetzen können (Stöbe-Blossey
2010, 96).[87]

Ein Ansatz zur systematischen und flächendeckenden Umsetzung derartiger Konzepte
wird seit Anfang 2006 in Nord-rhein-Westfalen mit den **Familienzentren** verfolgt.
Bis 2012 soll ein Drittel der gut 9.000 Kindertageseinrichtungen zu solchen Familienzentren ausgebaut werden, in denen Kinder und Familien gemeinsam gefördert und
nachhaltig unterstützt werden. Ziel ist die Zusammenführung von Bildung, Erziehung

---

[86] Siehe dazu DJI 2009a; DJI Bulletin 80, 2007; Bock-Famulla 2008; Komdat Jugendhilfe Heft 2/09 „Steigerung der Ausbildungskapazitäten für frühpädagogische Fachkräfte notwendig"; Heitkötter 2009 oder auch
den Artikel von Jeannette Otto in der ZEIT Nr. 28 vom 2. Juli 2009 „Die Kita-Lüge" bzw. von Markus
Wehner in der Frankfurter Allgemeinen Sonntagszeitung Nr. 26 vom 28. Juni 2009 „Zu viele Ziele, zu
wenig Geld – Der Ausbau der Kinderbetreuung kommt schlecht voran".

[87] In Deutschland fördert etwa die Heinz und Heide Dürr-Stiftung seit 2000 das erste Early Excellence
Centre mit dem Modellprojekt „Kinder- und Familienzentrum – Schillerstraße", eine Einrichtung des
Pestalozzi-Fröbel-Hauses in Berlin (www.early-excellence.de und www.heinzundheideduerrstiftung.de.

und Betreuung als Aufgabe der Kindertageseinrichtungen mit Angeboten der Beratung und Hilfe für Familien. Förderung von Kindern und Unterstützung der Familien könnten so Hand in Hand gestaltet werden.[88]

3.2.2
Kindertagesbetreuung als Ort von Gewaltprävention

Als erste öffentlich organisierte und verantwortete Instanz außerhalb der Familie ist die Kindertagesbetreuung auch ein Ort für Gewaltprävention, das gilt insbesondere für die Kindertagesstätten: Sie können Kindern wie Familien „in einem sehr frühen Stadium Förderung, Hilfe und Unterstützung anbieten und als potenzielle Schutzfaktoren gegen die Gewaltbereitschaft wirken" (Sommerfeld 2007, 82).[89]

Anlass dafür ist jedoch nicht Gewalt zwischen den Kindern oder gegenüber den Betreuungspersonen in der Kindertagesstätte selbst: Zwar ist die „Gewalt im Kindergarten" seit den 1990er-Jahren ein Thema der Fachpraxis und auch der Medien („Monsterkids" und „Kindergartenrambos")[90], tatsächlich jedoch dürfte in Kindertagesstätten kein „Gewaltproblem" vorliegen (Sommerfeld 2007, 82). Zumindest gibt es kaum Daten dazu: In der Polizeilichen Kriminalstatistik wird diese Tatörtlichkeit nicht ausgewiesen – insgesamt wurden bundesweit im Jahr 2007 ohnehin nur 83 unter Sechsjährige mit Körperverletzungsdelikten erfasst – und nach den Angaben der gesetzlichen Unfallkassen ereigneten sich in Tageseinrichtungen im Jahr 2004 je 1000 Kinder 3,4 so genannte „Raufunfälle", davon zwei Drittel bei Kindern ab fünf Jahre. Die Zahlen stagnieren seit ihrer erstmaligen Erfassung im Jahr 1990.[91]

Außerdem ist die Verwendung des „Gewaltbegriffs" für kindliches Verhalten ohnehin problematisch und unangemessen, insbesondere für Kinder im Vorschulalter: „Körperliche Konfliktlösungen sind im Vorschulalter alters- und entwicklungsangemessen …'Gewalt' (ist) ein Containerbegriff für eine breite Palette von sozial unerwünschten, aber dennoch alterstypischen Verhaltensweisen bis zu destruktiven Verhaltensmustern, mit denen in Regel-Einrichtungen kaum angemessen umgegangen werden kann" (Sommerfeld 2007, 77f.).[92]

---

[88]   Zitiert nach dem Internet-Auftritt „Familienzentrum NRW" (www.familienzentrum.nrw.de); siehe dazu auch die Darstellung bei Stöbe-Blossey 2010, 95ff.

[89]   Dieser Auftrag ergibt sich schon aus dem KJHG: Tageseinrichtungen für Kinder haben den öffentlichen Auftrag, jedes Kind in seiner Entwicklung zu einer eigenverantwortlichen und gemeinschaftsfähigen Persönlichkeit zu fördern und Benachteiligungen entgegenzuwirken

[90]   Siehe dazu auch die Dokumentation eines Hearings des Bundesjugendkuratoriums 1998 zum „Mythos der Monsterkids" (Arbeitsstelle 1999).

[91]   Angaben bei Sommerfeld 2007, 78. Die Statistik der Deutschen Gesetzlichen Unfallversicherung (DGUV) zum Schülerunfallgeschehen 2008 liegt zwar vor, differenziert für den Bereich der Kindertageseinrichtungen aber nicht nach „Raufunfällen" (www.dguv.de).

[92]   Siehe dazu auch die Ausführungen im Gutachten zum Schwerpunktthema des 12. Deutschen Präventionstages „Gewalt als Lernchance: Zur Notwendigkeit und zum Nutzen eines altersgerechten Verständnisses von Gewalt" (Steffen 2008, 255ff.).

Dementsprechend ist **Prävention** im „Bildungsort Kindertagesstätte" eher **universell** ausgerichtet. Es geht primär darum, soziale Kompetenzen zu fördern, Benachteiligungen zu verhindern oder abzubauen, Integration und soziale Teilhabe von Kindern zu fördern – um so auch gesellschaftlichen Desintegrationserscheinungen und prekären Lebenslagen entgegenzuwirken, die sich im Alltag von Kindertageseinrichtungen als Zunahme kindlicher Verhaltensprobleme und elterlicher Erziehungsschwierigkeiten zeigen und den Erzieher/innen erhebliche Probleme bereiten können.

Die Ansätze zur Prävention sind so vielfältig und heterogen wie die Trägerstruktur der Kindertageseinrichtungen mit ihrer Vielfalt institutioneller Formen und pädagogischer Konzepte. Traditionell wird das Handlungsfeld durch Projekte einzelner Einrichtungen oder Träger auf lokaler bzw. regionaler Ebene geprägt. Adressaten sind nicht nur die Kinder in Tageseinrichtungen selbst, sondern auch deren Eltern und die Fachkräfte (s. hierzu und zum Folgenden Sommerfeld 2007, 84ff.).

Neben situativen Interventionen – etwa bei der Regelung von Konflikten oder der Förderung von Partizipation – initiieren Erzieherinnen und Erzieher auch Angebote und Projekte. Da kindliche Bildungsprozesse immer auch durch die selbsttätige Auseinandersetzung des Kindes mit seiner Umwelt geprägt sind, sich Kinder die Welt gewissermaßen aktiv aneignen müssen, und so jedes Kind selbst zu einem Handelnden und Ko-Produzenten in Sachen Bildung wird (Rauschenbach 2009a, 154), geht es nicht darum, Kindern etwas „beizubringen", sondern die Themen der Kinder durch Beobachtung der Spiel- und Interaktionsprozesse und im Dialog mit ihnen wahrzunehmen und aufzugreifen (Sommerfeld 2007, 86).

Themen dabei sind etwa die Stärkung des Selbstwertgefühls von Kindern, auch und gerade im Umgang mit **Differenz**: In der Tageseinrichtung trifft die Familienkultur eines Kindes und seiner Eltern auf eine Vielfalt anderer Kulturen – nicht nur hinsichtlich der ethnischen Zugehörigkeit, sondern auch in Bezug auf die unterschiedlichsten Lebensentwürfe und Lebenslagen von Familien. Interkulturelle Kompetenz im weitesten Sinne ist für die Fachkräfte in einer zunehmend heterogenen, zunehmend sozio-ökonomisch, aber auch ethnisch-kulturell gespaltenen und immer weiter auseinander driftenden Gesellschaft von entscheidender Bedeutung.[93]

Soziale Trainingsprogramme für Kindergarten-Kinder, die auf eine Verbesserung der sozialen Kompetenz zielen – also etwa darauf, Freundschaften zu schließen, soziale Konflikte zu lösen, Emotionen zu erkennen und zu regulieren, liegen inzwischen in standardisierter Curricula-Form vor.[94] Sie richten sich über einen längeren Zeit-

---

[93] Siehe zum Konzept der Interkulturellen Kompetenz beispielsweise das Thesenpapier der Bertelsmann-Stiftung (2006).

[94] Etwa www.papilio.de, (dazu auch Scheithauer/Mayer 2008 und 2009) oder www.faustlos.de; beide Programme der Gewaltprävention sind evaluiert. Den Befunden von *Beelmann* (2009, 261) zufolge erzielen soziale Trainingsprogramme für Kinder jedoch geringere Effekte als die Elterntrainingsprogramme.

raum an die gesamte Kindergartengruppe – universelle Prävention –, nicht an einzelne „auffällige" Kinder und werden von den Erzieherinnen und Erziehern durchgeführt. Für diese wie für andere Präventionsprogramme kommt der Qualifikation der Fachkräfte eine Schlüsselrolle zu.

Das gilt insbesondere für Strategien der **selektiven und indizierten Gewaltprävention**, die dann zur Anwendung kommen, wenn Kindertagesstätten, wie oben ausgeführt, präventive Aufgaben innerhalb **sozialer Frühwarnsysteme** übernehmen und etwaige Problemkonstellationen in der Versorgung und Erziehung eines Kindes möglichst frühzeitig erkennen sollen. Unter den gegenwärtigen strukturellen Bedingungen verfügen die Erzieherinnen und Erzieher aber weder über die dafür nötigen Handlungsspielräume noch über die dafür erforderliche Aus- und Fortbildung: „Die Arbeit mit Familien in besonderen Problemlagen bedarf einer Fachlichkeit, die bei Leitungspersonal wie bei Erzieherinnen und Erziehern nicht als selbstverständlich vorausgesetzt werden kann" (Sommerfeld 2007, 98f.).

3.3
Schule als Ort von Bildung und Prävention

„Schulischer Erfolg gilt zunehmend als relevante Größe in der Verteilung gesellschaftlicher Chancen und Risiken"[95]

3.3.1
Schule als Ort von Bildung

Auch wenn Bildung mehr ist als Schule und gelingende Lebensführung wie soziale Integration ebenso auf Bildungsprozessen in Familien sowie Einrichtungen der Kinder- und Jugendhilfe und der beruflichen Bildung aufbauen, ist Schule ohne Frage „der zentrale öffentliche Bildungsort für Kinder und Jugendliche im Prozess des Aufwachsens" (Rauschenbach 2009a, 166). Der Bildung im Schulalter kommt eine Schlüsselrolle für die individuelle Entwicklung, für die gesellschaftliche Teilhabe und für die Vermittlung von Kompetenzen zu (BBE 2008, 61).[96]

Nicht zuletzt wegen dieser Bedeutung ist Schule gleichzeitig auch ein heftig kritisierter Bildungsort: „Schülerinnen und Schüler berichten von Schulängsten und Schulunlust; Eltern und Elternvertretungen formulieren Distanz und Kritik zur Schule. Arbeitgeber beklagen bei einer erheblichen Zahl von Jugendlichen den (zu) niedrigen Bildungsstandard als Ausbildungsproblem. Fast zehn Prozent der Jugendlichen verlassen die Schule ohne Abschluss. Schulleistungsstudien wie PISA, TIMMS und IGLU[97] bestätigen: Die deutsche Schule leistet weniger als Schulen in vielen anderen Ländern, insbesondere gleicht sie Unterschiede aus der sozialen Herkunft der Schüler

---

[95]   DJI Bulletin 81, 1/2008, 11.

[96]   Zum Ausdruck kommt die zentrale Rolle der Schule auch in der gesetzlich verankerten Schulpflicht.

[97]   Siehe oben FN 19.

und Schülerinnen und dem Migrationshintergrund nicht aus, sondern verfestigt sie noch." (BJK 2004b, 5).[98]

Demnach scheint das deutsche Schulsystem nicht die **Bildungsleistungen** zu erbringen, die es sollte und die von ihm erwartet werden – etwa in Hinblick auf den im Grundgesetz formulierten Anspruch auf einen chancengerechten Zugang zur Bildung oder auf den beispielsweise in Lehrplänen proklamierten Anspruch einer umfassenden schulischen Allgemeinbildung.[99]

Hinsichtlich des Anspruchs auf **Chancengleichheit** haben vor allem die PISA-Studien die im internationalen Vergleich auffällig starke Benachteiligung von Kindern und Jugendlichen aus sozial schwachen Lagen gezeigt. Insbesondere der Zugang zur höheren Bildung und zu Gymnasialabschlüssen bleibt nach wie vor eine zentrale Barriere für Heranwachsende aus Familien der unteren sozialen Lagen. Mit einem höheren sozioökonomischen Status gehen bis zu dreimal geringere Hauptschul- und bis zu fünfmal höhere Gymnasialbesuchsquoten einher.

Risikolagen führen zu einer deutlichen Verschlechterung der Bildungschancen – und diese Risikolagen haben in den letzten Jahren zugenommen: In Deutschland lebte 2006 mehr als jedes zehnte Kind unter 18 Jahren in einer Familie, in der kein Elternteil erwerbstätig war. 13% der Kinder wuchsen in Familien auf, in der niemand einen Abschluss des Sekundarbereichs I hatte. Bei 23% der Kinder lag das Einkommen der Familie unter der Armutsgefährdungsgrenze. Von mindestens einer dieser Risikolagen waren 4,2 Millionen oder 28% der Kinder betroffen.

Migrationshintergrund ist eine „Risikolage", die in allen Stufen des Schulsystems zu Benachteiligungen führt – und junge Menschen mit Migrationshintergrund machen in einigen Regionen mehr als die Hälfte ihrer Altersgruppe aus. Über 40% der Jugendlichen beider Zuwanderergenerationen, aber nur 14% der Jugendlichen ohne Migrationshintergrund gehören zur so genannten Risikogruppe mit geringer Lesekompetenz. Schülerinnen und Schüler mit Migrationshintergrund sind selbst bei gleichem Sozialstatus seltener auf dem Gymnasium, häufiger in den niedriger qualifizierenden Schularten, verlassen doppelt so häufig wie deutsche Schüler eine allgemeinbildende Schule, ohne wenigstens den Hauptschulabschluss zu erreichen und haben verzögerte

---

[98] Wobei es die deutsche Schule gar nicht gibt: Die Kultushoheit liegt bei den Ländern und den föderalistischen Strukturen entsprechend ist der Aufbau des deutschen Schulsystems sehr heterogen und vielfältig. Über die richtige Schulstruktur wird seit Jahren gestritten. Gerade jetzt wieder sehr heftig über Fragen wie Dauer der Grundschulzeit, eigenständige Hauptschulen ja oder nein, wer hat das letzte Wort beim Übertritt von der Grundschule auf das Gymnasium usw. Siehe dazu beispielsweise den Artikel „Auf neuen Bildungswegen" in der Süddeutschen Zeitung vom 19. Januar 2010 oder auch das Streitgespräch „Wir brauchen ein neue Lernkultur" der Kultusminister von Bayern, Hamburg und Sachsen in der Süddeutschen Zeitung vom 10. März 2010.

[99] Siehe hierzu und zum Folgenden BMFSFJ 2005a, 280ff., BBE 2008, 10ff., Aktionsrat Bildung 2007, 135ff.

und weniger erfolgreiche Übergänge in die Berufsausbildung[100] (im Anschluss an eine Ausbildung, wenn sie denn einmal erreicht und erfolgreich absolviert ist, zeigen sich keine solche Benachteiligungen).

Festzustellen ist dagegen die Aufhebung der **geschlechtsspezifischen Benachteiligung** von Mädchen: Mädchen und junge Frauen werden im Bildungssystem immer erfolgreicher, neue Problemlagen gibt es dagegen bei den Jungen. Das Risiko für Jungen und junge Männer, im Bildungssystem zu scheitern, nimmt zu. Das gilt insbesondere für jene mit Migrationshintergrund. Jungen wiederholen auch öfter eine Jahrgangsstufe.[101]

Insgesamt produziert das deutsche Schulsystem zu viele **Bildungsverlierer**: „Sitzenbleiber", Schulverweigerer und Schulabbrecher. Der PISA-Studie 2003 zufolge haben fast ein Viertel (23%) aller Fünfzehnjährigen im Verlauf ihrer Schulzeit mindestens einmal eine Klasse wiederholt.[102] Die Zahl der Schulverweigerer – Schüler, die mehr als zehn Schultage pro Halbjahr fehlen – wird auf 300.000 geschätzt. Dazu kommen noch die „Gelegenheitsschwänzer". Besonders häufig wird an Haupt- und Förderschulen geschwänzt.[103] Die Zahl der Schulabbrecher – Schulabgänger ohne Hauptschulabschluss – geht bundesweit etwas zurück, lag 2008 aber immer noch bei 7% (oder 64.400 Jugendlichen).[104]

Den Ergebnissen der internationalen **Leistungsstudien** zufolge gelingt es dem deutschen Schulsystem offensichtlich auch nicht hinreichend, eine Grundausbildung bzw. ein Bildungsminimum in der Vermittlung sprachlicher sowie mathematisch-naturwissenschaftlicher Kompetenzen für alle Schülerinnen und Schüler sicherzustellen. Es sind im Längsschnitt zwar Leistungszuwächse festzustellen, doch muss – den PISA-Studien zufolge - unter den 15-Jährigen etwa ein Viertel als Risikogruppe eingestuft werden, die aufgrund deutlicher Mängel in der Lesekompetenz und im Umgang mit mathematischen Verfahren und Modellen erhebliche Schwierigkeiten haben dürfte, erfolgreich eine Berufsausbildung aufzunehmen. Unter diesen Risikoschülern sind

---

[100] **Joerg Dittmann, Sandra Heisig** und Jan Goebel werden auf dem **15. Deutschen Präventionstag** zum Thema „Präventionsstrategien am Übergang Schule in Ausbildung – Ansätze in der Arbeit mit benachteiligten Jugendlichen" referieren.

[101] **Klaus Hurrelmann** wird auf dem **15. Deutschen Präventionstag** zum Thema „Kompetenzdefizite junger Männer – Eine Herausforderung für die präventive Arbeit" referieren.

[102] Eine im Auftrag der Bertelsmann-Stiftung durchgeführte Studie zu den Ausgaben für Klassenwiederholungen in Deutschland stellt dazu fest: „Klassenwiederholungen – teuer und unwirksam". Klassenwiederholungen führten weder bei den sitzengebliebenen Schülerinnen und Schülern zu einer Verbesserung ihrer kognitiven Entwicklung, noch profitierten die im ursprünglichen Klassenverband verbliebenen Schülerinnen und Schülern von diesem Instrument. Bei auffallenden schularten- und länderspezifischen Unterschieden in der Höhe der Wiederholerquote würden in Deutschland Jahr für Jahr mehr als 931 Millionen Euro für Klassenwiederholungen ausgegeben (Klemm 2009).

[103] SPIEGEL-Interview vom 7. Oktober 2009 mit Karlheinz Thimm „Um schwierige Schüler muss man kämpfen" (http://www.spiegel.de/schulspiegel/wissen/0,1518,653675,00.html)

[104] SPIEGELONLINE-Bericht vom 11. November 2009.

Heranwachsende aus Arbeiterfamilien sowie aus Familien mit Migrationshintergrund besonders stark vertreten (BMFSFJ 2005a, 282).[105]

Damit bestätigt sich die oben geäußerte Vermutung, dass das deutsche Schulsystem nicht die Bildungsleistungen vollbringt, die es sollte und die von ihm erwartet werden. Allerdings – darauf wurde schon hingewiesen – darf die hohe soziale Selektivität des deutschen Bildungswesens, die besondere Benachteiligung von Kindern aus so genannten bildungsfernen Schichten oder von Migranten keineswegs nur der Schule angelastet werden. Offensichtlich sind die anderen, der Schule zeitlich vorgelagerten bzw. sie ergänzenden Bildungsorte „Familie", „Kindertagesbetreuung" und „Angebote der Kinder- und Jugendhilfe" nicht (mehr) bzw. (noch) nicht ausreichend in der Lage, die Bildungs-Leistungen für die Heranwachsenden zu erbringen, die diese für ihren schulischen Bildungserfolg benötigen. [106]

Eine Schlüsselstellung kommt dabei der Familie zu. Wenn sie ihren Aufgaben der Betreuung, Erziehung und Bildung nicht gerecht werden kann, folgen daraus für die Kinder Benachteiligungen, die später nur schwer wieder ausgeglichen werden können. Frühe Hilfen und frühe Förderung, Ergänzung der privaten Familienbetreuung durch öffentliche Betreuungsangebote können solche Benachteiligungen ausgleichen und Bildungsgerechtigkeit fördern. „Schule ist eine gemeinsame Verantwortung von Lehrern, Eltern und übrigens auch Schülern. Wir müssen die Eltern wieder deutlicher an ihre Verantwortung für die Kinder heranführen" (Lenzen 2009, 9).[107]

Die Probleme der sozialen, kulturellen und auch bildungsbezogenen Segregation stellen jedenfalls eine zentrale Herausforderung für die Bildungspolitik dar. Eine Antwort darauf – „die zentrale bildungspolitische Hoffnung schlechthin" - ist der bundesweite Auf- und Ausbau der **Ganztagsschule**.[108]

---

[105] Ein weiterer Indikator für Schwächen des deutschen Schulsystems ist die Häufigkeit von **Nachhilfe**: „Unterricht und Lernen außerhalb der Schule gehören in Deutschland zum Alltag von Familien" (BMFSFJ 2005a, 283). Eine von der Bertelsmann-Stiftung in Auftrag gegebene Studie „Ausgaben für Nachhilfe – teurer und unfairer Ausgleich für fehlende individuelle Förderung" kommt zu dem Ergebnis, dass die häufige Nachhilfe in Deutschland nicht nur ein Zeichen für Mängel im Bildungssystem sei, sondern vor allem auch ungerecht, da sie sich nicht jeder leisten könne. Das verschlechtere die Chancengerechtigkeit des Bildungssystems (Klemm/Klemm 2010).

[106] *Lenzen* (2009, 7) zu diesem Befund: „Aus volkswirtschaftlicher Sicht ließe sich auch sagen: Dieser Teil der nachwachsenden Generation wird der Volkswirtschaft systematisch vorenthalten." Für die OECD, die auch die PISA-Studien durchführt, haben der Stanford Professor Eric H. Hanushek, der Münchener Bildungsökonom Professor Ludger Wößmann und der internationale PISA-Koordinator Andreas Schleicher eine Studie zur wirtschaftlichen Wirkung einer besseren Bildung durchgeführt („The High Cost of Low Educational Performance"). Ihren Berechnungen zufolge entspräche der Ertrag in Deutschland dem Fünffachen der gesamten Jahreswirtschaftsleistung oder einem zusätzlichen jährlichen Wachstum von 0,8%, wenn die deutschen Kinder auf das Niveau der finnischen Schüler gebracht werden könnten (www.zeit.de/gesellschaft/schule/2010-01/oecd-bildungsausgaben?page=all&print vom 21.1.2010)

[107] **Liv Berit Koch** und **Maria Macher** werden auf dem **15. Deutschen Präventionstag** zum Thema „Stadtteilmütter in Neukölln – Vorstellung des Projektes und erste Evaluationsergebnisse" referieren.

[108] Rauschenbach (2009a, 177), der die Ganztagsschule als Zukunftschance sieht.

Ganztagsschulen waren bis vor kurzem mit einem Anteil von nur etwa 5% aller Schulen in Deutschland eine Ausnahme[109] und im Westen Deutschlands lange Zeit tabuisiert: Ihnen wurde ein massiver Angriff auf die Familie und das Erziehungsrecht der Eltern unterstellt. Mittlerweile hat sich das Bild gewandelt. Ganztagsschulen gelten seit ein paar Jahren als eine zeitgemäße Antwort auf gewandelte Bedürfnisse der Eltern, Erwerbsarbeit und Erziehung von Kindern zu vereinbaren, auf neue Anforderungen und Erwartungen an die Bildung der Kinder und auf eine bessere Förderung insbesondere von bildungsbenachteiligten Kindern und Jugendlichen (BMFSFJ 2005a, 305f.) – die Analogie zur Entwicklung und Einschätzung der Kindertagesbetreuung ist nicht zu übersehen.

Mit dem Investitionsprogramm „**Zukunft Bildung und Betreuung**" (IZBB), dem derzeitig vermutlich größten bildungspolitischen Reformprogramm, wurde ein wichtiger Impuls für den Ausbau von Ganztagsschulen gesetzt. Mit diesem Programm unterstützt die Bundesregierung (die in der Kultuspolitik keine eigene Kompetenz hat) die Länder beim bedarfsgerechten Auf- und Ausbau von Ganztagsschulen.[110] Die Entscheidung, welche Schulen und Schulformen gefördert werden, sowie die inhaltliche Ausgestaltung und die Personalausstattung obliegen den Ländern. Den Jahresberichten der Länder zufolge wurden zwischen 2003 und 2009 insgesamt 7.129 Schulen gefördert oder waren zur Förderung vorgesehen. Das Ganztagsschulprogramm wird wissenschaftlich begleitet und evaluiert.[111]

Mit der Ganztagsschule besteht in Deutschland erstmals ernsthaft die Möglichkeit, die herkömmliche Unterrichtsschule und die tradierte Halbtagsschule nicht nur zeitlich auszuweiten, sondern auch um **andere Bildungsinhalte** und **andere Formen des Lernens** zu ergänzen (Rauschenbach 2009a, 177).[112] Die Debatte um die Ganztagsschule hat auch die Diskussion um eine **Öffnung** der Schule hin zur Lebenswelt und um die **Vernetzung** der Schule mit anderen pädagogischen Institutionen, insbesondere aus dem Bereich der **Jugendhilfe** wieder neu entfacht – um die Chance zu nutzen, die Stärken der Schule mit den Stärken der anderen Bildungsakteure zu verbinden (BMFSFJ2005a, 282). Denn das Angebot am Nachmittag kann von außerschulischen

---

[109] International ist Deutschland fast das einzige Land, das sich eine Halbtagsschule leistet; den aktuellen Daten der Kultusministerien zufolge gilt das Halbtagsschulmodell immer noch für etwa zwei Drittel aller schulischen Verwaltungseinheiten (Stecher u.a. 2009).

[110] Am 12. Mai 2003 wurde gemeinsam von Bund und Ländern die Verwaltungsvereinbarung zu diesem Investitionsprogramm unterzeichnet. Für 2003 bis 2007 wurden insgesamt vier Milliarden Euro zur Verfügung gestellt, die noch bis Ende 2009 verausgabt werden können (www.bmbf.de/de/3735.php)

[111] Im Mittelpunkt steht die „Studie zur Entwicklung von Ganztagsschulen" (StEG) unter Leitung eines Konsortiums (www.projekt-steg.de); siehe dazu auch Stecher u.a. 2009.

[112] **Christian Pfeiffer** wird auf dem **15. Deutschen Präventionstag** zum Thema „Tägliches Fitnesstraining in der Schule. Der Weg zu besseren Schulleistungen und weniger Gewalt – Konzept für einen Modellversuch" referieren.

Trägern erbracht werden[113] – und hier „kommt der Kinder- und Jugendhilfe eine hervorgehobene Stellung zu" (BMFSFJ 2005a, 306).

Allerdings ist noch ungeklärt, ob und wie diese „hervorgehobene Stellung" tatsächlich eingenommen werden soll, wie Schule und Kinder- und Jugendhilfe zusammenarbeiten können. Denn „in Anbetracht ihrer eigenen, dezidiert anti-schulischen Tradition, im Horizont ihres konsequent partizipativ ausgerichteten Selbstverständnisses im Umgang mit den Kindern und Jugendlichen" (Rauschenbach 2008, 7) tut sich die **Kinder- und Jugendarbeit** noch schwer im Umgang mit dem Thema Bildung.[114]

Das *Bundesjugendkuratorium* jedenfalls verfolgt die Diskussion um die Einrichtung von Ganztagsschulen und den Versuch der Kinder- und Jugendhilfe, sich als Partner von Schule zu behaupten, „mit Skepsis" (2004b, 9).[115] Erforderlich sind aus Sicht des Bundesjugendkuratoriums **neue Bildungsorte** als „Orte öffentlicher Verantwortung" und ein neues Gesamtkonzept von ganztägiger Bildung, hinter denen „ein tragendes Bündnis aller mit Bildung und Erziehung befassten Institutionen stehen" müsse (2004b, 17)[116] – und ein neues Bildungsverständnis, für das die Jugendhilfe „unerlässliche Beiträge" liefern könne (2004b, 20). Nämlich: „eine andere Bildung zu befördern, die tatsächlich die Kinder in den Mittelpunkt stellt und als Subjekte ihres Bildungsprozesses ernst nimmt" (2004b, 20).[117]

Damit sich in der Praxis der Schule auch tatsächlich Veränderungen im Sinne weiterführender Konzepte durchsetzen, und dort Kooperationen strukturell – und nicht nur sporadisch – entstehen sieht es das *Bundesjugendkuratoriums* „als dringend erforderlich an, dass vor Ort umfassende Bildungs- und Erziehungskonzepte entwickelt werden, die von **lokalen Bündnissen für Bildung** zusammengeführt und gebündelt sowie inhaltlich und konzeptionell ausgestaltet werden können" (BJK 2004b, 6f.).

---

[113] Schule und außerschulische Träger müssen sich auf ein gemeinsames Konzept verständigen; die Gesamtverantwortung liegt bei der Schulleitung.

[114] Siehe zu den Bildungsleistungen der Kinder- und Jugendarbeit, dem Bereich der Kinder- und Jugendhilfe, der für die Zusammenarbeit mit der Schule primär in Frage kommt – Vermittlung sozialer und personaler Kompetenzen - und den für sie typischen „Lernsettings" – wie Freiwilligkeit der Teilnahme, Sicht auf die ganze Person, Gegenwarts- und Erlebnisbezug des Lerngeschehens - die Ausführungen im 12. Kinder- und Jugendbericht (BMFSFJ 2005a, 303). **Vera Bethge, Irina Neander** und **Marita Stolt** werden auf dem **15. Deutschen Präventionstag** zum Thema „Gemeinsame Verantwortung für Bildung und Erziehung – Schule und Jugendhilfe in Kooperation" referieren.

[115] Obwohl das *Bundesjugendkuratorium* der Ganztagsschule grundsätzlich sehr positiv gegenüber steht: Sie biete allen Beteiligten eine große Optionsvielfalt, führe schulische und außerschulische Formen von Bildungs- und Erziehungsprozessen zusammen, ermögliche die Einbindung sozialer kultureller und sportlicher Organisationen und biete so Grundlage und Zeit zur intensiven Förderung individueller Begabungen (2003, II.)

[116] Ein lediglich auf Kooperation angelegtes Verständnis greife zu kurz (BJK 2003 IV.)

[117] Durch ihre Wertorientierung und partizipativen Strukturen seien Jugendhilfe und Jugendarbeit „in besonderem Maße befähigt, sich für ein an Gerechtigkeit, Solidarität und Teilhabe ausgerichtetes Verständnis einer neuen integrativen Bildung einzusetzen" (2004b, 20).

Dieses Ziel – oder eher Vision - wird vom *12. Kinder- und Jugendbericht* so beschrieben: „Das Zusammenspiel unterschiedlicher Bildungsakteure und –gelegenheiten ist sozialräumlich auszugestalten und in kommunaler Verantwortung zu organisieren. Ziel ist der Aufbau einer kommunalen Bildungslandschaft als Infrastruktur für Kinder und Jugendliche, die getragen wird von Leistungen und Einrichtungen der Schule, der Kinder- und Jugendhilfe, von kulturellen Einrichtungen, Verbänden und Vereinen, Institutionen der Gesundheitsförderung, sowie privaten und gewerblichen Akteuren vor Ort …" (BMFSFJ 2005a, 351).

Wenn schon mit der Ganztagsschule hohe Ziele und Erwartungen verbunden sind, die über eine Schulreform weit hinausgehen und entsprechend schwierig zu realisieren sind, weil es um die Schaffung ganztägiger öffentlicher Bildungs-, Betreuungs- und Erziehungsangebote für Kinder und Jugendliche im Schulalter unter Einbindung mehrerer Akteure, insbesondere aus der Kinder- und Jugendhilfe geht, dann gilt diese Problematik in noch weit stärkerem Maße für die Entwicklung **kommunaler Bildungslandschaften.**

Das Programm „**Lernen vor Ort**", eine gemeinsame Initiative des Bundesministeriums für Bildung und Forschung mit deutschen Stiftungen, ist der 2008 begonnene Versuch, solche Bildungslandschaften zu schaffen. Bis 2012 fördert das Programm in 40 ausgewählten Kreisen und kreisfreien Städten den Aufbau eines modellhaften lokalen Bildungsmanagements zur besseren Verzahnung bestehender Angebote und Institutionen. Das kommunale Bildungsmanagement soll eine ressortübergreifende Steuerung unter Beteiligung aller Bildungsakteure ermöglichen und das bürgerschaftliche Engagement einbeziehen. Ziel ist, dass sich die Kommunen zu hervorragenden Bildungsstandorten entwickeln, an denen die Bürger in einem schlüssigen und übersichtlichen Bildungssystem eine erfolgreiche Bildungsbiografie durchlaufen können, und zwar von der frühkindlichen Bildung bis hin zur Erwachsenenbildung.[118]

3.3.2
Schule als Ort von Gewaltprävention

Die Forderung an den öffentlichen Bildungsort Schule, auch etwas gegen die Gewalt und die Gewaltbereitschaft bei Kindern und Jugendlichen zu tun, ist nicht neu.[119] So ist insbesondere für die erste Hälfte der 1990er-Jahre geradezu ein „Boom" an Forschung und Prävention zum Thema „Gewalt an der Schule" festzustellen, der jedoch

---

[118] „Lernen vor Ort" ist zentraler Bestandteil der Qualifizierungsinitiative der Bundesregierung „Aufstieg durch Bildung"; siehe dazu BMBF 2009 a und b; Koalitionsvertrag 2009, 59. **Siegfried Haller** wird auf dem **15. Deutschen Präventionstag** zum Thema „Projekt des BMBF – ‚Lernen vor Ort –ein Präventionsansatz'" referieren.

[119] Siehe dazu auch *Schubarth* 2010, 9ff., 57ff., dessen Buch „Gewalt und Mobbing an Schulen" einen sehr lesenswerten, sachlichen und empirisch fundierten Überblick über Ausmaß, Erscheinungsformen und Ursachen von Gewalt und Mobbing an Schulen sowie über Möglichkeiten der Prävention bzw. Intervention gibt.

schon in der zweiten Hälfte wieder deutlich abflaute. Inzwischen hat sich die Debatte insgesamt deutlich versachlicht, flammt aber immer wieder dann auf, wenn es zu spektakulären Gewalttaten an Schulen kommt (so zuletzt anlässlich der „Amokläufe" von Winnenden oder Ansbach 2009).[120]

Es sind vor allem solche und ähnliche, enormes mediales, aber auch politisches Aufsehen erregende Einzelfälle spektakulärer Gewalttaten, weshalb von einer zunehmenden Gewalt durch Schüler am „Tatort Schule" ausgegangen wird.[121] Das ist jedoch eine Wahrnehmung, die mit den vorliegenden empirischen Befunden nicht übereinstimmt: Eine Zunahme der physischen Gewalt an Schulen lässt sich weder mit kriminalstatistischen oder sonstigen statistischen Daten belegen, noch durch wiederholt durchgeführte Befragungen zum Dunkelfeld.[122]

Soweit die **Polizeilichen Kriminalstatistiken** der Länder entsprechende Auswertungen zulassen – auf der Ebene der Bundesstatistik sind sie nicht möglich – belegen die Daten regelmäßig, dass sich nur ein kleiner Teil der von Jugendlichen begangenen Gewalttaten (und auch anderer Delikte) in der Schule ereignet, dass diese Straftaten in den letzten Jahren auch kaum bis gar nicht zugenommen haben –und auf keinen Fall „dramatisch" -, sondern dass eher „wellenförmige" Entwicklungen festzustellen sind, also zunehmende wie dann auch wieder rückläufige Zahlen.

Die relativ geringe Bedeutung, die der „Tatort Schule" für Ausmaß und Entwicklung der Jugendgewalt hat, ist umso bemerkenswerter, als Kinder und Jugendliche einen großen – den größten - Teil des Tages hier verbringen.

Gegen diese Befunde wird regelmäßig eingewendet, dass es schon zu mehr Gewalt und vor allem mehr Brutalität an Schulen käme, die Schulen diese Gewalt aber nicht anzeigen würden, um dem „Image" der Schule nicht zu schaden. Dieses Verhalten mag in Einzelfällen – wenn auch sicherlich nicht solcher brutaler Gewalt – zutreffen. Dass es nicht die Regel ist, belegen die Ergebnisse von wiederholt durchgeführten Befragungen ebenso wie Analysen der Deutschen Gesetzlichen Unfallversicherung zu – versicherungsrelevanten – Raufunfällen an Schulen.

---

[120] „Amokläufe" sind an deutschen Schulen sehr seltene Einzelfälle; eine Häufung oder Serie ist nicht erkennbar. Soweit zu sehen passen die Täter nicht in das übliche Muster der Jugendgewalt, da sie vorher äußerlich unauffällig und nicht als zu Gewalt neigend aufgefallen sind – und deshalb auch keine Anlässe für Gewaltprävention geliefert haben. Zu den Ursachen von Amokläufen, dem Erkennen von Warnsignalen und den Präventionsmöglichkeiten ist das vor kurzem (2010) erschienene Buch von *Britta Bannenberg* sehr empfehlenswert. **Herbert Scheithauer** wird auf dem **15. Deutschen Präventionstag** zum Thema „Der Umgang mit Leaking und Androhung schwerer Formen von Gewalt an deutschen Schulen. Das Berliner Leaking-Projekt und NETWASS" referieren.

[121] Die Bedeutung die Medien für die öffentliche Thematisierung und Wahrnehmung der „Jugendgewalt" wurde im Gutachten zum Schwerpunktthema des 12. Deutschen Präventionstages ausführlich dargestellt (Steffen 2008); siehe dazu auch Schubarth 2010, 9ff.

[122] Siehe dazu auch die Ausführungen bei Steffen 2008, 249ff.

So zeigen 1994, 1999 und 2004 mit gleichen Erhebungsinstrumenten an repräsentativ ausgewählten Schülern bayerischer Schulen der Jahrgangsstufen 5 bis 13 durchgeführte Befragungen, dass es in diesem Zeitraum nicht zu einer Zunahme physischer Gewalt gekommen ist. Im Gegenteil: Physische Gewalt zwischen Schülern und gegen Sachen nahm ebenso – bis 1999 geringfügig, bis 2004 deutlich - ab wie psychische Gewalt; verbale Aggressionen wurden allerdings häufiger angegeben. Es ließen sich keine Anhaltspunkte dafür finden, dass sich die „Gewaltsituation an Schulen" generell verschärft haben könnte.[123]

Auch für Mecklenburg-Vorpommern stellt eine 2004 durchgeführte Befragung von Schülern aller Klassenstufen, die mit einer 1997 durchgeführten Erhebung vergleichbar ist, einen deutlichen Rückgang der Gewalt fest. Auffallend war außerdem die erheblich gestiegene Anzeigebereitschaft der Schüler wie der Lehrer.[124]

Noch eine weitere, von einem ganz anderen Ansatz kommende und deshalb besonders interessante Analyse bestätigt diese empirischen Befunde: Die der Deutschen Gesetzlichen Unfallversicherung (DGUV). Da es relativ unwahrscheinlich ist, dass Schulen versicherungsrelevante Schäden nicht melden, dürfte es sich hier um recht verlässliche Daten handeln. Nach aktuellen Statistiken der Unfallkassen – sie versichern Schülerinnen und Schüler gegen Unfälle beim Schulbesuch und auf dem Schulweg – ist die Häufigkeit der so genannten **Raufunfälle** zwischen 2000 und 2007 um etwa ein Viertel zurückgegangen. Statistisch gesehen sei jeder zehnte Unfall an allgemeinbildenden Schulen auf Gewalteinwirkung zurückzuführen. Einer von hundert Schülern pro Jahr müsse sich nach einer Rangelei ärztlich behandeln lassen. In gut 7.000 Fällen sei ein Knochenbruch die Folge von Gewalt.[125]

Entgegen der Wahrnehmung einer „gestiegenen Gewalt an Schulen" weisen alle empirischen Befunde darauf hin, dass es in den letzten Jahren nicht zu einer allgemeinen Zunahme der körperlichen Gewalt und/oder einer zunehmenden Brutalisierung gekommen ist. Im Gegenteil: Trotz einer gestiegenen Sensibilisierung gegenüber schulischer Gewalt und einer gestiegenen Anzeigebereitschaft sind die Vorfallszahlen eher rückläufig.

---

[123] Fuchs u.a. 2005

[124] Landeskriminalamt Mecklenburg-Vorpommern/Bornewasser 2004.

[125] Die Träger der Schüler-Unfallversicherung erhalten nur dann eine Meldung über einen Raufunfall, wenn in der Folge ein Arztbesuch erforderlich war. Fälle, in denen das nicht erforderlich war, sowie Formen psychischer Gewalt – Hänseleien, Bullying, Mobbing – werden statistisch nicht erfasst. Insgesamt wurden 2008 1,3 Millionen meldepflichtige Schulunfälle – 78/1000 Schüler – und 118.000 meldepflichtige Schulwegunfälle – 6,9/1000 Schüler – verzeichnet (www.dguv.de). Bereits einer früheren Analyse zufolge ging die Zahl der den Versicherungen gemeldeten Schäden aus „Raufunfällen" von 1993 bis 1995 zurück, nahm dann bis 1998 zu und ging seither wieder kontinuierlich zurück – und zwar an allen Schularten (wobei sich die Hauptschule beiden Auswertungen zufolge als die am stärksten gewaltbelastete Schulart erweist). Auch der Anteil der Raufunfälle mit Frakturen an allen gemeldeten Raufunfällen ging zurück. Eine zunehmende Brutalisierung ist also auch aus diesen Daten nicht zu erkennen (Bundesverband der Unfallkassen 2005).

Wenn Schule trotzdem einer der zentralen Orte der **Gewaltprävention** ist[126], dann nicht deshalb, weil sich hier besonders viele und/oder besonders schwerwiegende Gewalttaten ereignen, sondern deshalb, weil Schule – analog zu den Kindertagesstätten – der Ort ist, an dem sich Kinder und Jugendliche verlässlich aufhalten und deshalb auch für präventive Maßnahmen und Programme prinzipiell erreichbar sind.[127]

Strategien der Gewaltprävention an der Schule zielen folglich zum einen darauf ab, die Gewalt zu verhindern bzw. zu verringern, zu der es zwischen den Schülerinnen und Schülern an der Schule und auf dem Schulweg kommt, zum andern darauf, die Gewalt(bereitschaft) von Kindern und Jugendlichen insgesamt positiv zu beeinflussen. Schließlich hat Schule im Rahmen ihres Erziehungs- und Bildungsauftrags „den gesellschaftlichen Auftrag, die personelle Integrität und Würde des einzelnen Schülers zu wahren. Aufgrund ihres Status als öffentliche Bildungseinrichtung ist sie prinzipiell dazu verpflichtet, mit der entsprechenden pädagogischen Professionalität und Kompetenz, diesem Anspruch auch nachzukommen" (Schubarth 2010, 101).

Außerdem ist die Schule auch deshalb ein zentraler Ort für Gewaltprävention, weil sie selbst an der „Produktion" von Gewalt beteiligt ist und durch eine entsprechende Gestaltung der Schul- und Lernkultur auf die Gewaltentwicklung einwirken kann (Melzer 2004; Schubarth 2010, 51)[128].

Allerdings in Grenzen: Gewalttätiges Verhalten mit dem Entstehungsgrund „Schule" ist von einer Vielzahl von Faktoren abhängig, die von der Schule nur zum Teil, wenn überhaupt beeinflusst werden können. Schulbezogene Rahmenbedingungen wie das Schulgebäude oder die Klassengröße können zwar geändert werden - wenn auch nicht gerade leicht. Ähnliches gilt für den Rahmen, der durch das Schulsystem gesetzt wird: Die Schulpflicht, der Notendruck, die Unterteilung in verschiedene Schultypen. Dazu kommen die veränderten Bedingungen des Aufwachsens und das von den Kindern mitgebrachte Sozialverhalten, die Perspektivlosigkeit in Bezug auf Ausbildungsplätze oder spätere Arbeitsmöglichkeiten oder auch die Lebens- und Integrationsbedingungen von Schülerinnen und Schülern mit Migrationshintergrund (Hanke 2007, 106).

Strategien der Gewaltprävention an Schulen richten sich folglich an verschiedene Akteure und Handlungsgruppen:[129] An die **Schulverwaltung** – Kultusministerien,

---

[126] Siehe zu Strategien der Gewaltprävention an Schulen auch Hanke 2007.

[127] Alle auf die Klasse bezogenen Präventionsprogramme nutzen diese Möglichkeit; einige zielen dabei auf die Freiwilligkeit der Teilnahme, wodurch sich gewaltpräventives Lernen vermutlich intensivieren lässt (Hanke 2007, 119).

[128] Siehe dazu auch *Melzer*, der auf die vielfältigen Zusammenhänge zwischen gewaltförmigen Verhaltensweisen von Schülern und Schulkulturvariablen hinweist, aber auch auf die Schwierigkeit, aus solchen Korrelationen einen Verursachungszusammenhang zu interpretieren (2004, 40).
Siegfried Arnz wird auf dem **15. Deutschen Präventionstag** zum Thema „Neue Chancen für erfolgreiche Prävention durch die Reform der Schulstruktur" referieren.

[129] Siehe zum Folgenden Hanke 2007, 112ff.; eine kurze Übersicht zu Präventionsprogrammen für die Schule

Fachaufsichten, Schulleitungen, die den strukturellen Rahmen für die schulische Gewaltprävention setzen; an die **Schule** als Ganzes, etwa durch Strategien zur Qualifikation des Kollegiums für die gewaltpräventive Erziehungs- und Bildungsarbeit[130]; an die **Schülerinnen und Schüler** wie etwa die zahlreichen Streit-Schlichter-Programme (Peer Mediation)[131], Programme gegen Mobbing[132] oder auch curriculare Programme[133], von denen allerdings, soweit ersichtlich, keines in Koproduktion zusammen mit der jeweiligen Schule entwickelt wurde; an die **Eltern**, die allerdings häufig erst dann in die gewaltpräventive Arbeit einbezogen werden, wenn schon eine entsprechende Problematik vorliegt; an die **Öffentlichkeit**, nicht zuletzt mit dem Ziel der Imagepflege der Schule an sich[134]; an **außerschulische Akteure**, die übrigens fast alle der in der Schule angewandten Konzepte oder Programme entworfen und entwickelt haben; an die Aus- und Fortbildung von **Lehrkräften**.

Gegenwärtig ist in der **Fortbildung** von Lehrkräften die **zentrale Strategie** zu sehen, um auf den verschiedenen Handlungsebenen Gewaltprävention an Schulen zu stärken. Fortbildung versucht nachzuholen, was in der Ausbildung[135] nicht genügend Berücksichtigung findet, um den Lehrkräften grundsätzliche Qualifikationen zu geben, die es ihnen erlauben, neben ihrem Bildungsauftrag dem nicht minder wichtigen Erziehungsauftrag nachzukommen. Derzeit hängt jedenfalls eine funktionierende Gewaltprävention an Schulen sehr stark vom persönlichen, eher zufälligen Engagement der Verantwortlichen ab, vor allem im Bereich der Schulverwaltung. (Hanke 2007, 125f.).

---

findet sich bei Melzer 2004, 45. Zur „multimodalen Gewaltprävention bei Kindern und Jugendlichen" Lösel 2004. Einen informativen, ausführlichen Überblick über schulische Präventions- und Interventionsprogramme gibt Schubarth 2010, 113ff.
Hartmut Pfeiffer und **Peter Wetzels** werden auf dem **15. Deutschen Präventionstag** zum Thema „ ‚PaC - Prävention als Chance' - Implementation und Evaluation eines integrierten Programms der kommunalen Kriminalprävention" referieren.
Ria Uhle wird auf dem **15. Deutschen Präventionstag** zum Thema „Veränderungen, Umbrüche, Krisen - Gewaltprävention an Schulen im Wandel" referieren

[130] Ein Beispiel dafür ist das Konstanzer Trainingsmodell (KTM); Informationen dazu beispielsweise bei www.friedenspaedagogik.de.
Vom Programm Polizeiliche Kriminalprävention der Länder und des Bundes wurde das Medienpaket „Abseits?!" entwickelt und den Schulen zur Verfügung gestellt, das mit Unterrichtsentwürfen zu sechs Themenkreisen der Gewaltprävention den Lehrkräften Anregungen für ihre Arbeit in den Klassen geben will.

[131] Hierzu zählt auch das vom WEISSEN RING entwickelte Programm „mediate"; weiterführende Informationen zu den Programmen unter www.bmev.de (Bundesverband Mediation e.V.) und www.mediationpartizipation.de.

[132] Wohl das bekannteste dieser Programme, das seit Jahren in vielen Ländern mit Erfolg eingesetzt wird, ist das Anti-Bullying-Interventionsprogramm nach Ölweus (Schubarth 2010, 142ff. und www.clemson.cdo/ olweus/.

[133] Wie etwa „Faustlos", www.faustlos.de.

[134] Prominentes Beispiel: Die Rüthli-Schule in Berlin. **Cordula Heckmann** wird auf dem **15. Deutschen Präventionstag** zum Thema „Campus Rüthli CR2 – von einer Schule mit zweifelhaftem Ruf zu einem Modellprojekt" referieren.

[135] Denn: „Wohl am schwerfälligsten auf die Prävention von Gewalt im Schulbereich reagiert die Lehrerausbildung" (Hanke 2007, 123).

Neben diesen Programmen und Maßnahmen, die im Sinne der selektiven Kriminalprävention direkt oder indirekt die Verhinderung bzw. Minderung von Gewalt im Kindes- und Jugendalter zu Ziel haben, kommen auch in der Schule noch die **allgemein förderlichen Maßnahmen** der universellen Prävention hinzu, die gewaltpräventiv wirken können, aber nicht primär darauf gerichtet sind und deshalb hier auch nicht als gewaltpräventive Strategien bezeichnet werden.[136] Solche gewaltunspezifischen Präventionsprogramme fördern etwa soziale oder kommunikative Kompetenzen, die Moralentwicklung, den Umgang mit Medien, interkulturelles Lernen oder Demokratie- und Menschenrechtserziehung.[137]

Hinsichtlich der **Wirksamkeit** von Präventions- und Interventionsprogrammen zieht *Schubarth* (2010, 183) dieses Fazit: Von den zahlreichen Programmen und Maßnahmen in **Deutschland** sei bisher nur ein Teil wissenschaftlich evaluiert worden. Dabei wären überwiegend positive Ergebnisse erzielt worden. Allerdings hätten die Evaluationen vor allem die Einführungs- bzw. Modellphase betroffen – über Langzeiteffekte sei wenig bekannt – und wären z. T. von den Autoren selbst durchgeführt worden.

Die vorliegenden **internationalen Evaluationsbefunde** zeigten im Durchschnitt positive Effekte, abhängig vor allem vom Alter der Kinder, ihrer Risikobelastung, der Implementationsqualität und der Integration der Maßnahme in den Schulkontext. Die Übertragbarkeit von Evaluationsbefunden etwa aus den USA nach Deutschland sei jedoch nicht ohne weiteres möglich.

Insgesamt ist festzuhalten, dass Gewaltprävention und die Förderung sozialer Kompetenzen Daueraufgaben schulischer Bildung und Erziehung sind und eng mit der **Schulentwicklung** zusammenhängen (Schubarth 2010, 189 ff; ähnlich Melzer 2004, 46 und Melzer/Schubarth/Ehninger 2004). Zwar ist Schulentwicklung nicht mit gelingender Gewaltprävention gleichzusetzen, doch sind Prävention von Gewalt und Mobbing vor allem dann Erfolg versprechend, wenn sie in einem mehrstufigen schulischen Entwicklungsprozess umgesetzt wird. Erfolgreiche gewaltpräventive Programme und Aktivitäten können so auch Schulentwicklungsprogramme anstoßen, die dann ihrerseits wieder positive Bedingungen für die Verankerung gewaltpräventiver Maßnahmen sind (Hanke 2007, 128; Melzer/Schubarth/Ehninger 2004, 255ff.).

Und noch etwas gilt es festzuhalten: Den auffallenden Befund, dass in den empirischen Arbeiten über „Gewalt an der Schule" fast ausnahmslos nur über Gewalt von Schülerinnen und Schülern geforscht wird bzw. auch nur darauf bezogene Präventionsprogramm und -maßnahmen entwickelt und eingesetzt werden. Weitaus seltener, wenn überhaupt, war dagegen die **Gewalt von Lehrkräften** an Schülerinnen und

---

[136] Siehe zum Verständnis von Gewaltprävention die Ausführungen in Kap. 2.2.

[137] **Harald Weilnböck** wird auf dem **15. Deutschen Präventionstag** zum Thema „Bildung in Zeiten des Extremismus" referieren.

Schülern und deren **Prävention** ein Thema. Nachweislich kam und kommt es jedoch zu solcher psychischer, physischer und auch sexueller Gewalt; es liegen jedoch keine gesicherten empirischen Erkenntnisse dazu vor, welches Ausmaß und welche Formen diese Gewalt annimmt.

Die beste Quelle dafür wären repräsentative Schülerbefragungen – allerdings sind die in den letzten Jahren durchgeführten Studien, soweit ersichtlich, auf das Thema „Lehrergewalt" nicht eingegangen. Zu den Gründen führt eine von der Europäischen Union 2001 in Auftrag gegebene Studie „Maßnahmen gegen die Gewalt an Schulen: Ein Bericht aus Deutschland" aus, dass Untersuchungen von Lehrergewalt gegen Schüler hierzulande kaum möglich seien, da die Behörde, die solche Untersuchungen genehmigen müsste, gleichzeitig oberster Dienstherr der Lehrenden sei.[138]

Im deutschsprachigen Raum scheint sich *Volker Krumm* (Universität Salzburg) als einziger mehrfach mit dem Thema Lehrergewalt empirisch auseinandergesetzt zu haben. So wurde beispielsweise im Rahmen des Österreichteils der TIMMS-Untersuchung 1995 eine repräsentative Stichprobe von rund 10.000 Schülern aller Schularten der 7. und 8. Klassen sowie der Abschlussklassen 10, 11 bzw. 12 der verschiedenen weiterführenden Schulen befragt, in welchem Ausmaß sie Opfer von Gewalt durch Schüler und durch Lehrer (ungerecht behandelt? gekränkt? sonst irgendwie geärgert?) waren oder diese beobachtet hätten. „Die Prävalenzuntersuchung zeigte: ,Gewalt' (,Mobbing') von Lehrern gegen Schüler ist ebenso häufig verbreitet wie ,Gewalt' von Schülern gegen Schüler" (Krumm u.a. 1997). In einer weiteren Untersuchung wurden (1997?) in Österreich, Deutschland und der Schweiz knapp 3000 Studenten darüber befragt, ob sie im Laufe ihrer Schulzeit kränkendes Lehrerverhalten erlebt hatten. 78% bejahten diese Frage (Krumm/Weiß 2006).

Auch die Ergebnisse einer 2003 durchgeführten Schülerbefragung an 191 *Bremer Schulen* bestätigen Lehrergewalt: Nicht nur „alltäglichen Hohn", sondern auch körperliche Gewalt und sexuelle Übergriffe.[139]

Eindrucksvoll ist auch der Bericht über Fälle von Lehrergewalt, den *Bachmann* und *Wolf* (2007) erstellt haben, auch wenn er nicht wissenschaftlichen Kriterien entspricht und diesen Anspruch auch nicht erhebt. Die Autorinnen haben nach Erlebnissen ihrer Kinder mit Lehrergewalt den Kontakt zu anderen Betroffenen gesucht, eine Selbsthilfe-Initiative gegründet und zahlreiche Gespräche mit betroffenen Schülerinnen und Schülern und deren Eltern geführt. Ihr Fazit: Auch heute noch werden Schüler

---

[138] www.stern.de/panorama/schlaege-beleidigungen-mobbing-tabuthema-lehrergewalt-616481.html 8. April 2008.

[139] www.stern.de/panorama/schlaege-beleidigungen-mobbing-tabuthema-lehrergewalt-616481.html vom 8. April 2008 und www.emgs.de/literatur/default.html (Abfragedatum: 8.3.2010).

von ihren Lehrern bloßgestellt, ausgegrenzt, psychisch unter Druck gesetzt und im schlimmsten Fall körperlich misshandelt.

Ganz eindeutig besteht hinsichtlich des „Tabuthemas Lehrergewalt" eine Forschungs-lücke – und ein **Forschungsbedarf**, auch und gerade im Interesse der Lehrer und Schulen. Nur wenn das Thema direkt und methodisch angegangen wird besteht die Chance, dieses Dunkelfeld aufzuhellen, „Wahrnehmungen" gesicherte empirische Er-kenntnisse gegenüberzustellen – und Präventionskonzepte zu entwickeln.

3.4
Kinder- und Jugendhilfe als Ort von Bildung und Prävention

„Angebote und Einrichtungen der Kinder- und Jugendhilfe (sind) nicht unerheblich an den Bildungsverläufen von Kindern und Jugendlichen im Schulalter beteiligt" (BMFSFJ 2005a, 233).

3.4.1
Kinder- und Jugendhilfe als Ort von Bildung

Als weiterer Ort des Aufwachsens und der Alltagsbildung wendet sich die Kinder-und Jugendhilfe - mit ihren Bereichen Jugendarbeit, Jugendsozialarbeit, Kinder- und Jugendschutz, Hilfen zur Erziehung, Hilfen für junge Volljährige, Beistandschaft und Vormundschaft sowie Eingriffsmöglichkeiten bei Kindeswohlgefährdung – an alle Personen unter 27 Jahren, um sie zusätzlich zur Familie und zur Schule zu fördern und dazu beizutragen, Benachteiligungen zu vermeiden oder abzubauen.[140]

Auftrag und Anspruch der Kinder- und Jugendhilfe sind unstrittig: Sie soll und will zur Förderung der Persönlichkeitsentwicklung beitragen, Bildungsprozesse initi-ieren und befördern (BMFSFJ 2005a, 233). Denn: Alle jungen Menschen haben in Deutschland ein Recht auf die Förderung ihrer Entwicklung und die Erziehung zu ei-ner eigenverantwortlichen und gemeinschaftsfähigen Persönlichkeit (§ 1 SGB VIII).

Strukturiert wird die Jugendhilfe durch das Subsidiaritätsprinzip: Auf der lokalen Ebene haben die anerkannten freien Träger der Jugendhilfe mit ihren Angeboten Vor-rang vor den Jugendämtern. Diese dürfen als öffentliche Träger und zuletzt Verant-wortliche erst dann tätig werden, wenn die freien Träger keine oder nicht ausreichen-de Angebote machen. Die vorrangige Zuständigkeit der Träger in den Kommunen hat die Entwicklung und den Einsatz eines heterogenen Angebots von Projekten und Programmen gefördert, denen das Kinder- und Jugendhilfegesetz nur den Rahmen setzt (Holt-husen/Schäfer 2007, 133).

---

[140]   Auf den Bildungsort „Kindertagesbetreuung", der ebenfalls zum Aufgabenbereich der Kinder- und Ju-gendhilfe gehört, wird in Kap. 3.2 eingegangen.

Innerhalb der Kinder- und Jugendhilfe spielen vor allem die Angebote der **Kinder- und Jugendarbeit**[141] eine zentrale Rolle im Alltag von Kindern und Jugendlichen als – außerschulische, überwiegend non-formale – Lernorte, die Bildungsprozesse auf der Grundlage von aktiver Beteiligung und Mitwirkung ermöglichen.[142] Die öffentlich geförderte Jugendarbeit richtet sich schwerpunktmäßig an Kinder- und Jugendliche im Schulalter und umfasst u.a. die offene Jugendarbeit in Jugendfreizeiteinrichtungen, die Angebote und Aktivitäten der Jugendverbände sowie internationale Jugendbegegnungen (BBE 2008, 78). Als Aufgaben der **Jugendarbeit** führt § 11, Abs. 3 des KJHG auf: „allgemeine, politische, soziale, gesundheitliche, kulturelle, naturkundliche und technische Bildung", aber auch „Sport, Spiel und Geselligkeit" sowie „internationale Jugendarbeit". Mehr als 80% der öffentlich geförderten Maßnahmen in der Jugendarbeit werden von Vereinen, Verbänden und Initiativen als freie Träger der Jugendhilfe erbracht.

Rauschenberg (2009a, 183f.) weist zu Recht darauf hin, dass dieser andere Ort der Bildung, der keine unmittelbare Affinität zur Schule aufweise, eine erhebliche biografische Relevanz habe: „Jugendarbeit hat bei vielen in der Kindheit und Jugend eine gewisse Rolle gespielt, war bei dem einen oder anderen vielleicht sogar eine wichtige Station auf dem Weg in das Erwachsenwerden ... so mancher Politiker, mancher Unternehmer und Manager, mancher Profisportler, Musiker oder Künstler und auch mancher Wissenschaftler (dürfte) wesentliche, wenn nicht sogar entscheidende Impulse und Anregungen für seine spätere Berufstätigkeit fernab der Schule, in Gleichaltrigengruppen oder in der Jugendarbeit erhalten haben."

In diesem Zusammenhang sind insbesondere die „Bildungseffekte" des **freiwilligen Engagements** durch aktive Mitwirkung in Vereinen, Verbänden und Initiativen zu nennen[143]: 2007 haben rund 36% der 16- bis 21-Jährigen Funktionen und Ämter in Vereinen und Verbänden übernommen, weitere knapp 32% nahmen zumindest wöchentlich an Aktivitäten teil. Noch verbreiteter ist die Teilnahme an eher „geselligkeitsorientierten Vereinen": Etwa 56% der 16- bis 21-Jährigen nahmen regelmäßig an den Angeboten von Sportvereinen, Heimat- und Bürgervereinen o.ä. teil oder übernahmen darin Funktionen bzw. Ämter. Entsprechend geringer – mit 22% der Alters-

---

[141] Die Leistungen Jugendarbeit und Jugendsozialarbeit sind im gesamten Leistungsspektrum der Kinder- und Jugendhilfe die Leistungen, die unmittelbar mit Bildungsaufgaben im Zusammenhang stehen, allerdings auf jeweils spezifische Zielgruppen sowie Bedarfs- und Interessenlagen hin ausgerichtet sind (BMFSFJ 2005a, 234).

[142] Einen weiteren Bereich non-formaler Bildung stellen die **Freiwilligendienste** dar, unter denen das Freiwillige Soziale Jahr und das Freiwillige Ökologische Jahr in den vergangenen Jahren eine ständig steigende Nachfrage erfahren hatten: 1996/97 absolvierten ca. 9.950 junge Menschen ein solches Jahr, 2007/08 waren es mehr als 18.000 (BBE 2008, 79).

[143] Siehe dazu und zur Bedeutung des freiwilligen Engagements generell auch das Gutachten zum Schwerpunktthema des 13. Deutschen Präventionstages 2008 „Engagierte Bürger – sichere Gesellschaft" (Steffen 2009b). **Nils Neuber** wird auf dem **15. Deutschen Präventionstag** zum Thema „Bildungspotenziale im Sport" referieren.

gruppe - fällt das Engagement in interessen- und gemeinwohlorientierten Vereinen
und Verbänden aus (BBE 2008, 79). Allerdings sind bei der Inanspruchnahme dieses
außerschulischen Lernortes **herkunftsbedingte Unterschiede** zu erkennen: Insgesamt steigt mit dem formalen Bildungsniveau einer Person die Wahrscheinlichkeit,
dass sie durch aktive Mitwirkung die Bildungsgelegenheiten des freiwilligen Engagements nutzt (BBE 2008, 80).

Dennoch: Freiwilliges Engagement ist für Jugendliche ein wichtiges und vor allem
ein nachhaltiges gesellschaftliches Lernfeld. Heranwachsende können hier Lernerfah-
rungen machen, die ihnen in dieser Form woanders nicht zuteil werden. Erwachsene,
die in ihrer Jugend ehrenamtlich tätig waren, verfügen über mehr Kompetenzen, sind
stärker politisch engagiert und schätzen sich beruflich erfolgreicher ein als die früher
Nicht-Engagierten.[144]

Allerdings ist die Tendenz zu einem **Bedeutungsverlust** der Jugendarbeit wohl nicht
zu verkennen: Das Angebot an öffentlich geförderten Maßnahmen ist zurückgegangen, ebenso die Anzahl der Maßnahmen pro Person und auch die Ausgaben für die
Jugendarbeit sind gesunken. Es „bleibt zu beobachten, inwieweit der Ausbau der außerunterrichtlichen Angebote an Ganztagsschulen zulasten der Förderung der traditionellen Kinder- und Jugendarbeit erfolgt" (BBE 2008, 78; s.o. Kap 3.3.1).[145]

Ein weiteres Bildungsangebot macht innerhalb der Kinder- und Jugendhilfe die **Jugendsozialarbeit** mit ihren schulbezogenen und berufsbezogenen Leistungen. In
der ganzheitlichen und lebensweltorientierten Kinder- und Jugendhilfe kommt der
Jugendsozialarbeit eine zentrale Rolle bei der Vermittlung von Schlüsselqualifika-
tionen als Voraussetzung erfolgreicher individueller und gesellschaftlicher Integration zu. Ihre Leistungen sollen umfassend angelegt sein: „Zielgruppen sind hauptsächlich benachteiligte Jugendliche, die aus individuellen oder sozialen Gründen
in ihren gesellschaftlichen Teilhabemöglichkeiten eingeschränkt sind. Jugendsozialarbeit hilft schulmüden Jugendlichen, Ausbildungsabbrechern und Ausbil-
dungsabbrecherinnen sowie Jugendlichen ohne Schul- und Ausbildungsabschluss"
(BMFSFJ 2005a, 262).

---

[144] So das Ergebnis einer empirischen Studie zu den Lernpotenzialen des freiwilligen Engagements, durchgeführt von 2003 bis 2007 im Forschungsverbund DJI/TU Dortmund (DJI Thema 2008/08).

[145] *Rauschenbach* (2009, 189) geht etwas optimistischer davon aus, dass die Frage, welche Rolle die Jugendarbeit in der Gegenwart und in der Zukunft zu spielen in der Lage sei, noch nicht geklärt sei und sieht den
Ausbau der außerunterrichtlichen Angeboten an Ganztagsschulen eher positiv: Die Jugendarbeit drohe
zwar „im Horizont des sozialen Wandels unübersehbar an sozialer Bedeutung für Kinder und Jugendliche
zu verlieren", könne aber durchaus auch eine Zukunft haben: Im Kontext der Ganztagsschulen als „Adres-
sat in Sachen schulischer Kooperationspartnerschaft", anknüpfend an ihre „bildungsbezogenen Wurzeln".

Schulbezogene Sozialarbeit[146], soll dazu beitragen, Schul-erfolge von Jugendlichen mit individuellen Problemen oder in sozial benachteiligten Lebenslagen zu ermöglichen – im Laufe seiner Schulzeit hat vermutlich jedes vierte Kind irgendwelche Probleme mit der Schule (BMFSFJ 2005a, 262). Ob und wie schulbezogene Sozialarbeit wirkt, welche spezifischen Bildungsleistungen sie vollbringt, dazu gibt es bislang keine aussagekräftigen Evaluationen. Das ist allerdings – im strengen Sinn der Wirkungsforschung - auch kaum möglich, da Bildung immer auch Selbstbildung ist, eine subjektive Leistung, die sich biografisch-kumulativ aufbaut und keinem einzelnen Lernort kausal zurechenbar ist (BMFSFJ 2005a, 269).[147]

3.4.2
Kinder- und Jugendhilfe als Ort von Gewaltprävention

Von den Bereichen der Kinder- und Jugendhilfe wendet sich die **Jugendarbeit** an alle Kinder und Jugendlichen, ohne dass Gefährdungen vorliegen müssen oder auch nur erkennbar sind. Deshalb zählt sie nach dem hier vertretenen Verständnis von Kriminalprävention nicht zu den Strategien der Gewaltprävention (s.o. Kap. 2.2), sondern gehört als universelle Prävention zu den Strategien und Maßnahmen, die zwar auch kriminalpräventive Wirkungen entfalten können, jedoch nicht vorrangig darauf gerichtet sind und auch nicht auf diesen kriminalpräventiven Aspekt reduziert werden sollten und dürfen. Das gilt auch und gerade angesichts der schon seit etlichen Jahren zu beobachtenden Entwicklung, dass ganz normale, herkömmliche Jugendarbeit inzwischen unter dem Etikett „Kriminalprävention" durchgeführt wird – auch weil sie nur dann finanziert wird![148]

Ansonsten ist **Prävention** jedoch eines der **Strukturprinzipien** der Kinder- und Jugendhilfe:[149] Jugendhilfe reagiert nicht erst auf Beeinträchtigungen oder Schädigungen, sondern bemüht sich frühzeitig um die Abwendung von Gefährdungen und Gefahren. Dabei ist die **Gewaltprävention** eine Aufgabe neben anderen, deren großes Manko[150] jedoch ihre Abhängigkeit von einzelnen spektakulären Ereignissen und den damit verbundenen öffentlichen Diskussionen ist: „In Zeiten schwacher ‚Gewaltkonjunktur'

---

[146] **Dieter Dölling** und **Dieter Hermann** werden auf dem **15. Deutschen Präventionstag** zum Thema „Schulsozialarbeit – kriminalpräventive Wirkungen und Verbesserungsmöglichkeiten" referieren.

[147] *Rauschenbach* (2009a, 208ff.) fragt, ob Jugendsozialarbeit nicht eher ein Reparaturbetrieb als Bildung sei, ihre Aufgabe nicht Bildung, sondern zuallererst die (Wieder-)Herstellung von Bildung und kommt zum Ergebnis, dass Jugendsozialarbeit mit ihrem Aufgabenspektrum – von der Schulsozialarbeit über die Arbeit mit Schulverweigerern und Integrationshilfen sowie Angeboten für Jugendliche mit Migrationshintergrund bis hin zu Maßnahmen der Jugendberufshilfe - „relativ" deutlich in die formale, non formale und informelle Bildung „verwoben" sei.

[148] Siehe dazu Steffen 2002, 8 und Holthusen/Schäfer 207, 140 „inzwischen werden auch Angebote als Gewaltprävention ausgegeben, die bisher eher als Jugendbildung oder Sport bezeichnet wurden".

[149] Siehe hierzu und zum Folgenden Holthusen/Schäfer 2007, 134ff.

[150] Problematisch sind auch die Vielzahl der Träger der Kinder- und Jugendhilfe in den Kommunen und die entsprechende Heterogenität, zeitliche Befristung, Diskontinuität und Abhängigkeit von fachfremden Erwägungen der Programme und Projekte (Holt-husen/Schäfer 2007, 133f.).

unterliegt die Kinder- und Jugendhilfe mit ihren gewaltpräventiven Ansätzen einem größeren Legitimationszwang als beispielsweise Schule, Polizei und Justiz. Nach dramatischen Ereignissen mit starkem Medienecho erleichtert das Etikett ‚Gewaltprävention' aber wieder den Zugang zu finanzieller Förderung" (Holthusen/Schäfer 2007, 134).

Bei der Prävention liegt der **spezifische Ansatz** der Jugendhilfe zum einen in den Prinzipien der Freiwilligkeit und der Partizipation, die als **Grundprinzipien** in der Kinder- und Jugendhilfe fest verankert sind – und bei der Kooperation mit anderen Partnern bei diesen nicht selten zu Irritationen führen. Zum anderen darin, an den Ressourcen und nicht an den Defiziten junger Menschen anzuknüpfen. Sowie darin, den Blick nicht nur auf das Gewaltverhalten zu richten, sondern auf den jungen Menschen als Ganzen – der als Person akzeptiert wird, was nicht bedeutet, dass auch sein Gewaltverhalten akzeptiert wird (Holthusen/Schäfer 2007, 135f.; Heitkötter u.a. 2007, 263).

Ausgehend von diesem Ansatz lassen sich die Strategien der Gewaltprävention in der Kinder- und Jugendhilfe unterscheiden nach unspezifischen Strategien mit gewaltpräventivem Anteil und nach selektiven bzw. indizierten Strategien oder auch „Strategien für Zielgruppen mit unmittelbarem Gewaltbezug" (so die Bezeichnung bei Holthusen/Schäfer 2007).

Unspezifische Strategien mit gewaltpräventivem Anteil[151] richten sich als Einzelfall-, Gruppen- und Gemeinwesenarbeit tendenziell an jüngere Altersgruppen sowie Erziehungsberechtigte, orientieren sich am Sozialraum, sind an den Ressourcen der Kinder und Jugendlichen ausgerichtet und in Projekten organisiert, d.h. inhaltlich und zeitlich begrenzt. Abgesehen von den weitgehend standardisierten curricularen Programmen[152] bauen zahlreiche Projekte auf die aktive Gestaltung und Mitarbeit der Kinder und Jugendlichen. Kooperiert wird vor allem mit den Kindertagesstätten und den Schulen. Unbefriedigend sind die weitgehend fehlende geschlechtsspezifische Ausrichtung der Angebote sowie der Befund, dass die kulturellen und sozialen Unterschiede der Kinder nicht durchgängig berücksichtigt werden (Holthusen/Schäfer 2007, 143).

Selektive bzw. indizierte Strategien für Zielgruppen mit **unmittelbarem Gewaltbezug** richten sich zum einen an potenziell gewalttätige Jugendliche, zum andern an Jugendliche, die bereits mit gewalttätigem Verhalten auffällig geworden sind. In beiden Fällen wird Gewalt jedoch „nur als ein Moment im Verhalten von Kindern und Jugendlichen gesehen. Sie kann ein Indikator für den erzieherischen Bedarf sein und

---

[151] Hierzu zählt auch der **Jugendmedienschutz**, der Kinder und Jugendliche auch vor jugendgefährdenden, d.h. hier vor Gewalt darstellenden und verherrlichenden Medien schützen will. An Bedeutung gewinnt dabei der erzieherische Jugendschutz: (medien-)pädagogische Angebote sollen Kinder und Jugendliche befähigen, sich mit den neuen Medien und deren Angeboten auseinander zu setzen und bei Bedarf Hilfe zu holen (Holthusen/Schäfer 2007, 142).

[152] Wie beispielsweise „Faustlos" (www.faustlos.de), an denen die Jugendlichen nur eingeschränkt bei der Gestaltung mitwirken können.

dieser ist dann ausschlaggebend für die Auswahl geeigneter Angebote" (Holthusen/ Schäfer 2007, 143).[153]

Die **gefährdungsbezogenen** Strategien richten sich an junge Menschen in Situationen, in denen Erwachsene hohe Gewaltrisiken vermuten – nicht selten gerät die Jugendhilfe hier in den Konflikt zwischen den unterschiedlichen Interessen von Jugendlichen und Erwachsenen. Eine ihrer zentralen Aufgaben ist es, Jugendliche in solchen Konflikten zu unterstützen und Konflikte zu deeskalieren, insbesondere mit dem Ziel, das Verhalten der Jugendlichen als altersgemäß anzusehen und nicht vorschnell als „Gewalt" zu etikettieren. So wendet sich beispielsweise die mobile Jugendarbeit „an Jugendliche, die aus der Perspektive öffentlicher Ordnung als störend, dissozial und deshalb betreuungsbedürftig angesehen werden ... Ein normalisierender und nicht stigmatisierender Blick auf junge Menschen und ihre Gruppenbildungen soll möglich werden" (Holthusen/Schäfer 2007, 145f).[154]

Zielgruppen dieser Projekte sind eher Jugendliche als Kinder und eher Jungen als Mädchen, wobei es kaum jungenspezifische Ansätze gibt, inzwischen aber immer mehr Angebote für Jugendliche mit Migrationshintergrund, in die sich Fachkräfte oder Ehrenamtliche mit Migrationshintergrund mit ihren (inter-)kulturellen Kompetenzen einbringen. Vorrang hat die Arbeit in Gruppen, angesetzt wird nicht nur oder in erster Linie an der Gewalt, sondern vor allem an den Lebenswelten der Minderjährigen, geleitet von dem Gedanken der **Partizipation**, der insbesondere den Zugang zu den „schwer erreichbaren" Jugendlichen und Jugendgruppen erleichtert (Holthusen/ Schäfer 2007, 148).

Auch bei den Strategien, die sich auf Jugendliche beziehen, die bereits mit **Gewaltverhalten auffällig** – straffällig – geworden sind, „geht die Jugendhilfe davon aus, dass pädagogische Ansätze dazu beitragen können, Gewaltverhalten zu verhindern" (Holthusen/Schäfer 2007, 149).[155] Grundsätzlich geht Hilfe vor Strafe, haben erzieherische Hilfen Vorrang vor strafenden Sanktionen, informelle Verfahren vor formellen Verfahren und ambulante Maßnahmen vor stationären Maßnahmen. Dennoch ist bei den stark am Einzelfall ausgerichteten Strategien eher eine Defizit- als eine Ressourcenorientierung gegeben und auch die Prinzipien von Freiwilligkeit und Partizipation werden (teilweise) aufgegeben – schon wegen der bei diesen Strategien notwendigen Kooperation mit dem Sanktionssystem (Holthusen/Schäfer 2007, 151ff.).

---

[153] Bei problematischen Familienkonstellationen kann die Jugendhilfe aus dem gesamten Spektrum der **Hilfen zur Erziehung** auswählen und die erforderlichen Maßnahmen einleiten (s. Kap. 3.1 „Familie")

[154] Beispiele für solche Strategien sind etwa der Ansatz „Wir kümmern uns selbst" (www.wir-kuemmern-unsselbst.de) oder auch die Fanprojekte (www.kos-fanprojekte.de).

[155] Beispiele dafür sind etwa die **Sozialen Trainingskurse**, bei denen „Integration" und „Konfrontation" als wesentliche Prinzipien gelten oder auch das **Anti-Aggressivitätstraining**, das ebenfalls „Akzeptanz" und „Konfrontation" betont (Holthusen/Schäfer 2007, 151f.).

Insgesamt war jedoch die Entwicklung der Kinder- und Jugendhilfe in den letzten Jahren, gerade auch im Bereich der Gewaltprävention, von den Bemühungen geprägt, die Handlungsprinzipien „Freiwilligkeit" und „Partizipation" umzusetzen - und „ihr Erfolg wird auch zukünftig wesentlich davon abhängen, inwiefern es gelingen wird, Freiwilligkeit der Teilnahme und Beteiligung von Kindern und Jugendlichen zu einer durchgängig wirksamen und von allen Seiten anerkannten Voraussetzung zu machen" (Heitkötter u.a. 2007, 263).

Literaturverzeichnis

Aktionsrat Bildung (Hrsg.)(2008): Bildungsrisiken und –chancen im Globalisierungsprozess. Jahresgutachten 2008. Wiesbaden.

Aktionsrat Bildung (Hrsg.)(2007): Bildungsgerechtigkeit. Jahresgutachten 2007. Wiesbaden.

Arbeitsstelle Kinder- und Jugendkriminalitätsprävention (Hrsg.)(2007): Strategien der Gewaltprävention im Kindes- und Jugendalter. München.

Arbeitsstelle Kinder- und Jugendkriminalitätsprävention (Hrsg.)(1999): Der Mythos der Monsterkids. Strafunmündige „Mehrfach- und Intensivtäter". Dokumentation des Hearings des Bundesjugendkuratoriums am 18. Juni 1998 in Bonn. München.

Autorengruppe Bildungsberichterstattung (Hrsg.)(2008): Bildung in Deutschland 2008. Ein indikatorengestützter Bericht mit einer Analyse zu Übergängen im Anschluss an den Sekundarbereich I. Bielefeld 2008.

Autorengruppe Bildungsberichterstattung (Hrsg.)(2006): Bildung in Deutschland 2006. Ein indikatorengestützter Bericht mit einer Analyse zur Migration. Bielefeld 2006.

Bachmann, Angelika/Wolf, Patricia (2007): Wenn Lehrer schlagen. Die verschwiegene Gewalt an unseren Schulen. München.

Baier, Dirk u.a. (2009): Jugendliche in Deutschland als Opfer und Täter von Gewalt. Erster Forschungsbericht zum gemeinsamen Forschungsprojekt des Bundesministeriums des Innern und des KFN. Forschungsbericht Nr. 107. Hannover.

Baier, Dirk u.a. (2006): Schülerbefragung 2005: Gewalterfahrungen, Schulschwänzen und Medienkonsum von Kindern und Jugendlichen. KFN-Materialien für die Praxis – Nr. 2.Hannover.

Bannenberg, Britta (2010): Amok. Ursachen erkennen – Warnsignale verstehen – Katastrophen verhindern. Gütersloh.

BBE siehe Autorengruppe Bildungsberichterstattung

Beelmann, Andreas (2009): Prävention von Kinder- und Jugendkriminalität: Aktuelle Probleme und Ergebnisse der internationalen Erfolgsforschung. In: BMJ (Hrsg) 2009, S. 257-274.

Bergmann, Wolfgang/Hüther, Gerald (2007): Computersüchtig. Kinder im Sog der neuen Medien. Düsseldorf.

Bertelsmann-Stiftung (Hrsg.)(2008): Integration braucht faire Bildungschancen. Gütersloh.

Bertelsmann-Stiftung (Hrsg.)(2006): Interkulturelle Kompetenz – Schlüsselkompetenz des 21. Jahrhunderts? Gütersloh.

Bertram, Hans (2009): Familienwandel in der Erziehung. In: Schwind/Steffen/Hermann (Hrsg.) 2009, S. 30-33.

Betz, Tanja/ Rother, Pia (2008): Frühe Kindheit im Fokus der Politik. In: DJI Bulletin 81, S. 11-12.

BJK siehe Bundesjugendkuratorium

BMBF siehe Bundesministerium für Bildung und Forschung

BMFSFJ siehe Bundesministerium für Familie, Senioren, Frauen und Jugend

BMJ siehe Bundesministerium der Justiz

Bock-Famulla, Kathrin (2008): Länderreport Frühkindliche Bildungssysteme 2008. Hrsg. von der Bertelsmann-Stiftung. Gütersloh.

Bos, Wilfried/Wendt, Heike (2008): Bildungsungerechtigkeit in Deutschland. Zur Situation von Kindern und Jugendlichen mit Migrationshintergrund. In: Bertelsmann-Stiftung (Hrsg.) 2008, S. 47-65.

Bundesarbeitsgemeinschaft der Kinderschutz-Zentren e.V. (Hrsg.)(2009): Frühe Hilfen. Köln.

Bundesjugendkuratorium (Hrsg.)(2009): Kinderarmut in Deutschland. Eine drängende Herausforderung an die Politik. München.

Bundesjugendkuratorium (Hrsg.)(2008): Zukunftsfähigkeit von Kindertagesstätten. München.

Bundesjugendkuratorium (Hrsg.)(2004a): Bildung fängt vor der Schule an. Bonn.

Bundesjugendkuratorium (Hrsg.)(2004b): Neue Bildungsorte für Kinder und Jugendliche. Bonn.

Bundesjugendkuratorium (Hrsg.)(2003): Auf dem Weg zu einer neuen Schule. Jugendhilfe und Schule in gemeinsamer Verantwortung. Bonn/Berlin.

Bundesjugendkuratorium (Hrsg.)(2002): Bildung ist mehr als Schule – Leipziger Thesen zur aktuellen bildungspolitischen Debatte. Bonn/Berlin/Leipzig, 10. Juli 2002.

Bundesministerium für Bildung und Forschung (Hrsg.)(2009a): Aufstieg durch Bildung. Die Qualifizierungsinitiative für Deutschland. Berlin.

Bundesministerium für Bildung und Forschung (Hrsg.)(2009b): Lernen vor Ort. Eine gemeinsame Initiative des Bundesministeriums für Bildung und Forschung mit deutschen Stiftungen. Bonn, Berlin.

Bundesministerium für Familie, Senioren, Frauen und Jugend (Hrsg.)(2009a): 13. Kinder- und Jugendbericht. Bericht über die Lebenssituation junger Menschen und die Leistungen der Kinder- und Jugendhilfe in Deutschland. Berlin.

Bundesministerium für Familie, Senioren, Frauen und Jugend (Hrsg.)(2009b): FamilienReport 2009. Berlin.

Bundesministerium für Familie, Senioren, Frauen und Jugend (Hrsg.)(2005a): Zwölfter Kinder- und Jugendbericht. Bericht über die Lebenssituation junger Menschen und die Leistungen der Kinder- und Jugendhilfe in Deutschland. Berlin.

Bundesministerium für Familie, Senioren, Frauen und Jugend (Hrsg.)(2005b): Stärkung familialer Beziehungs- und Erziehungskompetenzen. Berlin.

Bundesministerium für Familie, Senioren, Frauen und Jugend (Hrsg.)(2005c): Nationaler Aktionsplan. Für ein kindergerechtes Deutschland 2005 – 2010. Berlin.

Bundesministerium der Justiz (Hrsg.)(2009): Das Jugendkriminalrecht vor neuen Herausforderungen? Jenaer Symposium 9.-11. September 2008. Mönchengladbach.

Bundesverband der Unfallkassen (Hrsg.)(2005): Gewalt an Schulen. Ein empirischer Beitrag zum gewaltverursachten Verletzungsgeschehen an Schulen in Deutschland 1993-2003. München.

Buskotte, Andrea (2007): Am Rande der Wahrnehmung. Kinder als Zeugen und Opfer häuslicher Gewalt (www.praeventionstag.de).

Bussmann, Kai (2005): Verbot elterlicher Gewalt gegen Kinder – Auswirkungen des Rechts auf gewaltfreie Erziehung. In: Deegener, G./Körner, W. (Hrsg.): Kindesmisshandlung und Vernachlässigung. Ein Handbuch. Göttingen e.a., S. 243-258.

Deutsche Telekom Stiftung (2010): Frühe Bildung auf dem Prüfstand. Welchen Stellenwert nimmt frühkindliche Bildung in den Köpfen der Gesellschaft wirklich ein? Bonn.

Deutsches Jugendinstitut (2010): DJI-Thema 2008/09 „Fürs Leben lernen: Nach-haltige Kompetenzen durch informelle Bildung".

Deutsches Jugendinstitut (2009a): Quantität braucht Qualität. Agenda für den qualitativ orientierten Ausbau der Kindertagesbetreuung für unter Dreijährige. München.

Deutsches Jugendinstitut (2009b): DJI-Thema 2009/2 „Kinderbetreuung zwischen Familie, Kindertagespflege und Kita: neue Zahlen und Entwicklungen".

Deutsches Jugendinstitut (2009c): DJI Bulletin 85 „Das Wissen über Kinder – eine Bilanz empirischer Studien". 1/2009.

Deutsches Jugendinstitut (2009d): Stellungnahme des Deutschen Jugendinstitutes zur öffentlichen Anhörung der Kinderkommission zum Thema „Neue Konzepte Früher Hilfen" am 2. März 2009.

Deutsches Jugendinstitut (2009e): DJI Bulletin 88 „Experiment Familie". 4/2009.

Deutsches Jugendinstitut (2008a): DJI Bulletin 81 „Gerechtes Aufwachsen ermöglichen. Bildung –Integration – Teilhabe". 1/2008.

Deutsches Jugendinstitut (2008b): DJI-Thema 2008/12 „Gut integriert? Fakten und Emotionen".

Deutsches Jugendinstitut (2007): DJI Bulletin 80 „Kindertagesbetreuung in Deutschland. 3/4/2007.

DJI siehe Deutsches Jugendinstitut

Erthal, Claudia/Bussmann, Kai (2009): Alltägliche Gewalt in der Erziehung. In: Schwind/Steffen/Hermann (Hrsg.) 2009, S. 37-56.

Feltes, Thomas/Goldberg, Brigitta (2009): Gewalt und Gewaltprävention in der Schule. Holzkirchen/Obb.

Galm, Beate u.a. (2007): Kindeswohl und Kindeswohlgefährdung. In: Arbeitsstelle … 2007, S. 31-59.

Geißler, Rainer/Weber-Menges, Sonja (2008): Migrantenkinder im Bildungssystem: doppelt benachteiligt. APuZ 49/2008, S. 14-22.

Gragert, Nicola u.a. (2008): Angebote der Kinder- und Jugendhilfe als Beitrag zur Teilhabe. In: DJI Bulletin 81, 1/2008, S. 30-31.

Groebel, Jo (2009):Medien als (Mit-)Erzieher im Digitalzeitalter. In: Schwind/Steffen/Hermann (Hrsg.) 2009, S. 58-85.

Hanke, Ottmar (2007): Strategien der Gewaltprävention an Schulen. In: Arbeitsstelle ... 2007, S. 104-130.

Heitkötter, Martina (2009): Öffentliche Betreuung und Familie – Spannungsfeld oder Ergänzung? In: DJI Bulletin 85. 1/2009, S. 18-21.

Heitkötter, Martina u.a. (2007): Unterstützende Rahmenbedingungen gewaltpräventiver Strategien. In: Arbeitsstelle ... 2007, S. 248-278.

Heitmeyer, Wilhelm (Hrsg.)(2010): Deutsche Zustände. Folge 8. Frankfurt am Main.

Heynen, Susanne (2007): Strategien zur Prävention von Kindeswohlgefährdung bei Partnergewalt. In: Arbeitsstelle ... 2007, S. 60-73.

Holthusen, Bernd/Schäfer, Heiner (2007): Strategien der Gewaltprävention in der Kinder- und Jugendhilfe im Jugendalter. In: Arbeitsstelle ... 2007, S. 131-168.

Hübenthal, Maksim (2009): Kinderarmut in Deutschland. Empirische Befunde, kinderpolitische Akteure und gesellschaftspolitische Handlungsstrategien. Expertise im Auftrag des Deutschen Jugendinstitutes. München.

Hüther, Gerald (2009): Männer. Das schwache Geschlecht und sein Gehirn. Göttingen.

Hüther, Gerald u.a. (1999): Die neurobiologische Verankerung psychosozialer Erfahrungen. Zeitschrift für Psychosomatische Medizin und Psychotherapie. H. 45, S. 2-17.

Jurczyk, Karin/Heitkötter, Martina (2007): Kindertagespflege in Bewegung. In: DJI Bulletin 80, 3/4/2007, S. 20-22.

Keupp, Heiner (2009): Urvertrauen zum Leben. Wie man die Gesundheit von Kindern und Jugendlichen fördern kann. Blätter der Wohlfahrtspflege 6/2009, S. 214-220.

Kindler, Heinz (2007): Beeinträchtigung des Kindeswohls durch häusliche Gewalt (www.praeventionstag.de).

Klemm, Klaus (2009): Klassenwiederholungen – teuer und unwirksam. Studie im Auftrag der Bertelsmann Stiftung. Gütersloh.

Klemm, Klaus/Klemm, Annemarie (2010): Ausgaben für Nachhilfe – teurer und unfairer Ausgleich für fehlende individuelle Förderung. Studie im Auftrag der Bertelsmann Stiftung. Gütersloh.

Koalitionsvertrag zwischen CDU, CSU und FDP (2009): Wachstum. Bildung. Zusammenhalt. (17. Legislaturperiode). Berlin.

Kraus, Josef (2008): Bildungsgerechtigkeit. APuZ 49/2008, S. 8-13.

Krumm, Volker/Weiß, Susanne (2006): Ungerechte Lehrer. Zu einem Defizit in der Forschung über Gewalt an Schulen. In: Melzer, W. (Hrsg.) 2006, S. 123-146.

Krumm, Volker u.a. (1997): Gewalt in der Schule – auch von Lehrern. Empirische

Pädagogik (1997) 2, S. 257-275 und: www.paedpsych.jk.uni-linz.ac.at:4711/LEHRTEXTE/Krumm.html.

Lange, Andreas/Jurczyk, Karin (2009): Die globalisierte Familie. DJI Bulletin 88. 4/2009, S. 4-6.

Lengning, Anke/Zimmermann, Peter (2009): Expertise Intervention- und Präventionsmaßnahmen im Bereich früher Hilfen. Internationaler Forschungsstand, Evaluationsstandards und Empfehlungen für die Umsetzung in Deutschland. Hrsg. Nationales Zentrum Frühe Hilfen. Köln.

Lösel, Friedrich (2006): Bestandsaufnahme und Evaluation von Angeboten im Elternbildungsbereich (publikationen@bundesregierung.de).

Lösel, Friedrich (2004): Multimodale Gewaltprävention bei Kindern und Jugendlichen: Familie, Kindergarten, Schule. In: Melzer/Schwind (Hrsg.) 2004, S. 326-348.

Lösel, Friedrich u.a. (2010): Das Präventionsprogramm EFFEKT (1. Teil). In: forum kriminalprävention 1/2010, S. 39-48.

Lösel, Friedrich u.a. (2008): Das Präventionsprogramm EFFEKT: Entwicklungsförderung in Familien: Eltern- und Kinder-Training. In: Bundesministerium des Innern (Hrsg.): Theorie und Praxis gesellschaftlichen Zusammenhalts. Berlin 2008, S. 199-219.

Lucas, Torsten (2009): „Wenn der Blitz einschlägt..." Trauma, Entwicklung und Resilienz. In: Bundesarbeitsgemeinschaft 2009, S. 114-128.

Lenzen, Dieter (2009): Eine neue Chance für die Bildung? APuZ 45/2009, S. 6-9.

Meier-Gräwe, Uta (2009): Der tiefgreifende Strukturwandel von Familie und Kindheit – Neue Herausforderungen für Kindertageseinrichtungen. In: DJI-Thema 2009/2.

Melzer, Wolfgang (Hrsg.)(2006): Gewalt an Schulen. Analyse und Prävention. Gießen.

Melzer, Wolfgang (2004): Von der Analyse zur Prävention – Gewaltprävention in der Praxis. In: Melzer/Schwind (Hrsg) 2004, S. 35-49.

Melzer, Wolfgang/Schubarth, Wilfried/Ehninger, Frank (2004): Gewaltprävention und Schulentwicklung. Analysen und Handlungskonzepte. Bad Heilbrunn/Obb.

Melzer, Wolfgang/Schwind, Hans-Dieter (Hrsg.)(2004): Gewaltprävention in der Schule. Grundlagen – Praxismodelle –Perspektiven. Dokumentation des 15. Mainzer Opferforums 2003. Baden-Baden.

Menne, Klaus (2009): Familie und Erziehungsberatung – ein nicht artikulierter Skandal. Theorie und Praxis der Sozialen Arbeit. Nr. 5/2009 (60. Jg.), S. 365-373.

Meyer-Timpe, Ulrike (2008): Unsere armen Kinder. Wie Deutschland seine Zukunft verspielt. München.

Mückenberger, Ulrich (2009): Die Familie darf nicht länger Privatproblem der Eltern sein. DJI Bulletin 88. 2009e, S. 10-11.

NRW-Landesverbände AWO, DGB, GEW, Deutscher Kinderschutzbund, Paritätischer Wohlfahrtsverband (2010): Memorandum zur Bekämpfung der Kinderarmut – eine Bündnisstrategie. Theorie und Praxis der Sozialen Arbeit Nr. 1/2010 (61.Jg.), S. 65-69.

Peuckert, Rüdiger (2007): Zur aktuellen Lage der Familie. In: Ecarius, Jutta (Hrsg.): Handbuch Familie. Wiesbaden 2007, S. 36-56.

Programm Innere Sicherheit. Fortschreibung 2008/2009. Hrsg. von der Ständigen Konferenz der Innenminister und –senatoren der Länder (www.bundestag.de).

Rauschenbach, Thomas (2009a): Zukunftschance Bildung. Familie, Jugendhilfe und Schule in neuer Allianz. Weilheim und München.

Rauschenbach, Thomas (2009b): Neue Realitäten, alte Ideale. DJI Bulletin 88. 2009e, S. 3.

Rauschenbach, Thomas (2009c): Bildung – eine ambivalente Herausforderung für die Soziale Arbeit? SP Soziale Passagen. 2009/1, S. 209-255.

Rauschenbach, Thomas (2007): Kindertagesbetreuung in Deutschland – eine empirische Standortbestimmung. DJI Bulletin 80. 3/4/2007, S. 5-10.

Roth, Gerhard (2008): Homo neuro-biologicus – ein neues Menschenbild? APuZ 44-45/2008, S. 6-12.

Sann, Alexandra/Schäfer, Reinhild (2008): Frühe Hilfen zwischen Helfen und Kontrollieren. DJI Bulletin 81. 1/2008, S. 25-27.

Sann, Alexandra/Thrum, Kathrin (2008): Stärkung der Erziehung in der Familie – Chancen und Grenzen der Arbeit mit Laien. DJI Bulletin 81. 1/2008, S. 18-19.

Scheithauer, Herbert/Mayer, Heidrun (2009): Außerfamiliale Erziehung in Krippe und Kindergarten: Papilio - ein Programm im Kindergarten zur Primärprävention von Verhaltensproblemen und zur Förderung sozial-emotionaler Kompetenz. In: Schwind/Steffen/Hermann (Hrsg.) 2009, S. 69-85.

Scheithauer, Herbert/Mayer, Heidrun (2008): Papilio: Ein Programm zur entwicklungsorientierten Primärprävention von Verhaltensproblemen und Förderung sozial-emotionaler Kompetenzen im Kindergarten. In: Bundesministerium des Innern (Hrsg.): Theorie und Praxis gesellschaftlichen Zusammenhalts. Berlin 2008, S. 221-239.

Schneider, Ilona K. (2009): Lernfenster Kindergarten. APuZ 45/2009, S. 32-38.

Schubarth, Wilfried (2010): Gewalt und Mobbing an Schulen. Möglichkeiten der Prävention und Intervention. Stuttgart.

Schubarth, Wilfried (2006): Gewaltprävention durch Öffnung von Schule. Schule und Jugendhilfe – gemeinsam zum Wohle des Kindes. In: Melzer, W. (Hrsg.) 2006, S. 181-192.

Schubarth, Wilfried (2004): Schulsozialarbeit und Unterstützungsnetzwerke für Schulen –Perspektiven einer „systemischen Gewaltprävention/-intervention". In: Melzer/Schwind (Hrsg) 2004, S. 243-253.

Schwind, Hans-Dieter (2009): Familiale Erziehung aus kriminologischer Sicht. In: Schwind/Steffen/Hermann (Hrsg.) 2009, S. 19-29.

Schwind, Hans-Dieter/Baumann, Jürgen (Hrsg.)(1990): Ursachen, Prävention und Kontrolle von Gewalt. Analysen und Vorschläge der Unabhängigen Regierungskommission zur Verhinderung und Bekämpfung von Gewalt. 4 Bde. Berlin.

Schwind, H-D./Steffen, W./Hermann, D. (Hrsg.)(2009): Kriminalprävention durch familiale Erziehung? Dokumentation des 19. Mainzer Opferforums 2008. Baden-Baden.

Sommerfeld, Verena (2007): Strategien der Gewaltprävention im Bereich der Kindertageseinrichtungen. In: Arbeitsstelle ... 2007, S. 74-103.

Stecher, Ludwig u.a. (Hrsg.)(2009): Ganztägige Bildung und Betreuung. Zeitschrift für Pädagogik. 54. Beiheft 2009.

Steffen, Wiebke (2009a): Ergebnisse des 19.Opferforums des Weißen Ringes 2008 „Kriminalprävention durch familiale Erziehung?" – Zusammenfassung der Referate und Diskussionen. In: Schwind/Steffen/Hermann (Hrsg.) 2009, S. 161-166.

Steffen, Wiebke (2009b): Bürgerschaftliches Engagement in der Kriminalprävention. Gutachten zum 13. Deutschen Präventionstag „Engagierte Bürger – sichere Gesellschaft". In: E. Marks/W. Steffen (Hrsg.): Engagierte Bürger – sichere Gesellschaft. Ausgewählte Beiträge des 13. Deutschen Präventionstages 2008. Mönchengladbach 2009, S. 25-72.

Steffen, Wiebke (2009c): Moderne Gesellschaften und Kriminalität. Der Beitrag der Kriminalprävention zu Integration und Solidarität. Gutachten für den 14. Deutschen Präventionstag am 8. und 9. Juni 2009 in Hannover (www.praeventionstag.de).

Steffen, Wiebke (2008): Jugendkriminalität und ihre Verhinderung zwischen Wahrnehmung und empirischen Befunden. Gutachten zum 12. Deutschen Präventionstag am 18. und 19. Juni 2007 in Wiesbaden. In: E. Marks/W. Steffen (Hrsg.): Starke Jugend – starke Zukunft. Ausgewählte Beiträge des 12. Deutschen Präventionstages 2007. Mönchengladbach 2008, S. 233-272.

Steffen, Wiebke (2002): Zukünftige Aufgaben der Polizei: Kriminalprävention als Gefahr und Chance. In: Polizei Dein Partner. Gewerkschaft der Polizei – Junge Gruppe. 11. Bundesjugendkonferenz 2002, S. 7-9.

Stöbe-Blossey, Sybille (Hrsg.)(2010): Kindertagesbetreuung im Wandel. Perspektiven für die Organisationsentwicklung. Wiesbaden.

Textor, Martin R. (2009): Elternarbeit im Kindergarten. Ziele, Formen, Methoden. Norderstedt.

Thiessen, Barbara (2009): Fremde Familien. DJI Bulletin 88. 4/2009, S. 7-9.

Uslucan, Haci-Halil (2009): Riskante Bedingungen des Aufwachsens: Erhöhte Gewaltanfälligkeit junger Migranten? In: BMJ 2009, S. 187-202.

von der Leyen, Ursula (2009): Grundsatzreferat zur Familienpolitik. In: Schwind/ Steffen/Hermann (Hrsg.) 2009, S. 150-159.

Wetzels, Peter (2009): Erziehungsstile und Wertorientierungen in Familien mit und ohne Migrationshintergrund. In: Schwind/Steffen/Hermann (Hrsg.) 2009, S. 102-119.

Wößmann, Ludger (2008): Die Bildungsfinanzierung in Deutschland im Licht der Lebenszyklusperspektive: Gerechtigkeit im Widerstreit mit Effizienz? Zeitschrift für Erziehungswissenschaften 11. Jg. (2008) H. 2, S. 214-233.

Rainer Strobl / Olaf Lobermeier

Evaluation
des 15. Deutschen Präventionstages
am 10. und 11. Mai 2010 in Berlin

Hannover, September 2010

Inhalt

1. Einleitung

2. Plenen

3. Vorträge

4. Ausstellung

5. Werkstatt

6. Die Internetseiten des Deutschen Präventionstages

7. Gesamteindruck

8. Teilnehmerinnen und Teilnehmer des 15. Deutschen Präventionstages

9. Resümee

1. Einleitung

Der 15. Deutsche Präventionstag fand am 10. und 11. Mai 2010 unter dem Schwerpunktthema „Bildung – Prävention – Zukunft" in Berlin statt. Mit diesem Schwerpunktthema wurde eine Debatte aufgegriffen, die bereits auf dem 14. Deutschen Präventionstag eine Rolle spielte. Es geht im Rahmen dieser Debatte unter anderem um die Bedeutung der sozialen Herkunft für den Bildungserfolg und die damit verbundenen Chancen sozialer Teilhabe. In dem Gutachten zum 15. Deutschen Präventionstag wird dazu am Beispiel von Familie, Kindertagesbetreuung und Schule sowie anhand der Angebote und Einrichtungen der Kinder- und Jugendhilfe diskutiert, unter welchen Voraussetzungen und Rahmenbedingungen Bildungsorte auch Orte der Gewaltprävention sein können.[1] Während des gesamten Präventionstages wurden unterschiedliche Aspekte des Schwerpunktthemas in zahlreichen Vorträgen analysiert und intensiv diskutiert. Darüber hinaus konnten sich die Besucher während der beiden Tage des Kongresses natürlich auch wieder zu den verschiedenen Facetten der Prävention informieren. Hierzu gab es ein breites Spektrum an Vorträgen, Filmen, Theater- und Musikdarbietungen sowie eine kongressbegleitende Ausstellung mit Informationsständen, Infomobilen, Sonderausstellungen und Posterpräsentationen. Traditionell nimmt die Kriminalprävention in diesem Zusammenhang den größten Raum ein. Dies gilt auch für den 15. Deutschen Präventionstag. Ein weiterer wichtiger Aspekt der Präventionstage ist der fachliche Austausch mit Experten sowie der Aufbau und die Pflege von Kontakten.

Die Evaluation des diesjährigen Kongresses wurde mit einem ähnlichen Instrument wie in den beiden letzten Jahren durchgeführt, so dass vielfältige Vergleiche möglich sind, die in diesem Jahr auch erste Hinweise auf Trends und Entwicklungen geben. Wie in den Vorjahren ist die Qualitätssicherung und Optimierung des Deutschen Präventionstages das wichtigste Ziel der Evaluation. Es ist daher die Aufgabe der Evaluation zu bewerten, inwieweit der Kongress seine Ziele erreicht und die Erwartungen erfüllt hat. Die Frage nach Wirkungen im Sinne von Veränderungen bei den Zielgruppen ist in diesem Zusammenhang allerdings nicht mit einem vertretbaren Aufwand zu beantworten. Die Evaluation konzentriert sich daher auf die Leistungen des Kongresses. Hierzu zählen insbesondere folgende Punkte:[2]

- Zahl und Art der angebotenen Veranstaltungen,

- Zufriedenheit der Besucherinnen und Besucher mit den Veranstaltungen und mit dem Veranstaltungsangebot sowie

- Zielgruppenerreichung und Art der Teilnahme.

---

[1] Vgl. hierzu das Gutachten von Dr. Wiebke Steffen im Kongresskatalog. Hannover 2010, S. 33-102.

[2] Vgl. hierzu auch das proVal Handbuch für die praktische Projektarbeit. Hannover 2007, S. 69 (Online im Internet unter http://www.proval-services.net/download/proval-handbuch.pdf) sowie Beywl, Wolfgang/ Schepp-Winter, Ellen: Zielfindung und Zielklärung – ein Leitfaden – (QS21). Bonn: BMFSFJ 1999, S. 76.

Darüber hinaus dienen die im Leitbild des Deutschen Präventionstages implizit und explizit angesprochenen Ziele als Richtschnur für die Evaluation.[3] Demnach soll der Kongress

1. Kriminalprävention ressortübergreifend, interdisziplinär und in einem breiten gesellschaftlichen Rahmen darstellen,

2. die Präsentation weiterer Präventionsfelder (z.B. Sucht- und Verkehrsprävention) ermöglichen,

3. Verantwortungsträger der Prävention aus unterschiedlichen gesellschaftlichen Bereichen ansprechen,

4. aktuelle und grundsätzliche Fragen der verschiedenen Arbeitsfelder der Prävention und ihrer Wirksamkeit thematisieren,

5. Partner in der Prävention zusammenführen,

6. Forum für die Praxis sein und den Informations- und Erfahrungsaustausch ermöglichen,

7. internationale Verbindungen knüpfen und den Informationsaustausch unterstützen,

8. Umsetzungsstrategien diskutieren sowie

9. Empfehlungen an Praxis, Politik, Verwaltung und Wissenschaft erarbeiten und aussprechen.

Wie in den beiden letzten Jahren wurde die Evaluation mit einem standardisierten, internetbasierten Fragebogen als Online-Erhebung durchgeführt. Lob, Kritik und Anregungen konnten auch unstandardisiert als Freitext mitgeteilt werden. Hiervon wurde reger Gebrauch gemacht, so dass der Evaluation Kommentare im Umfang von insgesamt 65 Textseiten zur Verfügung stehen. Den Besuchern der Tagung wurde zwei Tage nach dem Ende des Präventionstags und dann noch einmal knapp eine Woche später eine E-Mail mit der Bitte um die Beantwortung des Fragebogens zugesandt. Die E-Mails enthielten jeweils einen Link, mit dem der Fragebogen unmittelbar aufgerufen werden konnte. Insgesamt wurden 1.519 Kongressteilnehmerinnen und Kongressteilnehmer angeschrieben. Von diesen haben 738 den Fragebogen beantwortet. Daraus ergibt sich eine hervorragende Ausschöpfungsquote von 48,6%. Auch die absolute Zahl der Rückmeldungen übertrifft die der vergangenen Kongresse bei weitem (14. DPT: 553 ausgefüllte Fragebögen; 13. DPT: 424 ausgefüllte Fragebögen). Somit bleibt festzuhalten, dass die von proVal durchgeführte Form der Kongressevaluation mittlerweile sehr angenommen wird. An dieser Stelle muss aber darauf hingewiesen werden, dass von insgesamt 2.728 Kongressteilnehmerinnen und Kongressteilnehmern nur 1.519 (55,7%) per E-Mail angeschrieben werden konnten, da aufgrund von Fax- und Briefanmeldungen, Anmeldungen an der Tageskasse und Sammelanmeldungen nicht von allen Teilnehmern E-Mail-Adressen vorlagen.

---

[3] Vgl. das Leitbild des Deutschen Präventionstages auf S. 28 des Kongresskatalogs 2010.

Trotz des guten Rücklaufs können Verzerrungen aufgrund der geschilderten Problematik daher nicht grundsätzlich ausgeschlossen werden. Schließlich hat insgesamt nur etwa jeder vierte registrierte Besucher eine Rückmeldung abgegeben. Beispielsweise lag der Frauenanteil nach den Ergebnissen der Befragung bei 52,7%. Laut Teilnehmerstatistik betrug er jedoch nur 45,3%. Immerhin belegt aber auch in der Teilnehmerstatistik eine Zunahme des Frauenanteils. Ferner zeigt sich im Vergleich mit dem 13. und dem 14. Präventionstag eine recht große Stabilität der zentralen Ergebnisse. Insgesamt kann folglich davon ausgegangen werden, dass die Ergebnisse der Befragung die Eindrücke und Meinungen der Besucherinnen und Besucher des 15. Deutschen Präventionstages gut widerspiegeln.

2. Plenen

Die Plenen prägen den Charakter eines Präventionstages. Hierzu gehört neben dem Eröffnungs- und dem Abschlussplenum auch der Abendempfang. Diese Veranstaltungen tragen maßgeblich dazu bei, dass neben der reinen Informationsvermittlung auch Interesse und Motivation für ein Engagement in der Präventionsarbeit entstehen oder bestärkt werden.

2.1 Das Eröffnungsplenum

Dem Eröffnungsplenum kommt eine besondere Bedeutung zu, weil hier der Rahmen für den Präventionstag gesetzt wird. Wie Abb.1 zeigt, hat das Eröffnungsplenum des 15. Deutschen Präventionstages die besten bisher gemessenen Werte erzielt: Fast 95% der befragten Besucher fanden das Eröffnungsplenum gut oder sehr gut. Auf einer Skala von 1 (sehr gut) bis 5 (sehr schlecht) erreichte die Eröffnungsveranstaltung einen hervorragenden Durchschnittswert von 1,5 (14. DPT: 1,8; 13. DPT: 1,6).[4]

Abb. 1: Wie hat Ihnen das Eröffnungsplenum gefallen? (Angaben in Prozent)[5]

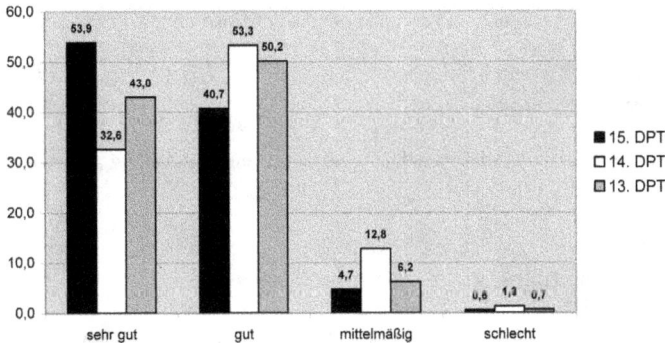

---

[4] Der Unterschied ist statistisch signifikant (p < 0,001).

[5] Die Prozentangaben beziehen sich auf die Zahl der gültigen Antworten (15. DPT: n = 486; 14. DPT: n = 383; 13. DPT: n = 291). 239 Befragte gaben an, das Eröffnungsplenum nicht besucht zu haben (14. DPT: 158; 13. DPT: 125).

Die Atmosphäre des Eröffnungsplenums wird auch durch die künstlerischen Beiträge der Kinder und Jugendlichen geprägt. Hier zeigten sich die Besucher von den Leistungen der eingeladenen Gruppen sehr beeindruckt. Insbesondere der Kinder- und Jungendzirkus CABUWAZI wurde in den Kommentaren mehrfach hervorgehoben. Inhaltlich sind insbesondere die Referentinnen und Referenten mit der Herausforderung konfrontiert, eine anschlussfähige Zustandsbeschreibung des heterogenen Präventionsfeldes zu liefern, neue Ideen für die weitere Präventionsarbeit zu präsentieren und die Besucherinnen und Besucher für diese Arbeit zu begeistern. Die Ergebnisse der Befragung zeigen, dass die Referentinnen und Referenten dieser anspruchsvollen Aufgabe insgesamt sehr gut gerecht geworden sind. Anders als beim 14. Deutschen Präventionstag wurde der Eröffnungsvortrag nicht von einem hochrangigen Politiker, sondern von einem renommierten Wissenschaftler gehalten. Präsentation und Inhalt dieses Vortrags fanden bei den Besuchern zum Teil begeisterte Zustimmung:

„Der Vortrag von Prof. Dr. Hüther war sehr interessant und inspirierend, sowohl thematisch als auch in Art der Darstellung."

„Prof. Dr. Hüther hat es geschafft, die Begeisterung bei uns auszulösen, von der er in seinem Vortrag gesprochen hat."

„Beim Eröffnungsplenum haben mich insbesondere die künstlerischen Beiträge und natürlich (immer wieder) Herr Hüther beeindruckt."

Auch die Präsentation des Gutachtens durch Wiebke Steffen und die Moderation durch Erich Marks wurden in den Kommentaren explizit gewürdigt:

„Auch Frau Dr. Wiebke Steffen hat mich sehr beeindruckt. Herr Erich Marks führte sehr kompetent durch das Programm."

Kritisiert wurden vor allem technische Probleme bei der Eröffnungsveranstaltung:

„Zu viele technische Problem bei der Eröffnung (kein Ton, falsche Angabe von Namen der Redner, wirkte sehr chaotisch)."

„Das Eröffnungsplenum hätte das 'sehr gut' gekriegt, wenn von Anfang an die Technik mitgespielt hätte."

„Die technischen Unzulänglichkeiten beim Eröffnungsplenum haben ein 'sehr gut' verhindert (auch, dass dauernd falsche Namen angezeigt wurden!)."

Insgesamt haben die technischen Pannen, die zum Teil auch als „sehr menschlich" empfunden wurden, den positiven Gesamteindruck aber nicht nachhaltig getrübt.

2.2 Die Abendveranstaltung

Die Abendveranstaltung im Internationalen Congress Centrum Berlin schnitt mit einer Durchschnittsnote von 2,1[6] erheblich besser ab als die Abendveranstaltung des 14. Deutschen Präventionstages in Hannover (Durchschnittnote: 3,0), konnte aber dennoch nicht an die Maßstäbe setzende Abendveranstaltung des 13. Präventionstages in Leipzig heranreichen (Durchschnittnote: 1,2). Immerhin knapp 71% der befragten Besucher der Abendveranstaltung gefiel diese jedoch gut oder sehr gut. Allerdings gaben mehr als 52% der Befragten an, die Abendveranstaltung nicht besucht zu haben.

Abb. 2: Wie hat Ihnen die Abendveranstaltung gefallen?
(Angaben in Prozent)[7]

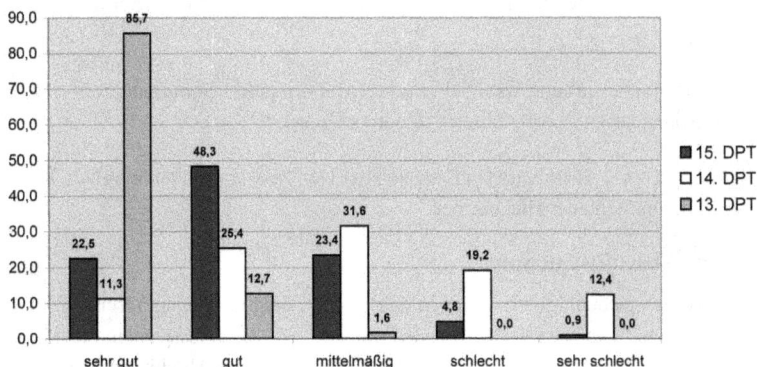

Wie schon im letzten Jahr wurde die musikalische Umrahmung der Abendveranstaltung in den meisten Kommentaren zum Teil heftig kritisiert. Austausch und Kommunikation seien durch zu laute Musik gestört worden:

„Die Musik bei der Abendveranstaltung war einfach zu laut; man konnte sich kaum unterhalten und Kontakte pflegen – schade!"

„Die Abendveranstaltung erlaubte aufgrund der lauten Musik keine erquicklichen Gespräche."

„Die musikalische Untermalung der Abendveranstaltung war zwar gut, aber wie immer, wenn der Informationsaustausch weiter geht, zu laut."

„Kommunikation, Austausch, Kennenlernen, die zentrale Ziele einer solchen Veranstaltung sein sollten, waren – wegen des Lärms – faktisch nicht möglich."

---

[6] Die Skala reichte von 1 (sehr gut) bis 5 (sehr schlecht). Der Unterschied ist statistisch signifikant ($p < 0,001$).
[7] Die Prozentangaben beziehen sich auf die Zahl der gültigen Antworten (15. DPT: n = 333; 14. DPT: n = 177; 13. DPT: n = 244). 385 Befragte gaben an, die Abendveranstaltung nicht besucht zu haben (14. DPT: 349; 13. DPT: 165).

Daneben gab es allerdings auch positive Stimmen zur Musik während der Abendveranstaltung:

„Die musikalische Umrahmung hat mir sehr gut gefallen. Die Band hätte ruhig länger
spielen können."

„Super war die Polizeiband."

In einigen Kommentaren wurde auch das Fehlen von Sitzgelegenheiten und das zu
frühe Ende der Abendveranstaltung beklagt:

„Bei der Abendveranstaltung gab es keine Sitzmöglichkeiten und dies nach einem
langen und erschöpfenden Tag quer durch die Messe und von einer zur nächsten Veranstaltung."

„Die Abendveranstaltung war viel zu kurz. Hat die ganze Stimmung zerrissen. Wer
sich Berlin anschauen will, hätte es so oder so getan."

„Schade, dass die Abendveranstaltung so kurz war. So war es kaum möglich, Kontakte zu anderen Städten zu bekommen."

2.3 Das Abschlussplenum

Das Abschlussplenum litt wie in den Vorjahren unter der frühzeitigen Abreise vieler Teil-
nehmer/innen. So gaben fast 58% der Befragten an, das Abschlussplenum nicht besucht
zu haben. Die Anwesenden waren aber insbesondere von dem Abschlussvortrag sehr angetan. Auch der Chor des Lessing Gymnasiums Berlin wurde in den Kommentaren lo-
bend erwähnt. So erzielte auch das Abschlussplenum auf der Skala von 1 (sehr gut) bis 5
(sehr schlecht) einen herausragenden Durchschnittswert von 1,7 (14. DPT: 2,2; 13. DPT:
1,8). Fast 89% der Befragten gefiel das Abschlussplenum gut oder sehr gut.

Abb. 3: Wie hat Ihnen das Abschlussplenum gefallen?
(Angaben in Prozent)[8]

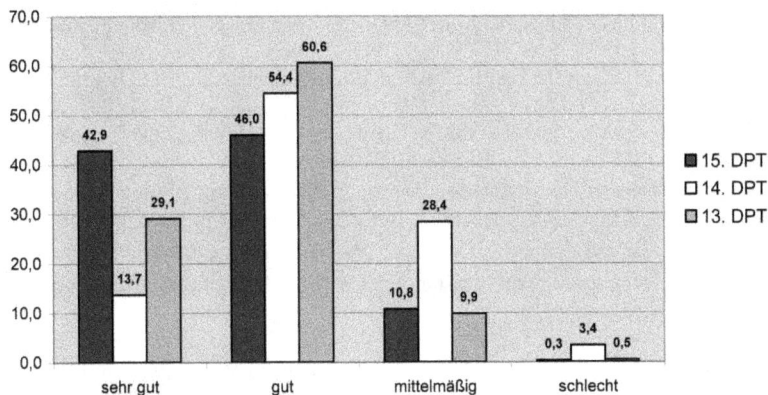

Gemeinsam bildeten Eröffnungs- und Abschlussplenum eine Klammer, die in den Kommentaren sehr gelobt wurde:

„Eröffnungs- und Abschlussplenum glänzten vor allem mit einzelnen Vorträgen, nämlich denen von Herrn Hüther und Herrn Braungart."

„Die Highlights der Eröffnungs- und Abschlussplenen waren für mich die Vorträge von Professor Hüther und Professor Braungart."

„Tolle Präsentation von Prof. Hüther zu Beginn und Prof. Braungart beim Abschlussplenum."

„Das Eröffnungs- und Abschlussplenum war sehr einladend und freundlich von Herrn Marx gestaltet. Auch die Hauptreferenten waren exzellent. Großes Lob!"

3. Vorträge

3.1 Parallelveranstaltungen

Die in den einzelnen Zeitsträngen parallel gehaltenen Vorträge wurden wie auch beim 13. und 14. Deutschen Präventionstag als interessant und vielfältig bezeichnet:

„Hochinteressante Vorträge, die das große Spektrum der Thematik abgedeckt haben."

„Es war eine tolle Veranstaltung mit vielen tollen Vorträgen, so dass man sich entscheiden musste, wem man den Vorrang gibt."

---

[8] Die Prozentangaben beziehen sich auf die Zahl der gültigen Antworten (15. DPT: n = 287; 14. DPT: n = 204; 13. DPT: n = 213). 427 Befragte gaben an, das Abschlussplenum nicht besucht zu haben (14. DPT: 315; 13. DPT: 199).

Einzelne Vortragende wurden in den Kommentaren besonders positiv hervorgehoben. Es gab aber auch kritische Kommentare zur Qualität der Vorträge:

„Die Qualität und der Inhalt der Vorträge sollten vorab besser kontrolliert werden."

„Die Beschreibung der Vorträge im Programm weckt manchmal andere Erwartungen."

Kritisiert wurde auch, dass bekannten Referenten zu kleine Räume zugewiesen wurden:

„Für die Vorträge der Schwerpunkte sollten größere Räume gewählt werden, da die Veranstaltungen sehr gut besucht sind. Bei dem Vortrag 'Kompetenzdefizite junger Männer' standen die Zuhörer bis vor die Tür und ich konnte daher leider nicht teilnehmen. Bei dem Vortrag von Christian Pfeiffer mussten ebenfalls etliche Zuhörer in den Gängen stehen."

„Die Räume waren zum Teil viel zu klein. Gerade beim Vortrag von Herrn Hurrelmann wäre ein größerer Raum wünschenswert gewesen."

Die 41 Vorträge, zu denen mindestens 10 Rückmeldungen vorliegen und die daher in eine systematische Bewertung einbezogen werden konnten, erhielten trotz einzelner kritischer Stimmen eine überwiegend positive Resonanz. Auf der Skala von 1 (sehr gut) bis 5 (sehr schlecht) erzielten sie einen Durchschnittswert von 2,0 (14.DPT:2,0; 13. DPT: 2,1). Die Frage zu den Anregungen für die Präventionspraxis wurde umformuliert und neu skaliert. Deshalb sind die Ergebnisse nicht mit den Vorjahren vergleichbar. Die Frage lautet jetzt: Wie beurteilen Sie die Nützlichkeit dieser Veranstaltung für die praktische Präventionsarbeit? Auf der bekannten Skala von 1 (sehr gut) bis 5 (sehr schlecht) erzielten die Vorträge einen Durchschnittswert von 2,2, der zeigt, dass die Vorträge von den befragten Personen – wenn auch mit Einschränkungen – als anregend für die Präventionspraxis empfunden wurden. Natürlich gab es wiederum Vorträge, die besonders herausragten. Die besten 10 der parallel gehaltenen Vorträge sind in Tabelle 1 aufgeführt. Dabei wurde für die Bestimmung der Rangfolge sowohl die allgemeine Bewertung als auch die Bewertung der Praxisrelevanz berücksichtigt.

Tabelle 1: Die 10 besten Vorträge der Parallelveranstaltunge

Rang	Fachvortrag	Wie hat Ihnen diese Veranstaltung gefallen?			Wie beurteilen Sie die Nützlichkeit dieser Veranstaltung für die praktische Präventionsarbeit?			Gesamt-durch-schnitt
		N	Durch-schnitt	Stan-dard-abwei-chung	N	Durch-schnitt	Stan-dard-abwei-chung	
1	Beelmann: Gelingensbedingungen präventiver Arbeit	49	1,39	0,57	45	1,44	0,62	1,42
2	Uslucan: Verkannte Potenziale: Bildungsbe-teiligung	43	1,37	0,54	41	1,80	0,71	1,59
3	Koch/Macher: Stadt-teilmütter in Neukölln	15	1,60	0,51	15	1,60	0,63	1,60
4	Pfeiffer: Tägliches Fit-nesstraining in der Schule	90	1,49	0,62	87	1,89	0,80	1,69
5	Armbruster: ELTERN-AG	39	1,69	0,52	39	1,77	0,67	1,73
6	Staufer: Was macht mein Kind im Internet?	40	1,75	0,78	40	1,78	0,73	1,76
7	Lutz: Vorschulische Bildung zahlt sich aus	38	1,74	0,72	37	1,89	0,97	1,81
8	Heckmann: Campus Rütli CR2	48	1,67	0,78	48	2,00	0,83	1,83
9	Schulz: Aller guten Din-ge ist eins!	11	1,45	0,69	11	2,27	0,90	1,86
10	Mayer: Hinsehen statt Wegschauen: Kinder-schutz geht alle an!	39	1,82	0,56	39	1,95	0,60	1,88

3.2 DPT-Uni

Im Rahmen der DPT-Uni finden für Kinder und Jugendliche spezielle Vorlesungen zum Thema Kriminalprävention statt. Die DPT-Uni wurde von 107 Befragten besucht. Bei diesen ist die DPT-Uni recht gut angekommen und erzielte auf der Skala von 1 (sehr gut) bis 5 (sehr schlecht) eine Durchschnittsnote von 2,0.

Abb. 4:   Wie hat Ihnen die DPT-Uni gefallen? (Angaben in Prozent)[9]

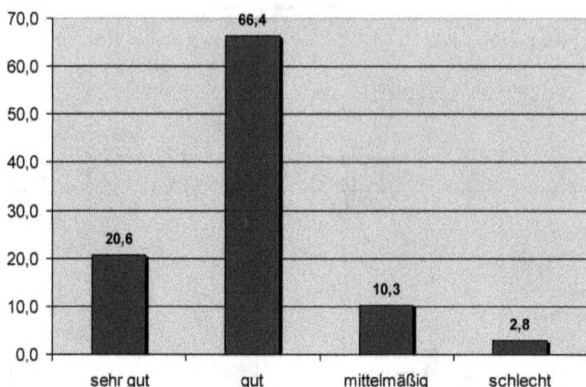

3.3 Internationales Forum

Das internationale Forum stand in diesem Jahr unter dem Motto „Wie vereinen Städte Sicherheit und Grundrechte". Für die gesamte Veranstaltung stand eine Simultanübersetzung für die Sprachen Deutsch, Englisch, Spanisch, Französisch und Italienisch zur Verfügung. Zur Übersetzung wurde angemerkt, dass es gut wäre, „wenn die Referenten vorher darauf aufmerksam gemacht würden, langsam zu sprechen, damit die Dolmetscher auch eine Chance haben, gut zu übersetzen." Das internationale Forum wurde von 162 Befragten besucht und auf der Skala von 1 (sehr gut) bis 5 (sehr schlecht) mit der Durchschnittsnote 1,9 bewertet.

Abb. 5:   Wie hat Ihnen das internationale Forum gefallen? (Angaben in Prozent)[10]

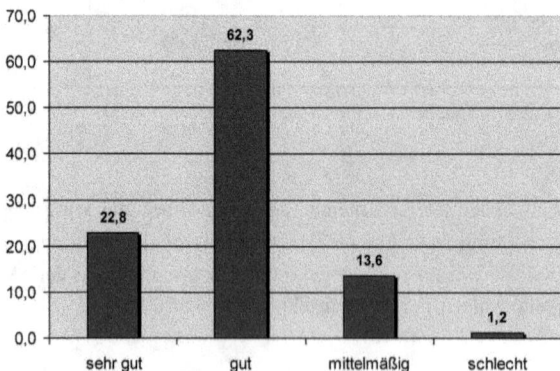

---

[9] Die Prozentangaben beziehen sich auf die Zahl der gültigen Antworten (n = 107). 482 Befragte gaben an, die DPT-Uni nicht besucht zu haben.

[10] Die Prozentangaben beziehen sich auf die Zahl der gültigen Antworten (n = 162). 442 Befragte gaben an, das internationale Forum nicht besucht zu haben.

3.4 Firmenvorträge

Die Firmenvorträge kamen etwas schlechter an als die anderen Vortragstypen. Die 164 Befragten, die diese Vorträge besuchten, bewerteten Sie im Durchschnitt mit der Note 2,2.

Abb. 6: Wie haben Ihnen die Firmenvorträge gefallen? (Angaben in Prozent)[11]

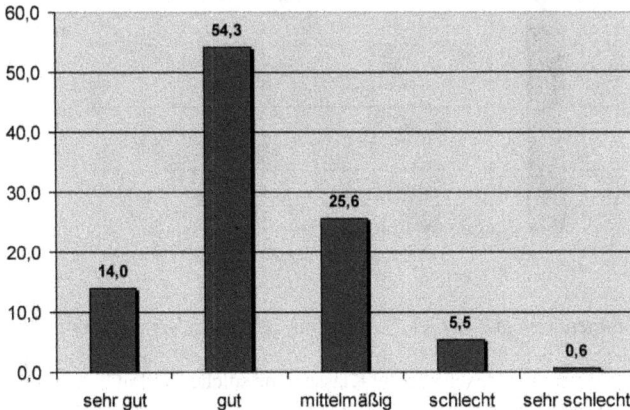

3.5 Projektspots

Mit den Projektspots wurde auf dem 14. Deutschen Präventionstag ein neuer Veranstaltungstyp eingeführt und zum Teil begeistert aufgenommen. Auch auf dem 15. Deutschen Präventionstag war die Zustimmung zu den Projektspots sehr groß. Fast 91% der Befragten fanden das neue Angebot gut oder sehr gut.

---

[11] Die Prozentangaben beziehen sich auf die Zahl der gültigen Antworten (n = 164). 431 Befragte gaben an, die Firmenvorträge nicht besucht zu haben.

Abb. 7:   Wie finden Sie das neue Angebot der Projektspots? (Angaben in Prozent)[12]

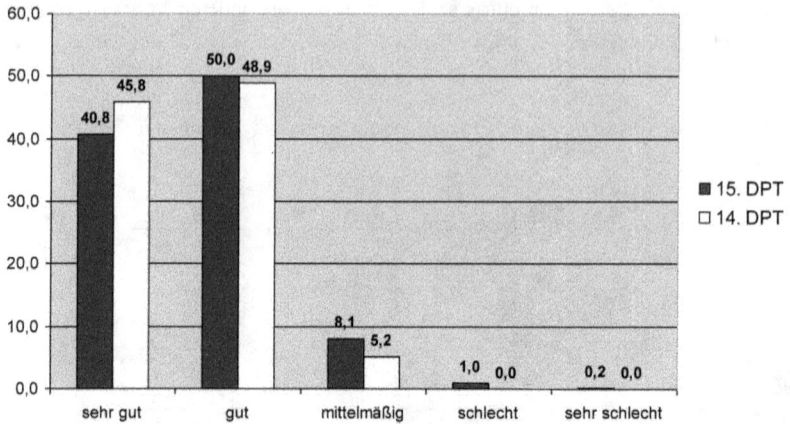

Auch in den Kommentaren gab es viel Zustimmung zu diesem Veranstaltungstyp:

„Die Idee der Projektspots finde ich absolut Klasse, eine solche Vielfalt bekommt man sonst selten geboten."

„Die Projektspots waren für mich der ausschlaggebende Aspekt, an der Veranstaltung teilzunehmen. Es handelt sich um eine sehr effiziente Möglichkeit, ein Maximum an Informationen aufzunehmen und in möglichst viele Themen hineinzuschnuppern."

Kritisiert wurde vor allem ein fehlender Zeitpuffer für den Wechsel zum nächsten Projektspot und zu wenig Zeit für die Diskussion:

„Die Projektspots waren zeitlich zu eng getaktet. Das führte bei den Referenten z.T. zu Hektik und bei den Zuhörern zu Unruhe, weil die letzten zu spät von der vorigen Veranstaltung kamen und die ersten vor dem Ende aufbrachen, um die nächste Veranstaltung pünktlich zu erreichen."

„Die zur Verfügung stehende Zeit für die einzelnen Projektspots (inkl. Vorstellung, Rückfragen und ggf. Raumwechsel) war zu knapp bemessen."

„Projektspots leider zu kurz, daher wenig/keine Zeit zu Diskussionen, da nächster Spot gleich anschließend."

„Ich fand, die Planung der Projektspots sehr sportlich. Deswegen schlage ich 10 Minuten zum Wechseln der Räume vor."

---

[12] Die Prozentangaben beziehen sich auf die Zahl der gültigen Antworten (n = 608). 98 Befragte gaben an, die Projektspots nicht besucht zu haben.

„Die Idee der Projektspots ist ausgesprochen gut, sollte jedoch zeitlich auf jeden Fall etwas entzerrt werden. Die Bewertung erfolgt sowohl aus der Sicht als Moderatorin mehrerer Projektspots als auch als aktiv Teilnehmende. Etwas Luft holen zu können und auch in Ruhe wechseln zu können, würde insgesamt für alle Beteiligten entspannter sein."

Es wurden auch einige Lösungsvorschläge gemacht, um dem Zeitdruck bei den Projektspots entgegenzuwirken:

„Vorschlag: Projektspots dauern 45 Minuten, 15 Minuten Pause zum Wechseln; Dafür gibt es zwar weniger aber qualitativ bessere Veranstaltungen."

„Die Projektspots sollten als Vorgabe bekommen, ein maximal 10-minütiges Einleitungsreferat zu halten, damit Fragen möglich sind."

„Projektspots sind ausgezeichnete Formate um sich einen möglichst breiten und vielfältigen Überblick zu verschaffen. Sie sollten aber zeitlich so getaktet sein, dass sie mit Parallelveranstaltungen übereinstimmen, d.h. jede Parallelveranstaltung sollte 90 Minuten dauern und jeder Projektspot 45 Minuten, dabei 20 Minuten Vortrag und 20 Minuten Diskussion/Fragen und 5 Minuten Zeit zum Ortswechsel."

Einige Befragte sprachen sich aber auch für die Beibehaltung des gegenwärtigen zeitlichen Rahmens aus:

„30 Minutentakt für Projektspots fand ich ausreichend - in kurzer Zeit wichtige Informationen."

„Projektspots sollten beibehalten werden! Kurzer Input mit anschließendem Raum für Diskussionen reicht aus, bei weiterem Interesse kann Kontakt mit den Vortragenden aufgenommen werden."

4. Ausstellung

Die kongressbegleitende Ausstellung gefiel fast 84% der Befragten gut oder sehr gut. Gelobt wurde insbesondere die Vielfalt der Themen und Informationen, aber auch die räumliche Integration in das Kongressgeschehen:

„Die kongressbegleitende Ausstellung war in diesem Jahr sehr umfangreich und aussagekräftig. [...] Ich habe sehr viele Informationen und Hilfestellungen mit nach Hause nehmen können. Dafür mein Dankeschön!"

„Gut war, dass sich die Ausstellung in den Kongress einpasste und zwischen den ganzen Vortragssälen lag. So musste man nicht lange Wege machen, um zur Ausstellung zukommen."

Auf der bekannten Skala von 1 (sehr gut) bis 5 (sehr schlecht) schnitt die Ausstellung mit einem Durchschnittswert von 1,9 allerdings etwas schlechter ab als die Ausstellung des 14. Deutschen Präventionstages (Durchschnittswert: 1,8). Beachtung verdient ferner, dass die Teilgruppe der Aussteller ebenfalls die Durchschnittsnote 1,9 vergab.

Abb. 8:   Wie hat Ihnen die kongressbegleitende Ausstellung gefallen?
(Angaben in Prozent)[13]

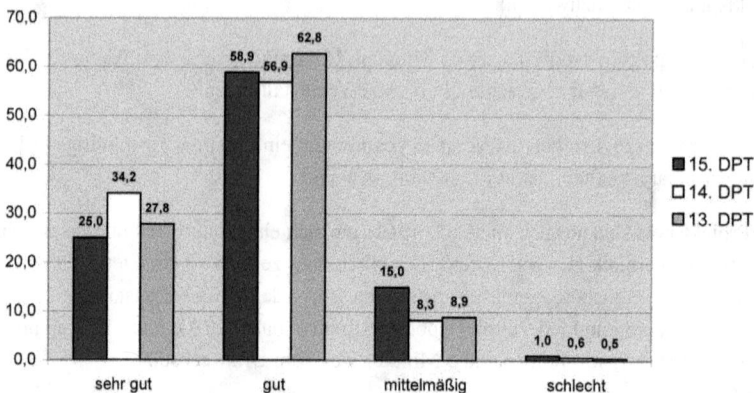

Kritisiert wurde insbesondere die Unübersichtlichkeit der Ausstellung und die schlechte Auffindbarkeit einzelner Stände:

„Zur Ausstellung: Es war etwas schwierig, gezielt Stände anzusteuern, da es keine Lagepläne gab. Ansonsten ausgezeichnet informativ und kreativ."

„Die Ausstellung war generell sehr gut, dennoch war sie sehr unübersichtlich. Man konnte auf die Schnelle nichts finden, musste sehr lange suchen, und sie war sehr verstreut. In einer großen Halle wäre die Ausstellung optimal gewesen."

„Die Ausstellung war sehr weitläufig verstreut, viele Stände konnte man nur zufällig finden."

„Die große Ausstellung war in meinen Augen etwas zu sehr auseinandergerissen auf den verschiedenen Ebenen (Hauptfoyer, Mittelfoyer, Brückenfoyer, Seitenfoyer West, Seitenfoyer Ost usw.; die Ausstellungsstände an sich waren interessant!"

„Die Ausstellung war leider sehr gestreut, manche Aussteller fanden sich in versteckten Winkeln, die von den Besuchern nur selten aufgesucht wurden – fand ich etwas unglücklich."

---

[13] Die Prozentangaben beziehen sich auf die Zahl der gültigen Antworten (15. DPT: n = 679; 14. DPT: n = 527; 13. DPT: n = 417). 51 Befragte gaben an, die kongressbegleitende Ausstellung nicht besucht zu haben (14. DPT: 18; 13. DPT: 5).

„Mir hätte es gut getan, die inhaltliche Gliederung der Ausstellungsangebote nachvollziehen zu können, gerne auch optisch mit einem Lageplan."

Im Zusammenhang mit der Ausstellung wurden im Wesentlichen zwei Verbesserungsvorschläge gemacht:

1. die Stände fortlaufend und gut sichtbar durchnummerieren oder

2. die Stände nach Themenbereichen gruppieren.

„Besser wäre gewesen, einen Rundweg zu organisieren, und z.b. nach dem System von Hausnummern zu verfahren."

„Die Ausstellung war chaotisch. Eine Durchnummerierung der Ausstellungsstände hätte die Suche nach bestimmten Infos deutlich erleichtert. Zum Teil waren die Stände sehr versteckt und leicht zu übersehen. Ein Rundgangschild mit Pfeil hätte alle Stände für jeden erreichbar gemacht und für Transparenz gesorgt und nicht manchen Standbetreiber wegen seines schlechten Standortes frustriert."

„Bei der Ausstellung böte sich an, die Stände thematisch zu sortieren: Gewaltprävention, Medien, Sport ...; viele Besucher beklagten das Durcheinander oder dass man nichts findet."

„Die Vielfalt der Ausstellungen war überwältigend. Ob es wohl möglich wäre, Themenschwerpunkte erkennbar zu machen? Zum Beispiel: Pädagogische Angebote in Kitas nebeneinander, Antigewaltangebote der einzelnen Bundesländer jeweils nebeneinander."

Zum Bereich der Ausstellung gehörten auch Posterpräsentationen. Diese wurden von 385 Befragten besucht und erhielten die Durchschnittsnote 2,2. Zu den Posterpräsentationen gab es auch einige kritische Kommentare:

„Die Posterpräsentationen waren nicht ergiebig. Sie hingen nicht gut, die Teilnehmer an großen Veranstaltungen liefen an ihnen vorbei. Die angegebene Zeit, zwischen 13 und 14 Uhr bei den Postern für Fragen zur Verfügung zu stehen, wurde nicht genutzt, da es nicht bekannt war."

„Als Teilnehmer der Posterpräsentation, fand ich den Platz denkbar schlecht gewählt, da es keinen Grund gab, stehen zu bleiben und ins Gespräch zu kommen. Gespräche haben dann nur unter den Posterausstellern stattgefunden – die waren gut. Auf der zur Verfügung gestellten Fläche kamen die Poster wegen des Hintergrunds kaum zur Geltung."

„Die Posterpräsentationen könnten so ausgeschrieben werden, dass die Beteiligung größer ist (z.B. durch das Ausloben eines Poster-Preises für wissenschaftliche Poster). Außerdem sollte die Anwesenheit und der Austausch am Poster in Form einer Poster-Session gewährleistet werden, also einer deutlicher angekündigte Zeit, zu der die Autoren am Poster verfügbar sind und die Besucher sich in dieser Zeit dann auch wirklich mit den Postern auseinandersetzen (das geht nicht nebenbei in der Mittagspause). Eine Trennung von wissenschaftlichen und kommerziellen Postern wäre ebenfalls wünschenswert."

Abb. 9:   Wie haben Ihnen die Posterpräsentationen gefallen? (Angaben in Prozent)[14]

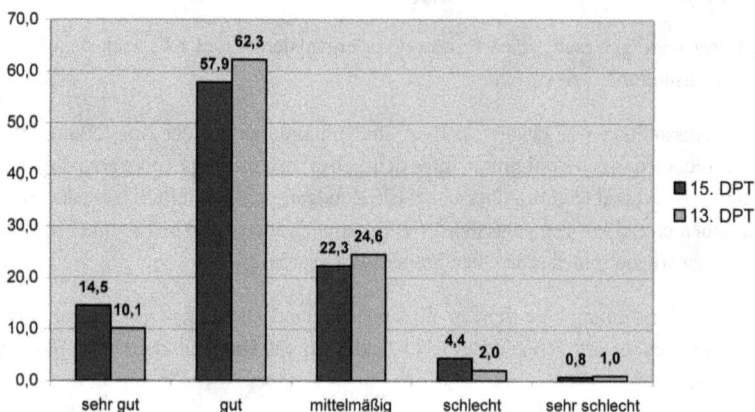

5. Werkstatt

Unter dem Oberbegriff „Werkstatt" werden die Begleitveranstaltungen, die Bühne und das Filmforum zusammengefasst.

Die Bühne wurde von 239 Befragten besucht und auf der bekannten, von 1 (sehr gut) bis 5 (sehr schlecht) reichenden Skala mit der Durchschnittsnote 1,9 bewertet. In den Kommentaren wurde aber eine relativ schwache Besucherresonanz der Theatervorstellungen im Bühnenbereich beklagt und darauf hingewiesen, dass eine größere Plakatierung der Bühnenveranstaltungen innerhalb des Hauses vermutlich mehr Besucher angelockt hätte.

---

[14] Die Prozentangaben beziehen sich auf die Zahl der gültigen Antworten (15. DPT: n = 385; 13. DPT: n = 297). 246 Befragte gaben an, die Posterpräsentationen nicht besucht zu haben (13. DPT: 105).

Abb. 10: Wie hat Ihnen die Bühne gefallen? (Angaben in Prozent)[15]

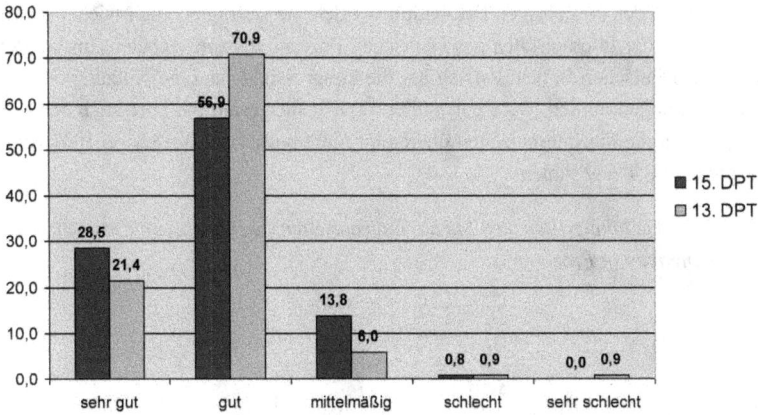

Das Filmforum wurde von 141 Befragten besucht und erzielte auf der oben beschriebenen Fünferskala die Durchschnittsnote 2,1.

Abb. 11: Wie hat Ihnen das Filmforum gefallen? (Angaben in Prozent)[16]

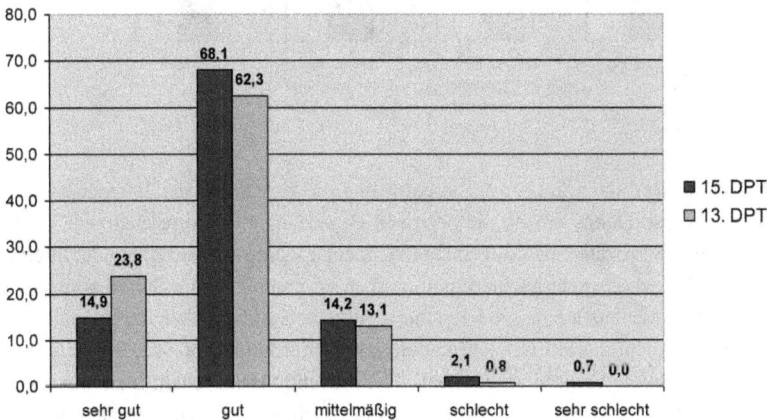

[15] Die Prozentangaben beziehen sich auf die Zahl der gültigen Antworten (15. DPT: n = 239; 13. DPT: n = 117). 380 Befragte gaben an, die Bühne nicht besucht zu haben (13. DPT: 243).

[16] Die Prozentangaben beziehen sich auf die Zahl der gültigen Antworten (15. DPT: n = 141; 13. DPT: n = 122). 446 Befragte gaben an, das Filmforum nicht besucht zu haben (13. DPT: 236).

6. Die Internetseiten des Deutschen Präventionstages

Im Rahmen der diesjährigen Evaluation wurden die Befragten auch wieder um eine Bewertung der Internetseiten des Deutschen Präventionstages gebeten. Im Vergleich zum 14. Deutschen Präventionstag hat die kongressunabhängige Nutzung der Internetseiten abgenommen (44% gegenüber 52,4%). Insgesamt ist aber auch der Anteil derjenigen, die die Internetseiten überhaupt nicht besuchen, von knapp 10% der Befragten auf 8,4% gesunken.

Abb. 12: Wie häufig besuchen Sie die Internetseiten des Deutschen Präventionstages? (Angaben in Prozent)[17]

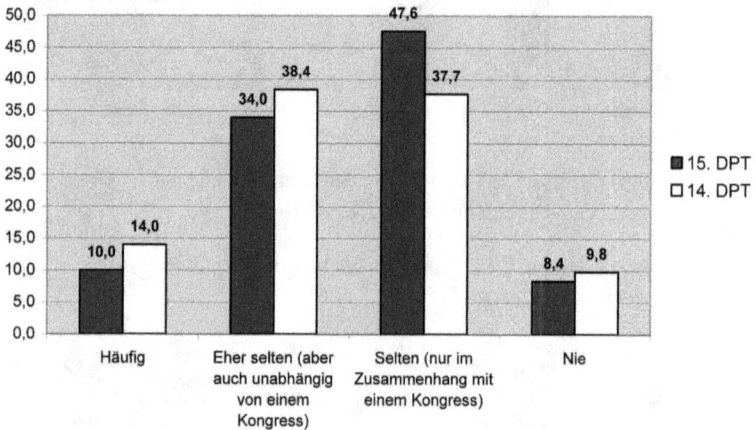

81,9% der Befragten fanden die Struktur und die Gestaltung der Internetseiten gut oder sehr gut. Damit sanken die positiven Bewertungen im Vergleich zum Vorjahr leicht um 4,8 Prozentpunkte. In einem Kommentar wurde die Gestaltung der Internetseiten kritisiert, die sehr nüchtern und trocken sei und nicht zum Surfen anrege. Gewünscht wurden auch eine größere Übersichtlichkeit und eine benutzerfreundlichere Navigation, detaillierte Übersichtskarten vom Veranstaltungsort zum Herunterladen und eine stärkere Vernetzung der deutschen Präventionslandschaft. Man könne auch eine Lernplattform aufbauen, „wo die einzelnen Teilnehmer nach oder sogar vor dem Präventionstag ihre Inhalte in einer E-Learningform drauflegen könnten."

---

[17] Die Prozentangaben beziehen sich auf die Zahl der gültigen Antworten (15. DPT: n = 729; 14. DPT: n = 549).

Abb. 13: Wie finden Sie die Struktur und die Gestaltung der Internetseiten des Deutschen Präventionstages? (Angaben in Prozent)[18]

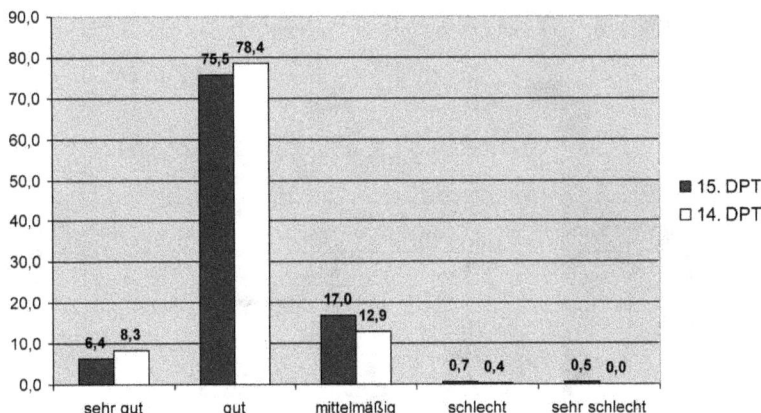

Insgesamt gaben allerdings nur 26 der 738 Befragten an, Wünsche oder Verbesserungsvorschläge zu den Internetseiten zu haben, so dass davon auszugehen ist, dass die Internetseiten den Bedürfnissen der Teilnehmerinnen und Teilnehmer weitgehend entsprechen.

7. Gesamteindruck

Das Eröffnungs- und das Abschlussplenum, aber auch die Abendveranstaltung des 15. Deutschen Präventionstages wurden zum Teil deutlich besser bewertet als die entsprechenden Veranstaltungen des 14. Deutschen Präventionstages. Die Ausstellung und die parallel angebotenen Fachvorträge schnitten dagegen ähnlich gut ab. Die auf dem 14. Deutschen Präventionstag eingeführten Projektspots erfreuten sich wieder großer Beliebtheit. Gelobt wurde auch das Zusammenspiel von Vorträgen, Projektspots, Ausstellungen und künstlerischen Beiträgen von Kindern und Jugendlichen. So resümierte ein Besucher:

„Der Präventionstag hat mir insgesamt hervorragend gefallen: sehr umfangreiches Programm, schöne Kombination aus wissenschaftlich und praktisch orientierten Vorträgen, tolle Präsentation von Prof. Hüther zu Beginn und Prof. Braungart beim Abschlussplenum."

Dieses Urteil wird durch die entsprechenden Ergebnisse unserer Befragung bestätigt. So fanden über 88% der Befragten den 15. Deutschen Präventionstag gut oder sehr gut. Nur 7 Befragte bewerteten ihn als schlecht oder sehr schlecht, so dass der Präven-

---

[18] Die Prozentangaben beziehen sich auf die Zahl der gültigen Antworten (15. DPT: n = 613; 14. DPT: n = 459) 98 Befragte gaben an, die Internetseiten nicht zu kennen (14. DPT: 63).

tionstag mit der Durchschnittsnote 1,9 dieselbe gute Bewertung wie der 14. Deutsche Präventionstag erhielt (13. DPT: 1,7).[19]

Abb. 14: Wie fanden Sie den Präventionstag insgesamt? (Angaben in Prozent)[20]

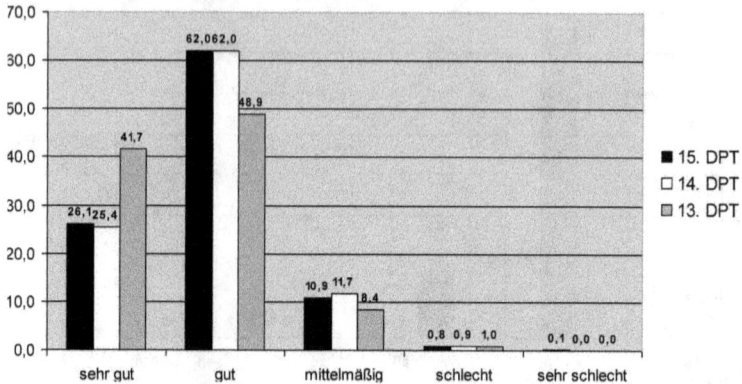

Die insgesamt positive Bewertung des 15. Deutschen Präventionstages drückt sich auch darin aus, dass 91% der Befragten angaben, ihre Erwartungen an den Präventionstag seien voll und ganz oder überwiegend erfüllt worden. Nur 9% der Befragten (14. DPT: 10,9%; 13. DPT: 10,7%) sahen ihre Erwartungen eher nicht oder gar nicht erfüllt.

Abb. 15: Meine Erwartungen an den Präventionstag haben sich erfüllt (Angaben in Prozent)[21]

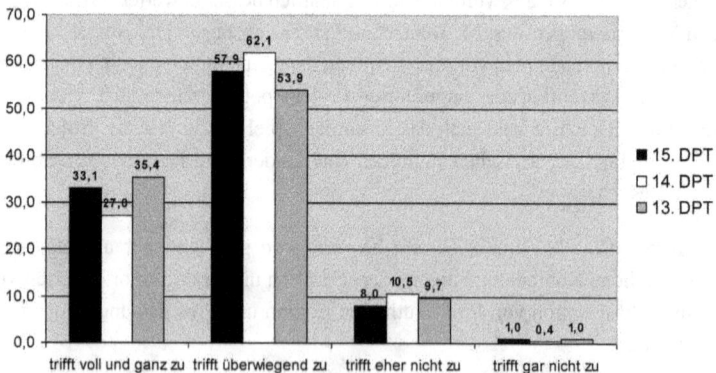

---

[19] Die Skala reichte von 1 (sehr gut) bis 5 (sehr schlecht).

[20] Die Prozentangaben beziehen sich auf die Zahl der gültigen Antworten (15. DPT: n = 724; 14. DPT: n = 539; 13. DPT: n = 415).

[21] Die Prozentangaben beziehen sich auf die Zahl der gültigen Antworten (15. DPT: n = 713; 14. DPT: n = 544; 13. DPT: n = 412).

Darüber hinaus meinten 80,5% der Befragten, dass von dem Kongress Impulse für die Präventionsarbeit in Deutschland ausgehen werden (14. DPT: 84,1%; 13. DPT: 82,5%).

Abb. 16: Von dem Kongress werden Impulse für die Präventionsarbeit in Deutschland ausgehen (Angaben in Prozent)[22]

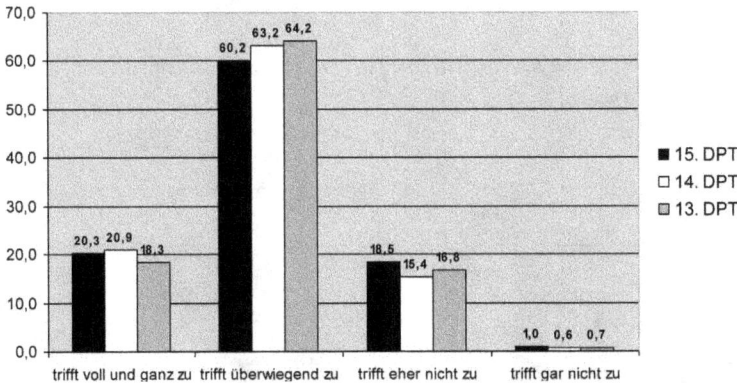

Auch eine differenziertere Betrachtung bestätigt das insgesamt positive Bild. So gaben 85,5% der Befragten an, Anregungen für die Präventionspraxis bekommen zu haben (14. DPT: 88,8%; 13. DPT: 84,6%). Dieser Wert liegt zwar etwas unter dem des 14. Deutschen Präventionstages, dafür ist aber der Anteil derjenigen, die der Aussage uneingeschränkt zustimmen, seit dem 13. Deutschen Präventionstag stetig gestiegen.

Abb. 17: Ich habe viele Anregungen für die Präventionspraxis bekommen (Angaben in Prozent)[23]

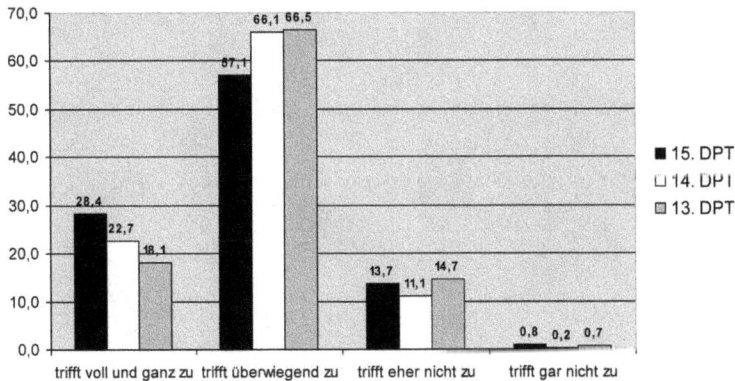

[22] Die Prozentangaben beziehen sich auf die Zahl der gültigen Antworten (15. DPT: n = 693; 14. DPT: n = 527; 13. DPT: n = 405).

[23] Die Prozentangaben beziehen sich auf die Zahl der gültigen Antworten (15. DPT: n = 723; 14. DPT: n = 542; 13. DPT: n = 415).

Noch positiver fiel das Urteil hinsichtlich des Informations- und Erfahrungsaustausches aus. Hier waren 91,8% der Befragten der Ansicht, dass es während des Präventionstages leicht viel, Informationen auszutauschen und Kontakte zu knüpfen (14. DPT: 91,2%; 13. DPT: 92,8%). Allerdings ist der Anteil derjenigen, die der Aussage uneingeschränkt zustimmen seit dem 13. Deutschen Präventionstag jedes Jahr leicht gesunken.

Abb. 18: Es fiel leicht, Kontakte zu knüpfen und Informationen auszutauschen (Angaben in Prozent)[24]

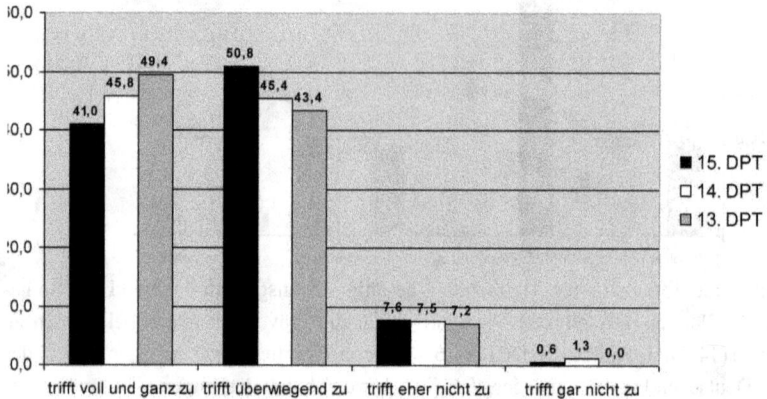

Auch Gelegenheiten für die Diskussion mit Praktikern sahen 87,6% der Befragten als gegeben an (14. DPT: 90,6%; 13. DPT: 91%). Auch hier ist aber der Anteil derjenigen, die der Aussage uneingeschränkt zustimmen seit dem 13. Deutschen Präventionstag jedes Jahr gesunken.

---

[24] Die Prozentangaben beziehen sich auf die Zahl der gültigen Antworten (15. DPT: n = 724; 14. DPT: n = 548; 13. DPT: n = 419).

Abb. 19: Es gab genügend Gelegenheiten, um mit Praktikern über Fragen der Prävention zu diskutieren (Angaben in Prozent)[25]

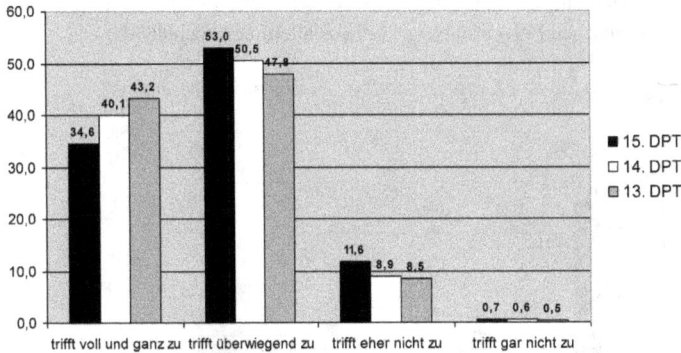

Auch auf dem 15. Deutschen Präventionstag vermissten viele Besucher Gelegenheiten für den fachlichen Austausch mit Wissenschaftlern. 45,3% der Befragten meinten, dass es hierfür nicht genügend Gelegenheiten gab (14. DPT: 38,3%; 13. DPT: 35%). Damit nähert sich der Anteil der Befragten, die einen unzureichenden fachlichen Austausch mit Wissenschaftlern beklagen, der 50%-Marke. Hier besteht folglich Handlungsbedarf.

Abb. 20: Es gab genügend Gelegenheiten für den fachlichen Austausch mit Wissenschaftlern (Angaben in Prozent)[26]

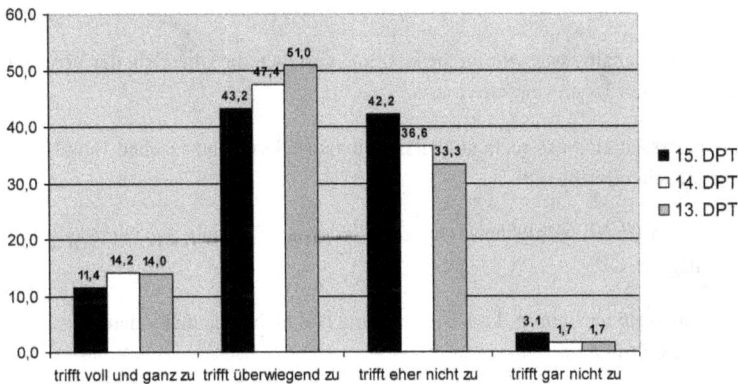

---

[25] Die Prozentangaben beziehen sich auf die Zahl der gültigen Antworten (15. DPT: n = 713; 14. DPT: n = 541; 13. DPT: n = 414).

[26] Die Prozentangaben beziehen sich auf die Zahl der gültigen Antworten (15. DPT: n = 699; 14. DPT: n = 527; 13. DPT: n = 408).

Der Kongresskatalog wurde in diesem Jahr schlechter als in den Vorjahren bewertet, was auch in der Durchschnittsnote von 2,0 zum Ausdruck kommt (14. DPT: 1,9; 13. DPT: 1,6). Dennoch fanden 75,4% der Besucher den Kongresskatalog gut oder sehr gut. Beim 14. Deutschen Präventionstag waren es allerdings noch 86%.

Abb. 21: Wie fanden Sie den Kongresskatalog? (Angaben in Prozent)[27]

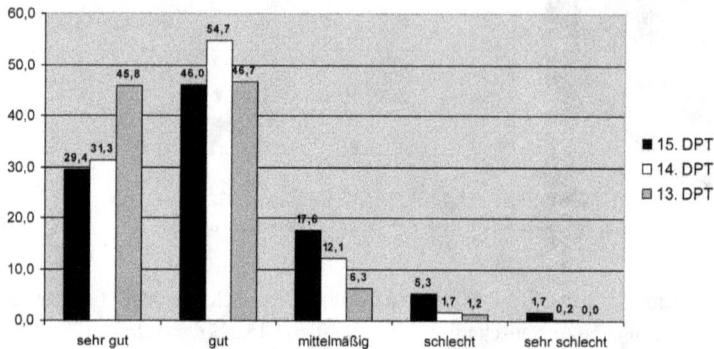

In den Kommentaren wurde insbesondere die unzureichende Übersichtlichkeit des Kongresskatalogs kritisiert:

„Der Kongresskatalog ist total unübersichtlich. Ich habe nicht einen einzigen Teilnehmer getroffen, der ihn gut fand. Es ist natürlich schwer, so einen Katalog zu gestalten, aber eine Übersicht nach Tagen und Übersichten würden es vielleicht leichter machen."

„Der Kongresskatalog war sehr unübersichtlich gestaltet, die Übersicht der Veranstaltungen an beiden Tagen war verwirrend."

„Der Kongresskatalog war recht unübersichtlich; das Springen zwischen 1. und 2. Tag war nicht nachvollziehbar."

In den Kommentaren wurde meist eine chronologische Ordnung der Veranstaltungen vorgeschlagen:

„Besser fände ich eine chronologische Ordnung und nicht eine methoden- bzw. seminarorientierte Struktur."

Auch das Programmheft wurde in einigen Kommentaren kritisiert. In diesem Zusammenhang gab es Stimmen, die für eine Rückkehr zum Faltblatt der früheren Kongresse plädierten:

---

[27] Die Prozentangaben beziehen sich auf die Zahl der gültigen Antworten (15. DPT: n = 717; 14. DPT: n = 537; 13. DPT: n = 413).

„Das Faltblatt (siehe 14. DPT) hat mir wegen der Gesamtübersicht und Gegenüberstellung aller Angebote auf einen Blick besser gefallen."

„Faltblatt wie bei den vorherigen DPT, bessere Übersicht für die Veranstaltungen im gleichen Zeitfenster."

Schließlich wurde noch darauf hingewiesen, dass in den Kongresskatalog auch eine Anfahrtsskizze und ein Lageplan des Kongressortes aufgenommen werden sollten.

Die Kongressorganisation wurde in diesem Jahr ebenfalls schlechter als in den Vorjahren bewertet und erzielte einen Durchschnittswert von 2,0 (14. DPT: 1,9; 13. DPT: 1,5).[28] An dieser Stelle fällt besonders auf, dass der Anteil der Befragten, die die Kongressorganisation sehr gut fanden, von über 54% beim 13. Deutschen Präventionstag auf gut 23% beim 15. Deutschen Präventionstag gesunken ist.

Abb. 22: Wie fanden Sie die Kongressorganisation insgesamt? (Angaben in Prozent)[29]

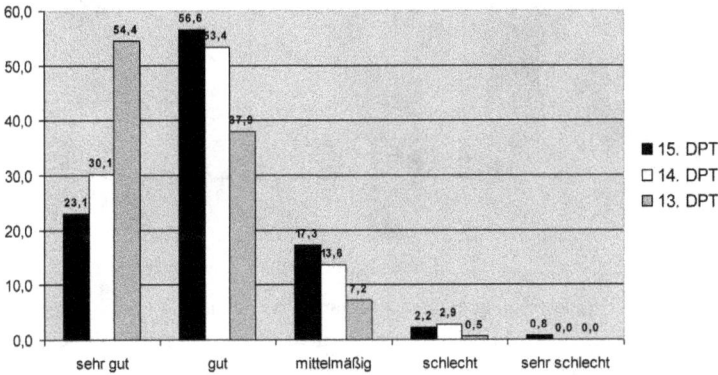

Für die schlechtere Bewertung der Kongressorganisation kann aber auch die in den Kommentaren geäußerte Kritik an der Kennzeichnung der Räume im Katalog und am Tagungsort verantwortlich sein. So wurden die Räume in den Tagungsunterlagen mit Namen bezeichnet während im ICC zunächst Raumnummern auffielen. Darüber hinaus wurde in einigen Kommentaren auch wieder über relativ lange Wartezeiten bei der Anmeldung geklagt.

Daneben gab es aber durchaus auch lobende Kommentare zur Kongressorganisation:

„Das Organisationsteam des DPT hat in der Vorbereitung des 15. DPT eine sehr gute Arbeit geleistet."

---

[28] Die Skala reichte von 1 (sehr gut) bis 5 (sehr schlecht).

[29] Die Prozentangaben beziehen sich auf die Zahl der gültigen Antworten (15. DPT: n = 724; 14. DPT: n = 545; 13. DPT: n = 417).

„Die Führung durch den Gesamtkongress durch Geschäftsführer, Organisationsteam und (Berliner) Partner war wieder einmal erstklassig."

Erstmalig wurden in diesem Jahr auch Einzelaspekte zur Kongressorganisation erhoben. Die Informationen zur Tagung bewerteten 72,4% der Besucher als gut oder sehr gut. Kritisiert wurde zum einen, dass auf den Präventionstag nicht mit einem Werbebanner an der Eingangsfront des ICC hingewiesen wurde und zum anderen wurde ein insgesamt zu geringes Medienecho beklagt.

Abb. 23: Wie fanden Sie die Informationen zur Tagung (Anfahrtskizze, Ausschilderung etc.)? (Angaben in Prozent)[30]

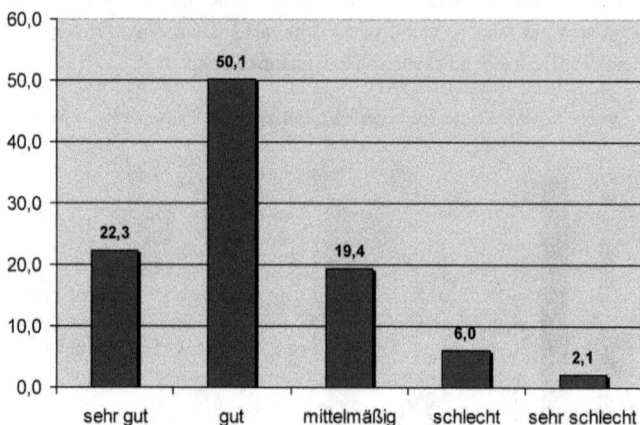

Den Service und die Betreuung durch die Organisatoren fanden 76,7 Prozent der Befragten gut oder sehr gut. Mit einem Durchschnittswert von 2,1 schnitt dieser Aspekt geringfügig schlechter ab als die Kongressorganisation insgesamt.

---

[30] Die Prozentangaben beziehen sich auf die Zahl der gültigen Antworten (n = 712).

Abb. 24: Wie fanden Sie den Service und die Betreuung durch die Organisatoren?
(Angaben in Prozent)[31]

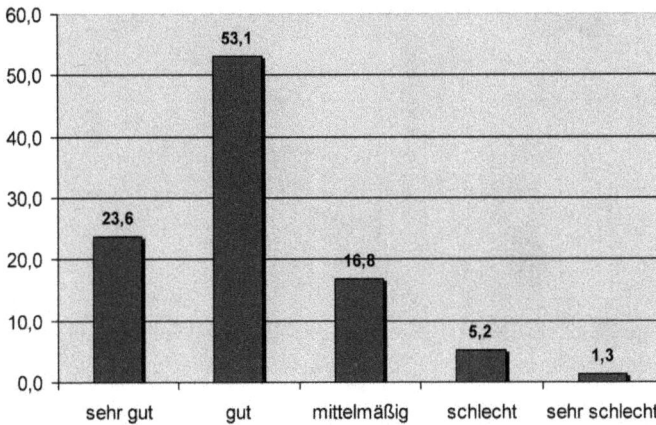

Das Catering während der Veranstaltung löste keine Begeisterung aus. Lediglich 29,8% der Befragten fanden es gut oder sehr gut. Die meisten bewerteten das Catering als mittelmäßig, schlecht oder sogar sehr schlecht. Kritisiert wurden insbesondere hohe Preise und lange Wartezeiten:

„Den Cateringservice fand ich zu teuer [...] es gab immer lange Schlangen, das ist bei dem vollen Programm sehr ärgerlich."

„Das Catering bzw. die Möglichkeiten zum Essen waren überteuert!"

„Das Catering war mittelmäßig. Zu wenig Auswahl/Angebote im unteren und mittleren Preissegment und überdies am ersten Tag mittags ausverkauft."

---

[31] Die Prozentangaben beziehen sich auf die Zahl der gültigen Antworten (n = 715).

Abb. 25: Wie fanden Sie das Catering? (Angaben in Prozent)[32]

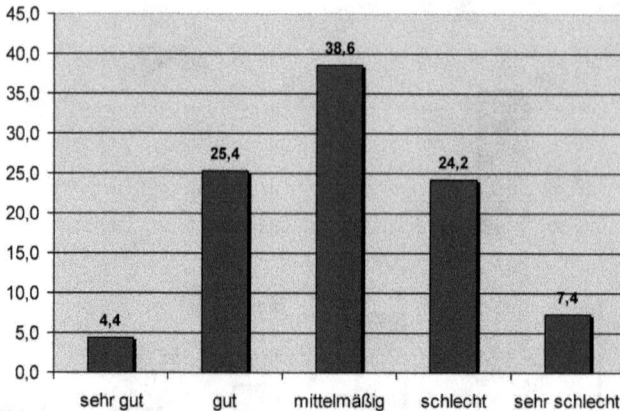

Das ICC als Veranstaltungsort fand ein geteiltes Echo. In zahlreichen Kommentaren wurde das ICC als unübersichtlich und atmosphärisch schlecht beschrieben:

„Das ICC ist einfach zu unübersichtlich und weitläufig und bietet keine gute Atmosphäre."

„Das ICC Berlin als Veranstaltungsort hat mir nicht gefallen. Unübersichtlich, dunkel und die Klimaanlage in den Räumlichkeiten war für viele zu kalt eingestellt."

„Man kam sich die ganze Zeit über vor wie an Bord eines Schiffes. Die Atmosphäre dieses Hausen ist schrecklich."

„Nie wieder im ICC!"

Es gab aber auch etliche Besucher, die vom ICC durchaus angetan waren:

„Das ICC ist grundsätzlich sehr schön, vom Aufbau her schien mir die Ausstellung aber doch etwas unübersichtlich."

„Die Ausstellung war schön weitläufig, nicht so gedrungen wie sonst häufig. ICC ist sehr gut für die Ausstellung geeignet!"

„Durch die kurzen Wege zwischen den einzelnen Veranstaltungsorten fand ich das ICC wie geschaffen für diese Veranstaltung."

„Berlin ist Klasse, ICC bauhistorisch interessant (muss saniert, nicht abgerissen werden)."

Insgesamt bildeten die Befragten, die das ICC als Veranstaltungsort sehr gut oder gut

---

[32] Die Prozentangaben beziehen sich auf die Zahl der gültigen Antworten (15. DPT: n = 678; 14. DPT: n = 545; 13. DPT: n = 417).

fanden, mit 54,5% die Mehrheit. Eine recht große Minderheit von 45,5% Prozent fand das ICC als Veranstaltungsort dagegen nur mittelmäßig oder sogar schlecht bzw. sehr schlecht.

Abb. 26: Wie fanden Sie das ICC Berlin als Veranstaltungsort? (Angaben in Prozent)[33]

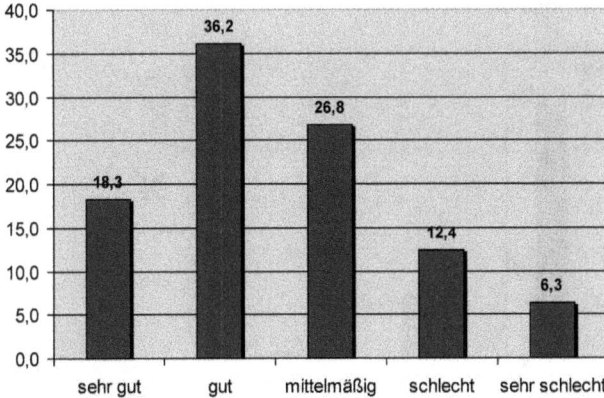

Ein etwas anderes Bild ergibt sich für die Räumlichkeiten hinsichtlich Ausstattung, Technik etc. Diesen Aspekt bewertete eine relativ große Mehrheit von 65,2% der Befragten als gut oder sogar als sehr gut.

Abb. 27: Wie fanden Sie die Räumlichkeiten (Ausstattung, Technik etc.)? (Angaben in Prozent)[34]

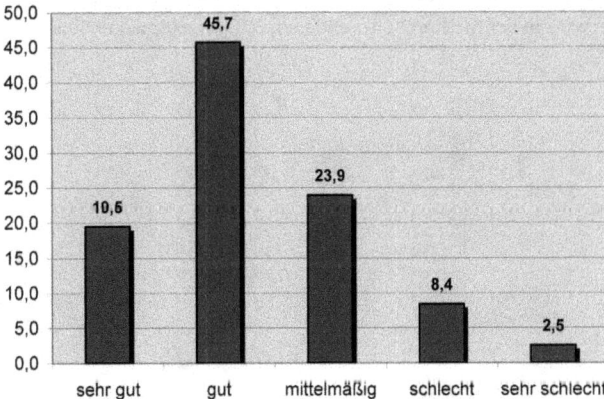

---

[33] Die Prozentangaben beziehen sich auf die Zahl der gültigen Antworten (15. DPT: n = 727; 14. DPT: n = 545; 13. DPT: n = 417).

[34] Die Prozentangaben beziehen sich auf die Zahl der gültigen Antworten (15. DPT: n = 724; 14. DPT: n = 545; 13. DPT: n = 417).

Vor dem Hintergrund der insgesamt positiven Eindrücke äußerten 87,1% der Befragten die Absicht, an zukünftigen Kongressen des Deutschen Präventionstages teilzunehmen (14. DPT: 91,4%; 13. DPT: 86,7%).

Abb. 28: Ich werde vermutlich an zukünftigen Kongressen des Deutschen Präventionstages teilnehmen (Angaben in Prozent)[35]

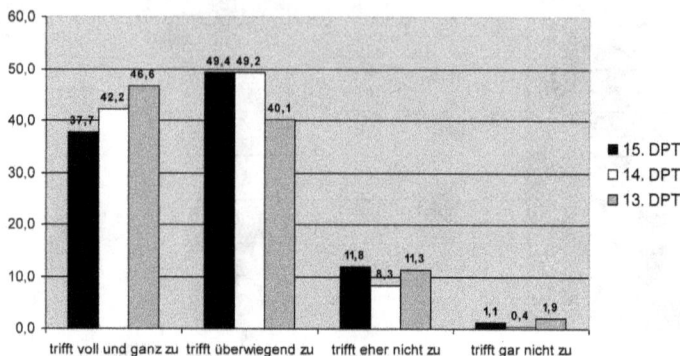

8. Teilnehmerinnen und Teilnehmer des 15. Deutschen Präventionstages

Nach den Ergebnissen der Befragung war der Frauenanteil beim 15. Deutschen Präventionstag größer als in den Vorjahren. Dieses Ergebnis wird durch die Teilnehmerstatistik bestätigt. Nicht bestätigt wird dagegen, dass der Frauenanteil über der 50%-Marke lag. Laut Teilnehmerstatistik betrug er 45,3% und lag damit um 5,2 Prozentpunkte über dem Frauenanteil beim 14. Deutschen Präventionstag. Die Zunahme des Frauenanteils wird in der Stichprobe folglich um 5,2 Prozentpunkte überschätzt.

---

[35] Die Prozentangaben beziehen sich auf die Zahl der gültigen Antworten (15. DPT: n = 719; 14. DPT: n = 545; 13. DPT: n = 416).

Abb. 29: Geschlecht der Teilnehmer/innen? (Angaben in Prozent)[36]

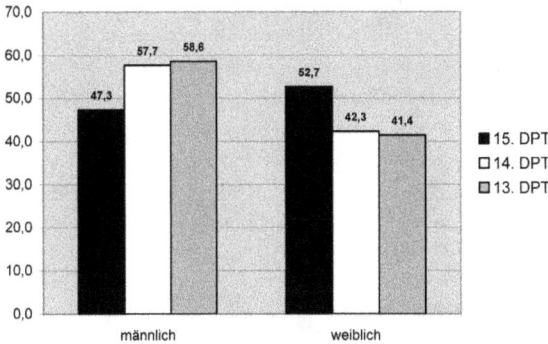

Auch in diesem Jahr wurde in einigen Kommentaren eine starke Polizeipräsenz auf dem Präventionstag kritisiert:

„Die Veranstaltung war zu 'polizeilastig'."

„Zuviel Präsenz von polizeilichen Einrichtungen."

„Die Veranstaltung sollte etwas weniger polizeilastig sein. Ich empfehle die Aufgabe des Begriffs 'Kriminal'- Prävention."

Wie Abb. 30 zeigt, war die Polizei auf dem 15. Deutschen Präventionstag tatsächlich stark vertreten.[37] Allerdings ist der Anteil der Polizeibeamten an den befragten Teilnehmern seit dem 13. Deutschen Präventionstag rückläufig. Diese Tendenz zeigt sich auch in der Teilnehmerstatistik. Die Abnahme wird in der Stichprobe jedoch überschätzt. Laut Teilnehmerstatistik betrug der Anteil der Polizeibeamten 27,4%. Für diese Stichprobenverzerrung dürfte ein hoher Anteil an Sammelanmeldungen verantwortlich sein, bei denen die für eine Teilnahme an der Evaluation erforderlichen E-Mail-Adressen der einzelnen Beamten nicht erfasst wurden. Sowohl nach den Ergebnissen der Befragung als auch nach der Teilnehmerstatistik nahm der Anteil der befragten Teilnehmer/innen aus den Institutionen Jugendhilfe, Schule und Wissenschaft teilweise erheblich zu. Die Zunahme für den Bereich der Justiz wird durch die Teilnehmerstatistik dagegen nicht bestätigt. Es zeigt sich aber, dass Besucher aus den Institutionen der Medizin und des Gesundheitswesen in diesem Jahr stärker vertreten waren als in den Vorjahren. Der Anteil wird in der Befragung jedoch überschätzt. Laut

---

[36] Die Prozentangaben beziehen sich auf die Zahl der gültigen Antworten (15. DPT: n = 714; 14. DPT: n = 527; 13. DPT: n = 414).

[37] Auch hier stimmt das Ergebnis unserer Stichprobe sehr gut mit dem entsprechenden Wert aus der Teilnehmerstatistik überein (28,3%). Die Analyse kann sich jedoch nur in Ausnahmefällen auf Zusatzinformationen aus der Teilnehmerstatistik stützen, da die Kategorien der Teilnehmerstatistik aus methodischen Gründen nur teilweise in den Fragebogen aufgenommen werden konnten.

Teilnehmerstatistik kamen lediglich 1,1% der Besucher aus diesem Bereich. Ein nennenswerter Rückgang des Besucheranteils ist sowohl nach den Befragungsergebnissen als auch nach der Teilnehmerstatistik für die Präventionsgremien und die Politik zu verzeichnen. Zwei weitere Befunde werden durch die Teilnehmerstatistik bestätigt: der Anteil von Angehörigen aus Wirtschaft und Industrie war auf dem 15. Deutschen Präventionstag erheblich größer als im Vorjahr und umgekehrt war der Anteil der Presse- und Medienvertreter erheblich geringer. Bei den angegebenen Werten zur Größe der Anteile können Stichprobenverzerrungen allerdings nicht ausgeschlossen werden, so dass diese Zahlen mit Vorsicht interpretiert werden müssen.[38]

Abb. 30: Befragte Kongressteilnehmer/innen nach institutioneller Zugehörigkeit[39]

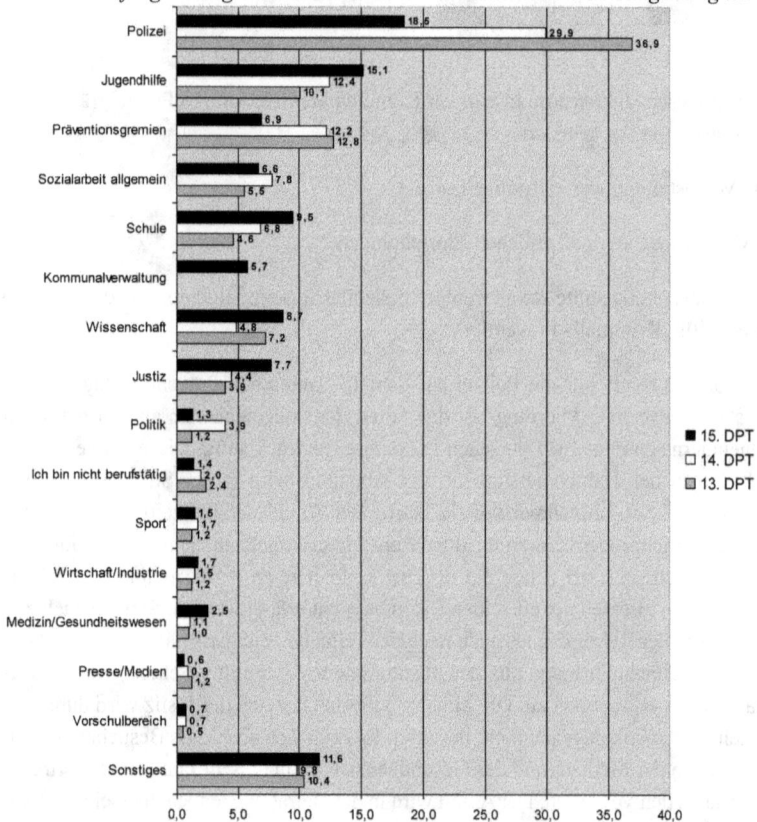

Institution	15. DPT	14. DPT	13. DPT
Polizei	18,5	29,9	36,9
Jugendhilfe	15,1	12,4	10,1
Präventionsgremien	6,9	12,2	12,8
Sozialarbeit allgemein	6,6	7,8	5,5
Schule	9,5	6,8	4,6
Kommunalverwaltung	5,7		
Wissenschaft	8,7	4,8	7,2
Justiz	7,7	4,4	3,9
Politik	1,3	3,9	1,2
Ich bin nicht berufstätig	1,4	2,0	2,4
Sport	1,6	1,7	1,2
Wirtschaft/Industrie	1,7	1,5	1,2
Medizin/Gesundheitswesen	2,5	1,1	1,0
Presse/Medien	0,6	0,9	1,2
Vorschulbereich	0,7	0,7	0,5
Sonstiges	11,6	9,8	10,4

■ 15. DPT
☐ 14. DPT
▧ 13. DPT

---

[38] Für den Bereich Schule belegt aber auch die Teilnehmerstatistik einen um 3,7 Prozentpunkte höheren Anteil; ebenso dokumentiert sie für den Bereich Wissenschaft einen um 0,7 Prozentpunkte niedrigeren Anteil.

[39] Die Prozentangaben beziehen sich auf die Zahl der gültigen Antworten (15. DPT: n = 714; 14. DPT: n = 541; 13. DPT: n = 415).

Wie Abb. 31 zeigt, waren die meisten Besucher des 15. Deutschen Präventionstages hauptamtlich im Präventionsbereich tätig. In dieser Hinsicht gab es keine großen Veränderungen zu den Vorjahren.

Abb. 31: In welcher Form sind Sie in der Präventionsarbeit beschäftigt? (Angaben in Prozent)[40]

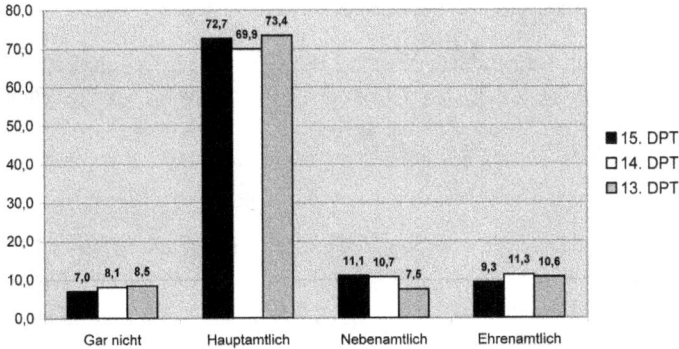

Erfreulich ist, dass sich fast 56% der Teilnehmer/innen mit der praktischen Präventionsarbeit beschäftigen.

Abb. 32: Mit welchen Aufgaben beschäftigen Sie sich im Rahmen der Präventionsarbeit hauptsächlich (Angaben in Prozent)[41]

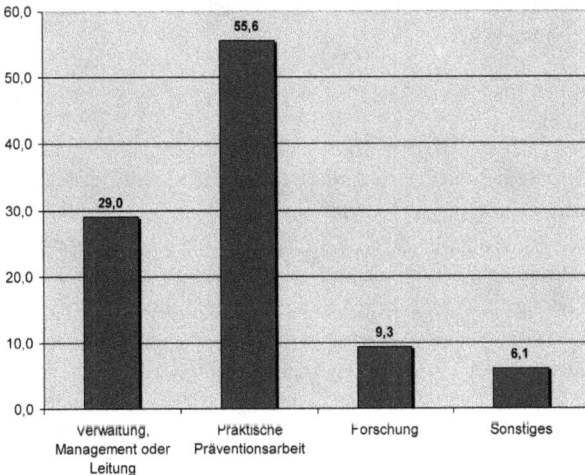

---

[40] Die Prozentangaben beziehen sich auf die Zahl der gültigen Antworten (15. DPT: n = 713; 14. DPT: n = 541; 13. DPT: n = 414).

[41] Die Prozentangaben beziehen sich auf die Zahl der gültigen Antworten (n = 707).

Die Tätigkeitsfelder der Kriminal- und Gewaltprävention waren wieder sehr dominierend, was allerdings auch nicht verwundert, da die Präventionstage auf diese Thematik schwerpunktmäßig zugeschnitten sind. Seit dem 13. Deutschen Präventionstag ist allerdings eine deutliche Verschiebung von der allgemeinen Kriminalprävention hin zur Gewaltprävention zu beobachten. Eine derartige Verschiebung der Tätigkeitsfelder der Kongressbesucher spiegelte sich nach Ansicht eines Befragten auch in der thematischen Ausrichtung des Präventionstages wider:

„In ausnahmslos allen Veranstaltungen lag der Schwerpunkt auf Gewalt, Extremismus, Kriminalprävention. [...] Auch wenn z.B. einzelne Stände oder Vorträge gut bis sehr gut gemacht waren, die gesamte Fokussierung auf das aufmerksamkeitsheischende Thema Gewalt, hat mich sehr bedrückt. Sie ist auch nicht hilfreich, um vorwärts zu kommen, bei Fragen der Prävention!"

Tatsächlich zeigt eine Durchsicht des Kongressprogramms, dass die Sucht- und Verkehrsprävention sowie verschiedene Präventionsbereiche im Gesundheitswesen auf dem 15. Deutschen Präventionstag zumindest bei den Vorträgen nur eine verhältnismäßig geringe Rolle spielten.

Während der Anteil der Besucher aus dem Bereich der Suchtprävention stabil geblieben ist, gab es einen deutlichen Rückgang bei Besuchern aus dem Bereich Verkehrserziehung und Unfallverhütung. Einzelne Besucher wünschten sich in diesem Zusammenhang mehr Aufmerksamkeit für die Verkehrsunfallprävention:

„Es wurden leider immer nur die Kriminalprävention erwähnt. Verkehrsunfallprävention hat m.E. denselben Stellenwert."

„Ich habe wiederum den Eindruck gehabt, dass der Bereich der Verkehrsprävention 'stiefmütterlich' behandelt wurde."

In der Kategorie „Sonstiges" finden sich darüber hinaus auch Tätigkeitsfelder wie Opferschutz, technische Prävention, Extremismusprävention, Kinderschutz, Gesundheitsförderung, Armutsbekämpfung, Medienerziehung/Medienkompetenz, Prävention von Benachteiligung und sozialen Auffälligkeiten, primäre Prävention, frühkindliche Bildung, politische Bildung, Schuldenprävention, Salutogenese, Gemeinwesen- und Stadtteilmediation, Internetsicherheit, Integration durch Sport, Amok-Prävention, Tertiärprävention (Übergangsmanagement).

*Abb. 33: In welchem Präventionsbereich engagieren Sie sich hauptsächlich?
(Angaben in Prozent)[42]*

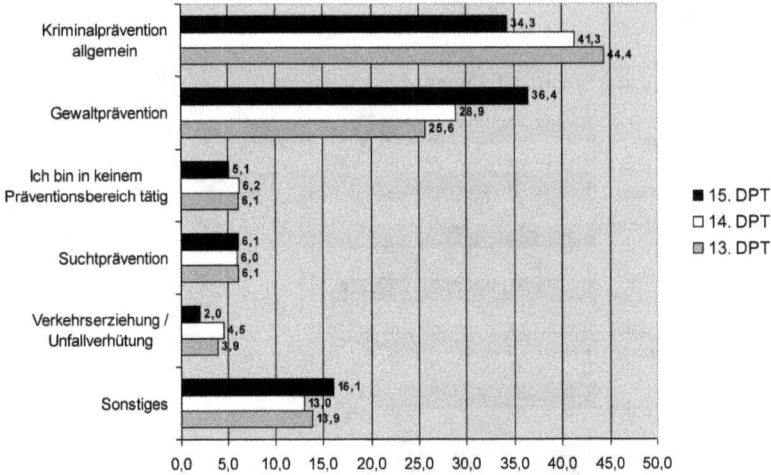

Bei der Frage nach den Gründen für die Anmeldung wurden in diesem Jahr erstmals Mehrfachnennungen zugelassen. Die Ergebnisse sind daher nicht mit den Vorjahren vergleichbar. Die Abbildung zeigt die Rangfolge der Gründe. Am häufigsten wurde der Wunsch, neue Projekte kennenzulernen, genannt. Auch dieses Ergebnis unterstreicht noch einmal die Bedeutung des neuen Formats der Projektspots. Das Schwerpunktthema ist dagegen für die Anmeldung zum Präventionstag weniger entscheidend.

---

[42] Die Prozentangaben beziehen sich auf die Zahl der gültigen Antworten (15. DPT: n = 708; 14. DPT: n = 530; 13. DPT: n = 410).

Abb. 34: Was waren für Sie die wichtigsten Gründe für die Anmeldung zum Deutschen Präventionstag? (Mehrfachnennungen möglich; Angaben in Prozent aller Nennungen)[43]

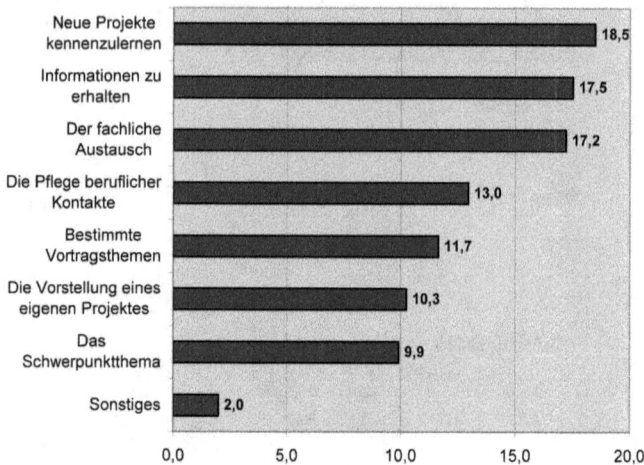

Wie schon bei den vorangegangenen Präventionstagen beteiligte sich eine recht große Personengruppe aktiv. Ausschließlich als Besucher sahen sich 51,9% der Befragten (14. DPT: 62,5%; 13. DPT: 59,7%).

Abb. 35: Wie haben Sie sich an dem Präventionstag beteiligt? (Angaben in Prozent)[44]

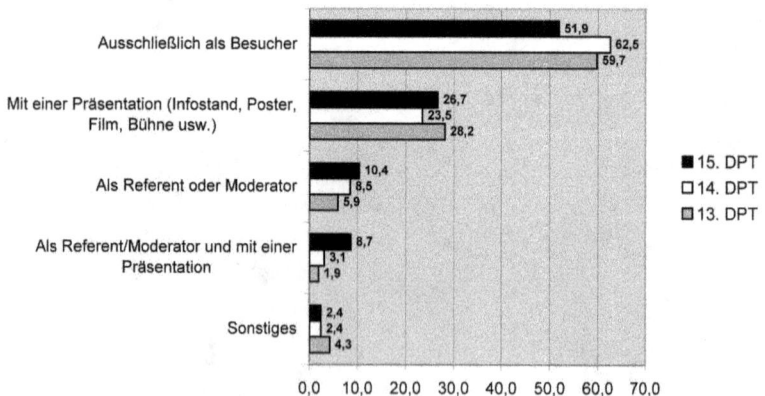

---

[43] Die Prozentangaben beziehen sich auf die Zahl aller Nennungen (n = 2369).

[44] Die Prozentangaben beziehen sich auf die Zahl der gültigen Antworten (15. DPT: n = 723; 14. DPT: n = 544; 13. DPT: n = 422).

Über die Hälfte der Besucher hatte in diesem Jahr zum ersten Mal einen Präventionstag besucht. Fast 47% der Besucher hatten dagegen bereits an einem oder an mehreren anderen Präventionstagen teilgenommen.

Abb. 36: Haben Sie schon früher an Kongressen des Deutschen Präventionstages teilgenommen? (Angaben in Prozent)[45]

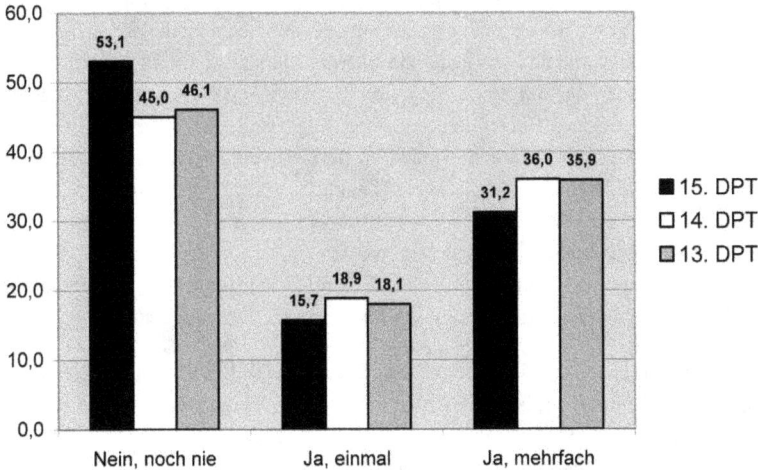

9. Resümee

Betrachtet man die gesamten Evaluationsergebnisse, dann kann der 15. Deutsche Präventionstag wieder als eine gelungene Veranstaltung bezeichnet werden. Mehr als 88% der befragten Besucher fanden den 15. Deutschen Präventionstag sehr gut oder gut. Die von der Evaluation aufgedeckten kleineren Schwächen im Bereich von Service und organisatorischer Abwicklung sollten relativ leicht abzustellen sein. Insgesamt gaben jedenfalls über 87% der befragten Besucher an, auch an zukünftigen Kongressen des Deutschen Präventionstages teilnehmen zu wollen. Mit Blick auf die Leistungen der Veranstalter ist zunächst hervorzuheben, dass es wiederum gelungen ist, eine große Zahl an unterschiedlichen Veranstaltungen und Informationsgelegenheiten anzubieten. Die auf dem 14. Deutschen Präventionstag eingeführten Projektspots haben sich bereits fest etabliert und entsprechen dem zentrales Bedürfnis der Besucher, neue Projekte kennenzulernen. Dieser Wunsch war auch der am häufigsten genannte Grund für die Anmeldung zum Präventionstag.

Sehr wichtig waren den befragten Besuchern auch der Informationsaustausch und die Pflege beruflicher Kontakte, wofür die Abendveranstaltung einen bestmöglichen Rah-

---

[45] Die Prozentangaben beziehen sich auf die Zahl der gültigen Antworten (15. DPT: n = 725; 14. DPT: n = 544; 13. DPT: n = 421).

men bereitstellen sollte. Vor diesem Hintergrund sind auch die zahlreichen Kommentare zu lesen, die sich gegen laute Musik auf der Abendveranstaltung aussprechen. Es sollte daher versucht werden, dem Bedürfnis nach einem zwanglosen Austausch sowie dem Wunsch, Kontakte aufzufrischen oder neu zu knüpfen, auf der Abendveranstaltung des nächsten Präventionstages noch stärker Rechnung zu tragen.

Inhaltlich ist und bleibt die Kriminalprävention natürlich der Schwerpunkt der Präventionstage. Dieser Schwerpunkt wurde entsprechend dem Leitbild des Deutschen Präventionstages ressortübergreifend und interdisziplinär dargestellt. Allerdings fällt auf, dass der Anteil der Befragten, die sich im Bereich Gewaltprävention engagieren, seit dem 13. Deutschen Präventionstag stetig steigt. Dagegen ist beispielsweise der Anteil der befragten Teilnehmer, die sich im Bereich Verkehrserziehung und Unfallprävention engagieren, von 4,5% (14. DPT) auf 2% zurückgegangen. Deshalb sollte darüber nachgedacht werden, wie Präventionsbemühungen im Vorfeld und jenseits von Gewalt wieder stärker berücksichtigt werden können. Mit Blick auf die Zielgruppenerreichung muss es dann darum gehen, Verantwortungsträger aus Feldern jenseits von Kriminal- und Gewaltprävention verstärkt einzubinden.

Positiv hervorzuheben ist in diesem Zusammenhang die Einbindung internationaler Experten im Rahmen des internationalen Forums, das als eine Schnittstelle zur internationalen Präventionsdiskussion gelten kann. Mit Blick auf das Ziel einer Diskussion von grundsätzlichen Fragen einschließlich der Wirksamkeit von Präventionsanstrengungen kann auf verschiedene Fachvorträge verwiesen werden, die hierzu einen Beitrag leisteten. Schließlich wurde u.a. mit der Berliner Erklärung auch das Ziel umgesetzt, Empfehlungen an Praxis, Politik, Verwaltung und Wissenschaft zu geben. In diesem Zusammenhang waren über 80,5% der Befragten der Ansicht, dass von dem Kongress Impulse für die Präventionsarbeit in Deutschland ausgehen werden.

Abschließend soll noch einmal betont werden, dass die meisten Veranstaltungen des 15. Deutschen Präventionstages positiv oder sehr positiv bewertet wurden. Insbesondere die Eröffnungs- und die Abschlussveranstaltung erhielten in diesem Jahr Bestnoten. Auch die Breite und die Vielfalt des Veranstaltungsangebotes wurden in den Kommentaren wieder positiv hervorgehoben.

Nachdem mit der Einführung der Projektspots auf dem 14. Deutschen Präventionstag eine größere Veränderung der Programmstruktur erfolgreich etabliert wurde, muss es nun darum gehen, an den Stellen, an denen sich Optimierungsbedarf gezeigt hat, behutsam nachzusteuern, so dass ein guter Kongress in Zukunft noch besser wird.

II. Praxisbeispiele und Forschungsberichte

Meinrad M. Armbruster / Janet Thiemann

ELTERN-AG: Anleitung zur Selbsthilfe - Ein Präventionsprogramm der frühen Elternbildung für sozial Benachteiligte

1 ELTERN-AG – Was ist das?

Das Präventionsprogramm ELTERN-AG ist ein bundesweit innovatives Konzept, dem zwei zentrale Bausteine zu Grunde liegen: Empowerment und Anleitung zur Selbsthilfe. Es richtet sich an Eltern von Kindern im Vorschul- und Einschulalter, die in der Regel mit mehreren Schwierigkeiten gleichzeitig kämpfen: Arbeitslosigkeit, niedrigem Bildungsabschluss, Alleinerziehendenstatus, Überschuldung, Migrationshintergrund, chronische Krankheiten – kurz, Problemfamilien, die normalerweise weder den Weg in die Elternschulen und die Erziehungsberatungsstellen, noch in die Präventions- und Gesundheitskurse der Krankenkassen finden. Für diese Bevölkerungsgruppe existiert ein zunehmender Bedarf an angepassten Interventionen, die sie auch tatsächlich erreichen. ELTERN-AG macht es möglich, zu 100 Prozent mit sozial benachteiligten Eltern zu arbeiten.

Niedrigschwellige präventive Konzepte sind unseres Erachtens zunehmend erforderlich, weil die Gesellschaft es sich gleichermaßen aus volkswirtschaftlichen und demographischen Zwängen als auch aus ethischen Erwägungen heraus nicht länger leisten kann, junge Menschen aus sozial benachteiligten Familien zu verlieren. Unterschiedliche Schätzungen gehen von ungefähr einem Fünftel eines Jahrgangs in der BRD aus (vgl. Armbruster, 2006; Berth, 2011). Nicht zuletzt der Erhalt des sozialen Friedens und des innergesellschaftlichen Ausgleichs hängen wesentlich davon ab, wie gut es gelingt, Menschen vom Rand wieder in die Mitte der Gemeinschaft zu integrieren.

Weikart & Schweinhart (1997) zeigen, dass sich die günstigen Wirkungen früher Interventionen auch noch nach 27 Jahren als Langzeiteffekte nachweisen lassen. Diese Autoren rechnen vor, dass jeder in das von ihnen untersuchte Frühförderprogramm investierte Dollar eine Rendite von 7,16 Dollar erbringt. In späteren Jahren, etwa nach Eintritt in die Schule, erscheint es sehr viel aufwendiger, annähernd vergleichbare positive Effekte zu erzielen (Schmidt-Denter, 2002).

Eltern sind die besten Adressaten, wenn die Maßnahmen auf die Verbesserung der kindlichen Entwicklung im Vorschulalter ausgerichtet sind. Krumm et al. (1999) weisen nach, dass die häuslichen Lebensbedingungen einen mindest ebenso großen Einfluss auf die kindliche Entwicklung ausüben wie alle institutionellen Angebote von Vorschule und Schule zusammen. Das Programm ELTERN-AG zeichnet sich durch folgende Merkmale aus

- Niedrigschwelligkeit

- Befähigung auf Augenhöhe

- Aktivierung

- Förderung von Selbstverantwortung und Eigeninitiative

Auf der Basis spezifischer Interventionstechniken erfahren sich Eltern im Verlauf des Kurses als zunehmend wertvoll und kompetent, als *die* Experten und Förderer ihrer eigenen Kinder. ELTERN-AG zielt über die Arbeit mit den Eltern auf die Steigerung der emotionalen, sozialen und kognitiven Kompetenzen der Vorschulkinder und die Verbesserung der Beziehungen in der Familie und der konkreten Lebenswelt. ELTERN-AG wurde an der Hochschule Magdeburg-Stendal (FH) unter Leitung des Autors entwickelt.

2 ELTERN-AG – Theorie

2.1 Hintergrund

Dimension Klinische Psychologie

Während sich die ELTERN-AG in Philosophie und Methodik am Empowerment orientiert, beruht das Konzept. in seinen psychologischen Dimensionen auf dem *„bedürfnispsychologischen Theoriemodell"* von Epstein (1990, 1993) und Grawe (2004). Anhand dieses Modells, das vom Autor an familiäre Lebenssituationen adaptiert wurde, kann reflektiert werden, welche Auswirkungen es hat, wenn Eltern aufgrund sozialer Benachteiligung an der Befriedigung ihrer essentiellen vitalen Bedürfnisse gehindert werden. Es wird angenommen, dass sie vor allem aufgrund der eigenen *Inkonsistenz* nicht in der Lage sind, die Grundbedürfnisse ihrer eigenen Kinder angemessen wahrzunehmen und zu befriedigen.

Während *Konsistenz* das erfolgreiche neuropsychologische Streben nach einem inneren Gleichgewichtszustand und überdauerndem Wohlbefinden impliziert, beinhaltet Inkonsistenz dass es Menschen nicht gelingt, ihre aktuellen Bedürfnisse zu befriedigen und in Einklang mit ihrem körperlichen und seelischen Funktionen zu bringen. Inkonsistenz wird als störend und unangenehm erlebt, erzeugt psychische Spannungen und kann zeitlich überdauernd zu psychosomatischen und körperlichen Störungen führen. Diese wirken sich negativ auf das Erziehungsverhalten und die Bindungsfähigkeit aus.

Das eingeschränkte psychologische Repertoire von Eltern, die unter den Bedingungen sozialer Benachteiligung leben müssen, steht i.d.R. in gerader Linie mit den defizitären äußeren Umständen. Die deprivierten Lern- und Lebensweltkonstellationen behindern das Einüben von Problemlösekompetenzen, Frustrationstoleranz und Durchhaltevermögen. Sie sind gekoppelt mit geringer Stressresistenz, schlechter Emotionsregulation und übermäßiger Verdrängung. Die Möglichkeit, durch eigene Fähigkeiten und eigenes Engagement eine Veränderung herbeizuführen, wird systematisch unterschätzt.

Um weniger mit ihrer unbefriedigenden persönlichen Situation im Alltag konfrontiert zu sein, bilden marginalisierte Eltern unbewusst *Vermeidungsstrategien* und *Vermeidungsziele* aus, welche ihnen zwar kurzfristig Erleichterung schaffen, sich jedoch unwillentlich zu stabilen destruktiven und häufig feindseligen *Mustern* verfestigen. Diese ungünstigen Verhaltensgewohnheiten machen es ihnen schwer, gleichbleibend zuverlässig, liebevoll, nährend und schützend mit ihren Säuglingen und Kleinkindern umzugehen. Das Vermeidungsverhalten wird zum alltäglichen Umgangsstil gegenüber den Kindern. Diese Muster kosten unverhältnismäßig viel psychische Energie und Aufmerksamkeit und stehen der Befriedigung der Bedürfnisse nach emotionaler Zuwendung, Bindung, Sicherheit und Wertschätzung im Weg.

Insgesamt werden in diesen Familien aus Furcht vor Verletzungen oft mehr negative als positive Emotionen ausgetauscht und nahe Beziehungen vermieden. Dies begünstigt wiederum problematische Kognitionen und Zuschreibungen hinsichtlich der eigenen Person und provoziert bei den anderen Familienmitgliedern ebenfalls pessimistische Wahrnehmungen. Gedankliche Verzerrungen und irrationale Leitsätze lassen die Erwartung an die Selbstwirksamkeit noch geringer werden. Häufig entstehen kreisförmige „beliefs" mit destruktiven Impulsen, die sich sowohl gegen andere als auch gegen sich selbst richten. Entsprechend sieht die Bilanz aus: Den Misserfolgserwartungen dieser Eltern in Hinblick auf Erziehung, Arbeit und Bildung scheint ihre gesamte Lebenserfahrung Recht zu geben.

Eine ausführliche Darstellung kann Armbruster (2006) entnommen werden

Dimension Empowerment

Als Mittel gegen die mehr oder weniger offene Exklusion sozial benachteiligter Eltern und ihrer Kinder nimmt der Empowerment-Ansatz in der ELTERN-AG eine zentrale Rolle ein. Empowerment ist die Ermutigung von Menschen in besonderen Lebenslagen, um das Leben in die eigenen Hände zu nehmen und neue Wege auszuprobieren. Es zeigt, wie man seine persönlichen Potentiale nutzen kann und welche zusätzlichen Optionen – außer den bereits bekannten – zum eigenen Vorteil aktiviert werden können. Empowerment hilft, selbstbestimmt Lösungen für brennende Probleme zu finden. Es vermittelt den Eltern die Chance, aus eigener Kraft in ihrer Familie zu handeln, sie zu gestalten und sich mit ihr auf positive Weise zu entwickeln.

Self-Empowerment – eine Teildimension von Empowerment und Grundlage des Handelns von ELTERN-AG-Mentoren - befördert das Bewusstsein für eigene personale und soziale Kompetenzen und hilft, Ressourcen freizulegen, die durch die persönliche Lerngeschichte und äußere Umstände behindert werden. Es stärkt das Vertrauen in Selbstverfügung und Selbstbefähigung, in Eigenkräfte und die Fähigkeit, andere zu bestärken. Das setzt konsequenterweise eine Reflexion der Schuldzuweisung an andere oder der äußeren Umstände voraus. Die spezifische Empowerment-Haltung berücksichtigt sowohl das persönliche Recht auf Einbeziehung und Teilhabe als auch die Pflicht zu Verantwortung und Teilnahme.[1]

2.2 Die Elternschule ELTERN-AG – Für Chancengleichheit von Anfang an

ELTERN-AG konzentriert sich primär auf Eltern mit Kindern im Vorschul- und Einschulalter. Dafür sprechen zwei gewichtige Gründe: Zum Einen sind Eltern in der frühen Familienphase am empfänglichsten für alle Interventionen, die den Umgang mit ihren Kindern betreffen. Zum Anderen wird die menschliche Entwicklung durch die Gehirnreifung in den ersten Lebensjahren am nachhaltigsten geprägt (vgl. Grawe, 1998, 2004). Zwischenzeitlich gibt es jedoch auch ein ELTERN-AG-Modul für den Überschneidungszeitraum von Kindergarten und Grundschule.

Zusammenfassend zielt ELTERN-AG auf

- die Förderung der emotionalen, sozialen und kognitiven Fähigkeiten der Kinder im Elementarbereich,

- die Verbesserung der Eltern-Kind-Beziehung und

- die Erweiterung der elterlichen Kooperationsmöglichkeiten mit relevanten pädagogischen und sozialen Einrichtungen.

Kursleiter agieren als *Begleiter* und *Ermöglicher*, die die Elternschule auf *gleicher Augenhöhe* moderieren. Die MentorInnen, meist diplomierte Sozialpädagogen und erfahrene Erzieherinnen, durchlaufen eine zehnmonatige Zusatzausbildung, in der sie sich intensiv mit der Empowerment-Haltung, mit Inklusions- und Partizipationsmethoden und Techniken der Aktivierung beschäftigen. Im Zentrum steht die Ermutigung der Selbsthilfepotentiale und der Eigenverantwortung.

3 Aufbau der ELTERN-AG

3.1 Der zugehende Ansatz – Vorlaufphase

In der Vorlaufphase, die sich über den Zeitraum von bis zu acht Wochenerstrecken kann, machen sich die Mentoren mit ihrem Einsatzgebiet betraut. Sie betreiben *Feldforschung* und führen Gespräche mit Mitarbeitern sozialer Institutionen und wichtigen Multiplikatoren im Stadtteil oder in der Region, welche die Zielgruppe und Umgebungsbedingungen am besten kennen. Die erste Kontaktaufnahme mit den „Klienten" geschieht durch angepasste Werbemaßnahmen, wie etwa das Spielplatz-Café und Kleiderbazare, die Neugierde wecken und den Eltern Lust zur Teilnahme

---

[1] Eine Weiterentwicklung von ELTERN-AG-Empowerment stellt Empacts dar (engl.: Empowerment and Proper Action with Sustainability = Empacts). Es beschreibt allgemein, wie ein gutes Leben mit ausgeglichenen Bilanzen angeregt werden kann. Empowerment meint Bewusstseinsbildung, Stärkenaktivierung und sowie den Erwerb von Kompetenzen und Life Skills von Menschen. Proper Action setzt auf aktive zivilgesellschaftliche Veränderung von unten durch ein wertegebundenes Handeln. Nachhaltig sind Lebensäußerungen, die den Bedarfen der gegenwärtigen Generation entsprechen, ohne die Möglichkeiten künftiger Generationen zu gefährden (Armbruster,i.p.).

machen. Sind zehn Eltern „geworben", welche die Merkmale z.B. Migration oder
sozialer Benachteiligung nach Prüfkriterien erfüllen, kann die ELTERN-AG-Gruppe
starten. Zu jedem Treffen wird eine separate Kinderbetreuung angeboten.

3.2 Lerne es selbst zu tun - Initial- und Konsolidierungsphase

Die eigentliche ELTERN-AG umfasst 20 Sitzungen mit je zwei Gruppenstunden à
45 Minuten. Jede ELTERN-AG wird von zwei Mentoren (weibl./männl.) geleitet und
dokumentiert und evaluiert.

Die ELTERN-AG beginnt in der *Initialphase* mit zehn Sitzungen. Sie dient der Herausbildung von geregelten Gruppenabläufen, der Bearbeitung der „Sechs Goldenen
Erziehungsregeln" (vgl. Armbruster, 2006) und der Gruppenregeln sowie der Förderung der Gruppenidentität. Die Inhalte der Treffen widerspiegeln die Interessen und
Bedürfnisse der teilnehmenden Eltern.

ELTERN-AG-Erziehung
"Die Sechs Golden Erziehungsregeln"
1. Respekt vor dem Kind
2. Förderung und Ansprechbarkeit
3. Grenzen-Setzen und Konsequenz
4. Verstärkung des erwünschten Verhaltens und Ignorieren des unerwünschten Verhaltens
5. Konstruktives Austragen von Konflikten
6. Gewaltfrei Erziehen

Tab. 1: Die Sechs Goldenen Erziehungsregeln

Die *Konsolidierungsphase* erstreckt sich über die Sitzungen 11 bis 20. Sie eröffnet
den Eltern bei gleicher Struktur die Möglichkeit, die Gestaltung der Treffen sukzessive in die Hand zu nehmen. Damit werden die Eltern vorbereitet, die Gruppe selbständig nach den 20 Sitzungen weiterzuführen.

3.3 Die drei Kernelemente der ELTERN-AG

Im Rahmen des Lernens auf mehreren Kanälen (z.B. visuell, akustisch, motorisch)
und verschiedenen didaktischen Ebenen (z.B. Learning by doing, Modelllernen, pro-
blemorientiertes Lernen) erarbeiten sich die Eltern erziehungsrelevante Informationen, die zu einer Erweiterung und Umstrukturierung vorhandener kognitiver und
motivationaler Muster führen. Die Mentoren knüpfen konsequent an die vorhandenen
individuellen Ressourcen an. Das pädagogische Instrumentarium zur Stabilisierung
der neuen Muster entstammt vor allem der Reformpädagogik und der Positiven Psychologie und beinhaltet u.a. authentisches Lob, Befriedigung der Grundbedürfnisse

(vgl. Grawe,1999) und kontinuierliche Verstärkung. Jede Sitzung läuft nach einem *dreigliedrigen Schema* mit jeweils 30 Minuten ab

    a)   Soziales Lernen in der Gruppe: „Mein aufregender Elternalltag"

    b)   Stressmanagement: „Relax"

    c)   Kognition: „Schlaue Eltern"

Mein aufregender Elternalltag. Im Kernelement *Mein aufregender Elternalltag* berichten die Eltern, was sie in der vergangenen Woche mit ihren Kindern erlebt haben und zu welchen Ergebnissen die „Hausaufgaben", welche sie in der vorangegangenen Gruppenstunde erhalten haben, geführt haben. Sie nutzen diese Zeit, um bestimmte Erziehungsprobleme vertieft zu erörtern. Sie erfahren durch die Gruppe, dass sie mit ihren Sorgen und Problemen nicht allein stehen und die anderen auch „nur mit Wasser kochen". Die Mentoren begleiten diesen Prozess, welcher zum Ziel hat, das Bewusstsein der Eltern bzgl. ihrer Problemlösefähigkeiten zu heben. Mentoren helfen dabei, einmal gefundene Problemlösungen auf andere Ebenen des Erziehungsalltags, z.B. die Interaktion mit der KiTa, zu übertragen und zu verallgemeinern.

Relax. In Stresssituationen empfinden sozial benachteiligte Eltern die eigenen Kinder manchmal als große Belastung und schieben ihnen die Schuld für ihre Misere zu. Die Kinder als schwächstes Glied in der familiären Kette werden leicht zu Empfängern von negativen Emotionen. In „Relax" lernen die Eltern, ihre Emotionen besser wahrzunehmen und zu regulieren. Sie erfahren, was die eigenen „Bauchgefühle" sagen und wie sie sprachlich ausgedrückt werden können. Sie üben, für stressige Situationen die Verantwortung zu übernehmen, sie „herunterzusteuern" und sich zu entspannen. Gemeinsam werden in der Gruppe Techniken für ein konstruktives Stressmanagement gesucht. Sukzessive lernen die Eltern, den Kopf für andere Dinge frei zu bekommen und sich Inseln in den Tag einzubauen, auf denen sie sich erholen können.

Schlaue Eltern. In diesem auf Wissenszuwachs ausgerichteten Teil haben die Eltern die Gelegenheit, fachkundige Informationen zu Themen rund um die kindliche Entwicklung (z.B. Sauberkeitserziehung, Trotzalter, Meilensteine der Entwicklung) durch die Mentoren zu erhalten. Die Mentoren bereiten einen etwa zehnminütigen Kurzvortrag vor. In den folgenden 20 Minuten bringen die Eltern ihre eigenen Erfahrungen als „Experten ihrer Kinder" ein und besprechen das Gehörte. Alle Beiträge werden ernst genommen und alle Anteile, die den „Sechs Goldenen Erziehungsregeln" entsprechen, werden nachdrücklich verstärkt.

3.4 Eltern als Ko-Autoren der Konzeptentwicklung

Mentoren und Eltern arbeiten eng zusammen, um das Konzept und die Inhalte der ELTERN-AG kontinuierlich zu verbessern. Fortlaufend fließen neue Erfahrungen und Erkenntnisse im Sinne der Evidenzbasierung in die Entwicklung und Evaluation ein. Jede ELTERN-AG-Sitzung wird von den Eltern am Schluss durch wechselnde

„Messungen", d.h. einfache Bewertungsmethoden beurteilt. Parallel dazu fertigen die Mentoren jeweils ein standardisiertes Protokoll aus, welches auch Raum für Verbesserungsvorschläge enthält. Alle positiven Übungen, Spiele und Maßnahmen werden in ein Methodenhandbuch übertragen, das ständig fortgeschrieben wird.

4. Effekte der ELTERN-AG

Nach vier Jahren ELTERN-AG haben sich eine Reihe von Effekten gezeigt, die regelhaft auftreten und u.E. vor allem auf die konsequenten Umsetzung des Empowerment-Konzeptes zurückzuführen sind:

a) Kinder aus sozial benachteiligten Familien erfahren zu einem biographisch frühen Zeitpunkt eine verantwortungsbewusstere und sensiblere Erziehung, Stimulation und Förderung durch ihre Eltern. Dadurch verbessern sich ihre Chancen auf eine gute psychosoziale Entwicklung und auf Schul- und Ausbildungserfolg.

b) Eltern, die aufgrund ihrer Lebenssituation den traditionellen Unterstützungsangeboten eher ablehnend gegenüberstehen - sogen. Modernisierungsverlierer, Bildungsferne und Migranten - werden in der Phase der Nestbildung und der frühen Kindheit als entscheidende Erziehungs- und Bildungsinstanz aufgewertet und gestärkt.

c) Durch das Empowerment lernen die Eltern, ihre Kompetenzen wertzuschätzen und wahrzunehmen sowie die Selbsthilfepotentiale der Gruppe zu nutzen und auf andere Gebiete zu generalisieren.

Literatur

Armbruster, M. (2006). Eltern-AG. Das Empowerment-Programm für mehr Eltern-kompetenz in Problemfamilien. Heidelberg (Carl-Auer).

Armbruster, M.M. (i.p.). ELTERN-AG: Das Qualitätskriterium Empowerment in der Gesundheitsförderung bei sozial benachteiligten Kindern und ihren Familien. Köln: BZgA-Reihe Gesundheitliche Aufklärung.

Berth, F. (2011). Ärmer, dicker, kränker. *Süddeutsche Zeitung, 95*, p. 2.

Epstein, S. (1990): Cognitive-experiential self-theory. In: L.A. Pervin (ed.): Handbook of personality. Theory and research. New York (Guilford), pp. 165-192.

Epstein, S. (1993): Implications of cognitive-experiential self-theory for personality and developmental psychology. In: D.C. Funder, R.D. Parke, C. Tomlinson-Keasey a. K. Widaman (eds.): Studying lives through time: Personality and development. Washington DC (American Psychological Association), pp. 399-438.

Forgatch, M.S. a. D.S. DeGamo (1999): Parenting through change: an effective pre-vention program for single mothers. *Journal of Consulting Clinical Psychology* (67), pp. 711-724.

Grawe, K. (1998): Psychologische Therapie. Göttingen (Hogrefe).

Grawe, K. (2004): Neuropsychotherapie. Göttingen (Hogrefe).

Greenberg, M.T. a. D.A. Kusche (1998). What Works on School–Based and Emotional Learning Programs. *Journal of Primary Prevention*, (20), pp. 275-337.

Kratochwill, T.R., L. McDonald a. J.R. Levin (2004). Families and School Together: An experimental analysis of a parent-mediated milt-family group program for American Indian children. *Journal of School Psychology* (42, 5), pp. 359–383.

Krumm, V., G. Wetzek, W. Tietze, J. Hundertmark-Mayser, H.-G. Rossbach, J. Paiacios a. M. J. Lerra (1999): European Child Care and Education Study. School-age Assessment of Child Development. Long-term impact of Pre-school Experiences on School Success, and Family-School Relationships. Brüssel (Final Report for Work Package 2).

Schmidt-Denter, U. (2002): Vorschulische Förderung. In: R. Oerter u. L. Montada (Hrsg.): Entwicklungspsychologie. Weinheim (Beltz-PVU), pp. 740-755.

Textor, M.R. (1997). Neue Formen der Elternarbeit. *Wehrfritz Wissenschaftlicher Dienst* 64/65, pp. 20-23.

Weikart, D.P. a. L.J. Schweinhart (1997): High/Scope Perry Preschool Programm. In: G.W. Albee a. T.B. Gullotta (eds.): Primary prevention works. London (Sage), pp. 146-166.

Znoj, H.J. a. K. Grawe (2000): The control of unwanted states and psychological health: Consistency safeguards. In: A. Grob a. W. Perrig (eds.): Control of Human Behaviour, Mental Processes and Awareness. New York (Lawrence Erlbaum), pp. 263-282.

Silke Baer und Harald Weilnböck

Bildung in Zeiten des Extremismus – Lebensweltlich-narratives Arbeiten in der Gruppe und der Faktor ‚Kultur'.

Zwei Modellprojekte und deren qualitative EU-Begleitforschung.

Herbst vergangenes Jahres wurde in der Wochenzeitschrift ‚Die Zeit' über einen jugendlichen Strafgefangenen ohne Schulabschluss erzählt – und über dessen Lehrer, der einige Zeit im Gymnasium und sehr viele Jahre in Berufsbildungsschulen tätig war und der heute im Jugendstrafvollzug unterrichtet: Deutsch – d.h. Kultur, Sprache und: ‚Bildung'. Der Lehrer sagt, er sei jetzt „im Kerngeschäft von Pädagogik" angelangt, woraufhin der Artikel die Grundsatzfrage stellt: „Kann Bildung den Menschen bessern?" Und unter welchen Bedingungen kann sie das gerade auch bei jenen jugendlichen Gewaltstraftätern tun, die zunehmend brutalisierte, außer Kontrolle geratene Vielfachtäter sind und über die das ‚Zeit'-Dossier vom 8. Juli 2010 in begründeter Weise die Frage aufwirft, ob hier nicht ‚Bewährung ein Fluch ist' – weil es doch eigentlich darum zu tun wäre, in den Gefängnissen – wie auch in den Arbeitsbereichen der Früherkennung und Prävention in der Kommune – profunde sozialtherapeutische Arbeit zu leisten.

Versuchsweise wollen wir aber die Frage nach Besserung durch Bildung auch einmal auf den Kopf stellen: Kann man ‚die Bildung' bessern? Was kann die ‚normale Bildung' in den verschiedenen Schulformen von den innovativen Ansätzen in Strafvollzug und Kriminalprävention lernen? Und was kann die ‚politische Bildung', jener in Europa beispiellose Sonderweg einer deutschen Nachkriegsinstitution, lernen (vgl. Weilnböck 2012a)? Was also kann man aus der direkten, hautnahen Arbeit in den brisanten sozialen Brennpunkten für den Bildungsbetrieb insgesamt gewinnen, wie er die gemäßigten Zonen von Schulen und Gemeinwesen prägt? Was könnten insbesondere die kulturellen, geschichtlichen sowie gesellschafts- und sozialkundlichen Fächer bzw. die Studienbereiche der Sozialarbeit profitieren?

Dieser Frage möchten wir anhand von zwei Bundesmodellprojekten der Jugend- und Sozialarbeit nachgehen, die im Bereich Gewalt- und Radikalisierungs-Prävention bzw. in der Reintegration von Gewaltstraftätern angesiedelt sind, dort innovative sozialtherapeutische Mittel einsetzen und dabei einem ähnlichen pädagogischen Grundkonzept folgen: Cultures Interactive e.V. arbeitet mit (rechts-)extremistisch oder (religiös-)fundamentalistisch gefährdeten Jugendlichen an Schulen und in belasteten Kommunen. Hierbei kommen Jugendkultur-Workshops, Verfahren der postklassischen politischen Bildung (z.B. der Anti-bias-Methodik) und seit geraumer Zeit auch Module der Gruppen-Selbsterfahrung zur Anwendung. Der Faktor ‚Kultur' spielt hierbei eine besondere Rolle. Violence Prevention Network e.V. arbeitet mit jungen Gewaltstraftätern in Gefängnissen, deren Taten einen extremistischen oder fundamentalistischen Hintergrund aufweisen und den Kriterien von Hate Crimes entsprechen. Dem hierfür entwickelten Ansatz der Verantwortungspädagogik® ist es darum zu tun, eine nachhaltige Aufarbeitung der biografischen Vorgeschichte sowie des subjektiv erlebten Tathergangs anzustoßen und auch an eine persönlich motivierte Diskussion von gesellschaftlichen Themen heranzuführen. Die damit verbundene Nachsozialisierung von essentiellen persönlichen Schlüsselkompetenzen bereitet eine tragfähige Reintegration nach der Haft vor. Neben den Elementen der politischen Bildung, der Biografie- und der Tataufarbeitung stellen vor allem der dynamische und authentische Prozess in der Gruppe und das Einbeziehen von dessen kulturellem, ggf. religiösem/ ideologischem und lebensweltlichem Kontext die zentralen Wirkfaktoren dar – und weisen so wesentliche Parallele zum Ansatz von Cultures Interactive e.V. auf.

Dass beide Träger in ihrer Arbeit außergewöhnlich erfolgreich sind, daran lassen verschiedene Evaluationen und Wirkungsmessungen kaum Zweifel. Damit ist aber keineswegs auch schon geklärt, worauf genau das gute Funktionieren dieser Ansätze im Einzelnen zurückgeführt werden kann – und was man also von ihnen lernen könnte, um die ‚Bildung' insgesamt zu ‚bessern' und die Methoden in der Sozial- und Jugendarbeit weiterzuentwickeln. Umso trefflicher ist, dass beide Projekte von EU-Initiativen der so genannten Best-Practice-Forschung begleitet werden,[1] deren Ziel es ist, wirkungsvolle Interventionsverfahren, die intuitiv hervorgebracht wurden, auf deren genaue Wirkfaktoren und -bedingungen hin zu untersuchen, so dass die Verfahren zielgerichtet optimiert und in unterschiedlichen Anwendungskontexten – in verschiedenen EU-Mitgliedsländern – fruchtbar gemacht werden können. Und tatsächlich sind diese Begleitforschungen bereits in der vorläufigen Auswertung zu Schlüssen gelangt, die nahelegen, die gängige Praxis in den Bereichen ‚Bildung', Schule/ Universität wie auch in den Bereichen der sozialen Arbeit, Resozialisation und politischen Bildung zum Teil beträchtlich zu modifizieren und zu erweitern. Hierbei werden die Begriffe der ‚emotionalen Intelligenz', der ‚psycho-sozialen Fähigkeiten', der ‚lebensweltlich-narrativen Gruppenarbeit' und der Auseinandersetzungen mit ‚fiktionalen Narrativen des kulturellen Umfelds' eine zentrale Rolle spielen. Ferner werden Ressourcen der klinischen Psychologie und Psychotherapie in den Blick geraten – und zwar mehr, als dass für gewöhnlich sowohl die Sozialarbeit und politische Bildung als auch die Medien- und Kulturwissenschaft so richtig gerne sehen.

Cultures Interactive – Jugendkulturen in der Gruppe

Die Zielgruppe von Cultures Interactive e.V. lebt in struktur-schwachen Regionen/Bezirken, die von hoher Jugendarbeitslosigkeit und überforderten Schulen und Familien gekennzeichnet sind und dabei entweder eine flächendeckende Hegemonie nationaler, latent oder manifest rechtsextremer bzw. gruppenbezogen-menschenfeindlicher Ju-

[1] Towards Preventing Violent Radicalisation' (TPVR, EU-Direktorat ‚Justiz'); 'Literary and Media Interaction as Means of Understanding and Preventing Adolescent Violence and Extremism" (LIPAV, Marie-Curie-Research, Weilnböck) vgl. Pizani Williams/ Pollock & Weilnböck 2011a, b.

gendmilieus aufweisen (wie z.B. in manchen ländlichen Gebieten Ostdeutschlands) oder aber von migrationsbedingten, ethnisch und religiös konnotierten Spannungen betroffen sind (wie z.b. in prekären innerstädtischen Kommunen). In beiden sozialen Brennpunktbereichen laufen die Jugendlichen Gefahr, sich in radikalisierte Affekt- und Denkzwänge zu verstricken, gewalttätig zu werden und entsprechende Straftaten zu begehen. Mit Mitteln der klassischen politischen Bildung oder der Schulpädagogik sind diese Jugendlichen dann kaum mehr zu erreichen, schon wegen der häufig bestehenden Schulverweigerung. Aus diesem Grund wird das *Cultures*-Team nicht selten von den örtlichen Lehrer/innen gewarnt: „Mit denen werdet ihr nicht lange arbeiten können, die interessiert nichts, die können sich auf nichts konzentrieren, die sind dann nach der ersten Pause weg, und ein paar sitzen regelmäßig bei der Polizei". Die Erfahrung zeigt jedoch: Die tatsächlich nicht einfachen Jugendlichen sind vielfach noch am Nachmittag engagiert in den *Cultures*-Workshops zugange, und es fragt sich: Wie kommt das? Und was passiert dort?

Der Ansatz von *Cultures Interactive* basiert auf einem Konzept der zivilgesellschaftlichen Sozialarbeit (Baer, Wiechmann & Weilnböck 2010 a,b, 2011a,b,c Weilnböck 2012b), das jugendkulturelle Praxisformen einsetzt – wie z.b. das Tanzen (im Breakdance), die akrobatisch-sportliche Bewegung (im Skateboarding), der Sprechgesang und das Texten (in Rap und Slam Poetry), die digitale Musik-Produktion (in CD-Herstellung und DJ-ing), die Bildgestaltung (in Comic und Graffiti) –, um damit auch die schwer ansprechbaren Brennpunkt-Jugendlichen erreichen und spezifische Demokratie- und Menschenrechts-Erziehung sowie die Bildung von zivilgesellschaftlichen Fertigkeiten mit ihnen realisieren zu können. Jedoch: Der Ansatz will entschieden über ein bloß erlebnispädagogisches Arbeiten hinaus. Er basiert auf folgenden Methodenbausteinen und Grundannahmen:

(1) Die Prinzipien des *Peer-Learning* und *informellen Lernens* bedingen, dass die Teilnehmer/innen sehr viel unter- und miteinander arbeiten und dabei von Jugendkultur-Vertreter/innen angeleitet werden, die zum Teil nicht viel älter sind, als die Teilnehmer selbst. Dabei sind diese Rapper/innen, Skateboarder/innen und DJs/DJanes als erklärte Vertreter/innen ihrer jeweiligen Jugendkulturen ausgewiesen und können somit in ihren Praxis-Workshops sowohl die kulturellen Techniken als auch die Haltungen der jeweiligen Jugendszene authentisch vermitteln. Dies tun sie aber auch auf kritische und methodisch durchdachte Weise – und in enger Zusammenarbeit mit den Kolleg/innen der politischen Bildung. Zum einen nämlich beziehen die Leiter/innen sich auf die bürgerrechtlichen und sozialen Hintergründe, aus denen diese Jugendkulturen erwachsen sind. Vor Ort in den Kommunen wissen die Jugendlichen und Erwachsenen meistens kaum etwas darüber, wie z.B. der HipHop aus der erschütternden Gewalt- und Kriminalitätserfahrung der amerikanischen ‚Inner-City-Gettos' erwachsen ist, wo Arbeitslosigkeit, Drogen, Rassismus und Sexismus herrschen, und dass der HipHop genau daher seine Haltung der Gewaltablehnung, Drogenfreiheit

und gegenseitigen Anerkennung bezogen hat – wie auch seinen Schlüsselbegriff des „Respect". Zum anderen greifen die Workshop-Leiter/innen auch die menschenfeindlichen und gewaltverherrlichenden Tendenzen auf, die heute Teil der Vermarktung mancher Jugendkultur sind. Sie regen das Gespräch über die frauenverachtenden oder homophoben Aspekte mancher Songtexte oder Bilder an – während gleichzeitig praktisch geübt wird: Breakdance, digitale Musikproduktion, Slam-Poetry verfassen, Grafikdesign. Die Kolleg/innen der politischen Bildung und der offenen Gruppenarbeit vertiefen die jeweils entstandenen Themen und Erfahrungen dann in ihren Modulen.

(2) Das Prinzip der *Ziel- und Projektorientierung* impliziert, dass bei allem jugendkulturellen Tun stets auch konkrete mittelfristige Ziele anvisiert sind, die in gemeinsamer, team-basierter Arbeit verfolgt werden. Diese Projektorientierung hat bei *Cultures Interactive* derzeit zwei Dimensionen: (2a) Im Projekt „Kulturräume 2010" wird mit sozialraumorientierter Blickrichtung auf das Gemeinwesen gearbeitet, so dass die Jugendlichen über ihre kulturellen Praxen auch in die Heimatkommune eingebunden werden, in der sie leben. Begonnen wird an den Schulen der Region. Zusätzlich zu den Jugendkultur-Workshops erfolgen Open-Space-Veranstaltungen, in denen kommunale Interessens-Projekte entstehen: der Bau einer Skatebahn, Maßnahmen gegen aggressive Gleichaltrigen-Cliquen und regionale ‚Angstzonen', Trainings-Möglichkeiten fürs Tanzen, eine Schulhausverschönerung. Selbst durchgeführte Sozialraum-Analysen unterstützen dies und bringen kleine Filme, Bild-Collage oder Rap-Songs hervor. In Zukunftswerkstätten werden die Erwachsenen und kommunalen Funktionsträger mit ins Boot geholt und die Weichen für konkrete Veränderungen gestellt. In einem mittelfristigen Prozess begleitet und unterstützt das Cultures-Team die Heranwachsenden vor Ort bei praktischen und bürokratischen Herausforderungen, während diese essentielle Erfahrungen der politischen Teilhabe machen sowie Selbstwirksamkeit im Kontext von Jugendkulturen erfahren.

(2b) Im „Fair Skills"-Projekt ist das übergreifende Projektziel – und Wirkungsprinzip – der *persönlichen (Weiter-)Qualifizierung der Einzelnen* hervorgehoben. Hier werden Lehrgangsteams zusammengeführt, in denen sich Jugendliche aus sozialen Brennpunkten zu ‚Jugendkultur-Trainer/innen' weiterbilden und dabei arbeitsmarktrelevante Kompetenzen entwickeln. Die Teilnehmer/innen erarbeiten sich die Fähigkeit, für Gleichaltrige Basiskurse in jugendkulturellen Praktiken und Inhalten zu geben – und dabei auch zivilgesellschaftliche Haltungen z.B. der Toleranz oder des ‚Respect' weiter zu geben. Um darin erfolgreich sein zu können, erlernen die Teilnehmer/innen kommunikative Grundtechniken und Selbsterfahrungen im Umgang mit (Peer-)Gruppen und im Anleiten von Trainingseinheiten und pädagogischen Übungen. Nach Erhalt des Zertifikats begleitet ‚Fair Skills' die Jugendlichen als Gruppe darin, die ersten Kurse für Gleichaltrige aus ihrem Lebensumfeld zu geben.

(3) Das Prinzip des *lebensweltlich-narrativen Vorgehens* stellt sicher, dass die persönlich-biografischen Erfahrungen der Einzelnen im Vordergrund stehen und dass sie von

den Leiter/innen aller Module aktiv aufgesucht und gegebenenfalls dem Lehrplan und Workshop-Programm vorgezogen werden. ‚Lebensweltlich-narrativ' meint hierbei im Grunde lediglich das, was die jungen Menschen *zu erzählen haben* – wenn man sie denn ernsthaft fragt und wenn man ihnen mit Aufmerksamkeit zuzuhören bereit ist. Es sind Geschichten über Selbsterlebtes im persönlichen oder kommunalen Umfeld, Episoden, über die man sich austauschen und die dann auch zu kreativen Erzeugnissen, einem Graffiti-Bild, einem Rap-Song, einem Comic oder einer Breakdance-Choreographie führen können. Denn anders als im bloßen Diskutieren und Argumentieren – über zivilgesellschaftliche Themen oder Inhalte der Demokratieerziehung – werden im lebensweltlichen Erzählen immer auch die individuellen Vorgeschichten, persönlichen Anteile und emotionalen Besetzungen des Einzelnen anschaulich. Nirgends sonst sind die Person und ihr sozialräumliches Umfeld so präsent wie im Erzählen. Und nirgends sonst ist die Person so gut erreichbar und so relativ aufgeschlossen für Veränderungen ihrer Haltung und ihres Verhaltens als dort, wo sie gerade über sich und ihre Erlebnisse erzählt hat. Dass am pädagogischen Primat des Erzählens kaum Zweifel bestehen können, dafür bürgt die jüngere interdisziplinäre Narrations-Forschung (aus Bereichen der Sozial- und Kulturwissenschaft, der Psychologie und der Psychotherapieforschung) (Herman, Angus/ McLeod, Tschuschke, Weilnböck 2006, 2008).

Gleichermaßen unbestreitbar, jedoch noch nicht hinreichend breit anerkannt ist, dass die narrativ-lebensweltliche Herangehensweise umso mehr geboten ist, desto bildungsferner, impulsiver und gewalt-affiner die jungen Personen sind, mit denen man arbeiten möchte. Denn gerade dort sind die rational-argumentativen Wege der klassischen politischen Bildung nur sehr wenig wirkungsvoll, und auch die eher spielerisch-übenden, vertrauens-basierten Formen verfangen nur kaum. Dem versucht der *Cultures*-Ansatz zunehmend auch in seinem zweiten Hauptbereich – der zivilgesellschaftlichen Demokratie-Erziehung – Rechnung zu tragen, so dass auch in den Workshops über geschichtliche und staatsbürgerliche Themen so weit wie möglich die lebensweltlichen und persönlich erzähl-wirksamen Anknüpfungspunkte der Jugendlichen aufgenommen bzw. aktiviert werden. Gewiss: In diesem Modul bestehen wichtige, enger definierte Lernziele, die Teil von Extremismus- und Gewaltprävention sein müssen; und die methodischen Repertoires der politische Bildung und/oder Anti-Bias-Arbeit sind hierfür vorzüglich geeignet. Jedoch bei allem notwendigen Informieren, sachlichen Erklären, genauen Argumentieren und Üben von Szenen und Belange von Menschenrecht, Ausländerpolitik oder Minderheitenschutz legt die postklassische politische Bildung stets ein besonderes Augenmerk darauf, was die Einzelnen tatsächlich erlebt haben – z.B. mit ‚Ausländern', mit Minderheitenvertretern oder in menschenrechts-relevanten Szenen – und was sie darüber zu erzählen haben.

(4) Weil aber die erzählende Vertiefung von persönlichen Erlebnissen nicht selten einige emotionale Intensität annimmt – und annehmen soll – und weil sie deshalb eines eigenen Rahmens bedarf, der günstiger Weise ein Gruppenrahmen ist, folgt *Cultures* ferner

dem Prinzip des *gruppendynamisch basierten, sozialen und emotionalen Lernens*. So setzt *Cultures* seit einiger Zeit zusätzlich eine themen-offene Gesprächsrunde ein, die im Grunde als *Selbsterfahrungsgruppe* geleitet wird. In dieser „Wir-unter-uns-Gruppe" (Weilnböck 2012c) kommen die jugendlichen Workshop-Teilnehmer/innen zusammen, um sich im persönlichen Erzählen über verschiedene biografische und sozialräumliche Anlässe auszutauschen. Die Themen kommen aus allen Erlebensbereichen, ergeben sich unmittelbar aus dem Kreis der Teilnehmer/innen, werden eventuell durch die Module der politischen Bildung angestoßen, oder können durch – möglichst weit gefasste und non-direktive – Fragestellungen der/s Leiter/in gezielt angeregt werden. Von hier aus wirkt das Erzählen, Nachfragen und gemeinsam Story-Telling in der Gruppe auf die Jugendkultur-Workshops und die politische Bildung zurück – und vertieft diese.

Wer gedacht hätte, dass bildungs- und artikulationsferne Jugendliche zu einer solchen Selbsterfahrungsgruppe nicht fähig sind, muss sich – nach erster Evaluierung – gründlich revidiert sehen. Als ob es nur der Gelegenheit bedurft hätte, so werden dort Geschichten erzählt über Freunde, Konflikte, Szenen der Gewalt, der Loyalität und des Verrats, auch darüber, woher man eventuell Hilfe und Unterstützung bezog (oder hätte beziehen können) und was Freude bereitete. Dieses Erzählen mag zunächst im thematischen Umfeld der Gleichaltrigen beginnen: Was einen eigentlich so fasziniert an bestimmten Freizeit- und Jugendkultur-Stilen; oder: dass man auch schon mal rechts war, und in bestimmten Punkten auch immer noch ist, und vor allem: wie das eigentlich alles kam, welche konkreten Personen, Szenen, Erlebnisse dabei eine Rolle gespielt haben; oder was es heißt, ein Moslem zu sein und ‚Ehre' zu haben, in welchen direkt erlebten Situationen das für einen selbst bereits zum Tragen kam; bzw. im Allgemeinen: was/wen man liebt oder hasst und woher man denkt, dass das kommt; stets auch: welche Filme und Songs man sieht/hört und was daran gefällt, welche Filme man evtl. noch einmal zusammen ansehen würde, um sich genauer darüber auszutauschen; was in den kleinen Politiken innerhalb der Cliquen im Einzelnen abläuft und wie man das erlebt; wie und wo Emotionen aufsteigen etc. – Hierin ist immer schon sehr viel Politisch-Zivilgesellschaftliches enthalten. Eine auf solcher Grundlage aufbauende politische Bildung wird umso nachhaltigere Wirkungen haben.

In aller Regel aber kommt die Gruppe sehr schnell auch auf die eigene Familie zu sprechen und vor allem auf deren Bruch- und Brennpunkte. Geschichten aus zerfallenden Elternhäusern, Heimaufenthalten, Jugendpsychiatrien und von engen, überlasteten Freundschaftsbeziehungen, von Erlebnissen der Gewalt, des Alleingelassen-Werdens und des Überfordert-Seins – und wie damit dann umgegangen wird. Nach einer Weile lernen die Teilnehmer/innen, sich mehr für die Anderen zu interessieren, Unterschiede und Gemeinsamkeiten zu erkennen, aufmerksamer und genauer zuzuhören, offener nachzufragen, auch dort, wo man zuvor eher verunsichert weggehört hätte. Man lernt sich kennen, wie man das in Cliquen gerade eben nicht tun kann. Und die Jugendlichen wissen das sofort intuitiv zu schätzen.

Umso bemerkenswerter war der Befund der begleitenden Evaluation, wie sehr doch die Absicht, eine Selbsterfahrungsgruppe einzusetzen, in der Konzeptionsphase des Projekts bei den Kolleg/innen aus der Bildungs- und Jugendkulturarbeit auf Skepsis und Widerstände stieß (Weilnböck 2012a). Würde doch damit auf ein Mittel zugegriffen, das eher der Psychotherapie oder klinischen Arbeit zugeordnet werden müsse. Das Zugehen auf ‚Psychologisches' scheint in Feldern der politischen Bildung und Sozialarbeit nicht immer leicht vermittelbar zu sein – was analog bereits für die akademischen Sozial- und Kulturwissenschaften selbst gilt. Leichter hingegen fällt es, sich über ein Arbeiten im ‚lebensweltlich-narrativen Modus' zu verständigen. Und als vollends unstrittig gilt weithin die Feststellung, dass gerade bei gefährdeten Jugendlichen vor allem die „Beziehungsebene" einbezogen werden muss, und ferner, wie wichtig es ist, „die Beziehung [zwischen Kursleiter/in und den Jugendlichen]" möglichst genau „zu klären" und gegebenenfalls „auch zu verändern" (vgl. Spangenberg; Steger).

Unzählige Male nämlich haben die Praktiker/innen des Feldes die Erfahrung gemacht, dass gefährdete Jugendliche und/oder „junge ‚Rechte' sehr sensible [Beziehungs-] Antennen … haben: ‚Was ist das für eine/r?', ‚Wie redet der/die mit mir?', ‚Wie sieht und behandelt sie/er mich?', und oft nicht so sehr: ‚Ist das Argument hieb- und stichfest?'" (ebd.). Und allgegenwärtig ist die Erfahrung, dass die „Reichweite von Sachargumenten" in der Jugendarbeit keinesfalls „überschätzt [werden sollte]". Denn „gegen Gefühle oder Emotionalität [kann] kaum rational, mit Fakten, Zahlen u.ä." angegangen werden (ebd.), sie können lediglich auf die ihnen zugrundeliegenden Erlebnisse und Geschichten befragt werden. Dies gilt freilich auch und umso mehr für die Beziehungen und Emotionen in einer Gruppe, in der unzählige Erfahrungen der Klärung, des Erzählens und der Veränderung gemacht werden können. Desto weniger überrascht, dass die Prozessqualität der Veranstaltungen von *Cultures Interactive* durchweg deutlich angestiegen ist, wo immer begleitend eine „Wir-unter-uns-Gruppe" eingesetzt werden konnte.

(5) Das letzte Prinzip, das die vorigen ergänzen und vertiefen kann, ist das Prinzip des *kulturell und medial basierten Lernens*, mit dem dezidiert der ‚Faktor Kultur' mit einbezogen wird. Dieser Aspekt geht auf die allgemeine Erfahrung zurück, dass die Jugendlichen – wie auch wir selbst – vielfach fiktionale Geschichten und Medienstoffe aufnehmen und als sog. Unterhaltung ‚konsumieren', dass aber in diesen Filmen, Songtexten, Büchern häufig unvermerkt enge Bezüge zu persönlichen Lebensthemen enthalten sind, die uns Gelegenheiten bieten, im mentalen Medienhandeln *persönliche Entwicklungsherausforderungen* aufzugreifen (Kansteiner et al., Weilnböck 2008, 2011). Das Gruppengespräch über einen gemeinsam gesehenen Film vermag es deshalb, dem persönlichen Lernprozess in den Workshops und in der „Wir-unter-uns-Gruppe" weitere Impulse zu geben und ihn zu vertiefen.

Violence Prevention Network – die Arbeit mit jungen Gewaltstraftätern

Für die VPN-Kurse in Gefängnissen war die Gruppenarbeit von Anfang an ein selbstverständlicher Teil des Ansatzes. Ist es hier doch um Jugendliche zu tun, die – zumeist aus Gruppen heraus – als Gewalttäter straffällig geworden sind, extremistische oder fundamentalistische Impulse hegen und somit eine manifeste Gefahr darstellen – für andere und sich selbst. Diese jungen Männer sollen jetzt in die Lage versetzt werden, das Recht und die Würde jedes Menschen zu wahren, Konflikte gewaltfrei zu lösen und aktiv die Verantwortung für das weitere eigene Leben zu übernehmen. Mit anderen Worten: Es müssen tief verankerte Mechanismen der sozialen Selbstausgrenzung und des Wut-Agierens bearbeitet und zentrale Persönlichkeits-Kompetenzen nachsozialisiert und Persönlichkeits-Probleme moderiert werden: Affektkontrolle, emotionale Intelligenz, Empathie, persönliche Reflexion, Vertrauensbildung und Beziehungsfähigkeit.

Diese große Herausforderung, der sich *VPN* mittels des von ihm entwickelten Ansatzes der *Verantwortungspädagogik®* stellt, kann – so legen die Befunde der Best-Practice-Begleitforschung nahe – ohne das Arbeiten in der Gruppe kaum erfolgreich beschritten werden. Deshalb führt VPN jeweils bis zu 8 Teilnehmer und zwei Trainer/innen zusammen, die ca. 23 Gruppensitzungs-Tage im Verlauf von 4 bis 5 Monaten miteinander arbeiten. Zusätzlich werden Einzelgespräche durchgeführt, und es schließt sich auf Antrag ein Einzel-Coaching zur persönlichen Stabilisierung im ersten Jahr nach der Entlassung an.

Die Gruppensitzungen selbst werden prinzipiell prozess- und themenoffen gehalten und beginnen deshalb mit einer Blitzlichtrunde, in der unmittelbare Anliegen aus der momentanen Situation und dem Alltag Raum finden können. Innerhalb dieser grundsätzlichen Prozessoffenheit sind jedoch folgende methodisch-thematischen Grundbausteine platziert: (1) die persönliche Motivationsklärung jedes Einzelnen, (2) die Entwicklung eines vertrauensvollen Klimas in der Gruppe, (3) die Auseinandersetzung mit biografischen Themen (insbesondere eigenen Erfahrungen der Gewalt und Erniedrigung bzw. Vernachlässigung), sowie (4) mit dem Thema ‚Freunde/Kumpels/ Clique ‘, (5) zentral: die vertiefte Aufarbeitung einer exemplarischen Straftat jedes Teilnehmers, (6) übergreifend während des ganzen Gruppenkurses: politische Bildung zu generellen zivilgesellschaftlichen Themen (Gewalt, Männlichkeit, Freundschaft/ Loyalität, Beziehungen zu Frauen, Weltanschauung und Religion etc.), (7) ferner: die Angehörigentage – und durchweg: pädagogische Übungen und Rollenspiele, ggf. gemeinsamer Sport und Formen des informellen Zusammenseins als Ergänzung – und als zusätzliches Material für die Selbsterfahrung in der Gruppe.

Im Einzelnen bedeutet dies: Jeder Strafgefangene, der sich für eine VPN-Gruppe angemeldet hat oder in Frage kommt, durchläuft zunächst ein biografisches Interview mit den beiden Trainer/innen. In diesem intensiven Gespräch wird die persönliche

Motivationslage des jungen Mannes gesichtet und sein freier Entschluss zur Teilnahme sichergestellt bzw. die spezifischen persönlichen Motive geklärt. Die Ziele der Gruppenarbeit werden erläutert, die Notwendigkeit einer größtmöglichen gegenseitigen Aufrichtigkeit unterstrichen, wie auch die grundsätzliche Bereitschaft, von sich und seiner Tat zu sprechen. Die Trainer/innen sichern die Vertraulichkeit dessen zu, was in der Gruppe gesagt wird. Der Teilnehmer bringt seine Bedenken, Ängste aber auch sein persönliches Interesse vor. Mit einem Wort: Es werden hier im Zweier- bzw. Dreiergespräch die Arbeitsbeziehungen zwischen Leiter/innen und Teilnehmer aufgebaut und individuelle Zielvereinbarungen getroffen, auf die man auch während des Gruppenprozesses jederzeit zurückkommen kann. Und es werden zuletzt im Blick auf Lebensgeschichte und Tat die Lernziele des Teilnehmers vereinbart.

Die weitere und genauere Auseinandersetzung mit der eigenen Biografie erfolgt dann – je nach den persönlichen Artikulationsvoraussetzungen – in den Gruppensitzungen selbst. Aus der empirischen Gewaltforschung ist hinlänglich bekannt, wie sehr sich ein roter Faden von Erfahrungen der Gewalt, Demütigung und Ohnmacht durch das Leben dieses Tätertypus zieht. Ob es die Abwesenheit der Väter ist, oder deren Gewalttätigkeit (bzw. die der Stiefväter), ob es der häufige Orts- und Partnerwechsel von Elternteilen ist, oder deren psychische Erkrankungen, Drogensucht und Überforderung. Und man weiß, wie eng diese Vorgeschichten mit der selbst verübten Gewalt zusammenhängen.

All das ist bekannt. Aber die Jugendlichen selbst wissen es nicht, geschweige denn dass sie die weitreichenden Auswirkungen ihrer persönlichen Herkunftsumstände ermessen können. Als Aufgabe der Gruppenarbeit in dieser ersten Phase sieht VPN es deshalb an, die lebensgeschichtlichen Zusammenhänge der Einzelnen gemeinsam zu verstehen – und sie auch ein Stück weit persönlich erfahren und spüren zu lernen. Jedoch legen die Leiter/innen hierbei den Akzent auf subjektiv gefestigte Einsicht und Übernahme von Verantwortung, und nicht etwa darauf, sich durch eine Opferbiografie wohlfeile Entlastungen zu verschaffen – ein Problem jedoch, das in VPNs praktischer Arbeit mit diesen Jugendlichen kaum wirklich aufzutreten scheint (und das somit eher ein Problem der öffentlichen Wahrnehmung von Sozialtherapie darstellt). Denn in den VPN-Gruppen ist es aller Erfahrung nach häufig eher so, dass die jungen Männer zum ersten Mal in die Situation versetzt werden, die einschlägigen Fakten und Episoden aus ihrer Lebensgeschichte selbst zum Ausdruck zu bringen – und nachzuempfinden.

Laut Kurriculum wirkt der VPN-Ansatz der Verantwortungspädagogik in seiner Gruppenarbeit ausdrücklich darauf hin, dass möglichst „aufrichtig" und „authentisch" gesprochen wird und dass dabei „die Strukturprinzipien des Erzählens" wirksam werden. Offensichtlich hat VPN von Anfang an intuitiv den besonderen sozial-therapeutischen Stellenwert erkannt, der dem Erzählen (im Unterschied zum Argumentierung und Beschreiben) zukommt – und der, wie oben im Bezug auf die interdisziplinäre Narrations-Forschung vermerkt, gerade für die Arbeit mit bildungsfernen und gewalt-

affinen Personen von großer Bedeutung ist. Hierbei zieht VPN mit Bedacht erzähl-ge-
nerierende Methoden heran, die – wie z.b. das lebensgeschichtliche Interview/ Gruppengespräch (in zielgruppenspezifisch dosierter und moderierter Weise), das Erstellen
eines Genogramms oder das Zeichnen und Bebildern einer persönlichen Lebenslinie
– den Zugang zur eigenen Lebensgeschichte erleichtern können.

Neben dem Familienhintergrund misst der VPN-Ansatz dem gemeinsamen Nach-
denken und Erzählen über die Freunde und Kumpels große Bedeutung bei. Was war
bestimmend für das Leben, das vor der Straftat mit den Gleichaltrigen in der Clique
geführt wurde? Wie war es mit denen, die nicht dazu gehörten und angefeindet wurden? Welche Einstellungen und Ressentiments herrschten? Gab es Führer? Waren sie
fair oder gewaltsam und intrigant? Gab es Zwänge – Handlungszwänge oder ideolo-
gisierte Denkzwänge? Wie eigentlich hat man sich selbst dort gefühlt? Wann hat man
sich wohl gefühlt, wann eher zwiespältig? Wie beim Thema Familie, so gerät erfahrungsgemäß auch diese Kurssequenz sehr rasch dahin, dass die thematischen Felder
‚Gewalt‘, ‚Extremismus‘ und ‚Fundamentalismus‘ bzw. menschenfeindliche Affekte
berührt werden und dann in der Gruppe damit gearbeitet werden kann.

Von Anfang an begreift die Verantwortungspädagogik von VPN es als besondere
Leitungsaufgabe, ein Klima des gegenseitigen Vertrauens und der verbindlichen Beziehung in der Gruppe zu schaffen. Auf einer ersten didaktischen Ebene wird diese
Aufgabe dadurch eingeholt, dass Formen der demokratischen Gleichberechtigung
und Liberalität in der Gruppe praktiziert werden. Es werden Vereinbarungen getroffen, wie man miteinander umgehen möchte – was im Zusammensein der Gruppe er-
wünscht ist und was nicht akzeptabel ist. Soll man z.B. über die eigenen Gefühle reden
(dürfen), was in männlichen Jugendgruppen mit Affinität zu Gewalt und Radikalität
sicherlich nicht die Regel ist? Wie soll über Andere gesprochen werden? Ziel dieser
Vorab-Klärungen ist es, ein Gruppenmilieu der maximalen gegenseitigen Akzeptanz,
Unterstützung und des Vertrauens umzusetzen, worauf dann die sehr anspruchsvollen und fordernden Phasen, die sich im Kurs anschließen, aufbauen können. Auch
die beziehungs- und prozess-offene Grundhaltung der Leiter/innen scheint vielfach in
diese übergreifende Aufgabe einbezogen – wobei sich die VPN-Gruppenleiter/innen
bemerkenswerter Weise gar nicht aller Faktoren ihrer Haltung und Methode bewusst
zu sein scheinen, die für ihren guten Erfolg in der Vertrauensbildung und Deradikalisierung verantwortlich sind (vgl. weiter unten zur Begleitforschung).

Den Schwerpunkt des Kurses bilden die so genannten ‚Gewaltsitzungen‘, die die persönliche Aufarbeitung der eigenen Gewalttat anvisieren. Sie stellen die größte Herausforderung für alle Teilnehmer und Leiter/innen dar. Denn auch das weiß man aus
der Forschung: In der eigenen Gewalttat kommt alles auf brisante Weise zusammen[2]:

---

[2]   Dudeck, Manuela; Spitzer, Carsten; Gillner, Michael; Freyberger, Harald J. (2007): Dissoziative Erfahrun-
      gen während der Straftat bei forensisch-psychiatrischen Patienten - Eine Pilotstudie erschienen in „Trau-

(1) die eigene, häufig verleugnete Vorgeschichte an Gewalt- und Erniedrigungser-fahrungen; (2) der unbewusste Versuch einer Umkehrung durch das eigene Gewalt-handeln; (3) der Akt selbst, der stets ekstatisch erlebt und häufig kaum erinnert wird und (4) die menschenverachtende Brutalität, die durchweg ausgeblendet wurde, – die jetzt aber in der Gruppensitzung so einlässlich wie möglich besprochen wird. Hierbei wird kein noch so nebensächlich scheinendes Detail ausgespart: Die Gedanken und Gefühle vor, während und nach der Tat werden sondiert und so präzise wie möglich erzählt, (a) die Verletzungsabsichten, die begleitenden Feindbilder und Hassfantasien werden ermittelt, zum Ausdruck gebracht und bewusst reflektiert (auch in ihrem viel-fältigen Bezug zur eigenen Lebensgeschichte), (b) eine Raumaufstellung der Szene selbst kann gewagt werden, oder ein geleitetes szenisches Schritt-für-Schritt-Erinnern des Hergangs im Einzelnen, (c) die wohlfeilen Rechtfertigungsmuster, Floskeln und Abwiegelungen werden dekonstruiert, mit denen die Gewalt normalerweise abgetan wird („das ist eben so passiert", „der Andere ist selber schuld" etc.), (d) das Opfer der Tat wird zunehmend präsenter, so dass dessen Leiden an Folgen und Spätfolgen für alle Teilnehmer der Gruppe nachvollziehbarer werden. – All dies erzeugt eine hohe emotionale Dichte und führt die Teilnehmer oft an die Grenze dessen, was sie ertragen und durchstehen können – sodass manchmal im Nachgang besondere Unterstützung und Begleitung eingesetzt wird.

Der Ansatz von *Violence Prevention Network* geht davon aus, dass in der – biografisch unterlegten – Gewaltsitzung das Nachsozialisieren von Fähigkeiten der Affektkont-rolle, Handlungsreflexion, Empathie, Selbsteinfühlung und des rationalen Verstehens am stärksten wirkt und dass hierbei die emotionale Intelligenz wesentlich weiterent-wickelt wird, und zwar nicht nur beim jeweils erzählenden Teilnehmer, sondern bei allen Teilnehmern der Sitzung gleichermaßen. Dabei scheint ein besonderes Poten-tial von Gruppenarbeit darin zu bestehen, dass die anderen Teilnehmer, die ja selbst ausgesprochene „Gewaltspezialisten" sind und alle Aspekte des impulsiven Gewalt-und Hasshandelns gut kennen, dem, der gerade im Prozess der persönlichen Ausei-nandersetzung begriffen ist, helfen – indem sie ihn hinterfragen, energisch fordern und konfrontieren, ihm aber auch beistehen und zuletzt seine Anstrengung würdigen. Kennzeichnend für diesen Ansatz der Tataufarbeitung scheint zu sein, dass ‚Gewalt-sitzungen', wenn sie so vorbereitet und geleitet werden, ihre Teilnehmer zwar auf-gewühlt, erschöpft und mitunter tief erschüttert hinterlassen, dass jedoch keiner von ihnen entwertet, entwürdigt oder ganz gebrochen wird – oder dass er, wie manchmal die irrationale Angst ist, einem Brainwashing unterzogen würde. Oberste Maxime beider hier dargestellter Gruppenverfahren ist der Respekt vor der Person und ih-rem persönlichen Bemühen, Verantwortung zu übernehmen und in ihrer Entwicklung voranzukommen. Vor dem Hintergrund der Befunde aus der psychologischen Gewalt-forschung scheint dies sinnvoll und aussichtsreich, denn dort ist vielfach belegt wor-

den, wie leicht Erlebnisse der Erniedrigung, Entwertung, Vereinnahmung – und unter
Umständen eben auch der moralisch fundierten Verurteilung – dazu führen können,
dass die Spirale des Gewalthandelns eher weiter getrieben als unterbrochen wird (vgl.
Sutterlüty).

Der VPN-Ansatz legt ferner Wert darauf, dass die hohe persönliche Betroffenheit
und Emotionalität, die in der Gewaltsitzung entsteht, auch rational-verstehend genutzt wird, um die speziellen Gewaltmuster und Auslösefaktoren jedes Einzelnen zu
ermitteln, wie auch die jeweiligen Körpersignale, die den drohenden Kontrollverlust
melden. Dabei wird auch die ‚individuelle Hasskultur' jedes Teilnehmers genau eru-
iert, und es wird besprochen, wie es sich persönlich auswirkt, wenn man in einer solchen Hasskultur verbleibt und sich ständig von einer feindseligen Umgebung bedroht
fühlt. Oder aber die Gruppe entwirft und übt Möglichkeiten, wie man praktisch damit
beginnen kann, sich von den hiermit verbundenen Zwängen zu lösen. Hierauf auf-
bauend, erstellen Leiter/innen und Teilnehmer einen persönlichen Sicherheitsplan für
jeden Einzelnen. Es wird erörtert, wie sicheres Verhalten von unsicherem Verhalten
unterschieden werden kann, welche Situationen geübt und welche Ausstiegsstellen
aus der Gewaltdynamik markiert werden können und wie man sich gegen Gruppen-
zwänge abgrenzt und aggressive Provokationen entschärft.

Als ein alle methodischen Bausteine übergreifendes Querschnitt-Thema sieht der
VPN-Ansatz die Arbeit mit den Einstellungen, Vorurteilen, Ressentiments und
ideologischen/ religiösen Prägungen der Teilnehmer vor, die zumeist eng mit den
Rechtfertigungsmustern der Jugendlichen für ihre Tat zusammenhängen. Durchgängig nämlich zeigt die praktische Erfahrung, wie auch immer politisch-extrem oder
religiös-fundamentalistisch der jeweilige Hintergrund gekennzeichnet ist, beiderseits
wird unterstellt, die Menschen hätten nicht den gleichen Wert und Gewalt sei eben
nötig, um das Höherwertige zu schützen. Die Kursmodule der politischen Bildung
gehen systematisch auf dergleichen Denkmuster ein – und darauf, was Grundrechte,
bürgerliche Freiheiten und Rechtsstaatlichkeit demgegenüber leisten können. Jedoch
wie bei *Cultures Interactive* so legt auch VPN stets Wert darauf, die Themen der
politischen Bildung möglichst direkt an lebensweltliche Erfahrungsszenen der Teilnehmer anzubinden. Dabei wird jedweder argumentative Kampf um das Rechthaben
und um politische und zivilgesellschaftliche Grundüberzeugungen strikt vermieden,
was nicht heißt, dass man als Gruppenleiter/in nicht in bestimmten Weisen klar seine
Position benennen dürfte. Aber es wird nicht „gegen Gefühle oder Emotionalität [...]
rational mit Fakten, Zahlen u.ä." angegangen (Spangenberg); anstatt dessen wird die
Aufmerksamkeit für subjektiv Erlebtes und persönlich Erzählbares geweckt, wie auch
für die Feinheiten, Widersprüchlichkeiten und biografischen Besetzungen, die in den
weltanschaulichen Positionen einer jeden Teilnehmer/in unvermerkt enthalten sind.
Dabei werden die Themenbereiche der gruppenbezogenen Menschenfeindlichkeit
(W. Heitmeyer, Endrikat,K. et al.) und die geläufigen antidemokratischen Haltungen

sowie die historische Bewertung der Nazizeit als feste Leitmotive immer wieder ins Gespräch gebracht.

Die Befunde aus zwei EU-Projekten der Best-Practice-Forschung (TPVR und LIPAV)

Was aber nun ist es, was diese beiden Herangehensweisen – das eine im Strafvollzug und das andere in der kommunalen Präventionsarbeit – so wirkungsvoll macht? Bei beiden Verfahren handelt es sich – gemessen an den Ergebnissen – um Best Practice in der Arbeit mit gefährdeten Jugendlichen des Bereiches (Jugend-)Extremismus, Gewalt und Hate Crime, wobei aber bei Best Practice, wie gesagt, noch nicht auch geklärt ist, was deren genauen Wirkfaktoren und -bedingungen eigentlich sind. Inwiefern und unter welchen Bedingungen also die ‚Bildung‘ den Menschen ‚bessern‘ kann, oder anders gesagt: was man – hierzulande oder in anderen EU-Mitgliedsländern – von dieser Best Practice lernen könnte (und was hiervon auch die institutionelle ‚Bildung‘ insgesamt ‚bessern‘ könnte), diese hauptsächliche Forschungsfrage bedarf einer entsprechenden Begleitforschung (vgl. Pizani Williams, L., P. Radcliffe & H. Weilnböck [TPVR]; Weilnböck [LIPAV] vgl. Anm. 1). In beiden Projekten wurde hierfür ein qualitativ-empirisches Design eingesetzt, das offene, teils leitfaden-lose Methoden, z.B. biografisch-narrative und fokussiert-narrative Interviews mit Teilnehmern und Leiter/innen sowie teilnehmende Beobachtung anwendet.

Die Erhebungsmethode zu einer weiteren, spezifischeren Forschungsfrage, die auf das Medienhandeln der Teilnehmer/innen gerichtet ist und die versucht zu ermitteln, auf welche Weise diese Zielgruppe kulturelle/fiktionale Narrative aus Film, TV, Song-Text etc. heranzieht und – mental medien-handelnd – für sich nutzt, wurde mittels eines spezifischen Medienerlebnis-Interviews (und teils auch mit einem gruppenanalytischen Medieninterview) durchgeführt (Weilnböck 2007, 2008, 2011). Dieser Teilbereich des Forschungsansatzes geht der Frage nach, wie und mit welchem Erfolg die jeweilige Person in ihrem mentalen Handeln gegenüber einem fiktionalen Narrativ der eigenen Wahl unwillkürlich damit befasst ist, sich mit einer bestimmten persönlichen ‚*Entwicklungsherausforderung*‘ auseinanderzusetzen – die möglicher- und wahrscheinlicherweise auch mit ihrer Delinquenz oder Delinquenz-Gefährdung zu tun hat (ebd.). In der Auswertung des Materials wird ein sequenzanalytisches, abduktiv-hypothesenbildendes Verfahren eingesetzt, das in Ergänzung zu den üblichen Analyseschritten auch Ressourcen der klinischen Psychologie und Psychotherapieforschung heranzieht.

Als einer der bedeutsamsten Wirkfaktoren beider Verfahren der sozialtherapeutischen Gruppenarbeit hat sich erwiesen, dass eine Interaktions-Atmosphäre der vertrauensvollen und belastbaren Beziehung hergestellt werden konnte – und zwar ‚Vertrauen‘ und ‚Belastbarkeit‘ in der Beziehung sowohl zur Leitung als auch innerhalb der Gruppe. Dieses ‚Vertrauen‘ erwies sich sogar als völlig unabdingbar, als eine Alles-

oder-nichts-Bedingung, ohne die die eingesetzten pädagogischen Mittel und methodischen Übungen nur wenig bewirken würden und kaum nachhaltige Einstellungs- und Verhaltensänderungen bei den Teilnehmer/innen anstoßen könnten. Warum dem so war, war nicht sofort zu erkennen. Immerhin jedoch war aus der empirischen Gewaltforschung bekannt, dass gewalttätige und extremistisch eingestellte Menschen nach einem Misstrauens-System leben, das mitunter ausgesprochen paranoide Züge annehmen kann.[3] Die Frage aber, wie dieses Misstrauen in psychodynamischer Hinsicht bedingt und beschaffen ist, und vor allem, wie es den beiden Verfahren dennoch gelang, Vertrauen und Belastbarkeit herzustellen, war über weite Strecken der Untersuchung offen. Zunächst konnten einige formale Faktoren isoliert werden:

(a) Von grundlegender Bedeutung schien zu sein, dass die beiden Teams *von außen kommen* und nicht aus der umgebenden Institution selbst stammen. Gerade der Strafvollzug ist freilich besonders misstrauens-anfällig. Kann es doch einem Bediensteten der Anstaltspsychologie kaum gelingen, glaubhaft die Vertraulichkeit des Gesprächs zu versichern, wenn er institutionell direkt in die schicksalsbestimmenden Entscheidungen über den Gefangenen eingebunden ist, indem er Berichte an die Anstaltsleitung über ihn verfasst. Aber auch für *Cultures Interactive* und deren Kontexte von Schule und Jugendarbeit hat es sich als notwendig erwiesen, dass das Team von den Alltagskontexten der Jugendlichen unabhängig ist. Vor allem die Komponente der Gruppen-Selbsterfahrung erfordert – hier wie dort – einen geschützten Raum, den interne Personen aufgrund ihrer institutionellen Funktionen prinzipiell nicht gewährleisten können.

(b) Dies heißt aber keineswegs, dass die umgebende Institution unbeteiligt bleiben dürfte, dass sie den von außen eingebrachten Impuls nicht aufnehmen, unterstützen und mit ihren Mitteln fortführen müsste. Im Gegenteil – und dies stellt den zweiten formalen Faktor dar: Die Wirksamkeit beider Projekte war eng damit verknüpft, dass nicht nur die Jugendlichen selbst, sondern prinzipiell auch deren *Institutionen und kommunalen Umfelder* in den Wirkungsbereich der Intervention mit einbezogen werden. Günstig und förderlich ist deshalb, wenn diese Institutionen ihren ausdrücklichen Respekt für die ‚Auswärtigen‘ signalisieren, z.B. indem sie gleichzeitig bei ihnen um Mitarbeiter- bzw. Erwachsenen-Fortbildung und um institutionelle Beratung nachsuchen. So arbeitet *Violence Prevention* häufig auch mit Anstaltsbediensteten und nimmt Beratungsaufgaben in den übergeordneten verwaltungstechnischen und politischen Strukturen wahr, während *Cultures* begleitend in der Fortbildung sowie in der Schul- und Gemeinwesen-Beratung tätig ist. In beiden Projekten ergaben sich Vernetzungseffekte aus dieser Beratungstätigkeit, die dann positiv auf die jeweilige Arbeit mit den Jugendlichen selbst zurückwirkten.

---

[3]   Zu den „paranoiden Attributionsstilen" bei „inhaftierten gewalttätigen Männern" sowie zur Tendenz zum „Präventivangriff" (585), vgl. Tedeschi, J.T. (2002). Die Sozialpsychologie von Aggression und Gewalt. In Heitmeyer/ Hagan: Internationales Handbuch der Gewaltforschung, Westdeutscher Verlag. S. 573-597.

(c) Der dritte formale Faktor, der maßgeblich zur Herstellung von Vertrauen, Belast-barkeit und sich daraus ergebenden nachhaltigen Veränderungsimpulsen beiträgt, ist, dass beiderseits bewusst *in der Gruppe und mit der Gruppe* gearbeitet wird. Die Interviews ließen eindrücklich erkennen: Das Grundvertrauen der Teilnehmer/innen und damit auch die Wirkungstiefe der verhaltensverändernden Effekte auf sie hängen entscheidend davon ab, ob *gruppendynamisch* vorgegangen wird – d.h. ob auf die *Prozesse* und *Entwicklungen* der Teilnehmer in der Gruppe mit Gleichaltrigen und auf deren *Beziehung* untereinander geachtet wird und ob diese Prozesse und Beziehungen in der Peer-Gruppe als prioritärer Gegenstand der gemeinsamen Auseinandersetzung begriffen werden. Offensichtlich geht das, was in einer professionell geleiteten Grup-pe von den Teilnehmer/innen derselben Altersklasse gesagt und erlebt wird, weitaus tiefer und hat eine doppelt nachhaltige Wirkung.

Bei den hier in Frage stehenden Personengruppen scheint dies deshalb in besonderer Weise zuzutreffen, weil beinahe alle Hate Crime-Gewalttaten aus Cliquen heraus ver-übt werden – und damit auf unkontrollierte Vorgänge einer so genannten eskalativen *Anti-Gruppen-Dynamik* mit Gleichaltrigen zurückgehen.[4] Umso trefflicher ist, dass in beiden Projekten die Fähigkeit, eine – mindestens trianguläre, mehrgliedrige und komplexe – Gruppenbeziehung einzugehen, aufrechtzuhalten und für sich zu nutzen, ein wesentliches sozialtherapeutisches Ziel der Arbeit darstellt. Hiermit haben bei-de Ansätze intuitiv den Schwerpunkt darauf gesetzt, bei ihren Teilnehmer/innen jene große soziale Kunst zu fördern, sowohl *vertrauensvoll* und persönlich auskunftsfähig *in der Gruppe* als auch *vertraulich* und diskret *nach außen hin* sein zu können – ohne dabei im Außenbereich völlig wortlos zu verharren und sich sozusagen als Vertreter/ in einer Geheimgesellschaft zu gebärden.

Mehr noch: Die Fähigkeit, in den verschiedenen Loyalitäten und unterschiedlichen Gruppen- und Beziehungskontexten des eigenen Lebens- und Schul-/Arbeitsumfeldes erfolgreich Vertrauen, Vertraulichkeit und ‚Respekt' zu praktizieren, kann auch als das höchste Ziel von *politischer Bildung* – im postklassischen Sinn z.B. der Anti-Bias-Arbeit – angesehen werden. Lässt sich doch das Gegenprinzip, das der Entwicklung von freien, liberalen und gewalt-abstinenten Gesellschaften entgegensteht, simplerma-ßen darin erkennen, dass dort nicht Vertrauen und Vertraulichkeit, sondern deren ge-naues Gegenteil vorliegt: Indiskretion/ Denunziation, Intrige, Überwachung, Furcht/ Machtausübung und eigensüchtige Ausgrenzung – eine menschenfeindliche und antiso-ziale Situation, die im Kleinen oder im Großen bestehen kann und für die Begriffe wie

---

[4] Über den psychopathischen Einzeltäter hingegen ist zu sagen, dass er im Grunde der forensischen Psychia-trie bedarf und im Normalvollzug und dessen Interventionsmöglichkeiten fehlplatziert ist. Dies klarzustel-len ist insbesondere hinsichtlich der manchmal vorgebrachten, jedoch irreführenden Nachfrage wichtig, ob ein Verfahren wie VPN nicht eigentlich auf eine begrenzte und ausgewählte Teilgruppe an Gewaltstraf-tätern beschränkt wäre, die sich für dergleichen Gruppenarbeit eignen würde. Hingegen zeigte sich, dass das Verfahren – sobald die erforderlichen Rahmenbedingungen gegeben sind – prinzipiell für alle Arten und Schweregrade von Vergehen im Normalvollzug einsetzbar ist. (Und selbst in der Forensik wird ja vorzüglich mit – psychotherapeutischen – Gruppen gearbeitet.)

‚demokratiefeindlich' oder ‚extremistisch' bei Weitem zu vage sind. Umso angemesse-
ner scheint es, durch ein dynamisch prozess-offenes – sozusagen liberales – Arbeiten
in Gruppen auf das nur dort zu erreichende Ziel zuzuarbeiten, den Teilnehmer/innen
die Fähigkeit zu vermitteln, sich in einer Welt, die aus – mitunter konflikthaltigen und
konkurrenten – Gruppen besteht, gut zurechtzufinden und die dort notwendigen Fertigkeiten des Sich-Einfügens und Sich-Abgrenzens zu beherrschen.

Die einschlägigen Befunde der Best Practice Forschung wiesen ferner darauf hin,
dass auch noch so *begabte Einzelbetreuer/in* dieses anspruchsvolle Lernziel kaum mit
verlässlichem Erfolg zu bewältigen vermögen – und dass die dahingehend nicht selten zu findenden Erwartungen und Selbstbilder von Praktizierenden der Sozialarbeit
die Gefahr einer systematischen (Selbst-)Überforderung beinhalten. Bei der hier in
Rede stehenden Zielgruppe gilt dies zudem in besonderer Weise, da Gewalttäter oder
dahingehend Gefährdete zumeist ohne Väter aufgewachsen sind (und diese entweder
de facto oder emotional abwesend waren). Diese jungen Männer wurden also überwiegend in einer dyadischen, *tendenziell symbiotischen Zweierbeziehung* sozialisiert,
die zumeist eng, nicht hinreichend abgrenzungsstark und chronisch überfordert war.
Aus diesem Grund sind alle sozial- oder psychotherapeutischen Interventionen, die
im Zweierkontakt erfolgen, gewissen strukturellen Begrenzungen unterworfen, die
es im Interesse der Qualitätssicherung stets mit zu bedenken gilt. Hingegen hat das
Zweier- oder Dreiergespräch im VPN-Ansatz eine wichtige *ergänzende Funktion* und
kommt vor allem dann hinzu, wenn individuelle Ergebnisse gesichert werden sollen oder wenn Einzelne stabilisiert werden müssen, weil für sie die Gruppenabläufe
phasenweise zu intensiv gerieten – ein Risiko, das bei prekär situierten Zielgruppen
wie dieser permanent zu gewärtigen ist, aber auch gut beherrscht werden kann. Auch
waren in der Auswertung einige Hinweise darauf zu verzeichnen, dass ein weiterer
formaler Wirkfaktor der Vertrauensbildung in der genauen zielgruppengerechten
Dosierung der Gruppenintensität besteht, die durch flexible Setting-Wechsel von
Gesamtgruppe zu Kleingruppen und zum Zweiergespräch oder durch den Wechsel
zu pädagogischen Übungen und Rollenspielen reguliert wird. Gleichwohl scheint es
hierbei für den Erfolg der Arbeit von großer Wichtigkeit zu sein, dass *die Gesamtgruppe* stets der verbindliche Bezugspunkt bleibt, auf den hin die jeweiligen Einzel-
maßnahmen perspektiviert sind.

Jenseits der aufgeführten formalen Faktoren warf das Interviewmaterial jedoch auch
Fragen dahingehend auf, wie der *persönliche Habitus und Leitungsstil* der Leitern/
innen dazu beigetragen hat, die oben bezeichnete Grundbedingung eines Beziehungs-
klimas von ‚Vertrauen und Belastbarkeit' herzustellen, und auf welche Weisen es
den Leitern/innen gelungen ist, die Interaktion in der Gruppe so zu moderieren, dass
sie vertrauens- und damit auch veränderungswirksam werden konnte. Viele Indizien
deuteten nämlich darauf hin, dass die persönliche Haltung der Leiter/innen hierbei
einen wichtigen *direkten Wirkfaktor* darstellt – der zudem Gefahr läuft, in der Selbst-

zuschreibung als persönliches Talent mystifiziert zu werden, während er durchaus technischer Natur ist und als solcher vermittelt und erlernt werden kann.

Als ein wesentlicher Aspekt dieser persönlichen Leitungshaltung konnte bei *Violence Prevention Network* eine Art der Gesprächs- und Gruppenleitung ermittelt werden, die man – ähnlich wie bei *Cultures Interactive* – als „*lebensweltlich-narrativen*", *prozess-offenen* und *beziehungsgestützten* Modus bezeichnen kann, worunter, wie oben gesagt, zu verstehen ist, dass jede/r Teilnehmer/in um ihrer selbst und ihrer persönlichen Erlebnisse willen im Mittelpunkt der gemeinsamen Aufmerksamkeit steht und dass das prioritäre Interesse den individuellen, lebensweltlichen Erfahrungen der Einzelnen gilt, auf die sich die anderen Gruppenmitglieder ebenso persönlich beziehen. Allen anderen Komponenten – den Lehr- und Trainingsplänen, Übungen und definiten Lerninhalten – wird demgegenüber eine lediglich sekundäre Valenz beigemessen, und zwar deshalb, weil sie, um überhaupt nachhaltig wirksam sein zu können, auf eine Gesprächs- und Beziehungsgrundlage angewiesen sind, in der jederzeit vertrauensvoll auf das Erzählen von Selbst-Erlebtem zurückgekommen werden kann.

Wo also zum Einen mit Gewaltstraftätern gearbeitet wird und die Verhinderung von weiteren Gewaltaffekten das primäre Anliegen ist (was bei einer Rückfallrate von ca. 80% Priorität haben muss), wurden zunächst alle Moral und alles Urteilen außen vor gehalten. Und wo zum Anderen in der kommunalen Prävention zivilgesellschaftliche Belange von Toleranz und Vielfalt sowie von politischer Bildung über Vorurteile und gruppenbezogene Menschenfeindlichkeit das primäre Anliegen sind, wurden – immerhin phasenweise – alles Argumentieren, Informieren und jegliche Ethik- oder Werte-Gesichtspunkte hintangestellt. Denn hier wie dort ging es in diesem Arbeitsansatz zunächst um die Freilegung der individuellen, lebensweltlichen Wahrnehmung der Teilnehmer/innen, um ihre *subjektiven Erfahrungsperspektiven* und *biografischen Vorgeschichten* – und darum, dass diese mit den anderen Teilnehmern in der Gruppe ausgetauscht werden.

Somit waren beide Projekte offenbar intuitiv dahin gelangt, einem *pädagogischen Primat des Erzählens* zu folgen (im Gegensatz zum Argumentieren und Diskutieren); und beide hatten die Erfahrung gemacht und beherzigt, dass sich Menschen vor allem dann für nachhaltige Veränderungen ihrer Haltung und ihres Verhaltens öffnen, wenn sie *in vertrauensvoller Beziehung ihr persönliches Erzählen (und Zuhören) entwickeln* können, wenn also die Bereiche ihres individuellen Erlebens erschlossen werden, – und wenn sie dies im wechselseitigen Gruppenprozess mit anderen teilen bzw. mit ihnen partizipieren können. Dann nämlich scheinen die Gesichtspunkte von Ethik, Moral und Urteil ganz von selbst wieder in den Blick zu kommen, und zwar nicht als eine von der Leitung aus gesetzte Wertperspektive, sondern aus eigenem persönlichen Antrieb heraus.

Freilich ist zu sagen, dass dieser Befund gerade für erfahrene Praktiker/innen von dergleichen intensiver Jugendsozialarbeit kaum überraschend kommend wird. Haben doch Moral, Verurteilung, Argumente und Informationen bekanntlich ohnedies stets nur recht beschränkte Wirkungen gezeitigt, und wurde doch letzthin mit Recht eindringlich davor gewarnt, die „Reichweite von Sachargumenten" gegenüber der Ebene der „Gefühle oder Emotionalität" zu „überschätzen" (vgl. Spangenberg). Dies hat für gefährdete Jugendliche stets am allermeisten zugetroffen, die reflexhaft mit zynischer Verachtung oder innerem Rückzug reagieren, wo moralischer oder pädagogischer Wertungsdruck spürbar wird. So allgemein bekannt aber diese Tatsache unter erfahrenen Praktiker/innen ist, so schwierig scheint es dennoch häufig zu sein, den moralisch-urteilenden Impetus zu verlassen und eine *Leitungshaltung des lebensweltlich-narrativen und beziehungsgestützten Zugangs* zu erlernen und praktisch umzusetzen (was, wie gesagt, nicht heißt, dass die Leiter/innen nicht auch Position beziehen könnten). Dies jedenfalls stellte sich für beide Projekte stets als besondere Herausforderung dar, insbesondere dann, wenn es darum zu tun war, neue Mitarbeiter/innen auszubilden und in die Arbeit und Leitungshaltung des selbst entwickelten Ansatzes einzuführen (vgl. Weinböck 2012a).[5]

Konkret besteht die Schwierigkeit für Verfahrensansätze wie diese in erster Linie darin, ihre Teilnehmer/innen überhaupt erst zu jenem *vertrauensvollen Erzählen* über Persönlich-Erlebtes und zum aktiven, ko-narrativen Zuhören gegenüber Anderen zu bewegen – zumal es hierbei häufig um Personen zu tun ist, die dem Sprechen über sich selbst und über emotional besetzte Erfahrungen in aller Regel nicht sehr zugeneigt sind – und die oft auch beim besten Willen gar nicht auf Anhieb erzählen können. Auch ist das Erzählen-Können in diesem Verständnis eine durchaus anspruchsvolle Fähigkeit, die beinhaltet, dass eine Person ihre subjektive Erfahrungsperspektive zunächst überhaupt als solche erfährt und inhaltlich hinreichend gut kennt, um dann entsprechende Erfahrungsepisoden als gehaltvolle und verknüpfungsreiche Geschichten darbieten und mit anderen austauschen zu können. Vor allem aber besteht die objektive Schwierigkeit, dass die persönlichen Erlebnisse, auf die diese Zielgruppe von Teilnehmer/innen z.B. im Bereich der Herkunftsfamilie zurückblickt, nicht selten sehr belastende Ereignisse umfasst, die sich nur schwer oder gar nicht auf Anhieb erzählen lassen – und die als solche aber auch andere, näherliegende Erzählinhalte blockieren mögen.

Anspruchsvoll ist die Fähigkeit des Erzählens auch insofern, als die erzählende Darstellung – gerade auch von weniger belastenden Gehalten – stets in mehr oder weniger *reichhaltiger* und *persönlich entwicklungs-zuträglicher* Weise erfolgen kann. Man kann sich bekanntlich ‚selbst belügen', sich und anderen ‚etwas vormachen',

---

[5]   Umso deutlicher aber wird auch die Notwendigkeit, mittels systematischer Begleitforschung und formativer Evaluation die weitere Objektivierung, Dokumentation und Didaktisierung von Best-Practice-Verfahren voranzutreiben, an der sich dann die weitere Methoden-Entwicklung in diesem wie auch in anderen Arbeitsbereichen von Sozialarbeit und ‚Bildung' orientieren kann.

sich ‚nur dunkel' an gleichwohl essentielle Details erinnern und/oder bestimmte anti-narrative Abwehrmechanismen kultivieren. Oder aber man kann gemeinsam mit der Gruppe Wagnisse der erzählenden Selbsterkundung eingehen – woraus sich prinzipiell sozial-therapeutische Effekte ergeben. Aus narratologischer Perspektive muss nur daran erinnert werden, dass Psychotherapie als solche dort allegorisch definiert wird als: ‚das Immer-wieder-neu-Erzählen von stets derselben Geschichte' – nur dass diese Geschichte zunehmend ‚immer besser erzählt' wird (Roy Schafer). Darunter ist zu verstehen, dass die entscheidenden Episoden der eigenen Biografie und Lebenswelt in der narrativen Darstellung durch die Person (i) zum Einen inhaltlich zunehmend ausführlich und komplett ausgestaltet werden und dass sie (ii) zum Anderen im emotionalen Ausdruck und in der affektiven Beteiligung des/r Erzähler/in an Intensität gewinnen, auf dass die Emotionalität des Erzählens zunehmend dem näher kommt, was im Erleben tatsächlich gedacht und gespürt worden ist – mithin die ‚erzählte Lebensgeschichte' der ‚erlebten Lebensgeschichte' anzunähern. [6] Dieser *Prozess der Erzählbildung* erstreckt sich dann regelmäßig auch auf die Zuhörer/innen (und Ko-Erzähler/innen) in der Gruppe bzw. wird von ihnen wesentlich mit angestoßen und unterstützt. Je ‚besser' aber – in diesem narratologischen Sinn – erzählt wird, desto größer ist die Wahrscheinlichkeit, dass nachhaltige Impulse der persönlichen Veränderung und Weiterentwicklung freigesetzt werden. Auch aus wissenschaftlicher Perspektive spricht somit vieles dafür, sich in sozialtherapeutischen Verfahren besonders um die Hervorbringung von entwicklungs-zuträglichen Formen des Erzählen in der Gruppe zu bemühen. Umso mehr wäre die Leitungshaltung der Unterstützung des *lebensweltlich-narrativen und beziehungsgestützten persönlichen Austauschs* auch als Maßstab für die in der Intervention angezielte ‚Gruppenkultur' anzulegen.

Wie also sind die Leiter/innen in den beiden Projekten vorgegangen, um eine *narrative Prozessqualität* dieser Art in die Wege zu leiten?

Durchgängig ließ sich beobachten, dass die Gruppen- und Workshop-Leiter/innen in je individueller Weise ihre *persönliche Beziehungsbereitschaft* signalisierten. Dabei nutzten sie insbesondere die grundsätzliche Tatsache, dass Menschen immer dann so aufrichtig wie möglich in sich gehen und von sich erzählen, wenn seitens des Gegenübers ein glaubhaftes persönliches Interesse und eine ‚*verlässliche Aufmerksamkeit*' vorliegt. Hierbei wurde jedoch auch die Erfahrung gemacht, dass diese Aufmerksamkeit durchweg überzeugend sein und jeder Prüfung stand halten muss – gerade bei dieser Zielgruppe junger Menschen, die sehr unerbittlich und genau prüfen, bevor sie jemandem Vertrauen schenken.

---

[6] Die Biografie-Forscherin Gabriele Rosenthal hat diesbezüglich von dem Verhältnis von erzählter und erlebter Lebensgeschichte gesprochen. In: Rosenthal, G. (1995). Erzählte und erlebte Lebensgeschichte. Gestalt und Struktur biographischer Selbstbeschreibungen. Frankfurt a.M. (Campus). Rosenthal, G. (2004). Biographical Research. In: Seale, C., Gobo, G., Gubrium, J.F. & Silverman, D. (Eds.). Qualitative Research Practice. London: Sage, 48-64.

Für die zentrale Frage, welche weiteren Bedingungen erfüllt sein müssen, um diese Vertrauenswürdigkeit und Aufmerksamkeit auf der persönlichen Beziehungsebene verlässlich umsetzen zu können, ergaben sich in der Auswertung vor allem zwei Befunde: Hilfreich, aber in aller Regel überbewertet ist die Fähigkeit und Bereitschaft der Leiter/innen *sich selbst als Person* ins Spiel zu bringen und gegebenenfalls auch Persönliches und eigene Lebenserfahrungen von sich Preis zu geben, um auf diese Weise als Gegenüber authentisch und vertrauensbildend spürbar zu werden. Dieser Faktor wird aber de facto von den Jugendlichen nicht so stark in Anspruch genommen, wie dies gemeinhin vermutet – und mitunter befürchtet – wird. Auch geht es bei dergleichen Anfragen, etwas von sich zu erzählen, in aller Regel um recht überschaubare und gut handhabbare Initiativen der Jugendlichen, eine erste Kontaktprobe zu unternehmen, was im Grunde durchweg begrüßenswert ist. (Bemerkenswerter Weise tendierten die Leiter/innen hier überwiegend dazu, in zugewandter und abgemessener Weise auf die Beziehungsanfrage einzugehen, und nicht etwa vorschnell auf professionelle Abstinenz und Neutralität zu pochen, die sich im Zweifelsfall auch später noch geltend machen lässt. Dabei gehen die Leiter/innen in ihrer prozess- und beziehungs-orientierten Herangehensweise davon aus, dass die/der Jugendliche eine prinzipielle Abstinenz, d.h. jegliche Weigerung, auf Fragen nach dem persönlichen Leben einzugehen, – durchaus schlüssig – so verstehen würden, dass dem/r Leiter/in in ihrer Arbeit etwas Anderes, Drittes und Äußeres wichtiger sei als die aktuelle Arbeitsbeziehung und dass somit ihr/ihm selbst als Jugendlicher/m eine lediglich sekundäre Bedeutung zukomme.)

Hingegen wird in aller Regel unterschätzt, ist aber von zentraler Bedeutung, dass die Aufgeschlossenheit und Zugewandtheit der Leiter/innen zwar thematisch uneingeschränkt, aber keineswegs gänzlich bedingungslos oder unkritisch beschaffen war. Erfolgreiche Praxis war in beiden Projekten dadurch gekennzeichnet, dass die Leiter/innen eine Haltung aufbrachten, die sich als *Haltung der kritischen Zugewandtheit* bezeichnen lässt. Essentiell hierfür war, dass die Leiter/innen neben der glaubhaften Versicherung von Vertrauenswürdigkeit und persönlich-menschlichem Interesse auch vorbehaltlos ihre eventuellen Zweifel, Mutmaßungen und Nachfragen über die Äußerungen und Darstellungen der Teilnehmer vorbrachten und dass somit ein Klima geschaffen wurde, in dem man allseits Farbe bekennen und Tachles sprechen kann und in dem Wagnisse der Selbstäußerung und des Beziehungshandelns eingegangen werden können – wie dies in dynamisch-offener Gruppenarbeit allgemein Usus ist, den Jugendlichen aber zumeist kaum vertraut ist.

Kritische Zugewandtheit nimmt also gerade auch den konfrontativen Kontakt und die reibungsvollen Bezugspunkte auf, freilich ohne dabei gewaltsam oder entwertend zu sein, oder auch nur bevormundend oder suggestiv zu agieren. Vielmehr folgten die Leiter/innen in beiden Projekten einer selbstbestimmten, authentischen Neugier und waren dem Ziel verpflichtet, einen exemplarischen Stil der respektvollen und konstruktiven Hinterfragung des Gesprochenen zu praktizieren, der die persönliche Würde des Sprechers nicht gefährdet, sondern sie im Grund erst voll und ganz einlöst. (Wäre doch ‚menschliche Würde', die sich eigentlich erst in der erfolgreichen Verhandlung von Differenz einlösen lässt, durch eine pauschale, fraglose und kontaktabstinente Toleranz/ Akzeptanz nur sehr formal gewahrt.) Diese von beiden Projekten praktizierte *kritische Zugewandtheit* wahrt den basalen Unterschied zwischen Person und Ansicht bzw. Straftat-Verhalten und entspricht somit einer Grundhaltung, die gleichermaßen *akzeptierend und konfrontativ* ist (vgl. auch Köttig, Steger, Harris et al., Harris/ Bush, Harris/Riddey), eine Verbindung, die man eventuell kaum für möglich gehalten hätte (zumal wenn man von der klassischen politischen Bildung oder Jugendarbeit ausgeht), die sich aber als interventions-technisch unabdingbar erweisen hat.

Zudem wohnt dieser Verbindung ein spezifischer pädagogischer Eigenwert inne: Denn in der *zugewandt-kritischen Haltung* wird ja eine Fähigkeit praktiziert, die diese Zielgruppe aufs bitterste vermissen lässt und aber dringend erlernen muss: die Fähigkeit, sich mit sehr ‚andersartigen' Personen zu verständigen und somit über große subjektive Differenzempfindungen hinweg sowohl akzeptierend-zugewandt als auch, im Zweifelsfall, kritisch-konfrontativ zu agieren und dieses Vermögen selbst in emotional-dynamisierten Gruppensituationen aufrecht erhalten zu können – und eben nicht mit Vermeidung/ Flucht, kompromisslosem Bruch oder gewaltsamer Eskalation zu reagieren.

Gerade im Hinblick auf die „lebensweltlich-narrative" Herangehensweise eröffnet *der ‚Faktor Kultur'* ein ganz eigenes methodisches Möglichkeitsspektrum. Denn das vertrauensvolle Erzählen über Persönlich-Erlebtes lässt sich über kulturelle – und fiktionale – Narrative (Kino- und TV-Filme oder Song-Texte etc.) bzw. über die eigene Herstellung von kreativen Erzeugnissen in besonderer Weise anstoßen und intensivieren. *Cultures Interactive* setzt gerade bei schwer erreichbaren Brennpunkt-Jugendlichen Praxisformen der urbanen Jugendkulturen ein, die den Heranwachsenden attraktive Möglichkeiten der persönlichen Selbstäußerung zur Verfügung stellen und damit eine wesentliche Vertiefung des pädagogischen Prozesses erreichen können. Aber auch das Heranziehen von Filmen oder Song-Texten, die die Teilnehmer/innen als persönlich wichtig oder ansprechend bezeichnen, birgt viele Möglichkeiten der Bearbeitung von biografischen Erfahrungen, die – wenn eine hinreichende Vertrauensbasis erreicht worden ist – im Gruppengespräch aufgenommen und genutzt werden können. Sind doch im mentalen Handeln einer Person mit den fiktionalen Narrativen der eigenen Wahl unwillkürlich bestimmte persönliche Themen und ‚Entwicklungsherausforderung' virulent (vgl. Weilnböck 2008, 2011, Kansteiner/ Weilnböck), die für den gemeinsamen Prozess genutzt werden können. Voraussetzung hierfür ist freilich, dass die Leiter/innen einem *lebensweltlich-narrativen und beziehungsgestützten Ansatz* folgen und eine *zugewandt-kritische Haltung* praktizieren.

Im vergleichenden Blick auf grundsätzlich anders geartete, eher *verhaltenstechnisch* und *behavioristisch* ausgerichtete Methoden der Täterarbeit ließ sich hingegen sagen:

Als letztlich kaum funktionsfähig – und mitunter sogar kontraindiziert – hat es sich erwiesen, einzelne Elemente aus einem komplexen Verfahren wie dem VPN-Ansatz herauszulösen, also z.b. bestimmte Übungen, Rollenspiele, Aufstellungsmethoden oder didaktisierte Module der politischen Bildung dem Konzept zu entnehmen und außerhalb des *(selbst-)vertrauens-basierten Prozess- und Beziehungskontextes* der geleiteten Gruppe praktizieren zu wollen. Schon dort, wo eine angemessene Wahrung des Prozesskontextes geleistet ist, muss ja stets darauf geachtet werden, die Module, Übungen, Rollenspiele etc. nicht etwa verfrüht durchzuführen, noch bevor in der Gruppe der Vertrauensrahmen des lebensweltlich-narrativen Arbeitens verlässlich hergestellt ist. Dann nämlich besteht die Gefahr, dass die Übungen lediglich opportun aufgefasst und höflichkeitshalber mitgemacht werden und dann in mehr oder weniger eingestandener Lustlosigkeit versinken oder dass die biographischen Sondierungen oberflächlich und floskelhaft bleiben.

Das noch größere Risiko eines Vorgehens, das auf den Prozess-, Beziehungs- und Gruppenkontext von komplexeren Verfahren wie dem VPN-Ansatz verzichtet, aber dennoch ausgewählte Übungen daraus einsetzen möchte, besteht darin, dass besonders gefährdete Einzelne in akute Situationen der Überhitzung ihrer Emotionen bzw. in Angst-Wut-Zustände geraten, weil sie nicht auf einen absichernden Vertrauens- und Beziehungsrahmen zurückfallen können, dessen sie aber aufgrund ihrer psychischen Labilität unbedingt bedürfen. Wovor also nachdrücklich gewarnt werden muss, sind Methodiken wie die des „Heißen Stuhls", auf dem die Gewaltstraftäter durch Provokationen, Beleidigungen und Körperlichkeiten drangsaliert und gereizt werden, auf dass sie dabei lernen, nicht die Kontrolle zu verlieren und zuzuschlagen. Die Einschätzungen von Personen, die – sei es als Teilnehmer oder Praktizierende/r – verschiedene Methodiken kennen gelernt haben, waren hier besonders aufschlussreich. Auch andere Evaluationen scheinen in letzter Zeit zu einem Schluss gekommen zu sein, der doch eigentlich auch bei bloßem Auge nahe liegt (vgl. Schneider; Pingel & Rieker): dass methodisch isolierte Provokationsübungen dieser Art ungünstig wirken (und nur dann passable Resultate zeitigen, wenn die persönliche Intuition der Durchführenden dahin führte, dass neben den behavioristischen auch narrative, beziehungsgestützte und verantwortungs-orientierte Interaktionselemente zum Tragen kommen).

Massive Provokationsübungen, die um ihrer selbst willen durchgeführt werden, laufen nämlich unweigerlich darauf hinaus, dass, anstatt kreative Modi der Konflikt- und Situationsbewältigung zu entwickeln, genau das verstärkt wird, was diese Jugendlichen ohnedies schon zu genüge können – und was aber nicht gut für sie ist, nämlich: einfach einstecken und aushalten, bis dann im wirklichen Leben doch wieder der Affekt durchbricht – und ausgeteilt wird. (Hinzu kommt, dass die anderen Gruppenteilnehmer, die um den Einzelnen auf dem heißen Stuhl herum als Provokateure eingesetzt werden, mit viel Ausgelassenheit mehr darüber lernen, wie man jemanden provozieren und dazu bringen kann, die eigene Aggression auszuagieren.) Eine *zugewandt-kritische* Haltung, die systematische Beziehungs- und Erzählarbeit im Vertrauensrahmen der Gruppe und ein darauf aufbauendes Trainieren von geeigneten Konfliktlösungsmöglichkeiten beinhaltet, ist also die unabdingbare Voraussetzung dafür, dass einzelne Übungen und Module überhaupt eine nachhaltige Wirkung haben können (und in ihren Risiken beherrscht werden können). Dies hervorzuheben ist umso wichtiger, als die letzte Dekade der Antiaggressionsarbeit in Deutschland stark von behavioristischen Ansätzen wie dem „heißen Stuhl" geprägt war.[7]

Die Auswertungsergebnisse der Best-Practice-Forschung legen also nahe: (1) dass die Leiter/innen der jeweiligen pädagogischen Intervention von *außerhalb der Institution* kommen sollen und somit unabhängig und persönlich souverän agieren können, (2) dass aber die *Institution* bzw. das *kommunale Umfeld* der Jugendlichen in die Maßnahmen *mit einbezogen* werden – etwa durch Mitarbeiter/innen-Fortbildungen oder Zukunftswerkstätten etc., (3) vor allem: dass *in der Gruppe und mit der Gruppe* gearbeitet wird und somit auf die Prozesse und Beziehungen der Teilnehmer/innen untereinander und auf die psycho-affektive Dynamik der Gesprächsverläufe geachtet wird, (4) dass hierbei die *günstige Dosierung* der Gruppenintensität (im Verhältnis zu ergänzend-entlastenden Zweiergesprächen und Übungen) im Blick behalten wird, (5) dass der persönliche Habitus und Leitungsstil der Durchführenden eine *vertrauensvolle und belastbare* Grundbeziehung herstellt, sei es in der Gruppe oder im Zwiegespräch, (6) dass auf dieser ständig zu pflegenden Grundlage ein Modus des *lebensweltlich-narrativen, prozess-offenen* und *beziehungsgestützten* Zugangs zu den Jugendlichen beschritten wird, so dass ein vertrauensvolles und *entwicklungszuträgliches* Erzählen über Persönlich-Erlebtes erfolgen kann, (7) dass hierbei eine Leitungshaltung der *kritischen Zugewandtheit* eingenommen wird, die gerade auch den konflikthaften Kontakt aufsucht, dabei aber den basalen Unterschied zwischen Person und Ansicht bzw. Straftat-Verhalten wahrt und somit im zugewandt-hinterfragenden Gespräch gleichermaßen *akzeptierend und konfrontativ* verfährt (8) und dass hierbei auch der *Faktor Kultur / fiktionale Medienstoffe* zur Prozessvertiefung mit hinzugenommen wird.

Diese Bedingungen und Umstände scheinen also günstig, um mentale Entwicklungen in Gang zu setzen, die die Nachsozialisierung von essentiellen Persönlichkeitsfähigkeiten, die Bildung von emotionaler Intelligenz und die entsprechenden Haltungs- und Verhaltensänderung der jungen Straftäter bzw. Gefährdeten herbeiführen können. Die bisherige Best Practice-Forschung legt jedenfalls nahe, in Zukunft weiterhin innovative, interdisziplinäre und anwendungs-orientierte Vorgehensweisen zu entwickelt und

---

[7] Freilich hätte man im Grunde schon durch einen vergleichbaren Methodentrend aus der Psychotherapie, der Familienaufstellung nach Bernd Hellinger, eines besseren belehrt sein können. Gilt doch auch hier, dass das seit langem bewährte und hoch wirksam Methodenelement der ‚Aufstellung' aus dem therapeutischen (Verantwortungs-) Kontext herausgelöst und als isolierte – und sensationelle – Maßnahme durchgeführt wurde, was jedoch psychiatrische Einweisungen und Selbsttötungen – sowie mitunter auch weltanschaulich sehr fragwürdigen Implikationen – zur bitteren zur bitteren Folge hatte.

zu erproben und bei dieser feldnahen Methodenentwicklung gerade auch in den thera-
peutisch-klinischen Bereichen nach Hilfestellung Ausschau zu halten. Dadurch ließe
sich auch das bisher nicht immer einfache Verhältnis zwischen sozialer Arbeit und
klinischer Therapie – bzw. zwischen klinischer und kultur/-sozialwissenschaftlicher
Forschung – entspannen und konstruktiver gestalten. Dann aber würde tatsächlich
gute Aussicht darauf bestehen, dass nachhaltige Erfolge erzielt werden – und dass die
„Bildung den Menschen bessern kann".

Bibliographie

Angus, L. E. & J. McLeod (Hg.) (2004). The Handbook of Narrative and Psychotherapy. Practice, Theory and Research. London: SAGE-Publications.

Baer S., P. Wiechmann & H. Weilnböck (2011a): *Kulturräume2010. Partizipationsräume von und für Jugendliche.* In: *Die Zukunft der Bürgerbeteiligung. Herausforderungen – Trends – Projekte.* Beiträge zur Demokratieentwicklung von unten Nr. 25. Bonn: Verlag Stiftung ‚Mitarbeit' S. 201 - 212.

Baer S., P. Wiechmann & H. Weilnböck (2011b): *Jugendkulturen in der politischen Bildungsarbeit.* In: *Der Spiegel* – Unterrichtsmagazin Spiegel-Klett. S. 55.

Baer S., P. Wiechmann & H. Weilnböck (2010a): *Cultures Interactive – Jugendkulturen in der politischen Bildungsarbeit.* In: *Aus Politik und Zeitgeschichte* (Zft. hg. v.d. Bundeszentrale für politische Bildung), 27/2010. S. 28-34.

Baer S., P. Wiechmann & H. Weilnböck (2010b): *Kulturräume2010 – ein Projekt von ‚Cultures Interactive e.V.' (CI): Urbane Jugendkulturen als Mittel der staatsbürgerlichen Bildung, der zivilgesellschaftlichen Prävention und zur Stärkung des Gemeinwesens.* In: http://www.buergergesellschaft.de/nl/. Okt. 2010.

Baer S., P. Wiechmann & H. Weilnböck (2010c): *‚Cultures Interactive e.V.' und Social Entrepreneurship -- Eine konkrete Vision von blühenden sozialen Landschaften der neuen Art ....* Deutschland morgen. Visionen unserer Zukunft. Hg. von Tim Hagemann. Lengerich: Pabst. S. 167-176

Endrikat,K., Heitmeyer,W., Hüpping,S., Petzke,M. (2007). Gruppenbezogene Menschenfeindlichkeit // Group-Focused Enmity (GFE). Deutsche Zustände - Ein Bericht zur 10-Jahres Studie des IKG // The State of Affairs in Germany – A report on a ten-year study by the Institute for Interdisciplinary Research on Conflict and Violence. http://www.uni-bielefeld.de/Universitaet/Einrichtungen/Pressestelle/dokumente/BI_research/30_2007/Forschungsmagazin_1_07_10_14.pdf

Harris, D.M., Selyn, J. & Bush J.: Positive and Supportive Authority: An Approach to Offender Management and Supervision (in preparation).

Harris, D.M. & Riddy, R. (2008). The Thinking Skills Programme Facilitation Manual. Ministry of Justice of the United Kingdom (GB).

Harris, D.M. & Bush, J. (2010). One to One Cognitive Self Change. NOMS Cymru

Herman, D. et al. (2007). Routledge Encyclopedia of Narrative Theory. London: Routledge.

Heitmeyer, W. & Hagan, J. (Hg.) (2002). Internationales Handbuch der Gewaltforschung. Opladen: Westdeutscher Verlag.

Kansteiner, W., Weilnböck, H. (2011): Provincializing Trauma: A Case Study on Family Violence, Media Reception, and Transcultural Memory. In: Journal of Literary Theory. In Print.

Köttig, M. (2008). Der biographische Ansatz in der Einzelfallhilfe mit rechtsextrem

orientierten Mädchen und jungen Frauen. Forum Qualitative Sozialforschung / Forum: Qualitative Social Research [On-line Journal], 9(2) Januar
2008. Available at: http://qualitative-research.net und http://www.soziologie.
uni-kiel.de/bergermethqual/Kottig_Der_biographische_Ansatz_2008.pdf.

Pingel, Andrea & Rieker, Peter (2002): Pädagogik mit rechtsextrem orientierten
Jugendlichen. Ansätze und Erfahrungen in der Jugendarbeit. Leipzig: Deutsches Jugendinstitut.

Pizani Williams, L., P. Radcliffe & H. Weilnböck (2010): Towards Preventing
Violent Radicalisation (TPVR) – Research Report. Internal EU-Project
Document, DG Justice. www.violence-prevention-network.de.

Pizani Williams, L., P. Radcliffe & H. Weilnböck (2010): Towards Preventing Violent Radicalisation (TPVR) – Practice Guidelines for Working with Violent
Extremists (TACT Offenders in the UK; Right Wing extremists in Germany). Internal EU-Project Document, DG Justice. www.violence-prevention-
network.de..

Schneider, Hans Joachim (2001): Politische Kriminalität: Hassverbrechen. Fremden-
feindlichkeit im internationalen Kontext. In: Kriminalistik 55/1. S.21-28.

Scherr, Albert (2000): Gefährliche Nazis, überforderte Jugendarbeiter? Die Bekämpfung des Rechtsextremismus und der Auftrag der Jugendhilfe. In: Jugendhilfe 38. S. 307-314.

Spangenberg, R. (2008). Was ist in der Auseinandersetzung mit
„rechten"Jugendlichen zu beachten? http://www.politische-bildung-
brandenburg.de/themen/rechtsextremismus/dagegen/was-ist-der-
auseinandersetzung%C2%A0mit-%E2%80%9Erechten%E2%80%9C-
jugendlichen-zu-beachten.

Steger, P. u.a. (2009): Vereine & Verbände stark machen – zum Umgang mit Rechtsextremismus im und um den Sport. Hg. von der Deutschen Sportjugend im
Deutschen Olympischen Sportbund.

Sutterlüty, F. (2003). Gewaltkarrieren. Jugendliche im Kreislauf von Gewalt und
Missachtung. Institut für Sozialforschung. Frankfurt/M.: Campus.

Sutterlüty, F. The Genesis of Violent Careers, in: Ethnography, Vol. 8, No. 3/2007,
S. 267–296.. http://www.ifs.uni-frankfurt.de/people/sutterluety/Ethnogra-
phy%203-2007.pdf

Tschuschke, V. (Hrsg.) (2000). Praxis der Gruppenpsychotherapie. Stuttgart: Thieme.

Weilnböck, H. (2012a): Ist politische Bildung „unmenschlich"? – Fallgeschichte
über Potentiale und Schwierigkeiten der interdisziplinären Jugendarbeit in
Gewaltprävention und ‚Deradikalisierung'. In Verhandlung mit: Verlag der
Bundeszentrale für politische Bildung, Bonn.

Weilnböck, H. (2012b): De-radicalisation in community and prison work: 'Violence
Prevention Network', 'Cultures Interactive', and EU research. In: Marc
Coester, Erich Marks (Ed.): International Perspectives of Crime Prevention:
Contributions from the 4th Annual International Forum 2012. Forum Verlag.

Weilnböck, H. (2012c): Die „Wir-unter-uns"-Gruppe / Selbsterfahrungsgruppe als Verfahrenselement eines sozial- und kultur-pädagogischen Arbeitssettings (im ‚Fair Skills'-Xenos-Projekt von Cultures Interactive e.V.). In Vorbereitung: Forum Qualitative Sozialforschung, http://www.qualitative-research. net. 36 Seiten

Weilnböck, H. (2011): Psychologische Literatur- und Medien-Interaktionsforschung (LIR). Ein qualitativ-empirisches Design für integrale kulturwissenschaftliche Text- und Personenforschung. Submitted to: Textwelten – Lebenswelten Hg. von Phillip Stoellger et al. Zürcher Kompetenzzentrum für Hermeneutik der Universität Zürich. ca. 40 Seiten, vgl. www.weilnboeck.net

Weilnböck, H. (2009a): Towards a New Interdisciplinarity: Integrating Psychological and Humanities Approaches to Narrative. In: Sandra Heinen & Roy Sommer (Hg.): Narratology in the Age of Cross-Disciplinary Narrative Research. Berlin: De Gruyter (2009a), S. 286-309. vgl. www.weilnboeck.net

Weilnböck, H. (2008): Mila – eine Fallrekonstruktion der qualitativ-psychologischen Literatur- und Medien-Interaktionsforschung (LIR). In: Psychotherapie und Sozialwissenschaft 10(2) (2008), S. 113-146. vgl. www.weilnboeck.net

Weilnböck, H. (2007): Zur Nützlichkeit der schönen Künste in der heutigen Zeit: Das ‚Gruppenanalytische Literatur- und Medien-Seminar'. Ein Verfahren der Kompetenzbildung, Resilienzförderung – und Literaturforschung. In: Knut Hickethier & Katja Schumann (Hg.): Die schönen und die nützlichen Künste. Literatur, Technik und Medien seit der Aufklärung. Festschrift für Harro Segeberg. Fink-Verlag, München (2007), S. 49-61.

Weilnböck, H. (2006): Der Mensch – ein Homo Narrator. Von der Notwendigkeit und Schwierigkeit, die psychologische Narratologie als Grundlagenwissenschaft in eine handlungstheoretische Sozial- und Kulturforschung einzubeziehen. Besprechungsessay. In: www.literaturkritik.de, Schwerpunkt: Erzählen. (April 2006), 58 Absätze (17 Seiten). http://www.literaturkritik.de/public/rezension.php?rez_id=9365&ausgabe=200604

Von Jörg Dittmann / Jan Goebel / Sandra Heisig

Erfolgreich in Schule und Ausbildung trotz sozialer Benachteiligung Unter welchen Voraussetzungen gelingen Schulabschlüsse und Ausbildungsplatzsuche?

1 Einleitung

Während bis in die Gegenwart zahlreiche Studien zum Misserfolg von Kindern und Jugendlichen aus einkommensschwachen und bildungsfernen Familien durchgeführt werden, (vgl. bereits Schelsky 1957; aktuell z.b. Bos et al. 2010), ändert sich zunehmend die Untersuchungsperspektive mit einem besonderen Blick auf erfolgreiche Schul- und Berufslaufbahnen trotz sozialer Benachteiligung (Richter 2000; Wustmann 2003).

Im vorliegenden Beitrag soll aufgezeigt werden, wie junge Menschen, die in prekären Lebenslagen aufwachsen, erfolgreiche Schulabschlüsse erzielen und wie junge Migrantinnen und Migranten trotz geringer Schulbildung tatsächlich der Übergang von Schule in Ausbildung gelingt. Für diesen Zweck werden Ergebnisse auf Basis zweier Datengrundlagen vorgestellt: Anhand des Sozio-Oekonomischen Panels (SOEP, v26) werden für 490 Jugendliche, die in Armut aufgewachsen sind, ihre Bildungskarrieren und ihre aktuellen Lebenslagen nachgezeichnet und erfolgreiche Verlaufstypen herausgearbeitet. Die zweite Datenquelle basiert auf einem Forschungsprojekt des ISS-Frankfurt a.M. in Kooperation mit dem Bundesverband der Arbeiterwohlfahrt (AWO). In dieser Studie wurden junge türkischstämmige Erwachsene und Spätaussiedlerjugendliche mit Hauptschulniveau daraufhin untersucht, wie es dieser spezifischen Gruppe gelingt, den Übergang in Ausbildung zu meistern. Hierfür wurden die jungen Erwachsenen zu ihren relevanten Lebenswelten, d.h. Schule, Freunde und Familie befragt.

Die Ergebnisse beider Studien liefern wichtige Anhaltspunkte für Lösungsstrategien erfolgreicher „Bildungsarbeit" für benachteiligte junge Menschen in Transitionsprozessen.

2 Ausgangslage

In Deutschland besteht weitgehend Konsens darüber, dass Bildung ein zentraler Schlüssel für sozialen Aufstieg und damit für die Teilhabe am gesellschaftlichen Wohlstand ist. Bildung umfasst die formalen Bildungskontexte, d. h. Haupt-, Realschule und Gymnasium sowie Gesamtschule, Berufsschule oder berufliche Ausbildung. Die non-formalen und informellen Bildungskontexte, d. h. außerschulische Bildung und Alltagsbildung, sind für zentrale Bildungskompetenzen, wie Spracherwerb und kognitive Grundausstattung, für das Erlernen von Aufmerksamkeit, von Ausdauer und von Gewissenhaftigkeit, und damit für das Erzielen formaler Bildung nicht minder wichtig.

Die formalen Bildungskontexte und die darin erworbenen Schulabschlüsse sind das zentrale Selektionskriterium für den Zugang zu Berufen und die Berufsausbildung. Noten und Abschlüsse, die Währung des Bildungswesens (Meulemann 1999), sollen in modernen Gesellschaften durch eigene Anstrengung, Zielstrebigkeit und Fähigkeiten erworben werden. Die Bildungsforschung weist jedoch drauf hin, dass die Abhängigkeit des Bildungserfolgs von der sozialen Herkunft seit langem besteht (vgl. Schimpl-Neimanns 2000). Erst in den letzten Jahren, insbesondere durch die national wie international vergleichend angelegten PISA-Studien (Baumert et al. 2003) und IGLU (Bos et al. 2008), hat das Problem der Bildungsungleichheit und der ungleichen Bildungschancen in Deutschland eine breite Aufmerksamkeit erzielt.

Die Armuts- und die Jugendforschung zeigen, dass bei Kindern und Jugendlichen, die in einkommensarmen Haushalten aufwachsen, der Schulerfolg ebenfalls nennenswert eingeschränkt ist, insbesondere wenn materielle Deprivation und einfache Bildung der Eltern zusammentreffen (Holz/Skoluda 2003; Schulze et al 2008).

Gerade weil Kinder und Jugendliche aus bildungsfernen und materiell deprivierten Milieus auch gegenwärtig im Durchschnitt schlechtere Schulleistungen und niedrigere Schulabschlüsse erzielen, tragen sie langfristig Armutsrisiken: Mangelnde Bildungsressourcen, abgebrochene Bildungsverläufe und schulischer Misserfolg erschweren die berufliche Eingliederung. Beschäftigung aber ist die Voraussetzung für die Erzielung eines eigenen Einkommens, das ein unabhängiges Leben bieten soll. Mit geringeren Berufschancen und erhöhtem Arbeitslosigkeitsrisiko steigt schließlich auch das eigene Armutsrisiko. Die Folgen geringer Bildung gehen also weit über die geringeren Chancen auf dem Arbeitsmarkt hinaus und schränken individuelle Lebens- und Teilhabechancen ein. Dass Kinder aus einfacher sozialer Herkunft bei gleichen Schulnoten seltener eine Empfehlung für das Gymnasium erhalten, macht auf die institutionellen Barrieren aufmerksam, von denen diese Kinder bereits früh betroffen sind.

Empirische Studien zu Schulabschlüssen und Ausbildung verdeutlichen diese ungünstigen Entwicklungen für sozial benachteiligte Jugendliche (Uhlig et al. 2009; Kratzmann/Schneider 2009). Die für Deutschland repräsentative Studie von Hauser und Becker (2009) auf Basis des SOEP zeigt für das Jahr 2006, dass 31 % der 12- bis 15-Jährigen aus Nicht-Akademiker-Elternhäusern die Hauptschule besuchen, während es bei den Jugendlichen der gleichen Altersgruppe, die aus Akademiker-Elternhäusern stammen, gerade einmal 8 % sind. Umgekehrt besuchten 59 % dieser Jugendlichen das Gymnasium. Bei den 12- bis 15-Jährigen aus Nicht-Akademiker-Elternhäusern waren es gerade einmal 16 %, die auf das Gymnasium gingen.

Die Chancen, direkt nach der Schule einen Ausbildungsplatz zu erlangen, sind wiederum für Absolventen oder Abgänger von Hauptschulen aufgrund einer verschärften Auswahlpraxis der Betriebe und gestiegener Anforderungen in Ausbildung und Beschäftigung meist gering. Da der formale Schulabschluss von entscheidender Bedeutung für den Erhalt eines Ausbildungsplatzes ist, haben Jugendliche mit schwachem oder fehlendem Schulabschluss hier besonders große Schwierigkeiten. Der Datenreport zum Berufsbildungsbericht 2010 zeigt für das Jahr 2008, dass nur 41 % der Hauptschulabgänger ins duale System einmündeten, bei den Jugendlichen ohne Schulabschluss waren es sogar nur 22 % (Bundesinstitut für Berufsbildung 2010).

Was die Diskriminierung von Kindern aus einfacher sozialer Herkunft anbelangt, so zeigt die Internationale-Grundschul-Lese-Untersuchung (IGLU) für das Jahr 2006, dass Arbeiterkinder bei gleichen Kompetenzen (Leseleistung und -verständnis) es fast dreimal so schwer haben, von Lehrern für ein Gymnasium empfohlen zu werden, wie Kinder aus der Oberschicht (Bos et al 2008). Zudem zeigen sich regionale Unterschiede: Im Saarland und in Sachsen ist der Einfluss der sozialen Herkunft besonders groß; dort sind die Aussichten für Arbeiterkinder mehr als viermal geringer. Auch Hessen und Bayern schneiden vergleichsweise schlecht ab.

Für junge Migrantinnen und Migranten gestalten sich Bildungsverläufe besonders schwierig. Sie erzielen in Deutschland im Durchschnitt deutliche geringere Schulabschlüsse und sehen sich mit deutlich größeren Schwierigkeiten beim Übergang von Schule in Ausbildung konfrontiert. Dies gilt vor allem dann, wenn sie aus Nicht-EU-Ländern stammen. (Kristen/Granato 2005). Für Kinder und Jugendliche mit Migrationshintergrund sind die institutionellen Barrieren zudem verschärft. Bei gleichen Kompetenzen (z.B. in der Leseleistung und im Leseverständnis) ist die gymnasiale Empfehlung seltener (Bos et al 2008). Zudem besteht das allgemeine Problem von Einwanderern, dass die Familien ihr in der Herkunftsgesellschaft akkumuliertes Humankapital im Aufnahmeland (so auch in Deutschland) nicht zum Einsatz bringen können (Diefenbach 2005).

Jugendliche mit Migrationshintergrund besuchen seltener das Gymnasium als die Autochthonen gleichen Alters. 2006 besuchten 4 % der Jugendlichen mit ausländischem Pass ein Gymnasium, wohingegen 19 % auf der Hauptschule waren (Krüger-Hemmer 2008, S. 54). Migrantenjugendliche verlassen zudem häufiger die Schule ohne Schulabschluss als diejenigen ohne Migrationserfahrung. Das Statistische Bundesamt hat anhand von Zahlen aus dem Jahr 2007 den Schulerfolg von „Menschen mit Migrationshintergrund" untersucht. Von den rund 2 Millionen Menschen mit Migrationshintergrund, die ausschließlich in Deutschland zur Schule gegangen sind und das deutsche Schulsystem vollständig durchlaufen haben, haben 6,5 % (137.000) keinen allgemeinen Schulabschluss erreicht - bei der einheimischen Bevölkerung lag der entsprechende Wert bei lediglich 1,5 % (Statistisches Bundesamt: Mikrozensus; Bildung in Deutschland 2008).

Junge Migrantinnen und Migranten stoßen nicht nur bei der schulischen Integration auf zahlreiche Probleme, sie sehen sich nicht zuletzt auch aufgrund der schwierigen schulischen Voraussetzungen bei der Suche nach einem Ausbildungsplatz mit mehr

Schwierigkeiten konfrontiert als ihre deutschen Altersgenossen. Sie finden seltener einen Ausbildungsplatz und ihre Suche dauert länger. Der Berufsbildungsbericht des Bundesministeriums für Bildung und Forschung aus dem Jahre 2009 zeigt für das Jahr 2007 bei jungen Ausländern und Ausländerinnen eine Ausbildungsbeteiligungsquote von 24 % und bei den deutschen jungen Menschen von 58 %, obwohl sie ein ebenso hohes Interesse an einer Berufsausbildung wie deutsche Jugendliche haben (Berufs-bildungsbericht 2009, S. 24). Die Ergebnisse der Übergangsstudie des Bundesinstituts für Berufsbildung und der Bundesagentur für Arbeit zu 5.087 Ausbildungsstellenbe-werbern zeigen, dass auch drei Jahre nach dem Schulabschluss (ohne Hochschulzu-gangsberechtigung) lediglich 63 % der jungen Menschen mit Migrationshintergrund, eine betriebliche Ausbildung begonnen hatten, obwohl sie dies anstrebten, während immerhin 81 % der Jugendlichen ohne Migrationshintergrund sich in einer betriebli-chen Ausbildung befanden.

Trotz der nennenswert geringeren Bildungschancen kann nicht einfach von einem kausalen Zusammenhang zwischen Armut, Migrationshintergrund, bildungsferner sozialer Hintergrund als Verursacher und Schul-/Ausbildungsschwierigkeiten gespro-chen werden. Die vergleichsweise wenigen Studien zum Bewältigungsverhalten zei-gen, dass Normalbiografien, zu denen ein erfolgreicher Schulabschluss und der Erhalt eines Ausbildungsplatzes (innerhalb einer überschaubaren Zeit) gezählt wird, zwar seltener aber keine Einzelfälle sind.

3 Lösungsansätze für den Bildungserfolg von benachteiligten jungen Menschen

Der Übergang von Schule in Ausbildung und Beruf von benachteiligten jungen Menschen ist gekennzeichnet durch die Verbindung von lebensphasenspezifischen Herausforderungen mit vielfältigen sozialen Problemlagen sowie gesellschaftlich-strukturell bedingten Barrieren. Für Jugendliche mit Migrationshintergrund kommen migrationsspezifische Herausforderungen hinzu.

Daraus lässt sich schließen, dass multistrategische Ansätze zur Lösung der Problema-tik entwickelt, umgesetzt und evaluiert werden müssen. In den letzten Jahren hat sich die Perspektive geändert; vermehrt richtet sich das Augenmerk auf ressourcen- und lösungsorientierte Ansätze bezogen auf die betroffenen Kinder und Jugendlichen. In diesem Zusammenhang rücken zunehmend auch das „Resilienz"-Konzept und sozia-lisationstheoretische Ansätze in den Fokus der Diskussion.

Unter Resilienz wird die Fähigkeit verstanden, „Krisen unter Rückgriff auf persön-liche und sozial vermittelte Ressourcen zu meistern und als Anlass für Entwicklung zu nutzen" (Welter-Enderlin, 2006: 13). Gemeint ist damit die in der Interaktion zwi-schen Kind und Umwelt erworbene Widerstandskraft gegenüber negativen Auswir-kungen von Risiken und Belastungen. Ein solcher Risikofaktor stellt das Aufwachsen und die Erfahrungen mit Armut dar. Die Sozialforschung ist sich darüber einig, dass für Kinder und Jugendliche, die in wirtschaftlich schwachen Haushalten aufwachsen,

die Lebenslagen und die Lebensführung sowie damit zusammenhängend die Teilha-
be- und Zukunftschancen nennenswert eingeschränkt sind.

Mit Resilienzkonzepten (Werner/Smith 2001; Wustmann 2003, Zander 2008) lässt
sich vermuten, dass Armutserfahrung und Ausgrenzung durch persönliche und sozial
vermittelte Ressourcen bewältigt wird, sodass trotz materieller Unterversorgung, Defiziten und Belastungen in verschiedenen Lebensbereichen, wie etwa der Schule oder
auch der Familie, eine positive Entwicklung ermöglicht wird.

Aus Sicht der Resilienzforschung erklärt sich auch der erfolgreiche Schulabschluss
von sozial benachteiligten Jugendlichen insbesondere durch personale und soziale
Schutzfaktoren und Ressourcen (vgl. Richter 2000; Wustmann 2003). Zu den personalen Ressourcen gehören u.a. Selbstwirksamkeitsüberzeugungen, ein positives
Selbstkonzept und eine positive Lebenseinstellung, genauso wie Sozialkompetenz
und emotionale Bindungsfähigkeit.

Hinzu kommen soziale Ressourcen im Familienbereich, wie positives Familienkli-
ma, positive Beziehung des Kindes zur Mutter und zum Vater, ein kindzentrierter
Tagesablauf und gemeinsame Aktivitäten mit den Kindern. Ein hoher sozioökonomischer Status der Familie wird ebenfalls als familiale Ressource verstanden (Holz
et al. 2006; Chassé et al 2005). Ressourcen und Schutzfaktoren findet das Kind bzw.
der Jugendliche aber auch in der Schule, im Freundschaftsgefüge und bei den Peers
sowie im weiteren sozialen Umfeld. Diese Faktoren wirken nicht nur kompensato-
risch bzw. „beschützend" gegenüber den aus der Armutserfahrung und anderen Benachteiligungen resultierenden Defiziten und Belastungen: Gerade über die Ressourcen und unterstützende Bezugspersonen können Kompetenzen zur Bewältigung von
Risiken und Belastungen erlernt bzw. aktiviert werden. Ebenso unterstützend wirkt
die Möglichkeit, an verschiedenen Freizeitangeboten teilzunehmen und somit soziale Ausgrenzung auszuschließen und das Selbstwertgefühl mittels Anerkennung von
Talenten und Hobbys zu steigern. (Wustmann 2003). Schutzfaktoren erhöhen in diesem Sinne nicht nur die Wahrscheinlichkeit für eine positive Entwicklung, sondern
entfalten darüber hinaus ihre Wirkung gerade bei vorhandenen Risiken oder widrigen
Lebensumständen (vgl. Richter 2000; Laucht et al. 2000; Lösel/Bender 1999; Werner
1997; Wustmann 2003; Zander 2008).

Aus sozialisationstheoretischer Sicht wird der Einfluss von kulturellem, sozialem
und ökonomischem Kapital (Coleman 1995, Bourdieu 1997) auf den Schulerfolg
diskutiert. Kulturelles Kapital bezieht sich auf die kognitive „Grundausstattung" (d.
h. analytisches und logisches Denken, Wissenserwerb) und umfasst vor allem kulturelle Kompetenzen und Sprachkenntnisse. Zu den elementaren Bildungsressourcen
gehören insbesondere auch das Erlernen von Aufmerksamkeit, von Ausdauer und von
Gewissenhaftigkeit sowie Auffassungsgabe. Bildung umfasst damit individuelle Ent-
wicklungsprozesse (Sozialisation), die nicht alleine die kulturelle, sondern auch die

soziale und materielle Lebenslage beeinflussen. Von Bedeutung ist dabei besonders, dass diese Kompetenzen mit den Erwartungen der Gesellschaft und der Schule übereinstimmen, da ein auf bestimmte Bevölkerungsgruppen abgestimmtes kulturelles Kapital im Schulsystem abgefragt, beurteilt und reproduziert wird. Soziales Kapital ergibt sich aus den sozialen Beziehungen in der Familie, der Peergroup oder zu anderen Bezugspersonen. Es umfasst soziale Kompetenzen zum Umgang mit Herausforderungen des alltäglichen Lebens, etwa dem Leistungsdruck in der Schule, sowie die Nutzung sozialer Netzwerke, die wiederum Ressourcen zur sozialen Unterstützung beinhalten. Ökonomisches Kapital bezieht sich auf den materiellen Hintergrund, welcher eine wichtige Rahmenbedingung bildet zum Erwerb der anderen beiden Kapitalsorten ebenfalls (Rüesch, 1998; Bos et al. 2008).

Die These, die sich aus dem Resilienzkonzept ableitet, lautet daher: Je mehr personale und soziale Ressourcen und je weniger Belastungen vorliegen, desto eher zeigen sich die Jugendlichen resilient und desto wahrscheinlicher ist Bildungserfolg trotz sozialer Benachteiligung, etwa durch Armutserfahrung. Nachfolgend werden hierzu Ergebnisse zweier empirischer Studien vorgestellt, die sich auf den Bildungserfolg sozial benachteiligter Jugendlicher beziehen und dabei auf die Schulabschlüsse und Ausbildungsplatzsuche fokussieren.

4 Studien

4.1 SOEP-Studie: Schulerfolg trotz Armutserfahrung

Das ISS-Frankfurt am Main führt zusammen mit der Abteilung SOEP des Deutschen Instituts für Wirtschaftsforschung in Berlin eine Studie zum Schulerfolg trotz Armutserfahrung durch. Dafür werden Daten des Sozio-Oekonomischen Panels (SOEP) ausgewertet. Das SOEP ist eine seit 1984 laufende Wiederholungsbefragung in der gesamten Bundesrepublik Deutschland, die regelmäßig eine Vielzahl von Merkmalen zur Lebenssituation erhebt (Wagner et al. 2008).

Zur Beantwortung der Frage, welche Faktoren für einen erfolgreichen Schulabschluss von Jugendlichen relevant sind, wurde auf die Informationen zurückgegriffen, die seit 2001 im SOEP mit einem speziellen Jugendfragebogen erhoben werden. Die Untersuchungspopulation bilden Jugendliche, die zwischen 2001 und 2009 an der Befragung teilgenommen haben. Jeder Jugendliche hat diesen Fragebogen einmal beantwortet, das mittlere Alter zum Befragungszeitpunkt lag bei 17 Jahren.[1] Im Fokus stehen diejenigen Jugendlichen, die in der Vergangenheit zu mindestens zwei Befragungszeitpunkten von Einkommensarmut betroffen waren.[2]

---

[1]   Der Fragebogen wird bei der Erstbefragung von Jugendlichen im SOEP genutzt, die Spannweite des Alters lag daher bei 16 bis 19, über 90 % der Befragten waren allerdings 17.

[2]   Zur sprachlichen Vereinfachung wird im Folgenden lediglich von Armutserfahrung gesprochen, die Au-

In einem zweiten Schritt wird die Definition von sozialer Benachteiligung ausgeweitet, indem das kulturelle Kapital in Form des Bildungshintergrunds der Mütter der Jugendlichen einbezogen wird. Demnach gilt ein Jugendlicher dann als benachteiligt, wenn er wie im ersten Modell Armutserfahrung aufweist und zudem aus einem bildungsfernen Haushalt (Mutter besitzt keinen Schulabschluss oder lediglich einen Haupt- oder Realschulabschluss) stammt.

Der Schulerfolg wird in zwei Varianten definiert. (1) Im ersten Modell bedeutet Schulerfolg der Jugendlichen mindestens einen Realschulabschluss. (2) In einem weiteren Modell wird die Erfolgsvariable eingeschränkt, indem nur noch ein Besuch oder Abschluss des Gymnasiums als Bildungserfolg operationalisiert wird. Insgesamt liegen Verlaufsdaten von 2110 Jugendlichen vor, wovon 490 Jugendliche in mindestens zwei Befragungsjahren unterhalb der Armutsgrenze gelebt haben. Da das Projekt noch nicht beendet ist, können die Ergebnisse an dieser Stelle nur skizziert werden.

Die ersten Auswertungen auf Basis multivariater Regressionsschätzungen zeigen, dass männliche im Vergleich zu weiblichen Jugendlichen geringere Chancen haben, eine Realschule zu besuchen oder erfolgreich abzuschließen, wenn sie in Einkommensarmut aufwachsen. Resilienz gegenüber Armutserfahrungen ist zudem eingeschränkt, wenn die Mutter auf der Suche nach Arbeit ist.

Wie auch bei weniger benachteiligten Jugendlichen stellen die schulischen Bedingungen eine wichtige Rahmenbedingung für den Bildungserfolg dar. Von den vergleichsweise wenigen Aspekten, die aufgrund der Datenlage im SOEP zur Schule untersucht werden konnten, stellt ein hoher Migrantenanteil in der Schulklasse eine besonders negative Rahmenbedingung für den Schulerfolg dar. Dabei ist nicht der hohe Migrantenanteil in der Schulklasse per se ein Problem: Gerade weil sich die Schulklasse meist aus Migranten von sehr heterogener ethnischer Herkunft zusammensetzt und ein hoher Anteil dieser Schüler aus sozial schwachen Familien stammt, für die ein entsprechend hoher Integrationsbedarf besteht, gestaltet sich der Unterricht in diesen Klassen besonders schwierig und darunter leiden auch die Leistungen der Schülerinnen und Schüler.

Ein fester Freund oder eine feste Freundin kann zwar eine wichtige Ressource sein, in der gerade arme Jugendliche Rückhalt finden können, in den empirischen Ergebnissen wirkt sich ein fester Freund oder eine feste Freundin bei den benachteiligten Jugendlichen aber eher negativ auf den Schulerfolg aus. Studien zur Bedeutung von Gleichaltrigen kommen zum Teil zu ähnlichen

---

toren sind sich allerdings bewusst, dass mit dem Einkommensarmutskonzept nur ein indirekte Messung vorliegt, Die Bezeichnung Armutsrisikoquote ist daher theoretisch die treffendere, allerdings sprachlich etwas unhandlich.

Ergebnissen (Eder 2008; Krappmann 2008). Erklärt werden kann dies durch einen negativen Verstärkereffekt: Wenn sich Jugendliche an Freunden orientieren, die ebenfalls von Armut und sozialer Ausgrenzung betroffen sind, können diese Zusammenkünfte bereits begonnene problematische Entwicklungen in Schule, Familie und im Freundkreis gegenseitig verstärken.

Ein zusätzliches Risiko, insbesondere für die hier untersuchten Jugendlichen mit Armutserfahrung, sind geringe Selbstwirksamkeitsüberzeugungen (vgl. Bandura, 1986), die etwa aus erhöhter externaler Kontrollüberzeugung hervorgehen können. Ist das Vertrauen beim Individuum gering, schulspezifische Situationen oder Ziele erfolgreich erreichen zu können, dann ist die Schulangst ausgeprägter und das Leistungsvermögen schwerer abrufbar (vgl. Tarnai et al. 2000).

Als herausragende Ressource für den Schulerfolg der Benachteiligten erweist sich, wie auch in anderen Studien, ein hoher Bildungsabschluss der Mutter.

Eine weitere Ressource bildet die aktuelle materielle Lebenssituation: Lebt der Jugendliche aktuell in einem materiell gut versorgten Haushalt (trotz Armutserfahrung in der Vergangenheit) und bestehen beispielsweise Sparmöglichkeiten, so steigt ebenfalls die Wahrscheinlichkeit erfolgreicher Schulverläufe. Zudem wirken sich ein besonderes Schulengagement der Eltern (z.B. durch Mitarbeit in Schulgremien und durch Aufsuchen durch Schulsprechstunden) und weiteres soziales Kapital positiv aus, wie etwa die Unterstützung durch den besten Freund.

Die Pflege musischer Hobbies und der Erwerb von EDV-Kenntnissen haben ebenfalls einen positiven Effekt auf den Schulverlauf für die von Armut betroffenen Jugendlichen. Jugendliche, die von ihrer Persönlichkeit her in der Lage sind, sich gegenüber neuen Erfahrungen und Erlebnissen zu öffnen, sind eher in der Lage, trotz Aufwachsens in Armut erfolgreich in der Schule zu sein.

Wenn statt des Realschulabschlusses der gymnasiale Abschluss als Erfolgskriterium für den Schulerfolg verwendet wird, bleibt die Bedeutung der genannten Resilienz- und Risikofaktoren für diese Gruppe mit wenigen Ausnahmen bestehen. Außerschulisches Engagement, aber auch musische oder technische Freizeitaktivitäten des Jugendlichen erhöhen die Chance auf einen gymnasialen Abschluss bei nicht armen Jugendlichen, nicht jedoch bei den armen Jugendlichen. Die Förderung von non-formaler und informeller Bildung reicht für sich genommen nicht aus, um den gymnasialen Schulerfolg von armutsbetroffenen Jugendlichen herzustellen. Andere Faktoren werden für die Benachteiligtengruppe dagegen wichtiger. Dazu gehören insbesondere die klassischen Benachteiligungsmerkmale, wie der Migrationshintergrund des Jugendlichen, der zuvor für den Erfolg auf der Realschule keine Rolle gespielt hat, die Chancen auf einen gymnasialen Abschluss jedoch signifikant einschränkt. Soziales Kapital, d.h. eine enge Beziehung zur Mutter und die strukturelle Vollständigkeit der Familie werden für den Erfolg auf dem Gymnasium wichtiger. Die Bildungsherkunft, d.h. der Bildungsabschluss der Mutter, der für den erfolgreichen Realschulabschluss eine zentrale Rolle gespielt hat, wird für den gymnasialen Abschluss von Jugendlichen, die in Einkommensarmut aufwachsen, noch bedeutsamer.

4.2 AWO-ISS-Studie: Erfolgreiche Ausbildungssuche

Das ISS-Frankfurt a.M. hat in Kooperation mit der Arbeiterwohlfahrt (AWO) von 2006 bis 2009 das Forschungsprojekt „Resilienz und Bewältigungsstrategien von jungen Menschen mit Migrationshintergrund im Übergang von Schule in Ausbildung" durchgeführt. Für diesen Zweck wurden 386 junge türkischstämmige Jugendliche und Spätaussiedlerjugendliche quantitativ befragt. Zur vertiefenden Darstellung von Übergangsprozessen wurden 15 qualitative Interviews mit der genannten Zielgruppe durchgeführt. Nachfolgend wird über die Ergebnisse berichtet, die sich auf die 18-21 jährigen Migrantinnen und Migranten mit regulärem Hauptschulabschluss (n=278) bezieht, wovon sich eine Gruppe in regulärer Ausbildung befindet (n=135) und die andere Gruppe keinen Ausbildungsplatz hat (n=143).

Zu den zentralen Untersuchungsfragen der Studie gehören:

1. Welche Unterschiede gibt es zwischen Verfügbarkeit und Nutzung der Ressourcen von jungen Erwachsenen mit Migrationshintergrund, die den Übergang in Ausbildung bewältigt haben, und denjenigen, denen der Übergang (noch) nicht gelungen ist?

2. Mit welchen Strategien gelingt jungen Menschen der Übergang in Ausbildung?

3. Welche Formen der institutionellen Unterstützung erweisen sich als hilfreich?

4. Wie werden Unterstützungsangebote bewertet und wo sind Bedarfe?

Nachfolgend sind die zentralen Ergebnisse der Untersuchung zusammengefasst (vgl. hierzu ausführlich Alicke et al. 2009).

Schulerfolg stützt den Übergang in Ausbildung. Diejenigen Migrantinnen und Migranten, denen der Übergang in Ausbildung gelungen ist, weisen oft einen höheren Schulerfolg bzw. bessere Schulnoten vor. Die Sprachkompetenz in Deutsch ist dabei ein zentrales Merkmal für eine erfolgreiche Bildungs- und Übergangsbiografie. Befragte, denen der Übergang in Ausbildung gelungen ist, schätzen den gezielten Spracherwerb für wichtiger ein als Jugendliche ohne Ausbildungsplatz. Im Vergleich der Herkunftsgruppen sehen junge (Spät-)Aussiedler/-innen den gezielten Spracherwerb als bedeutsamer an als junge Menschen mit türkischem Migrationshintergrund, was im Wesentlichen auch durch die herkunftsspezifische Migrationsgeschichte zu erklären ist: Junge (Spät-)Aussiedler/-innen haben meist eine eigene Migrationserfahrung, dagegen wurden die meisten der befragten jungen Menschen mit türkischem Migrationshintergrund in Deutschland geboren. Die Konsequenz ist, dass türkischstämmige Kinder und Jugendliche die Sprache oft „nebenbei" (z. B. im sozialen Umfeld oder in der Kita) lernen, während (Spät-)Aussiedler/-innen eher auf gezielte Formen des Spracherwerbs (z. B. Unterricht) zurückgreifen. In beiden Gruppen legen jedoch eher die Frauen ein Augenmerk auf gezielten Spracherwerb, darunter am stärksten die (Spät-)Aussiedler/-innen.

Der Erwerbsstatus des Vaters stellt wichtige Weichen für den Übergang. Besonders die Arbeitsmarktintegration der Väter steht in einem engen Zusammenhang mit einem erfolgreichen Übergang in Ausbildung. Die Väter von jungen Erwachsenen in Ausbildung sind häufiger in Vollzeit erwerbstätig, dagegen sind die Väter der „Nicht-Erfolgreichen" zu einem höheren Anteil arbeitslos oder geringqualifiziert beschäftigt. Anders als in der SOEP-Studie war der Erwerbsstatus der Mutter hingegen weniger ausschlaggebend. Neben belastenden Auswirkungen auf die ökonomische Situation der Familien, zeigten andere Studien auch eine negative Wirkung auf das Beziehungsgefüge der Eltern, welches die Eltern-Kind-Beziehung ebenfalls beeinträchtigt (Eder 2008).

Die *Unterstützung durch Eltern und Vertraute* aus anderen Personengruppen spielt eine entscheidende Rolle für Resilienzförderung und Bewältigungskompetenz. Gerade die qualitativen Interviews der Studie zeigen, dass die Unterstützung durch die Mütter zentral ist für das allgemeine Bewältigungsverhalten und die Bewältigung des Übergangs in Ausbildung. Die Väter in den Interviews werden aufgrund häufiger Abwesenheit (leben nicht mehr mit der Familie zusammen oder arbeiten lange und sind selten zu Hause) weniger als Unterstützer benannt. Im Netzwerk der meisten Befragten wird häufiger Zeit mit einzelnen Bezugspersonen verbracht als mit größeren Gruppen. Die Qualität der Beziehungen ist dabei entscheidend für die Wirkung als protektiver Faktor. So geben z. B. „erfolgreiche" junge Menschen häufiger an, dass sie sich in jedem Fall auf Unterstützung von Bezugspersonen verlassen können. Je breiter das soziale Netzwerk über verschiedene Personengruppen gefächert ist (z. B. Geschwister, sonstige Verwandte, Peer, extrafamiliäre Personen, PartnerIn), desto eher können sie eine Pufferfunktion erfüllen, denn auch unter ungünstigen familiären Bedingungen ist die Ausbildungssuche erfolgreich, wenn die Jugendlichen sozial gut eingebettet sind. In der Studie wird deutlich, dass die meisten jungen Menschen über Ressourcen im sozialen Netzwerk verfügen. „Erfolgreiche", denen der Übergang in Ausbildung gelingt, nehmen die Ressourcen jedoch deutlicher wahr und nutzen sie besser.

Der Bekanntheitsgrad von einzelnen institutionellen Unterstützungsangeboten ist unter den jungen Menschen eher gering. Dabei werden jedoch erhebliche Unterschiede zwischen den Angeboten deutlich. Angebote von Beratungsstellen sind 72 % der Befragten mit türkischem Migrationshintergrund und 66 % der (Spät-)Aussiedler/-innen bekannt. Den Jugendmigrationsdienst kennen jedoch insgesamt nur rund ein Drittel der Befragten. Da (Spät-)Aussiedler/-innen mit eigener Migrationserfahrung nach ihrer Einreise häufiger an den Jugendmigrationsdienst verwiesen werden, kennen ihn immerhin rund 40 %: Über die Hälfte der Befragten, die den Jugendmigrationsdienst kennen, (55 %) geben an, diesen mehrfach genutzt zu haben. Lediglich 12 % der befragten türkischstämmigen Jugendlichen kennen überhaupt den Jugendmigrationsdienst.

Nutzbringend für die Strategien beim Übergang in Ausbildung ist die Ausrichtung der Unterstützungsleistungen an individuellen Bedarfen im Rahmen von Bildungsbiografie und sozialem Umfeld. „Nicht-Erfolgreiche" erhalten ihrer Wahrnehmung zu Folge häufiger Unterstützungsleistungen als „Erfolgreiche". Dieser Unterschied scheint sich aus den größeren Schwierigkeiten beim Übergang in Ausbildung und dem damit höheren Bedarf an Unterstützung zu ergeben. Strategien, die darauf ausgerichtet sind, im institutionellen Rahmen bestimmte Bedarfe (bedarfs-, kompetenz- und lebenslagenorientierte Strategien) zu bedienen, werden meist als nutzbringender wahrgenommen. Eine verbesserte Transparenz vorhandener Angebote und Maßnahmen im „Bildungsdschungel" und die stärkere Vernetzung der Institutionen werden von den Jugendlichen als besonders wichtig angesehen.

Junge Menschen, die den Übergang in Ausbildung bewältigt haben, sind meist die aktiveren Gestalter/-innen". „Erfolgreiche" Jugendliche verfolgen häufiger individuelle, auf Eigeninitiative beruhende Strategien (z. B. Bewerben auf Stellenanzeigen) als (noch) „Nicht-Erfolgreiche". Der Nutzwert der verfolgten Strategien liegt bei ihnen meist höher. Sie definieren ihre beruflichen Ziele genauer, achten auf ihre persönlichen Neigungen und nutzen ihre Möglichkeiten und Ressourcen intensiver dazu, ihre Ziele umzusetzen. Sie

- informieren sich intensiver und häufiger,

- entwickeln Ziele durch Ausprobieren mehrerer Optionen, v. a. durch Praktika,

- achten stärker auf ihre persönlichen Neigungen und verbinden sie mit ihren Optionen,

- haben konkretere bzw. realistischere Zielvorstellungen,

- konzentrieren sich auf ein definiertes Ziel (oder mehrere nacheinander),

- nutzen aktiver institutionelle Unterstützung, um Defizite auszugleichen.

5 Fazit und erste Präventionsansätze

5.1 SOEP-Studie: Schulerfolg

Die SOEP-Studie zum Schulerfolg zeigt, dass ein hoher Schulabschluss trotz Armutserfahrung möglich ist, wenn verschiedene soziale und personale Ressourcen vorhanden sind bzw. entsprechend gefördert werden. Dazu gehören insbesondere:

- die Förderung kognitiver Kompetenzen (mit Blick auf musische Freizeitaktivitäten und EDV-Fertigkeiten),
- Förderung der Selbstwirksamkeitsüberzeugung von Jugendlichen, z.B. in der Jugendarbeit (mit Blick auf die negativen Auswirkungen externaler Kontrollüberzeugung bei den Jugendlichen mit Schulproblemen).

Für Armutsbetroffene erschwert sich der Schulerfolg, wenn zusätzliche Belastungen in der Familie, z.b. durch Arbeitslosigkeit der Mutter bestehen. Aus diesem Grund gilt es bei der Stärkung von benachteiligten Jugendlichen immer auch, die Familiensituation im Blick zu behalten und diese z.b. durch Elternbildung zu unterstützen und ihnen bei der Vereinbarkeit von Familie und Beruf zu helfen.

Der Schulerfolg erschwert sich zudem, wenn sich die schulischen Lernbedingungen durch einen hohen Migrantenanteil in der Schulklasse als schwierig gestalten. Ein hoher Migrantenanteil in der Klasse (an Real- und Hauptschulen) steht meist für eine mit Blick auf den kulturellen Hintergrund und Migrationsverlauf sehr heterogene Gruppe, die sie darin eint, dass sie aus besonders sozial benachteiligten Familien stammen und eher zu den Schulschwächeren gehören. Hier gilt es, die Klassen immer auch mit „schulstärkeren" Kindern zu besetzen (z.B. durch Änderung des Schulsprengels), den Migrantenanteil zu begrenzen (bzw. sinnvoller aufteilen) und den Unterricht kultursensibel zu gestalten.

Gerade weil sich der Bildungshintergrund der Eltern von armutsbetroffenen Jugendlichen als herausragender Faktor für den Schulerfolg bzw. Misserfolg der Jugendlichen erweist, sollten Bildungskompetenzen genutzt und Bildungsdefizite frühzeitig durch Förderung der Eltern ausgeglichen bzw. durch Unterstützung im Bereich informaler oder non-formaler Bildung kompensiert werden.

5.2 AWO-ISS Studie: Erfolg bei der Ausbildungsplatzsuche

Als Fazit der Studie zur Ausbildungssuche von Migrantinnen und Migranten kann gezogen werden, dass diejenigen ohne Ausbildungsplatz insgesamt höhere Belastungen (Devianz, Schulprobleme, Probleme im Elternhaus, Trennung) aufweisen. Wenn jedoch soziales Umfeld, institutionelle Unterstützung und persönliche Entwicklung zusammenspielen bzw. kompensatorische Aufgaben leisten, kann eine positive Bewältigung auch nach längerer Zeit einsetzen und der Übergang gemeistert werden. Einige der Befragten in der Studie berichteten auch nach „schwierigen" Phasen von einer Wende im Bewältigungsprozess, die meist als plötzlich eintretendes Ereignis („Klick") wahrgenommen wird. Dieser „Klick" stand in allen Fällen sowohl mit dem Einfluss einer oder mehrerer „Ankerpersonen" im persönlichen Umfeld (durch Normerwartungen und beständige Motivation) als auch mit einer stark individualisierten institutionellen Unterstützung mit beständigen Ansprechpartner/-innen in Zusammenhang. Beides wirkte sich positiv auf den persönlichen Einstellungswandel und die Bewältigung der „Krise" aus.

Was die Unterstützung von außen anbelangt, so legt die Studie nahe, die Individualisierung der Förderung auszubauen. Gerade weil ungleiche Ausgangschancen im deutschen Bildungssystem schon frühzeitig reproduziert und verstärkt werden und der Bildungserfolg eine grundlegende Voraussetzung für einen erfolgreichen Übergang in Ausbildung und damit eine qualifizierte Berufstätigkeit ist, stellt die frühzeitige und kontinuierliche Förderung von Kindern, Jugendlichen und jungen Erwachsenen aus „bildungsfernen" und risikobelasteten Schichten der Bevölkerung eine zentral gesellschaftliche Aufgabe dar. Erfolgversprechend erscheint die individuelle Förderung bezogen auf individuelle Bedarfe, Kompetenzen und Ressourcen und die entsprechende Entwicklung passgenauer Angebote. Gerade bei multipel deprivierten Jugendlichen ist eine individualisierte, persönliche und professionelle Begleitung, etwa durch Mentoren, von großer Bedeutung.

Auch die Vernetzung und Kooperation - über die versäulte Struktur von Schule, Bildungsträgern und Trägern der Jugendhilfe hinweg - sollte gefördert werden, damit gerade den multidimensional belasteten Jugendlichen beim Übergang effizienter geholfen werden kann. Für ein gelingendes Übergangsmanagement ist sowohl die Vernetzung innerhalb der einzelnen Träger als auch zwischen den Bildungs- und Ausbildungsträgern sowie den Arbeitsvermittlungen erforderlich. Dabei sei gerade mit Blick auf Prävention auf die Initiierung nachhaltiger Bildungsketten hingewiesen, die sich in anderen Bereichen als durchaus erfolgreich erweisen (vergleiche dazu z.B. das Modell „Mo.Ki", Monheim für Kinder).

Wegen der kaum zu überschauenden Zahl von Bildungsangeboten, ist ein institutionsübergreifendes Informationsportal und ein Schnittstellen-Management notwendig. Angesichts der Informationsdefizite zu institutionellen Unterstützungsleistungen liegt es nahe, die Zugänge niedrigschwelliger zu gestalten und Maßnahmen durch breit gefächertes, zielgruppenorientiertes Informieren bekannter zu machen.

Schließlich bildet die Stärkung der familienunterstützenden interkulturellen Arbeit eine weitere Dimension bei der Unterstützung der Jugendlichen mit Migrationshintergrund beim Übergang von Schule in Ausbildung und Beruf. Dabei ist eine Sensibilisierung der Fachkräfte für interkulturelle und kulturspezifische Bedarfe, Problemstellungen und Lösungsmöglichkeiten ebenso notwendig wie ihre langfristige Sicherung. Da die Sprache für die Integration auf den Arbeitsmarkt einen unabdingbaren (Auswahl)-Schlüssel bildet, gilt es, die Sprachförderung im Curriculum der familienunterstützenden interkulturellen Arbeit als zentrale Leistung weiterhin anzubieten.

Abschließend sei nachdrücklich darauf hingewiesen, dass Ressourcen und Schutzfaktoren von sozial benachteiligten jungen Menschen sich immer nur soweit entfalten und damit zu erfolgreichen Bildungsverläufen beitragen können, wie Diskriminierungen, insbesondere in Schule, Ausbildung und auf dem Arbeitsmarkt, abgebaut und Angebote und Maßnahmen im Bildungsbereich mit entsprechender Personal- und Infrastruktur geschaffen werden.

Literatur:

Alicke, Tina/Heisig, Sandra/Moisl, Dominique/Prause, Judith/Rexroth, Miriam (2009): Resilienz und Bewältigungsstrategien von jungen Menschen mit Migrationshintergrund beim Übergang von Schule in Ausbildung. Zusammenfassung der Studie und Handlungsempfehlungen. Frankfurt am Main. Online: http://www.iss-ffm.de/fileadmin/user_upload/Veroeffentlichungen/sonstiges/Handlungsempfehlungen_12_2009.pdf (letzter Zugriff 16.08.2010).

Bandura, Albert (1986): Social Foundations of Thought and Action: A Social Cognitive Theory. Prentice Hall.

Baumert, Jürgen/Artelt, Cordula/Klieme, Eckhard/Neubrand, Michael/Prenzel, Manfred/Schiefele, Ulrich/Schneider, Wolfgang/Tillmann, Klaus-Jürgen/Weiß, Manfred: PISA 2000 - Ein differenzierter Blick auf die Länder der Bundesrepublik Deutschland. Opladen (2003).

Bundesministeriums für Bildung und Forschung (2009): Berufsbildungsbericht 2009. Berlin.

Becker, Irene/Hauser, Richard (2009): Soziale Gerechtigkeit – ein magisches Viereck. Forschung aus der Hans-Böckler-Stiftung. Berlin.

Bos, Wilfried/Hornberg, Sabine/ Arnold, Karl-Heinz/Faust, Gabriele /Fried, Lilian/ Lankes, Eva-Maria/ Schwippert, Knut/ Valtin, Renate (2008). *IGLU-E 2006. Die Länder der Bundesrepublik Deutschland im nationalen und internationalen Vergleich.* Münster: Waxmann.

Bos, Wilfried/Stubbe, Tobias/Buddeberg, Magdalena (2010): Einkommensarmut und schulische Kompetenzen. In: Fischer/Merten (Hrsg.): 58-72.

Bourdieu, Pierre (1983): Ökonomisches Kapital, kulturelles Kapital, soziales Kapital. In: Kreckel, Reinhard (Hrsg.): Soziale Ungleichheiten (Soziale Welt, Sonderbd. 2): 183-198.

Bundesinstitut für Berufsbildung (2009): Datenreport zum Berufsbildungsbericht 2009.

Bundesinstitut für Berufsbildung (2010): Datenreport zum Berufsbildungsbericht 2010.

Coleman, James S. (1995): Families and schools. In: Zeitschrift für Sozialisationsforschung und Erziehungssoziologie, Heft4: 362-374.

Chassé, Karl A./Zander, Margherita/Rasch, Konstanze (2005): Meine Familie ist arm. Wie Kinder im Grundschulalter Armut erleben und bewältigen. 3. Aufl., Wiesbaden.

Diefenbach, Heike (2005): Schulerfolg von ausländischen Kindern und Kindern mit Migrationserfolg als Ergebnis individueller und institutioneller Faktoren. In: Arbeitsstelle Interkultureller Konflikte und gesellschaftliche Integration [AKI] (Hrsg.). Migrationshintergrund von Kindern und Jugendlichen: Wege zur Weiterentwicklung der amtlichen Statistik. 43-54.

Eder, Annika (2008): Familiäre Konsequenzen elterlicher Arbeitslosigkeit. Eine Sekundäranalyse des sozio-ökonomischen Panels (SOEP) (Schriftenreihe Studien zur Familienforschung; 21). Hamburg.

Hauser, Richard/Becker Irene (2009): Soziale Gerechtigkeit – ein magisches Viereck. Zieldimensionen, Politikanalysen und empirische Befunde. Berlin.

Holz, Gerda/Skoluda, Susanne (2003): Armut im frühen Grundschulalter". Lebenssituation, Ressourcen und Bewältigungshandeln von Kindern (ISS-Pontifex 1). Frankfurt am Main.

Holz, Gerda/Richter, Antje/Wüstendörfer Werner/Giering, Dietrich (2006): Zukunftschancen für Kinder!? Wirkung von Armut bis zum Ende der Grundschulzeit (ISS-Pontifex 2). Frankfurt am Main.

Krappmann, Lothar (2008): Entwicklung in der Adoleszenz unter Lebensbedingungen von Armut. In: Silbereisen, Rainer K./Hasselhorn, Marcus (Hrsg.): Entwicklungspsychologie des Jugendalters. Göttingen: 699-747.

Kratzmann, Jens/Schneider, Thorsten (2009): Soziale Ungleichheiten beim Schulstart Empirische Untersuchungen zur Bedeutung der sozialen Herkunft und des Kindergartenbesuchs auf den Zeitpunkt der Einschulung. In: Kölner Zeitschrift für Soziologie und Sozialpsychologie, Heft 2: 1-24.

Kristen Cornelia/Granato Nadia (2005): Bildungsinvestition in Migrantenfamilien. In: Arbeitsstelle Interkultureller Konflikte und gesellschaftliche Integration [AKI] (Hrsg.). Migrationshintergrund von Kindern und Jugendlichen: Wege zur Weiterentwicklung der amtlichen Statistik: 25-42.

Krüger-Hemmer Christiane (2008):Bildung. In: Statistisches Bundesamt, Noll, Heinz-Herbert, Habich-Roland (Hrsg.). Datenreport 2008. Bundeszentrale für politische Bildung. Bonn.

Laucht, Manfred/Esser, Günther/Schmidt, Martin H. (2000): Risiko- und Schutzfaktoren in der Entwicklung von Kindern und Jugendlichen. In: Frühförderung interdisziplinär, Heft 3: 97-108.

Lösel, Friedrich/Bender, Doris (1998): Protektive Faktoren der psychisch gesunden Entwicklung junger Menschen: Ein Beitrag zur Kontroverse um saluto- und pathogenetische Ansätze. In: Margraf, Jürgen/Siegrist, Johannes/Neumer, Simon (Hrsg.): Gesundheits- oder Krankheitstheorie? Saluto- vs. pathogenetische Ansätze im Gesundheitswesen. Berlin: 117-145.

Richter, Antje (2000): Wie erleben und bewältigen Kinder Armut? Aachen.

Rüesch, Peter (1998): Spielt die Schule eine Rolle? Schulische Bedingungen ungleicher Bildungschancen von Immigrantenkindern — eine Mehrebenenanalyse. Bern u. a.

Schimpl-Neimanns, Bernhard (2000): Soziale Herkunft und Bildungsbeteiligung. Empirische Analysen zu herkunftsspezifischen Bildungsungleichheiten zwischen 1950 und 1989. In: Kölner Zeitschrift für Soziologie und Sozialpsychologie Heft 4: 636-669.

Schelsky, Helmut (1957): Die skeptische Generation. Eine Soziologie der deutschen Jugend. Frankfurt am Main.

Schulze Alexander/Unger Rainer/Hradil Stefan (2008): Bildungschancen und Lernbedingungen an Wiesbadener Grundschulen am Übergang zur Sekundarstufe I. Projekt- und Ergebnisbericht zur Vollerhebung der GrundschülerInnen der 4. Klasse im Schuljahr 2006/07. Herausgegeben von: Projektgruppe Sozialbericht zur Bildungsbeteiligung, Amt für Soziale Arbeit, Abteilung Grundsatz und Planung, Landeshauptstadt Wiesbaden.

Sozio-oekonomisches Panel (SOEP), Daten der Jahre 1984-2009, Version 26, SOEP, im Erscheinen.

Statistisches Bundesamt (2008): Mikrozensus; Bildung in Deutschland 2008.

Tarnai, Christian/Paschon, Andreas/ Riffert Franz/Eckstein, Kirstin (2000): Selbstwirksamkeitsüberzeugung und Schulangst. Eine Hypothesenprüfung im Rahmen von Schulentwicklungsprojekten. Salzburger Beiträge zur Erziehungswissenschaft, 4(1), 5-20.

Uhlig, Johannes/Solga, Heike/Schupp, Jürgen (2009) Bildungsungleichheiten und blockierte Lernpotenziale: Welche Bedeutung hat die Persönlichkeitsstruktur für diesen Zusammenhang? In: Zeitschrift für Soziologie, Heft 5: 418:440.

Wagner, Gert G./Goebel, Jan/Krause, Peter/Pischner, Rainer/Sieber, Ingo (2008) Das Sozio-oekonomische Panel (SOEP): Multidisziplinäres Haushaltspanel und Kohortenstudie für Deutschland. In: AStA Wirtschafts- und Sozialstatistisches Archiv, Heft 4: 301-328.

Welter-Enderlin, Rosmarie (2006): Wie aus Familiengeschichten Zukunft entsteht. Heidelberg.

Werner, E. (1997): Gefährdete Kindheit in der Moderne: Protektive Faktoren. In: Vierteljahresschrift der Heilpädagogik, Heft 2: 192–203.

Werner Emmy E./Smith, Ruth (2001): Journeys from childhood to midlife: Risk, resilience, and recovery. Ithaca, NY.

Wustmann, Corinna (2003): Was Kinder stärkt: Ergebnisse der Resilienzforschung und ihre Bedeutung für die pädagogische Praxis. In: Elementarpädagogik nach PISA – Wie aus Kindertagesstätten Bildungseinrichtungen werden können. Freiburg i.Br.

Zander, Margherita (2008): Armes Kind – starkes Kind? Die Chance der Resilienz. Wiesbaden.

Cordula Heckmann

Von einer Schule mit zweifelhaftem Ruf zu einem Modellprojekt

1. Ausgangssituation
2. Schulentwicklung
3. Campus Rütli – die Zukunft gestalten

Ausgangssituation

Die Situation der Rütli-Hauptschule zu betrachten, gelingt nicht, ohne die Situation der Hauptschulen und insbesondere in Berlin genauer in den Fokus zu nehmen. In dem dreigegliederten Schulsystem (HS, RS und Gy) in Berlin besuchten in den letzten Jahren nur unter 10 % der Schülerinnen und Schüler die HS. Diese im Durchschnitt sozial sehr belastete Schülerschaft fühlte sich auf der Verliererstraße, ausgeschlossen von schulischem und beruflichem Erfolg. Im März 2006 besuchten über 80 % Schülerinnen und Schüler mit Migrationshintergrund die Rütli-Schule, viele von ihnen ohne Hoffnung auf eine bessere Zukunft, zwischen Herkunfts- und deutscher Kultur hin- und her gerissen. Diese Gemengelage von gefühlter und tatsächlicher Chancenlosigkeit führte zu Frustration, zu Aggression und zu einem hohen Maß an Schuldistanz unter den Schülerinnen und Schülern. Die Kolleginnen und Kollegen fühlten sich überfordert und von der Schulverwaltung im Stich gelassen und schrieben dann den berühmt gewordenen Brandbrief. Das Geschilderte hätte sich so oder so ähnlich in anderen Teilen der Republik auch ereignen können, deshalb ist der Name Rütli ein Synonym für die bildungspolitische Misere in Deutschland geworden. PISA und OECD Studien haben belegt, dass in Deutschland ein ganz enger Zusammenhang besteht zwischen sozialer Herkunft und dem Bildungsabschluss der Jugendlichen, weniger akademisch formuliert bedeutet dies, dass sich schlechte Bildungsabschlüsse und prekäre Lebensverhältnisse von einer Generation zur nächsten vererben und Deutschland damit weit hinter dem selbst formulierten Ziel der Chancengerechtigkeit für alle Kinder zurückbleibt.

Gleichzeitig zeigt die Kriminalitätsstatistik einen engen Zusammenhang auf zwischen mangelnder Bildung, schlechten bzw. keinen Schulabschlüssen, Migrationhintergrund und jugendlicher Delinquenz auf. Dieser Umstand zusammen mit der demografischen Entwicklung in Deutschland macht deutlich, dass Bildung auch in der Verbrechensbekämpfung von zentraler Bedeutung ist.

Was bedeutet das Gesagte für die Rütli-Schule und das Modellprojekt Campus Rütli?

Schulentwicklung

In dem 100jährigen Schulgebäude in der Rütlistr. befanden sich 2006 zwei Schulen: die Rütli-HS und die Heinrich-Heine-RS. Diese beiden Schulen und die 500 m entfernt liegende FS-Grundschule entschieden sich 2007, am Pilotprojekt Gemeinschaftsschule teilzunehmen, d. h. die drei Schulen haben sich mit großer Mehrheit für eine Schulfusion ausgesprochen. Am Ende dieses Prozesses gehen diese drei Schulen in einer Schule auf – in einer GemS, einer Ganztagsschule von Klasse 1 bis 13. Die GemS ist eine inkludierende Schulform und vergibt alle im Berliner Schulsystem möglichen Abschlüsse. Alle Schülerinnen und Schüler unabhängig von ihrer Bildungsgangempfehlung besuchen eine Klasse und werden nach individuellen Plänen gefördert. Damit ist die GemS eine sehr konkrete Antwort auf die oben benannten Missstände des dreigegliederten Schulsystems. Aktuell sind wir im 4. Jahrgang der GemS, sodass der Prozess der aufwachsenden GemS im Schuljahr 2011/12 abgeschlossen sein wird.

Ich möchte jetzt einige Aspekte des eben Gesagten genauer betrachten:

Inkludierende Schulform meint, dass unsere Kinder und Jugendlichen auch mit besonderem Förderbedarf in heterogenen Lerngruppen zusammen lernen. Der Vorteil liegt auch der Hand: nicht länger gibt es Verlierer des Systems, die sich in der Hauptschule oder im A-Kurs wieder finden. D. h. auch die leistungsschwächeren Jungen und Mädchen haben das Gefühl, dass sie dazu gehören und es auch für sie Möglichkeiten und Chancen gibt. Wie sieht ein solches Modell im Alltag aus? Die Kolleginnen und Kollegen haben im Bereich Umgang mit heterogenen Lerngruppen Fortbildungen gemacht, sie planen ihren Unterricht in Jahrgangsgruppen, stellen Unterrichtsmaterial her, das auf die individuellen Bedürfnisse eingeht, stellen Zeit für individuelles, freies Lernen zur Verfügung, führen halbjährliche Lernentwicklungsgespräche mit den Eltern und Schülern, in denen die Schülerinnen und Schüler vorstellen können, was sie in den letzten Monaten gelernt und produziert haben. Immer mit dem Blick auf das Erreichte, das Gekonnte, um dann zu Vereinbarungen zu kommen, wo gemeinsam festgestellt wird, wo noch Entwicklungsbedarf ist. Es freut uns sehr zu sehen, dass wir in den Gemeinschaftsschuleklassen praktisch kein Problem mit Schuldistanz haben. Das klingt vielleicht nicht so bedeutsam. Aber wie kann man junge Menschen fördern, sie zu einem Schulabschluss, zur Ausbildungsreife führen, wenn sie nicht kommen? Zumal wir wissen, dass auch zwischen Schuldistanz und jugendlicher Delinquenz ein nicht unwesentlicher Zusammenhang besteht.

Die GemS auf dem Campus Rütli ist eine gebundene Ganztagsschule, eine Schule also, in der Schülerinnen und Schüler bis mindestens 15.30 Uhr leben und lernen, in der bewusst Raum geschaffen ist auch für informelles Lernen.

Bedeutsamkeit gewinnt dieses, wenn man weiß, dass unsere Kinder und Jugendlichen vielfach aus Familien kommen, die von staatlichen Transferleistungen leben. Diese Eltern haben häufig keinen geregelten Tagesablauf und verfügen über wenig Kenntnis darüber, wie sie ihre Kinder sinnvoll schulisch unterstützen können. Diese Lücke muss Schule zumindest ein wenig schließen, indem sie ein gutes Freizeitangebot macht. Ich möchte an dieser Stelle nur einige unserer Angebote nennen: als musikbetonte Schule bieten wir natürlich Instrumentalunterricht an, dann aber auch Schach, Klettern, Badminton, Tischtennis, Fußball, Theaterspielen oder die Teilnahme am eXplorarium. Das alles ist nur möglich in der Kooperation mit außerschulischen Partnern, wie z.b. der Neuköllner Musikschule, der Volkshochschule oder dem Maxim-Gorki-Theater. Darüber hinaus bieten wir unseren Schülerinnen und Schülern aber auch MSA-Förderkurse an oder Türkisch und Arabisch Kurse, die sie mit einem B1-Zertifikat nach europäischem Referenzrahmen abschließen können. Diese Sprachkurse sind aus der Kooperation mit der Volkshochschule erwachsen. Jugendliche Migranten haben spezifische Herausforderungen zu bewältigen, die sie insbesondere in der Phase des Heranwachsens einer höheren psychosozialen Belastung aussetzt. Das Angebot dieser Sprachkurse dient also einem doppelten Zweck: Das Zertifikat kann als zweite Fremdsprache in der gymnasialen Oberstufe anerkannt werden oder verbessert ihre Chancen auf Einstellung in der Berliner Verwaltung ist aber gleichzeitig eine Wertschätzung ihrer Herkunftskultur und damit auch von hoher emotionaler Bedeutung. Von gleicher Bedeutung ist auch, dass wir interkulturelle Moderatoren haben, die nicht nur als Sprachmittler dienen, sondern auch zwischen unserer Kultur und der Kultur insbesondere der Eltern die Brücke schlagen. Wenn Eltern bei uns in der Schule auf Menschen treffen, die ihre Muttersprache sprechen, dann schafft dieses Vertrauen und wird als Willkommensgeste erlebt.

Erwähnen möchte ich auch noch, dass unser Ganztag rhythmisiert ist, d. h. bei uns wechselt sich formelles und informelles Lernen ab, beide Bereiche sind gleichberechtigt und als wesentliche Bildungsbausteine anerkannt. So findet Streitschlichter AG nicht am Nachmittag als Anhängsel statt, sondern gleichberechtigt zwischen Mathematik Mittagessen und Erdkunde. Ich betone das deshalb, weil die Hirnforschung bestätigt hat, was gute Pädagogen schon immer praktizieren, gut lernen kann man nur dort, wo emotionale Beziehungen bestehen. Um diese entstehen zu lassen, braucht es auch Erlebnisräume und es braucht Gelegenheiten, wo Schülerinnen und Schüler Stärken jenseits des curricularen Wissens zeigen und/oder entwickeln können. Das gibt ihnen Kraft, sich auch Dingen zu widmen, bei denen sie nicht auf Anhieb sicher fühlen. Unsere Schule will bewusst ein Lebensort für Schülerinnen und Schüler sein.

Die GemS ist aber nur ein Modul des Campus Rütli. Sie ist das Rückgrat eines Modellprojekts, das eine Bildungslandschaft ist, weit mehr als eine Schule.

Campus Rütli – die Zukunft gestalten

Im Campus Rütli werden neue Wege erprobt, wie in sozialen Brennpunkten Integration durch Bildung gelingen kann. Dabei ist der Campus Rütli eingebettet in den Quadratkilometer Bildung, gefördert von der Freudenberg-Stiftung, der wiederum befindet sich im lokalen Bildungsverbund, der sein Entstehen dem Quartiermanagement Reuterkiez verdankt. Das Quartiermanagement Reuterkiez wurde 2003 eingerichtet. Der Reuterkiez ist eines der 35 Berliner Quartiere, das besonderen Entwicklungsbedarf hat. Der Zusammenhang zwischen der Qualität der Bildungseinrichtungen und der sozialräumlichen Entwicklung eines Quartiers stand dabei von Beginn an im Fokus. Es bildete sich unter anderem die AG „Auf dem Weg zur Kiezschule", der auch die drei Schulen, die jetzt zur Gemeinschaftsschule fusionierten, angehörten. Diese zarten Anfänge gemeinsamen Handelns war für die Freudenberg-Stiftung Anlass, sich mit dem Quadratkilometer Bildung bürgerschaftlich im Reuterkiez zu engagieren. Und dann kam 2006 der Brandbrief und in dessen Auswirkungen zu einem Spaziergang des Bezirksbürgermeisters Heinz Buschkowsky mit Christina Rau, der Frau unseres ehemaligen Bundespräsidenten. Sie ist inzwischen unsere Schirmherrin. Bei diesem Spaziergang damals stellte man fest, dass sich in der Rütlistraße zwei Kitas befanden, ein Jugendfreizeitheim, der Jugendgesundheitsdienst, eine Einrichtung der Arbeiterwohlfahrt, die Schulabbrechern hilft, eine berufliche Perspektive zu entwickeln, ein Spielplatz und eine Schule. Daneben noch eine Autowerkstatt und eine Schrebergartenkolonie, auch diese Grundstücke im Besitz der Stadt Berlin. In dieser Straße gab es also keine privaten Grundstücke, aber viele Einrichtungen, aus verschiedenen Verwaltungsressorts, die sich um das Wohl der Kinder und Jugendlichen bemühen. Was noch fehlt ist eine Multifunktionshalle für kulturelle und sportliche Veranstaltungen, die Volkshochschule, die Musikschule, noch andere beratende Dienste und Freiflächen. Warum also nicht an diesem Ort eine Bildungslandschaft entwickeln, die die schlechte Arbeitsteilung zwischen den Ressorts Bildung und Jugend überwindet zum Wohle der Kinder? Denn das zentrale Ziel des Campus ist es eine Bildungskette zusammen mit den Eltern zu gestalten, die den ganzen Menschen bildet und in der man auf den einzelnen jungen Menschen schaut. Die schwangere Frau geht also zum Jugendgesundheitsdienst und lässt sich beraten. Erfährt sehr viel über die Schwangerschaft und die ersten Lebensjahre ihres Kindes. Gleich nebenan befindet sich ein Elternzentrum, in dem sich die Eltern austauschen können, Probleme besprechen können. Keine 50 Meter entfernt ist die Kindertagesstätte, von dort stoßen Erzieherinnen und Eltern, die Kinder in der Kindertagesstätte haben, hinzu. Die Mitarbeiterinnen und Mitarbeiter der Kindertagesstätte haben zusammen mit den Lehrerinnen der Grundschule ein gemeinsames Bildungsprogramm entwickelt und abgestimmt, sodass die Kinder den Übergang in die Grundschule best möglich bewältigen können. Auch in der Grundstufe sind die Eltern eingebunden und nehmen am schulischen Leben ihrer Kinder Teil, was die Kinder als Wertschätzung erfahren. Damit dies auch beim Übergang in die Oberschule gelingt, gibt es ein abgestimmtes Schulprogramm zwischen Grundstufe und Sekundarstufe, sodass die Schüler und Eltern auf Vieles treffen, das ihnen schon vertraut ist. Am Ende der Schulzeit stehen die verschiedenen Schulabschlüsse, die das Berliner Schulsystem vorsieht, bis hin zum Abitur oder dem geregelten Übergang in den Beruf. Hinter all diesen Bemühungen steht nicht nur die Frage, wie garantieren wir auch bildungsfernen Kindern und Jugendlichen die Teilhabe durch Bildung, sondern auch wie organisieren wir Städte bzw. Stadtteile mit einer völlig veränderten Gesellschaftsstruktur, wo die Menschen, wie unser Bezirksbürgermeister immer wieder betont, keine gemeinsame Vergangenheit haben, aber eine gemeinsame Zukunft gestalten wollen und müssen, d. h. wie können wir aus Bewohnern Nachbarn machen, die mit dem sie umgebenden Gemeinwesen in Kontakt kommen. Der Campus wird der zentrale Punkt eines Wohngebietes von 5000 Menschen, Menschen verschiedener Herkunft, Geschichte und Sprache.

Wer sind die Akteure dieser Entwicklung? Einmal natürlich die Politik, die den Rahmen vorgibt, dann aber auch viele Stiftungen, die mit ihrem zivilgesellschaftlichen Engagement Anstoß geben, aber auch kompensatorische Hilfe leisten, die Verwaltungen, die immer wieder von ihrem Standardprogramm abweichen müssen und viele, viele engagierte Menschen, die von der Idee Campus Rütli überzeugt sind und sie tragen.

Am Ende steht die Frage: Wie lässt sich ein solches Modell auf andere Quartiere übertragen?

Ich glaube, dafür braucht es drei Bedingungen:

1. Konkurrenzen müssen ausgeräumt werden. Bildung in Deutschland ist stark in Fragmenten organisiert und verschiedenen Fachverwaltungen unterstellt. An diesem Moment der Zuständigkeit wurde beim Campus Rütli etwas verändert. Die Kommune (Bezirk), Stiftungen und das Land (die Stadt Berlin) haben sich zu einem gemeinsamen Vorhaben verbündet. Ein Vorhaben, in dem, wie unsere Schirmherrin es formuliert hat, nicht in Zuständigkeiten gedacht wird, sondern in Verantwortlichkeiten.

2. Bildung braucht ein Bekenntnis zur Langfristigkeit. Die Frage ist, können kurzfristige Bildungsprojekte überhaupt nachhaltig wirken oder wird an dieser Stelle das Geld falsch ausgegeben? D. h. wer immer Veränderungen in Bildung anschiebt oder sie in welcher Weise auch immer unterstützt will, sollte sich auf 10 Jahre verpflichten. Etwas, was die Freudenberg-Stiftung mit ihrem Quadratkilometer Bildung genauso gemacht hat wie Stiftung Zukunft Berlin.

3. Es braucht ein Bekenntnis zu Menschen. CR^2 gelingt nur, wenn es einzelne Personen gibt, die Verantwortung übernehmen und die auch in ihrer Verantwortung sichtbar sind. Wenn man so will ein Community Organizer, der/die Bildungsprozesse steuert, aber nicht einer eigenen Institution zuordenbar ist. Community Organizer, Menschen, die Bewegung stimulieren, mit auslösen, mittragen.

Mir ist es wichtig zu betonen, dass das Konzept CR^2 nicht in der Universität entstanden ist, sondern sich von unten entwickelt hat und ich nicht zuletzt deshalb sehr optimistisch bin, dass es Erfolg haben wird.

Danke!

Dieter Hermann / Vanessa Jantzer

Schulsozialarbeit – kriminalpräventive Wirkungen und Verbesserungsmöglichkeiten

Prof. Dr. D. Hermann, Prof. Dr. D. Dölling (Institut für Kriminologie der Universität Heidelberg; Fachbeirat Vorbeugung und Fachbeirat Strafrecht des Weissen Rings), V. Jantzer, Dr. J. Haffner, P. Parzer, Dr. S. Fischer, Prof. Dr. F. Resch (Klinik für Kinder- und Jugendpsychiatrie, Zentrum für Psychosoziale Medizin des Universitätsklinikums Heidelberg)

1. Einleitung und Fragestellung

Die Aufgabe der Schulsozialarbeit ist es, jungen Menschen, die zum Ausgleich sozialer Benachteiligungen oder zur Überwindung individueller Beeinträchtigungen in erhöhtem Maße auf Unterstützung angewiesen sind, im Rahmen der Jugendhilfe sozialpädagogische Hilfen anzubieten, die ihre schulische und berufliche Ausbildung, Eingliederung in die Arbeitswelt und ihre soziale Integration fördern – so der Gesetzestext von § 13 Abs.1 SGB VIII. Folglich richtet sich Sozialarbeit an Schulen an Schülerinnen und Schüler, die insbesondere durch erhebliche erzieherische oder psychosoziale Probleme, durch Schulverweigerung, unzureichende Integration oder erhöhte Aggressivität und Gewaltbereitschaft auffallen. Das Ziel ist, diesen Problemen durch gezielte Unterstützung und Aufbau sozialer Kompetenzen entgegenzuwirken und letztlich zu einer Reduzierung von Gewalt und sozialen Problemen an Schulen beizutragen. Die Methoden, um dieses Ziel zu erreichen, umfassen Beratungsgespräche (Steigerung von Kompetenzen zur Lebensbewältigung in Schule, Ausbildung und Beruf), Unterstützung beim Erwerb sozialer Kompetenzen und gewaltfreie Konfliktlösungsstrategien, Implementation von Anti-Aggressions-Kursen und Streitschlichterprogrammen, Beratung von Erziehungsberechtigten bei sozialen Problemen und Vernetzung mit anderen Einrichtungen wie Erziehungs- und Suchtberatungsstellen, Kinder- und Jugendpsychiatrie, Agentur für Arbeit, Kindertageseinrichtungen, Einrichtungen der Jugendarbeit, Justiz und Polizei (Renges & Lerch-Wolfrum, 2004, S. 11).

Obwohl Schulsozialarbeit seit mehr als 30 Jahren praktiziert wird, gibt es nur wenige empirische Untersuchungen über die Wirkungen dieser Maßnahme. Die Evaluationen von Schulsozialarbeit konzentrierten sich bisher weitgehend auf Selbstevaluationen zur Qualitätskontrolle sowie auf qualitative Studien und auf Querschnittuntersuchungen, wobei insbesondere die Akzeptanz von Schulsozialarbeit seitens der Nutzer und die Frage nach dem Einfluss auf die soziale Kompetenz der Schülerschaft im Vordergrund standen (vgl Speck, 2006 und Schumann, Sack & Schumann, 2006). Die Frage nach dem Einfluss von Schulsozialarbeit auf die Gewalt in Schulen wurde bisher, soweit ersichtlich, nur am Rand behandelt.

Die vorliegende Studie untersucht insbesondere den Einfluss von Schulsozialarbeit auf Gewaltdelinquenz und sucht nach Möglichkeiten der Effizienzsteigerung. Es handelt es sich um eine Panelstudie an den Haupt- und Förderschulen in Heidelberg, wobei allen Schülerinnen und Schülern der Klassen fünf bis neun sowie anderen beteiligten Personengruppen wie Lehrerschaft, Schulleitung, Eltern, Schulsozialarbeiterinnen und Schulsozialarbeitern insgesamt fünfmal in einjährigem Abstand ein Fragebogen vorgelegt wurde. Zudem wird eine Folgestudie vorgestellt, das Projekt „Weichensteller", in dem die Erhebungen der Schulsozialarbeitsstudie differenzierter und umfassender fortgesetzt werden, um ein Screeningverfahren zu entwickeln, das in der Lage ist, Risikobedingungen frühzeitig zu diagnostizieren und kindlichen Fehlentwicklungen durch bedarfsgerechte Schulsozialarbeit präventiv entgegenwirken zu können.

2. Forschungsstand

Bolay, Flad und Gutbrod (2004) haben das baden-württembergische Landesprogramm 'Jugendsozialarbeit an Schulen' evaluiert, das auf Hauptschulen und auf Schulen mit einem Berufsvorbereitungsjahr konzentriert war. Bei der Begleitforschung standen fünf Fragen im Vordergrund: (1) Wie wurde Jugendsozialarbeit an den Schulen fachlich ausgestaltet? (2) Was soll durch Jugendsozialarbeit an den Schulen erreicht werden? (3) Wie sieht die Kooperationspraxis der Jugendsozialarbeit aus? (4) Welcher Nutzen ergibt sich für Schülerinnen und Schüler? (5) Welche Wirkungen werden durch die beteiligten Akteure beschrieben? Zur Beantwortung wurden Schulleitungen, Fachbereichsleitungen aus dem Berufsvorbereitungsjahr, Jugendsozialarbeiterinnen und Jugendsozialarbeiter sowie die Träger der Jugendsozialarbeit mit Hilfe standardisierter Erhebungsbögen befragt. Zudem wurden qualitative Befragungen mit Jugendhilfefachkräften, Schul- und Fachbereichsleitungen sowie Schülerinnen und Schülern durchgeführt (Bolay, Flad & Gutbrod, 2004, S. 21-28). Ein Ergebnis der Untersuchung war, dass sich nach der Einschätzung eines Teils der Fachkräfte, Schulleitungen und Fachbereichsleitungen die Gewalt an der Schule reduziert hat. Die Frage, ob die Schulsozialarbeit eine „große Abnahme von Gewalt und Aggressivität" bewirkt habe, konnte mit den Kategorien '0 – stimmt gar nicht' bis '5 – stimmt genau' beantwortet werden. Die arithmetischen Mittelwerte lagen je nach Befragtengruppe zwischen 2,4 und 3,0 (Bolay, Flad & Gutbrod, 2004, S. 84, 149 und 322). Zudem stellten die Autoren fest, dass die Schulsozialarbeit einen Beitrag zur Jugendbildung leistet, indem sie informelle Lerngelegenheiten schafft und die Möglichkeit zu selbstverantwortlichem Handeln bietet. Außerdem belegen die Ergebnisse, dass es Schulsozialarbeit gelungen ist, das Vertrauen der Schülerinnen und Schüler zu den Lehrerinnen und Lehrern zumindest im Bereich konkreter schulischer Probleme zu verbessern.

Die Sozialarbeit an vier Hauptschulen in Balingen wurde von Engel und Waibel (2008) evaluiert. Sie behandelten Fragen nach den Erwartungen der Adressaten (Schüler, Lehrer und Schulleitung) an die Schulsozialarbeit, der praktischen Umsetzung, der Akzeptanz der Angebote und der Beurteilung der Schulsozialarbeit durch die dort tätigen Sozialarbeiter, Schüler, Lehrer und die Schulleitung. Für die Begleitforschung wurden der Prozessverlauf dokumentiert und die Schüler- und Lehrerschaft qualitativ und quantitativ befragt (Engel & Waibel, 2008, S. 5f). Die Befragten beurteilen die Schulsozialarbeit in Balingen sehr positiv. Unmittelbar nach dem Abschluss der Projekte der Schulsozialarbeit nahmen die betroffenen Lehrerinnen und Lehrer vor allem wahr, dass die Schülerschaft selbstbewusster und weniger gewaltbereit geworden ist. Die Befragten waren mehrheitlich der Ansicht, dass ohne Schulsozialarbeit Schule nicht mehr vorstellbar wäre, es mehr Gewalt an der Schule geben würde und die Schüler unzureichend betreut würden (Engel & Waibel, 2008, S. 30, 34 und 44).

Ähnliche Ergebnisse, also positive Feedbacks von Lehrpersonen, Schülerinnen und Schülern sowie von Sozialarbeitern, findet man auch in der Publikation von Schumann, Sack und Schumann (2006) über die Schulsozialarbeit an einer integrierten Gesamtschule in Frankfurt am Main, im Schlussbericht zur Evaluation der Offenen Jugendarbeit und Schulsozialarbeit in Winterthur (Stadt Winterthur, 2004) und im Bericht des Sozialen Dienstes der Stadt Karlsruhe über die dortige Schulsozialarbeit (Niederbühl, o.J.).

Ganser, Hinz, Mircea und Wittenberg (2004) haben die Wirkung der Schulsozialarbeit an beruflichen Schulen in München untersucht. Die Studie stützt sich insbesondere auf drei quantitative Befragungswellen bei Schülerinnen und Schülern der 10. Klasse. Die Untersuchung begann im Juni/Juli 2002; die beiden nachfolgenden Wellen folgten jeweils ungefähr nach 12 Monaten. Insgesamt wurden bei der Panelstudie über 18.000 Schülerinnen und Schüler berücksichtigt. Die Rücklaufquoten lagen zwischen 62% und 84%. Daneben wurden Befragungen von Lehrkräften, Schulleitungen und Schulsozialarbeiterinnen und Sozialarbeitern durchgeführt. In die Untersuchung wurden 21 Schulen einbezogen, wobei nur an wenigen keine Schulsozialarbeit angeboten wurde; über 80 Prozent der Schülerinnen und Schüler hatten einen Zugang zur Schulsozialarbeit (Ganser, Hinz, Mircea & Wittenberg, 2004, S. 20f). In dieser Untersuchung wurde auch die Beziehung zwischen Schulsozialarbeit und Gewalt untersucht, wobei dieses Merkmal durch Fragen zur Gewaltbereitschaft sowie zur beobachteten und selbstberichteten Gewalt erfasst wurde. Zwischen den Schulen mit und denen ohne Sozialarbeit zeigten sich keine signifikanten Unterschiede in der Gewaltorientierung. Die multivariaten Analysen mit einer Kontrolle soziodemografischer Merkmale bestätigten diese Ergebnisse: In der Stichprobe korrespondierte Schulsozialarbeit mit relativ niedriger Gewaltorientierung – allerdings war der Effekt nicht signifikant. Bei den Fragen zur beobachteten Gewalt gab die Schülerschaft in den Schulen ohne Schulsozialarbeit zum ersten Befragungszeitpunkt signifikant häufiger an, es komme in der Klasse zu Gewalthandlungen. Ein Index aus Fragen zur beobachteten Gewalt war in den Schulen ohne Sozialarbeit um etwa 12% höher als in anderen Schulen. Während das Gewaltniveau an den Schulen, an denen Schulsozialarbeit implementiert war, über die drei Befragungswellen hinweg ungefähr konstant blieb, verbesserte es sich an den Schulen ohne Schulsozialarbeit. Als Folge davon war in der zweiten und dritten Befragungswelle kein Unterschied zwischen den Schulgruppen mehr feststellbar. Auch diese Ergebnisse der bivariaten Analysen wurden durch die multivariaten Untersuchungen bestätigt. In Bezug auf die selbstberichtete Gewalt fand man das gleiche Ergebnis. In der ersten Welle gaben an den Schulen mit Sozialarbeit signifikant weniger Schülerinnen und Schüler an, bereits eine oder mehrere Gewalthandlungen begangen zu haben; in den nachfolgenden Wellen war der Unterschied nicht mehr signifikant (Ganser, Hinz, Mircea & Wittenberg, 2004, S. 50-56).

3. Untersuchungsdesign und Operationalisierungen

Die vorliegende Studie wurde von der Universitätsklinik Heidelberg, Abteilung Kinder und Jugendpsychiatrie, in Kooperation mit dem Institut für Kriminologie der Universität Heidelberg durchgeführt. Die Studie wurde vom Jugendamt der Stadt Heidelberg finanziert. Es wurden alle Heidelberger Haupt- und Förderschulen berücksichtigt: acht Haupt-, zwei Förder- und eine Gesamtschule. Dort wurde im Schuljahr 2001/02 Schulsozialarbeit mit insgesamt 11 Fachkräften flächendeckend eingeführt. Der Untersuchungsbeginn war im Juni 2002. Außer der Schülerschaft wurden Lehrerinnen und Lehrer, Schulleiterinnen und Schulleiter, Eltern, Sozialarbeiterinnen und Sozialarbeiter sowie Mitarbeiterinnen und Mitarbeiter des Allgemeinen Sozialen Dienstes befragt. Zudem wurden die Schulakten über die Fehlzeiten der Schülerinnen und Schüler ausgewertet. Eine Dokumentation der Ergebnisse ist in Fischer, Haffner, Parzer & Resch (2005 und 2008) zu finden.

Eine Kontrollgruppe wurde nicht berücksichtigt, denn es wurden im Raum Heidelberg keine vergleichbaren Schulen gefunden, die auf Schulsozialarbeit oder andere kriminalpräventive Maßnahmen verzichtet hatten. Ein Vergleich ergibt sich jedoch durch die unterschiedliche Länge der Betreuungszeit von Schülerinnen und Schülern durch Schulsozialarbeiterinnen und Schulsozialarbeiter. Diese variierte von wenigen Monaten (Schüler, die zu Projektbeginn in einer Abschlussklasse waren) bis zu fünf Jahren (Schüler, die nach Projektbeginn in eine Anfängerklasse kamen).

Für die Fragen nach der Wirkung von Schulsozialarbeit auf Gewaltdelinquenz und ihre Determinanten ist vor allem die Schülerbefragung von Bedeutung. Dabei handelte es sich um schriftliche Befragungen im Klassenverband mit Fragen zu Opferwerdung und verübter Delinquenz. Alle Schülerinnen und Schüler der Klassen fünf bis neun wurden schriftlich befragt, und zwar insgesamt fünfmal in jährlichem Abstand. An dieser Totalerhebung haben etwa 1.300 Befragte pro Welle teilgenommen. Die Rücklaufquote lag zwischen 81 und 86 Prozent.

Viktimisierungserfahrungen wurden mit folgenden Fragen gemessen: „Wie oft bist du in diesem Schuljahr in der Schule oder auf dem Schulweg schon einmal geschlagen worden?", „Wie oft sind dir in diesem Schuljahr in der Schule oder auf dem Schulweg schon einmal Sachen kaputt gemacht worden?" und „Wie oft bist du in diesem Schuljahr in der Schule oder auf dem Schulweg mit einer Waffe (z.B. Messer, Gaspistole, Schlagstock) bedroht oder verletzt worden?".

Delinquenz und delinquenzfördernde Attitüden (Delinquenzbereitschaft) wurden durch folgende Fragen erfasst: „Wie oft hast du in diesem Schuljahr schon einmal eine Mitschülerin oder einen Mitschüler geschlagen?", „Wie oft hast du in diesem Schuljahr schon einmal Sachen, die der Schule oder Mitschülern gehören, kaputt gemacht?", „Wie oft hast du in diesem Schuljahr schon einmal einer Mitschülerin oder einem Mitschüler mit Gewalt oder Drohung etwas weggenommen?", „Ein bisschen Gewalt gehört einfach dazu, um Spaß zu haben", „Durch Gewalt kann man anderen Kindern und Jugendlichen zeigen, wo es langgeht", „Gewalt ist schlecht", „Es reizt mich, in der Schule etwas verbotenes zu tun". Die vier letztgenannten Items konnten entweder mit „ja" oder „nein" beantwortet werden.

Als Determinanten von Gewalt wurden Wertorientierungen und perzipiertes Schulklima berücksichtigt. Bei der Messung von Wertorientierungen wurde die Itemliste der Skala zur Erfassung individueller reflexiver Werte (Hermann, 2003 und 2004) von 34 auf vier reduziert und sprachlich vereinfacht, um die Anzahl der Fragen niedrig zu halten und um Kinder nicht zu überfordern. Es wurde nach der Wichtigkeit folgender Punkte gefragt: „Anderen Menschen helfen", „an Gott glauben", „ein aufregendes Leben führen" und „nach Gesetz und Ordnung handeln". Die Items konnten entweder mit „eher wichtig" oder „eher unwichtig" beantwortet werden. Das erste und letzte Item bilden faktorenanalytisch eine Dimension, die man unter der Überschrift ‚Idealistische Normorientierung' zusammenfassen kann.

Die Fragen zum Schulklima beziehen sich auf das Vertrauen zwischen Lehrern und Schülern: „An meiner Schule kümmert man sich darum, wie es den Schülerinnen und Schülern geht", „An unserer Schule gehen die Lehrerinnen und Lehrer geduldig mit mir um" und „Ich habe zu den meisten Lehrern großes Vertrauen". Bei diesen Fragen konnte der Grad der Zustimmung auf einer 4-stufigen Ratingskala angegeben werden.

4. Ergebnisse

4.1 Veränderungen von Gewalt in der Schule

Alle Befragtengruppen waren mit überwiegender Mehrheit der Ansicht, dass die Schulsozialarbeit zu weniger Gewalt in der Schule geführt habe. 73 Prozent der Eltern und 91 Prozent der Schulsozialarbeiter waren der Auffassung, dass Schulsozialarbeit viel oder sehr viel dazu beiträgt, dass es weniger Gewalt gibt. Eine Analyse der Antworten auf die Fragen zu Viktimisierungen und selbstberichter Delinquenz der Schülerschaft zeigte jedoch eine Zunahme der Inzidenzraten bei Körperverletzungen, Bedrohungen mit einer Waffe und Sachbeschädigungen. In Schaubild 1 ist das Ergebnis der Analyse dargestellt, indem Inzidenzraten zu verschiedenen Delikten für die jeweiligen Untersu-

chungszeitpunkte bestimmt wurden.[1] Die Grundlage bilden Daten zu Vikti-
misierungen, denn Opferbefragungen sind besser geeignet als Täterbefragun-
gen, wenn der Wandel von Delinquenz analysiert werden soll. So dürfte bei
Fragen zur eigenen Delinquenz der Einfluss sozialer Erwünschtheit auf das
Antwortverhalten größer sein als bei Fragen zu Opferwerdungen (Hermann &
Weninger, 1999).

Schaubild 1: Veränderung von Inzidenzraten (Anzahl Opferwerdungen pro
100 Schüler)

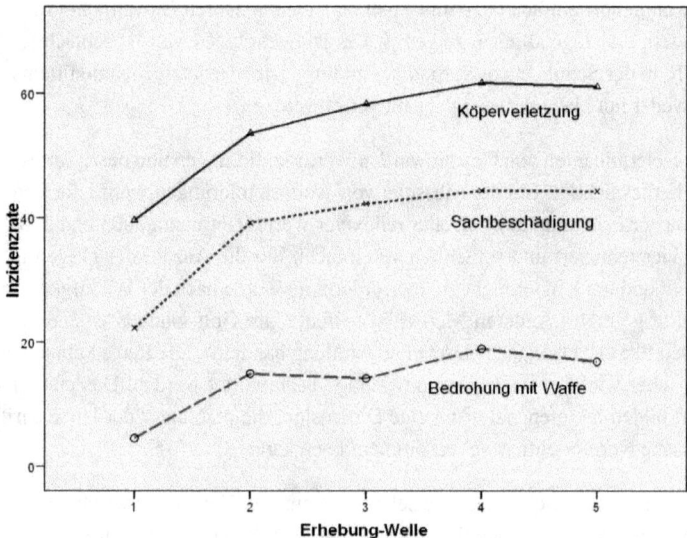

Die Fragestellungen lauteten: „Wie oft bist du in diesem Schuljahr in der
Schule oder auf dem Schulweg schon einmal von Mitschüler/innen geschlagen
worden?"; „Wie oft sind dir in diesem Schuljahr in der Schule oder auf dem
Schulweg schon einmal Sachen kaputt gemacht worden?"; „Wie oft bist du
in diesem Schuljahr in der Schule oder auf dem Schulweg schon einmal von
Mitschüler/innen mit einer Waffe bedroht oder verletzt worden?"

Es ist eine deutliche Zunahme der Gewaltdelinquenz zwischen 2002 und 2006
erkennbar, wobei die zeitlichen Veränderungen signifikant sind. Ähnliche
Trends findet man bei der Analyse der Fragen zur selbstberichteten Delinquenz: Die Inzidenzrate für Körperverletzungen ist von 92 auf 134 gestiegen

---

[1]   Unter 'Inzidenzrate' wird hier der Anteil der Straftaten pro 100 Personen verstanden. Der Inzidenzbegriff
       wird im medizinischen Kontext anders verwendet: Dort versteht man darunter die Anzahl der Neuerkran-
       kungen in einem bestimmten Zeitraum und einer bestimmten Population (Bonita, Beaglehole & Kjell-
       ström, 2008).

und diejenige für Sachbeschädigungen von 21 auf 48. Damit stellt sich die Frage, ob Schulsozialarbeit nicht kontraproduktiv ist, denn mit zunehmender Dauer des Projekts hat die Gewalt an den untersuchten Schulen zugenommen.

Bei der vorgestellten Analyse wurden alle Schüler als Gesamtheit betrachtet. Die Erfahrungsperspektive der Eltern und Schulsozialarbeiter dürfte sich in der Regel nicht auf die Schule als Gesamtheit richten, sondern auf Individuen und Klassen, und die Entwicklungen auf der Makro-, Mikro- und Mesoebene können unterschiedlich verlaufen. Zudem wird bei der Analyse zur Veränderung von Inzidenzraten das Gewaltniveau der Neuzugänge zu den Schulen nicht berücksichtigt, ein Problem, das durch die Bestimmung kohortenspezifischer Lebenslaufeffekte kompensiert werden kann. Damit die Ergebnisse der Analysen zu dieser Thematik leichter interpretierbar sind, wurden zunächst in den Schaubildern 2 und 3 idealtypische kohortenspezifische Verläufe von Kriminalitätsbelastungen dargestellt.

Wird angenommen, dass keine Lebenslaufeffekte vorhanden sind, aber Kohorteneffekte, die mit einer höheren Kriminalitätsbelastung bei jungen Geburtskohorten korrespondieren, erhält man das in Schaubild 2 dargestellte Bild. Jede Linie beschreibt die Veränderung der Kriminalitätsbelastung in einer Geburtskohorte. Alle Linien sind parallel zur horizontalen Achse; dies bedeutet, dass sich Kriminalitätsbelastung im Laufe des Lebens nicht verändert. Die Linien für die jüngeren Kohorten sind über den Linien der älteren Kohorten angeordnet, denn die Kriminalitätsbelastung ist – so die Annahme – in jungen Geburtsjahrgängen größer als in älteren.

Schaubild 2: Idealtypischer Kurvenverlauf bei der Analyse von Kohorteneffekten – keine Lebenslaufeffekte

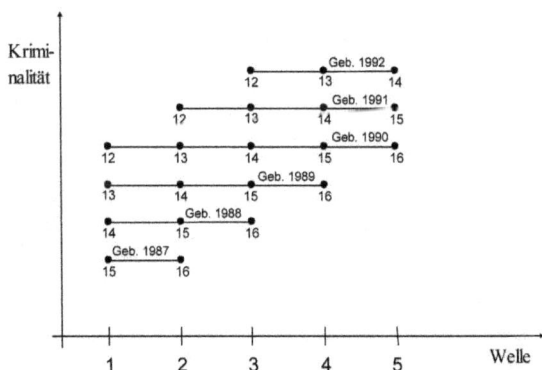

In Schaubild 3 wird angenommen, dass keine Kohorteneffekte vorhanden sind, aber Lebenslaufeffekte, die von einer Zunahme der Kriminalitätsbelastung mit ansteigendem Alter ausgehen. Die letztgenannte Annahme wird im Schaubild durch ansteigende Linien ausgedrückt. Ein nicht vorhandener Kohorteneffekt bedeutet, dass alle Personen in einem bestimmten Alter die gleiche Kriminalitätsbelastung aufweisen, gleichgültig zu welcher Kohorte sie gehören.

Schaubild 3: Idealtypischer Kurvenverlauf bei der Analyse von Lebenslaufeffekten – keine Kohorteneffekte

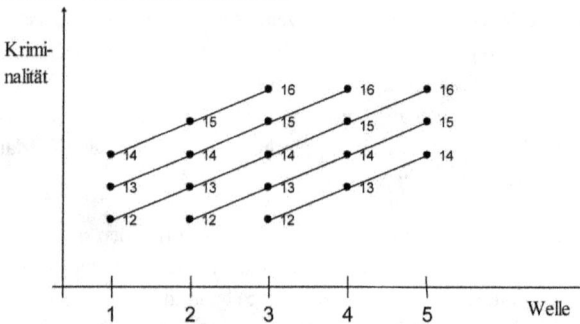

Schaubild 4 zeigt nun die tatsächliche kohortenspezifische Veränderung von Viktimisierungshäufigkeiten, wobei die Antworten der Befragten auf die Frage „Wie oft bist du in diesem Schuljahr in der Schule oder auf dem Schulweg schon einmal geschlagen worden?" standardisiert wurden.[2] Ein positiver Wert ist als überdurchschnittliche Viktimisierungsbelastung zu interpretieren.

---

[2]   Unter 'Standardisierung' versteht man die Lineartransformation einer Variable, so dass der Mittelwert null und die Standardabweichung eins ist (Gaensslen & Schubö 1976, S. 69).

Schaubild 4: Kohortenspezifische Lebenslaufeffekte für erlittene Körperverletzungen

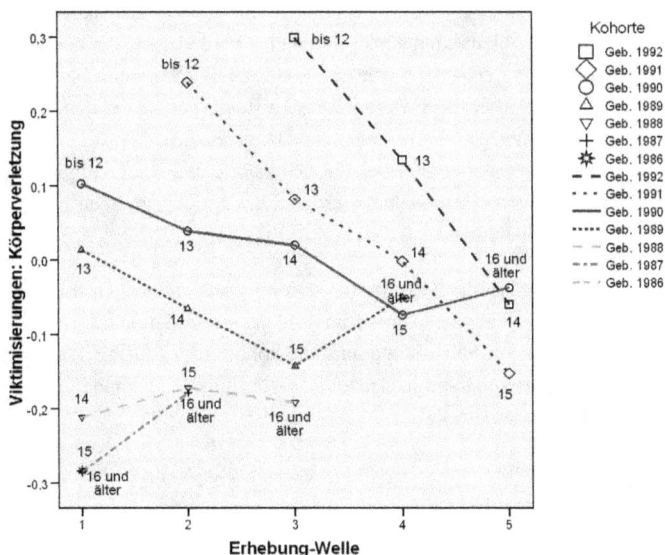

Kohorte
□ Geb. 1992
◇ Geb. 1991
○ Geb. 1990
△ Geb. 1989
▽ Geb. 1988
+ Geb. 1987
✳ Geb. 1986
— — Geb. 1992
· · · Geb. 1991
——— Geb. 1990
····· Geb. 1989
— – Geb. 1988
– – – Geb. 1987
— · · Geb. 1986

(Y-Achse: Viktimisierungen: Körperverletzung; X-Achse: Erhebung-Welle 1–5)

Die Fragestellung lautete: „ Wie oft bist du in diesem Schuljahr in der Schule oder auf dem Schulweg schon einmal von Mitschüler/innen geschlagen worden?"

Die kohortenspezifischen Verläufe zur selbstberichteten Körperverletzung (Täterbefragung) sind nahezu identisch mit den berichteten Ergebnissen zu den Viktimisierungen. Die Korrelation zwischen selbstberichteter Delinquenz und Viktimisierungen liegt bei 0,54.

Die Analyse verdeutlicht, dass sich die Richtungen der Lebenslaufeffekte erheblich verändert haben: Unter den Schülern, die zu Beginn der Untersuchung in höheren Klassen waren, zeigt sich die erwartete Entwicklung, nämlich eine Zunahme der Gewalt mit höherem Alter (vgl. Gottfredson & Hirschi, 1990). Je jünger die Kohorten sind, desto deutlicher ist die Richtungsänderung bei der Gewaltentwicklung. Zudem hat die Laufzeit des Projekts einen Einfluss: Während zu Beginn des Projekts insbesondere unter älteren Schülern das Viktimisierungsrisiko bezüglich Körperverletzungen mit dem Alter ansteigt, hat sich dieser Trend bereits nach kurzer Projektdauer umgekehrt mit zunehmendem Alter der Schüler sinkt das Viktimisierungsrisiko.

Außerdem haben sich die Zugänge zu den untersuchten Schulen verändert. Mit zunehmender Aktualität der Erhebung sind die Opfer- und Täterraten in den Anfängerklassen größer geworden. Das bedeutet, dass sich der „Input" an den Schulen verändert hat und die Klientel mit zunehmender Gewalterfahrung belastet war. Die Haupt- und Förderschulen Heidelbergs wurden also seit Projektbeginn mit verstärkten Problemen unter den Zugangsklassen konfrontiert. Dieses Problem konnte aber durch eine Veränderung der age-victim- und age-crime-Kurve entschärft werden: Während üblicherweise bei Kindern mit zunehmendem Alter das Delinquenzrisiko steigt, konnte bei den untersuchten Schülerinnen und Schülern, denen seit längerer Zeit das Angebot einer Betreuung durch Sozialarbeiterinnen und Sozialarbeiter zur Verfügung stand, der gegenteilige Verlauf beobachtet werden. Dies spricht für einen Erfolg der getroffenen Maßnahmen.

Diese Wirkung ist allerdings nur für Körperverletzungen feststellbar; für Sachbeschädigungen sind die age-victim- und age-crime-Kurven für alle Kohorten nahezu parallel. In Schaubild 5 sind die kohortenspezifischen Veränderungen für Viktimisierungen und in Schaubild 6 für die selbstberichte Delinquenz zu diesem Delikt dargestellt.

Schaubild 5: Kohortenspezifische Lebenslaufeffekte für Sachbeschädigungen (Viktimisierungen)

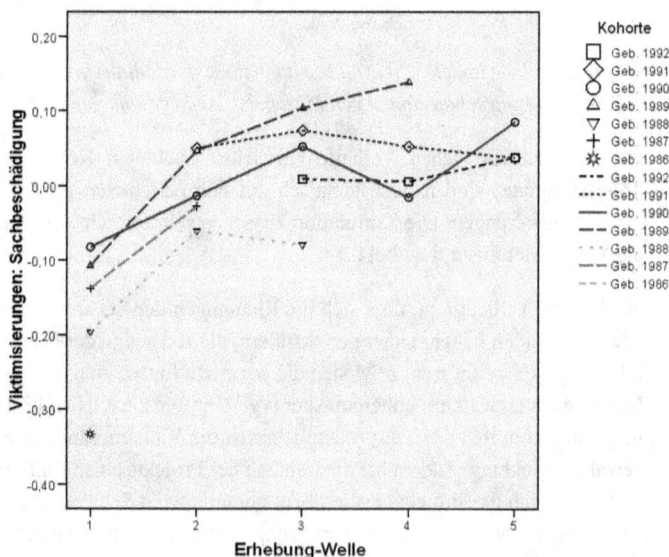

Die Fragestellung lautete: „Wie oft sind dir in diesem Schuljahr in der Schule oder auf dem Schulweg schon einmal Sachen kaputt gemacht worden?".

Schaubild 6: Kohortenspezifische Lebenslaufeffekte für Sachbeschädigungen (selbstberichtete Delinquenz)

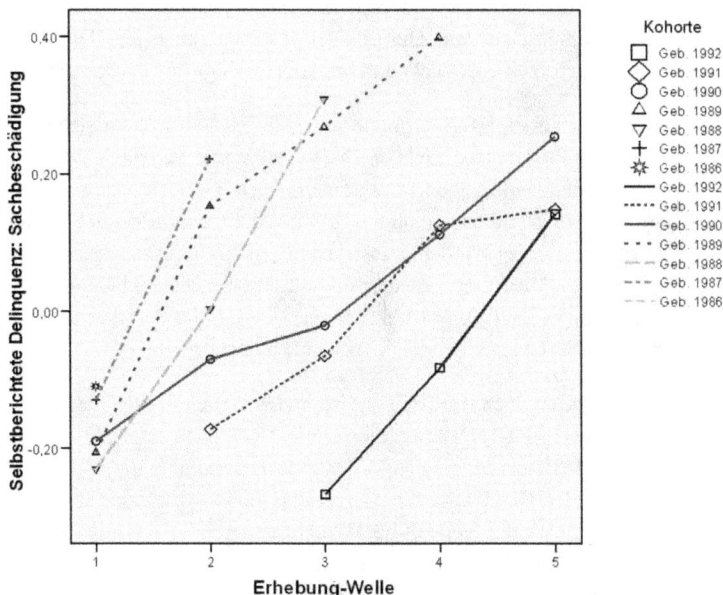

Legende: Die Fragestellung lautete: „Wie oft hast du in diesem Schuljahr schon einmal Sachen, die der Schule oder Mitschülern gehören, kaputt gemacht?".

Die kohortenspezifischen Verläufe zur Bedrohung mit einer Waffe sind nahezu identisch mit den in Schaubild 6 berichteten Ergebnissen zu Sachbeschädigungen. Der kriminalitätsreduzierende Effekt der Schulsozialarbeit ist also lediglich bei Körperverletzungen und nicht bei Sachbeschädigungen sowie Bedrohungen mit Waffen erkennbar. Vermutlich haben die Schulsozialarbeiterinnen und Schulsozialarbeiter die Priorität ihrer Arbeit in der Reduzierung von Körperverletzungen gesehen und andere Gewaltformen als zweitrangig behandelt.

4.2 Ursachen von Gewalt

Ein Abbau von Gewalt ist insbesondere dann nachhaltig möglich, wenn zentrale Ursachen dauerhaft verändert werden. Als Gewaltursachen wurden hier Wertorientierungen und das Schulklima vermutet. Wertorientierungen werden in nichtmaterialistischen soziologischen Ansätzen als eine wichtige Ursache menschlichen Handelns gesehen, so von Max Weber (1990) und Talcott Parsons (1967). Der Einfluss von Wertorientierungen auf Delinquenz wurde bereits mehrfach bestätigt (Boers, Reinecke, Motzke & Wittenberg, 2002; Boers & Pöge, 2003; Burkatzki, 2007a und 2007b; Hermann, 2003 und 2009;

Raithel, 2003; Woll, 2007). Vom Schulklima wird vermutet, dass es eine wichtige Rahmenbedingung für Sozialisationsprozesse darstellt (Tillmann et al. 2007) und damit bei entsprechenden Defiziten zu einer misslungenen Sozialisation beitragen kann. Der Einfluss des Schulklimas auf Delinquenz wurde bereits mehrfach untersucht und bestätigt (Holtappels, 1985; Kassis, 2002).

Die Hypothesenprüfung erfolgte mit Hilfe eines Strukturgleichungsmodells, also einer Pfadanalyse mit latenten und manifesten Variablen. Das Modell postuliert einen Einfluss von Strukturmerkmalen, nämlich Alter und Geschlecht, sowie Wertorientierungen und Schulklima auf Delinquenz und Delinquenzbereitschaft. Zudem wurden Effekte zwischen den unabhängigen Variablen angenommen. Die Ergebnisse der Analyse sind in Schaubild 7 dargestellt. Dabei wurden nur signifikante Effekte berücksichtigt, die dem Betrag nach größer oder gleich 0,2 sind und damit auch eine relevante Effektstärke besitzen.

Wertorientierungen wurden lediglich in den Wellen I – III erfasst. Deshalb beschränkt sich die Analyse auf diese Fälle. Die Zahlen auf den Pfeilen sind standardisierte Pfadkoeffizienten, wobei die zuerst aufgeführte und fett gedruckte Zahl auf den Daten aller drei Befragungswellen basiert und die darunter stehenden Zahlen die Wellen I bis III repräsentieren: Die zweite Zahl beruht auf den Antworten der ersten Befragungswelle; die dritte Zahl stammt von Welle zwei und die letzte Zahl von Welle drei.

Schaubild 7: Erklärung von Gewaltdelinquenz

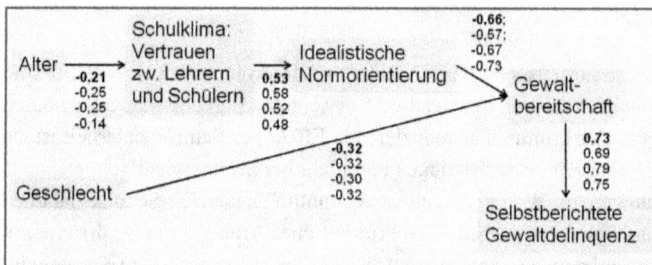

Legende: Die Fragen zum Schulklima lauteten: An meiner Schule kümmert man sich darum, wie es den Schülerinnen und Schülern geht / An unserer Schule gehen die Lehrerinnen und Lehrer geduldig mit mir um / Ich habe zu den meisten Lehrern großes Vertrauen. Fragen zur idealistischen Normorientierung: Jeder Mensch hat irgendetwas, das für ihn besonders wichtig ist. Sag mir bitte bei folgenden Punkten, wie wichtig sie für dich sind: Anderen Menschen helfen / Nach Gesetz und Ordnung handeln. Fragen zur Gewaltbereitschaft: Ein bisschen Gewalt gehört einfach dazu, um Spaß zu haben / Durch Gewalt kann man anderen Kindern und Jugendlichen zeigen, wo es langgeht / Gewalt *ist schlecht / Es reizt mich, in der Schule etwas Verbotenes zu tun. Fragen zur Gewaltdelinquenz: Wie oft hast du in diesem Schuljahr schon einmal ... eine Mitschülerin oder einen Mitschüler geschlagen? / Sachen, die der Schule oder Mitschülern gehören, kaputt gemacht? / einer Mitschülerin oder einem Mitschüler mit Gewalt oder Drohung etwas weggenommen? / einer Mitschülerin oder einem Mitschüler ohne Gewalt oder Drohung etwas weggenommen?*

Die Analyse zeigt, dass das Alter einen Einfluss auf das Schulklima hat. Mit zunehmendem Alter der Schüler nimmt das Vertrauen zu der Lehrerschaft leicht ab. Ein vertrauensvolles Schulklima fördert die Ausbildung von Wertorientierungen, die eine idealistische Normorientierung repräsentieren. Diese Wertorientierung hat einen deutlichen Einfluss auf Gewaltbereitschaft und Gewalt. Folglich hat das Schulklima über die Ausbildung von Wertorientierungen und über die Einstellung zu Gewalt einen Einfluss auf Gewalthandeln. Somit würde die Förderung des Vertrauensverhältnisses zwischen Lehrern und Schülern helfen, Gewalt zu reduzieren. Dies kann die Schulsozialarbeit durch ihre Vermittlerrolle zwischen Lehrern und Schülern leisten. Die Effizienz von Schulsozialarbeit könnte noch gesteigert werden, wenn ein Schwerpunkt der Arbeit auf die Herstellung von Vertrauen und somit auf einen Aufbau von Sozialkapital gelegt wird.

5. Das Projekt „Weichensteller"

5.1 Konzeption

Das Projekt Weichensteller begann 2009 und stellt die Fortsetzung des Modellprojekts Schulsozialarbeit dar. Die wissenschaftliche Begleitung wird, ebenso wie die Schulsozialarbeit selbst, von der Stadt Heidelberg finanziert. Der Fokus des Projekts liegt auf einer Effizienzsteigerung und Optimierung von Schulsozialarbeit.

Bereits die 2001 von der Kinder- und Jugendpsychiatrie Heidelberg in Kooperation mit dem Gesundheitsamt und der Pädagogischen Hochschule veröffentlichte Studie „Lebenssituation und Verhalten von Kindern im zeitlichen Wandel" (Haffner et al., 2001) zeigte den engen Zusammenhang zwischen psychischen Auffälligkeiten von Kindern und deren Schulleistung bzw. Schulempfehlung sowie die zunehmende Zahl von Verhaltensstörungen besonders bei Grundschulkindern. Zahlreiche weitere Studien belegen diesen Trend, der sich sowohl in Deutschland als auch im Ausland zeigt. So kommen Lösel et al. (2005) in der Erlangen-Nürnberger Entwicklungs- und Präventionsstudie zum Ergebnis, dass knapp ein Fünftel der befragten Kinder und Jugendlichen gravierende Erlebens- und Verhaltensprobleme (z.B. Aggression, Delinquenz, Ängste, Depression, Hyperaktivität, Drogenabhängigkeit oder Essstörungen) aufweisen. Auch der World Report on Violence and Health (World Health Organization, 2002) zeigt ein weltweit zunehmendes gestörtes oder antisoziales Schülerverhalten. Dies führt nicht nur zu einer Beeinträchtigung der schulischen Laufbahn, sondern in vielen Fällen auch zu langfristigen Fehlentwicklungen. Daraus leitet sich ein erhöhter Handlungsbedarf ab, zum Beispiel im Rahmen von Schulsozialarbeit und Jugendhilfe.

Aus der Fachliteratur geht hervor, dass Prävention dann am effektivsten ist, wenn sie möglichst früh ansetzt und dauerhaft zum Einsatz kommt. So zeigen Kazdin (1987), dass präventive Interventionen wie soziales Kompetenztraining für Schüler oder Elternschulungen bereits nach der dritten Klasse, deutlich jedoch nach der fünften Klasse an Effektivität verlieren. Prävention muss daher schon in der Grundschule beginnen. Kinder, die in diesem Alter bereits auffällig sind, die sogenannten Early Starters, nehmen besonders problematische Entwicklungsverläufe (vgl. Chung et al., 2002; Lacourse et al., 2006). Daher ist es von Interesse, bereits im Grundschulalter durch den gezielten Einsatz von Schulsozialarbeit Fehlentwicklungen vorzubeugen.

Wegen begrenzter finanzieller Ressourcen für die Schulsozialarbeit wird die Frage nach sinnvollen Indikationen für den Einsatz der Schulsozialarbeit immer bedeutender. Gezielter Einsatz von Schulsozialarbeit für diejenigen Schülerinnen und Schüler, die den dringendsten Hilfebedarf aufweisen, ist nur dann möglich, wenn die entscheidenden Entwicklungsfaktoren bekannt sind. Es ist also zu klären: Welche Kinder profitieren am meisten von Unterstützung, welche Risikobedingungen führen zu Ausgrenzung und sozialer Benachteiligung, welche Probleme und Schwierigkeiten haben diese Kinder? Ziel des Projekts Weichensteller ist daher die Entwicklung eines Messinstruments, um solche problematischen Bedingungen frühzeitig diagnostizieren und durch bedarfsgerechte Schulsozialarbeit abfangen zu können.

Kindliche Fehlentwicklungen können sich auf verschiedenste Art und Weise zeigen, beispielsweise in der Ausbildung von emotionalen Störungen (Depression, Angststörung etc.) oder von Verhaltensstörungen (Aufmerksamkeitsstörung, Störung des Sozialverhaltens etc.). Auch die Ausprägung von Risikoverhaltensweisen, wie Delinquenz, Gewalt, Konsum von Alkohol/ Zigaretten/ Drogen oder selbstverletzendes Verhalten sind denkbar. Und zunehmend werden Kinder Opfer von Mobbing durch Mitschüler bzw. werden selbst zu Mobbingtätern. Die vermuteten Risikofaktoren hierfür sind vielfältig und ein Zusammenspiel verschiedenster Ebenen ist zu berücksichtigen: (1) das Kind selbst (z.B. hoch ausgeprägte Aggression, Gewaltbereitschaft, Risikosuche oder Hyperaktivität; niedrig ausgeprägte Ängstlichkeit oder mangelndes prosoziales Verhalten; Gewalterfahrungen oder kognitive Defizite, v.a. auf verbaler Ebene), (2) die Eltern (z.B. inkonsistenter, strafender oder überbehütender

Erziehungsstil; niedrig ausgeprägte idealistische Werte; niedriger Bildungsstand; psychische Krankheiten oder eine nicht intakte Familienstruktur) sowie
(3) das weitere Umfeld (z.b. delinquente Peergroup oder schlechtes Schulklima). Die Zusammenhänge sind jedoch äußerst komplex, da

- eine Störung mit verschiedenen Risikofaktoren zusammenhängt und ein
  Risikofaktor nicht spezifisch für eine bestimmte Störung ist,

- einige Risikofaktoren konstant wirken, einige nur in bestimmten Lebens-
  abschnitten,

- die Risikofaktoren sich möglicherweise nicht linear addieren, sondern
  exponentiell,

- Schutzfaktoren mit Risikofaktoren interagieren und deren negativen Effekt
  puffern.

Zielgerichtete Interventionen sind effektiver als universale Programme, da nur
die Kinder eine Intervention erhalten, die sie auch benötigen. Entscheidend ist
aber, dass Hochrisiko-Kinder korrekt klassifiziert werden. Vermieden werden
sollen daher sowohl False Negatives (d.h. keine präventiven Maßnahmen bei
Kindern, die eigentlich eine Intervention benötigten) als auch False Positives
(d.h. die Einleitung präventiver Maßnahmen, die eigentlich überflüssig sind).
Um mögliche Fehlerquellen eines Screenings zu minimieren, sollte man sich
nicht nur auf die Einschätzung einer Informationsquelle (z.B. Lehrer) verlassen, sondern mehrere Quellen einbeziehen, z.B. die Informationen von Eltern
und Lehrern. Im Idealfall wird zudem zu mehreren Zeitpunkten gemessen.

Als Gründe für die bisher mangelnde Anwendung von Screenings und indizierter Prävention nennt Kauffman (1999) Angst vor Stigmatisierung, Mangel
an Interventionsangeboten, Angst vor den Kosten, Glaube an positive Entwicklung allein durch zunehmendes Alter sowie Überschätzung der Schulleistung im Vergleich zu emotionalen und Verhaltensstörungen.

Vielversprechend sind sogenannte Multiple Gating Ansätze, bei denen auf jeder Stufe zunehmend weniger Schüler von verschiedenen Personen beurteilt
werden. So charakterisiert auf Stufe 1 z. B. die Lehrerschaft alle Schülerinnen
und Schüler einer Klasse anhand eines sehr kurzen Fragebogens. Die sich daraus ergebenden Problemschüler werden dann auf Stufe 2 noch einmal und
ausführlicher beurteilt; zudem wird nun das Urteil der Eltern mit einbezogen.
Diese Stufe entscheidet schließlich über die Zuweisung von Interventionen für
Risikoschüler.

Eine zweite Frage beschäftigt sich mit dem Zeitpunkt des Screenings. Wie
früh können zuverlässige Entwicklungsprognosen getroffen werden? Können
z. B. Kinder mit Risiko für Verhaltensstörungen schon im Kindergarten und

in der ersten Klasse erkannt werden? Campbell et al. (1995) bejahen dies: Ein vergleichsweise hoher Anteil, nämlich 50%, der auffälligen 4- und 5-Jährigen entwickelten tatsächlich im weiteren Verlauf eine Verhaltensstörung. Im Allgemeinen wird der Übergang von Kindergarten zu Grundschule als günstiger Zeitpunkt zur Anwendung eines Entwicklungsscreenings gesehen.

Ein gutes Screening muss nicht nur reliabel und valide sein, sondern auch effizient bzgl. der aufzuwendenden finanziellen und personellen Ressourcen sowie schnell in der Lieferung von Ergebnissen. Nicht zu vergessen ist die unbedingt erforderliche Akzeptanz. Nur wenn Eltern, Lehrer und Kinder offen und ehrlich Auskunft geben, können sinnvolle Vorhersagen getroffen werden. Hierfür ist eine kontinuierliche Informationsarbeit, z.b. an den Schulen, erforderlich.

5.2 Ziele

Vorrangiges Ziel des Projekts Weichensteller ist der gezielte Einsatz von Schulsozialarbeit für diejenigen Schülerinnen und Schüler, die den dringendsten Hilfebedarf aufweisen. Eine Vollversorgung der ca. 6750 Schüler, die sich an den 22 Heidelberger Schulen mit städtisch finanzierter Schulsozialarbeit befinden, ist mit den momentan eingesetzten 20 Fachkräften nicht möglich. Die zur Verfügung stehenden Ressourcen müssen also möglichst effektiv verteilt werden. Die Frage ist demnach, welche Kinder am meisten von der angebotenen Unterstützung profitieren. Um dies beantworten zu können, müssen die entscheidenden Entwicklungsfaktoren bekannt sein. Es stellt sich also die Frage, welche Risikobedingungen zu Ausgrenzung und sozialer Benachteiligung führen. Das Längsschnittdesign des Projekts, das zu drei verschiedenen Messzeitpunkten Daten auf jeweils drei Ebenen erhebt, erlaubt hierzu Aussagen.

Auf Grundlage der gefundenen Risikofaktoren wird ein Messinstrument entwickelt, um solche problematischen Bedingungen frühzeitig zu diagnostizieren und durch bedarfsgerechte Schulsozialarbeit abfangen zu können. Die Schulsozialarbeit wird dadurch auf eine wissenschaftliche Grundlage gestellt. Im Idealfall kann durch ein solches Screening ein Risikokind erkannt werden, bevor es so stark auffällt, dass die Lehrkraft oder die Eltern den Kontakt zum Schulsozialarbeiter suchen. Schulsozialarbeit wäre dann tatsächlich indiziert präventiv tätig. Wichtig ist hierbei, dass dieses Angebot von indizierter Prävention auf der einen Seite möglichst früh, d.h. schon in der Grundschule, erfolgt, um einer drohenden Ausgrenzung frühzeitig entgegenzuwirken. Auf der anderen Seite ist eine dauerhafte Unterstützung von Nöten, d.h. eine Begleitung der hilfsbedürftigen Kinder auch in den weiterführenden Schulen.

Die konkrete Thematisierung von Entwicklungsbedingungen sowie die Rückmeldung der individuellen Ergebnisse an jeden Schulstandort hat zudem eine Förderung der Qualitätsdiskussion über Schulsozialarbeit und eine Anpassung des Angebots an die schulspezifischen Bedürfnisse zum Ziel.

5.3 Methoden

Alle 22 Heidelberger Schulen, an denen Schulsozialarbeit angeboten wird, stimmten einer Teilnahme am „Projekt Weichensteller" zu. Im Einzelnen sind dies 12 reine Grundschulen, 4 Grund- und Hauptschulen, 3 Realschulen, 2 Förderschulen und 1 Gesamtschule. Um einen möglichst umfassenden Überblick über alle Altersgruppen zu erlangen, werden Schüler der Klassen 1, 3, 5 und 7 in die Studie einbezogen, deren Entwicklung dann über vier Jahre hinweg verfolgt wird. Getrennt nach Klassen zeigt sich zu Beginn der Studie folgendes Bild:

- 40 Klassen der Klassenstufe 1
- 42 Klassen der Klassenstufe 3
- 23 Klassen der Klassenstufe 5
- 23 Klassen der Klassenstufe 7.

Nach den aktuellen Schülerzahlen von Dezember 2009 werden demnach 2732 Schüler bzw. deren Eltern und Lehrer um Teilnahme an der Studie gebeten.

Das Projekt ist als Längsschnittstudie mit drei Messzeitpunkten angelegt: 2010, 2012 und 2014. Dabei werden jeweils vier ausgewählte Klassenstufen befragt. Die Bildung dieser vier Kohorten erlaubt Aussagen über die langfristige Entwicklung der Kinder- und Jugendlichen und liefert Erkenntnisse über die Klassen 1 bis 11. Befragt werden jeweils die Eltern und Klassenlehrer sowie in den weiterführenden Schulen auch die Schüler selbst. Die Teilnehmer werden pseudonymisiert und die Informationen der einzelnen Quellen sowie der einzelnen Messzeitpunkte verknüpft. Voraussetzung für die Teilnahme ist das Einverständnis der Erziehungsberechtigten. Diese entscheiden über die eigene Teilnahme und die Teilnahme des Kindes und erteilen der Lehrerschaft die Auskunftserlaubnis.

Die Befragungen erfolgen schriftlich in Form von Fragebögen. Die Eltern erhalten diesen über die Schule. Abgefragt werden das Verhalten des Kindes, Regeln und Gewohnheiten in der Familie, Werte und Erziehungsziele, bisherige Auffälligkeiten des Kindes sowie soziodemografische Variablen. Um auch Eltern mit Migrationshintergrund zu erreichen, wurden die Fragebögen in verschiedene Sprachen übersetzt (englisch, russisch, türkisch) und werden zusätzlich in Einzelfällen persönliche Interviews angeboten. Die Klassenlehrer erhalten für jedes Kind ihrer Klasse, für das das schriftliche Einverständnis der

Eltern vorliegt, einen kurzen Fragebogen, in dem sie das Verhalten des Kindes in der Klasse beurteilen. Abschließend füllen die Schüler in den weiterführenden Schulen einen Fragebogen aus. Dieser ist im Wesentlichen identisch mit dem Elternfragebogen, jedoch durch den Schwerpunkt Risikoverhalten ergänzt. Darin geben die Schüler Auskunft über die Themenbereiche Gewalt, Delinquenz, Peergroup, Fehlzeiten in der Schule, Konsum von Alkohol, Zigaretten und Drogen, Mobbing, selbstverletzendes Verhalten und Suizidalität.

Die Schulen erhalten nach jedem Messzeitpunkt Rückmeldung über die Gesamtergebnisse, getrennt nach Grundschulen und weiterführenden Schulen, und haben dadurch die Möglichkeit, präventive Konzepte angepasst an den jeweiligen Bedarf zu entwickeln. Nach Ablauf der Erhebung wird 2014 das entwickelte Screeningverfahren präsentiert und den Schulen zur Verfügung gestellt.

6. Fazit

Die bereits durchgeführten Evaluationen zur Schulsozialarbeit führten weitgehend zu positiven Ergebnissen. Dies wird durch die Heidelberger Schul-Studie bestätigt, die sich insbesondere durch ihr Untersuchungsdesign von anderen Evaluationen unterscheidet: Es wurden an allen Heidelberger Haupt- und Förderschulen Schüler, Lehrer, Eltern, Schulleiter, Sozialarbeiter und Mitarbeiter des Allgemeinen Sozialen Dienstes in fünf Wellen befragt und die Schulakten über die Fehlzeiten der Schülerinnen und Schüler ausgewertet. Dabei zeigte sich ein Rückgang der Fehlzeiten, der längeren Unterrichtsausschlüsse und der Nichtversetzungen im letzten Erhebungszeitpunkt, eine stabile berufliche Perspektive trotz ungünstiger Entwicklung auf dem Ausbildungs- und Arbeitsmarkt, eine Abnahme der Zahl der Hilfen zur Erziehung sowie eine Verringerung der Kosten hierfür und eine positive Bewertung der Schulsozialarbeit durch Schüler und Lehrer, aber keine 'objektive' Veränderung des Schulklimas. Die als benachteiligt angesehenen Schüler wurden anfangs teilweise und im Projektverlauf zunehmend besser erreicht (Fischer, Haffner, Parzer & Resch, 2005 und 2008).

Besonders hervorzuheben ist der Einfluss der Schulsozialarbeit auf die Gewalt in der Schule – ein Thema, das in vielen Evaluationen nicht behandelt wurde. Hier zeigte sich, dass einerseits alle Befragtengruppen mit überwiegender Mehrheit der Ansicht waren, dass die Schulsozialarbeit zu weniger Gewalt in der Schule geführt hat. Eine Analyse zur Veränderung der Opferraten belegte jedoch eine Zunahme der Inzidenzraten bei Körperverletzungen, Bedrohungen mit einer Waffe und Sachbeschädigungen. Somit scheinen sich subjektive und objektive Untersuchungsergebnisse zu widersprechen. Untersucht man jedoch die Viktimisierungs- und Delinquenzraten kohortenspezifisch, zeigt sich, dass sich die Zugangskohorten erheblich verändert haben: Über einen Zeitraum von 5 Jahren sind mit zunehmender Aktualität der Erhebung die Opfer- und Täterraten in den Anfängerklassen größer geworden. Das bedeutet, dass sich der 'Input' an den Schulen verändert hat und die Klientel mit zunehmender Gewalterfahrung belastet war. Außerdem haben sich die 'Karriereverläufe' geändert. Während zu Beginn des Projekts insbesondere unter älteren Schülern das Viktimisierungsrisiko und die Tathäufigkeiten bezüglich Körperverletzungen mit dem Alter anstiegen, hat sich dieser Trend bereits nach kurzer Projektdauer umgekehrt. Die Haupt- und Förderschulen Heidelbergs wurden also seit Projektbeginn mit verstärkten Problemen unter den Zugangsklassen konfrontiert, aber dieses Problem konnte durch eine Veränderung der age-victim- und age-crime-Kurve entschärft werden: Während üblicherweise bei Kindern mit zunehmendem Alter das Gewaltniveau steigt, konnte in den untersuchten Klassen der gegenteilige Verlauf beobachtet werden. Dies spricht für einen Erfolg der getroffenen Maßnahmen. Allerdings ist dieser Effekt bei Sachbeschädigungen und Bedrohungen mit einer Waffe nicht erkennbar. Bei diesen Delikten ändern sich die age-victim- und age-crime-Kurven nicht: Mit zunehmender Alter wird die Delinquenzbelastung größer.

Vermutlich könnte die Schulsozialarbeit kriminalpräventiv noch effizienter werden, wenn sie verstärkt Ursachen von Gewalt beeinflussen würde, insbesondere das Schulklima. Die vertrauensvolle Beziehung zwischen Schülern und Lehrern hat einen Einfluss auf die Ausbildung von Wertorientierungen und diese beeinflussen die Bereitschaft zu Gewalt und Gewalthandeln. Die Verbesserung des Vertrauensverhältnisses zwischen Lehrern und Schülern würde gewaltreduzierend wirken – dies kann Schulsozialarbeit durch ihre Vermittlungsfunktion leisten.

Die positiven Effekte von Schulsozialarbeit sprechen für eine Weiterführung der Maßnahme. Der Bedarf an Schulsozialarbeit an Grund- und weiterführenden Schulen ist nach wie vor groß, da Verhaltensstörungen bei Kindern und Jugendlichen zunehmen, Schulsozialarbeit wirksam ist und frühe und dauerhafte Prävention die größten Effekte erzielt. Um die vorhandenen Ressourcen möglichst effektiv einzusetzen, ist eine indizierte Prävention nötig, d.h. zielgerichtete Schulsozialarbeit für diejenigen Kinder, die ein erhöhtes Risiko zur Ausbildung von Fehlentwicklungen aufweisen. Diese Kinder möglichst früh zu identifizieren ist nur dann möglich, wenn die entscheidenden Entwicklungsfaktoren bekannt sind. Auf Grundlage der Ergebnisse des Projekts Weichensteller soll deshalb ein Screeningverfahren entwickelt werden, um Risikobedingungen frühzeitig diagnostizieren und kindlichen Fehlentwicklungen durch bedarfsgerechte Schulsozialarbeit präventiv entgegenwirken zu können.

Dazu werden an 22 Heidelberger Schulen in drei Erhebungswellen Daten von Eltern, Lehrkräften und Schülern erhoben. Dadurch werden über vier Jahre hinweg umfangreiche Entwicklungsdaten gesammelt und wird durch das beschriebene Längsschnittdesign die Basis für Aussagen über Risikofaktoren für kindliche Fehlentwicklungen geschaffen

Für die teilnehmenden Schulen ergeben sich bereits kurzfristige Vorteile. Zum einen ermöglicht die Rückmeldung der Ergebnisse eine Anpassung des Angebots der Schul-

sozialarbeit an die schulspezifischen Bedürfnisse. Zum anderen dienen die Studien-
ergebnisse als Grundlage bei politischen Entscheidungen über den Erhalt bzw. den
Ausbau der Schulsozialarbeit. Langfristig gesehen erhalten die Schulen Kenntnis über
entscheidende Entwicklungsfaktoren ihrer Schüler und ein Messinstrument, durch das
gezielt Prävention eingeleitet und Kinder mit hohem Unterstützungsbedarf früh erkannt werden können.

Literatur

Boers, K. & Pöge, A. (2003). Wertorientierungen und Jugenddelinquenz. In Lamnek, S. & Boatca, M. (Hrsg.), *Geschlecht, Gewalt, Gesellschaft* (S. 246-269). Opladen, Leske und Budrich.

Boers, K., Reinecke, J., Motzke, K. &Wittenberg, J. (2002). Wertorientierungen, Freizeitstile und Jugenddelinquenz. *Neue Kriminalpolitik 4*, 141-146.

Bolay, E., Flad, C. & Gutbrod, H. (2004). *Jugendsozialarbeit in Hauptschulen und im BVJ in Baden Württemberg. Abschlussbericht der Begleitforschung zur Landesförderung*, Tübingen. [WWW document] URL: http://w210.ub.uni-tuebingen.de/dbt/volltexte/2005/1784/pdf/Jugendsozialarbeit-an-Schulen-Internet.pdf ; Stand 09/2009.

Bonita, R., Beaglehole, R. & Kjellström, T. (2008). *Einführung in die Epidemiologie*, 2. Auflage, Bern: Hans Huber Verlag.

Burkatzki, E. (2007a). *Verdrängt der Homo oeconomicus den Homo communis? Normbezogene Orientierungsmuster bei Akteuren mit unterschiedlicher Markteinbindung.* Wiesbaden: Deutscher Universitätsverlag.

Burkatzki, E., (2007b). Wirtschaftskriminalität als Folge wertbezogener Orientierungen? – Ergebnisse einer empirischen Untersuchung. *Forum Wirtschaftsethik 15*, 25-37.

Campbell, S. (1995). Behaviour problems in preschool children: A review of recent research. *Journal of Child Psychology and Psychiatry, 36:* 113–149.

Chung, I.-J., Hill, K.G., Hawkins, J.D., Gilchrist, L.D. & Nagin, D.S. (2002). Childhood predictors of offense trajectories. *Journal of Research in Crime and Delinquency,* 39: 60-90.

Engel, E.-M. & Waibel, K. (2008). *Evaluation der Schulsozialarbeit in Trägerschaft der Stadt Balingen.* Zentrum für Kinder- und Jugendforschung an der Evangelischen Hochschule Freiburg. [WWW document] URL: http://zfkj.de/files/u2/Abschlussbericht_Evaluation_2008.pdf; Stand 09/2009.

Fischer S., Haffner J., Parzer P. & Resch F. (2005). *Zwischenbericht der wissenschaftlichen Begleitung. Modellprojekt Schulsozialarbeit. Heidelberg: Kinder- und Jugendamt der Stadt Heidelberg.* [WWW document] URL: http://www.heidelberg.de/servlet/PB/show/1151814/51_pdf_schulsozialarbeit-langfassung.pdf ; Stand 02/2009.

Fischer, S., Haffner, J., Parzer, P. & Resch, F., (2008). Präventive und kompensatorische Effekte von Schulsozialarbeit. Ergebnisse einer Längsschnittstudie bei Hauptschüler/innen. *Nachrichtendienst des Deutschen Vereins für öffentliche und private Fürsorge (NDV),* 459 - 467.

Gaensslen, H. & Schubö, W., (1976). *Einfache und komplexe statistische Analyse: Eine Darstellung der multivariaten Verfahren für Sozialwissenschaftler und Mediziner.* 2. Auflage, München: Ernst Reinhardt Verlag.

Ganser, C., Hinz, T., Mircea, R. & Wittenberg, A. (2004). *Problemlagen beruflicher*

Schulen in München. Abschlussbericht zur Evaluation von Schulsozialarbeit an beruflichen Schulen in München. [WWW document] URL: http://www. uni-konstanz.de/hinz/eval_berufsschule.pdf; Stand 09/2009.

Gottfredson, M. R. & Hirschi, T. (1990). *A General Theory of Crime.* Stanford, California: Stanford University Press.

Haffner, J., Parzer, P., Raue, B., Steen, R., Münch, H., Giovannini, S., Esther, C., Klett, M. & Resch, F. (2001): Lebenssituationen und Verhalten von Kindern im zeitlichen Wandel. Gesundheitsbericht Rhein-Neckar-Kreis Band 2/ Heidelberg.

Hermann, D. & Weninger, W. (1999). Das Dunkelfeld in Dunkelfelduntersuchungen. Über die Messung selbstberichteter Delinquenz. *Kölner Zeitschrift für Soziologie und Sozialpsychologie 51, 759-766.*

Hermann, D. (2003). *Werte und Kriminalität. Konzeption einer allgemeinen Kriminalitätstheorie.* Wiesbaden: Westdeutscher Verlag.

Hermann, D. (2004). Die Messung individueller reflexiver Werte. In Glöckner-Rist, A. (Hrsg.): *ZIS. ZUMA-Informationssystem. Elektronisches Handbuch sozialwissenschaftlicher Erhebungsinstrumente. Version 8.00.* Mannheim: Zentrum für Umfragen, Methoden und Analysen.

Hermann, D. (2009). Ursachen von Kinderkriminalität. In Schwind, H.-D., Steffen, W. & Hermann D (Hrsg.): *Kriminalprävention durch familiale Erziehung.* Mainzer Schriften zur Situation von Kriminalitätsopfern 46 (S. 88-99). Baden-Baden: Nomos.

Holtappels, H.G. (1985). Schülerprobleme und abweichendes Verhalten aus der Schülerperspektive. *Zeitschrift für Sozialisationsforschung und Erziehungssoziologie 5, 291-323.*

Kassis, W. (2002). Gewalt in der Schule und ihre sozialen und personalen Determinanten. *Zeitschrift für Soziologie der Erziehung und Sozialisation, 22,* 197-213.

Kauffman, J.M. (1999) How we prevent the prevention of emotional and behavioral disorders. *Exceptional Children,* 65: 448-469.

Kazdin, A. (1987). Conduct disorders in childhood and adolescence. London: Sage.

Lacourse, E., Nagin, D.S., Vitaro, F., Côté, S., Arseneault, L. & Tremblay, R.E. (2006). Prediction of early-onset deviant peer group affiliation: A 12-year longitudinal study. *Archives of General Psychiatry,* 63: 562-568.

Lösel, F., Beelmann, A., Jaursch, S., Koglin, U. & Stemmler, M. (2005). Entwicklung und Prävention früher Probleme des Sozialverhaltens: Die Erlangen-Nürnberger Studie, 201-229. In *Möglichkeiten der Gewaltprävention.* Göttingen: Vandenhoeck & Rupprecht.

Niederbühl, R. (o.J.). *Wirksamkeit von Schulsozialarbeit.* Karlsruhe. [WWW document] URL: [WWW document] http://www.karlsruhe.de/fb4/einrichtungen/sodi/schulsozialarbeit/HF_sections/rightColum/ZZhzuHDu0XcKy6/ wirksamkeit.1.pdf ; Stand 09/2009.

Parsons, T. (1967). *The Structure of Social Action*, 5. Aufl., 1. Aufl. 1937, New York: Free Press.

Raithel, J. (2003). Erziehungserfahrungen, Wertorientierungen und Delinquenz Jugendlicher. Befunde zum Zusammenhang von Erziehungsweisen, Mentalitäten und Kriminalität. *Zeitschrift für Erziehungswissenschaft 6*, 590-602.

Renges, A. & Lerch-Wolfrum, G. (2004). *Handbuch zur Jugendsozialarbeit an Schulen in Bayern. Aufgaben, Strukturen und Kooperationsfelder.* München/ Göttingen. [WWW document] URL: http://www.blja.bayern.de/imperia/md/content/blvf/bayerlandesjugendamt/jugendschutz/handbuch_jugendsozialarbeit_an_schulen.pdf ; Stand 09/2009

Schumann, M., Sack, A. & Schumann, T. (2006). *Schulsozialarbeit im Urteil der Nutzer – Evaluation der Ziele, Leistungen und Wirkungen am Beispiel der Ernst-Reuter-Schule II.* Weinheim/München: Juventa.

Speck, K. (2006). *Qualität und Evaluation in der Schulsozialarbeit: Konzepte, Rahmenbedingungen und Wirkungen.* Wiesbaden: VS Verlag für Sozialwissenschaften.

Stadt Winterthur, (2004). *Schlussbericht zur Evaluation der Offenen Jugendarbeit und Schulsozialarbeit in Winterthur.* [WWW document] URL: http://www.soziales.winterthur.ch/upload/file/285Schlussbericht%20zur%20Evaluation%20der%20OJA%20und%20SSA.pdf

Tillmann, K.-J., Holler-Nowitzki, B., Holtappels, H.G., Meier, U. & Popp, U. (2007). *Schülergewalt als Schulproblem – Verursachende Bedingungen, Erscheinungsformen und pädagogische Handlungsperspektiven.* Weinheim/ München: Juventa.

Weber, M. (1990). *Wirtschaft und Gesellschaft. Grundriß der verstehenden Soziologie.* 5. Aufl., besorgt von J. Winckelmann (1. Aufl. 1922) Tübingen: Mohr.

Woll, A. (2007). Der Einfluss von Wertorientierungen und Normorientierung auf Delinquenz – eine empirische Analyse anhand von BerufsschülerInnen. Törnig, U. (Hrsg.): *Wissenschaftliche Beiträge zur Sozialen Arbeit* (S. 105-124). Aachen: Shaker

World Health Organization (2002). World report on violence and health. Geneva, Switzerland.

Klaus Hurrelmann

Männer als Bildungsverlierer
Warum wir dringend eine stärkere Jungenförderung benötigen

1. Ergebnisse aktueller Studien

Seit vielen Jahren dokumentieren Bildungs- und Sozialstudien eine sich ständig weiter verschlechternde Bilanz der Leistungsfähigkeit und der sozialen Kompetenzen von jungen Männern im Vergleich zu jungen Frauen. Die große Tragweite dieser Entwicklung für die Bildungschancen des männlichen Geschlechts wird aber erst seit Kurzem erkannt. Mit erheblicher Verspätung hat jetzt eine Diskussion darüber begonnen, wie die gravierende Benachteiligung des männlichen Geschlechts in Erziehungs-, und Berufsbildungseinrichtungen zum Halt gebracht werden kann.

Schon die vergleichenden Leistungsstudien im Grundschulbereich (IGLU) und im Sekundarbereich (PISA) zeigten, wie stark die Mädchen bei den schulischen Leistungen aufgeholt haben. Sie brechen allmählich in die angestammten Domänen der männlichen Schüler ein und ziehen auch in den Naturwissenschaften bereits in einigen Bereichen mit ihnen gleich. In allen durch Sprachkompetenz dominierten Fächern sind sie schon seit vielen Jahren besser als die männlichen Schüler.

Schauen wir auf die offiziellen Daten des Bundesministeriums für Bildung und Wissenschaft, fallen gravierende Unterschiede zwischen den Leistungsbilanzen der beiden Geschlechter in der Sekundarstufe I auf. Die jungen Männer sammeln sich immer stärker in den Hauptschulen, Sonderschulen und Förderschulen, wo sie mitunter bis zu 70 Prozent der Schülerschaft stellen. Entsprechend dünnt sich ihr Anteil in den Realschulen und Gymnasien immer weiter aus. 20 Prozent der männlichen Schüler mit einem Migrationshintergrund und 10 Prozent der männlichen Schüler aus einheimischen Familien schaffen den Hauptschulabschluss nicht. Die Mädchen liegen hier erheblich besser und haben fast nur die Hälfte dieser Misserfolgsquote.

Tendenzen aus Kinder- und Jugendstudien

Auch die Kinder- und Jugendstudien der letzten Jahre zeigen die gleichen Tendenzen. Die beiden letzten Shell-Jugendstudien von 2002 und 2006 machten deutlich, dass sich die Mädchen auf der „Überholspur" im Bildungssektor befinden. Sie bleiben deutlich weniger sitzen als die Jungen, haben erheblich weniger Nachhilfeunterricht und sind motivierter, sich gute Abschlüsse zu verschaffen (Shell-Jugendstudie 2006). Schon zu Beginn der Sekundarstufe I unterscheiden sie sich in ihren Bildungsaspirationen von den Jungen.

Die World Vision Kinderstudie von 2007 untermauert dieses Ergebnis auf eine geradezu dramatische Weise, denn in dieser Untersuchung werden schon bei den Kindern im Grundschulalter große Unterschiede im Blick auf die künftigen Bildungsziele bei den beiden Geschlechtern erkennbar. Die Mädchen wollen deutlich häufiger als die Jungen eine anspruchsvolle Bildungslaufbahn am Gymnasium mit dem Abitur als Abschluss durchlaufen. Sie fallen durch ein kreatives Freizeitverhalten auf, bei dem die Beschäftigung mit elektronischen Medien kombiniert wird mit Handarbeit, Tanzen, Sport und anderen Formen von Bewegung, mit Musizieren und Basteln, während bei den Jungen die passive Freizeitbeschäftigung mit einer Dominanz von Fernsehen, Computer spielen und Gameboy spielen auffällt.

Die Jungen haben also das eindeutig trägere und weniger anregende Freizeitverhalten, und die Lern- und Bildungseffekte fallen bei ihnen deshalb ungünstiger aus. Sie trainieren ihren Sehsinn und ihren Hörsinn durch die Nutzung von elektronischen Medien sehr stark, vernachlässigen aber alle anderen Sinnesbereiche extrem. Die Bildungsforschung hat schon seit Jahrzehnten darauf hingewiesen, dass sich hieraus gravierende Konsequenzen für die Leistungsfähigkeit ergeben.

Die moderne Hirnforschung hat diese Ergebnisse in jüngster Zeit eindrücklich unterstrichen: Wenn nur einige Sinnesbereiche angeregt werden, kommt es nicht zu der notwendigen Verschaltung von Sinneszentren im Gehirn, wodurch die gesamte persönliche, soziale, emotionale und eben auch intellektuelle Entwicklung von Kindern leidet. Auch in dieser Hinsicht also ist die Bilanz der Jungen schon in den frühen Altersphasen ungünstiger als die der Mädchen.

Die Shell Jugendstudie gibt uns noch einen weiteren Hinweis auf die Hintergründe dieser Entwicklung. Die Mädchen und die junge Frauen haben eine viel flexiblere Lebensführung als die Jungen und die jungen Männer. Die Angehörigen des weiblichen Geschlechtes möchten eine gute Bildungslaufbahn durchlaufen, um anschließend Karriere zu machen. Anschließend wünschen sich die jungen Frauen eine Kombination von beruflicher Karriere, Familie und Kindern. Fast 80 Prozent von ihnen hängen diesem flexiblen Muster der Lebensführung an. Bei den jungen Männern hingegen sind es nur knapp 40 Prozent, die sich eine solche Arbeitsteilung mit einer späteren Partnerin vorstellen können. Überwiegend orientieren sie sich am traditionellen Männerbild, das dem Mann die Rolle des Haupternährers der Familie zuschreibt und ihn von Aufgaben der Haushaltstätigkeit und der Kindererziehung völlig freistellt.

Es deutet vieles daraufhin, dass sich die Mehrzahl der jungen Männer schwer damit tut, ihre soziale Rolle in der modernen Gesellschaft zu definieren und ein lebbares Verständnis von Männlichkeit aufzubauen. Wie unsere Untersuchungen an der Universität Bielefeld zeigen, ergeben sich hieraus auch gesundheitliche Konsequenzen, die ihrerseits in einem engen Verhältnis zur Leistungsfähigkeit stehen.

Die gesundheitliche Situation des männlichen Geschlechts

In allen westlichen Gesellschaften leben heute Frauen sechs bis sieben Jahre länger als Männer. Die Unterschiede der Lebenserwartung der beiden Geschlechter sind in den letzten beiden Jahrhunderten immer stärker geworden. Um 1900 betrug der Abstand der Lebenserwartung nur drei Jahre. Männer wurden im Durchschnitt 45, Frauen 48 Jahre alt. Heute beträgt die durchschnittliche Lebenserwartung bei der Geburt für eine Frau schon fast 81 Jahre, für einen Mann 74.

Wie kommen diese Unterschiede zustande? Sie bauen sich schrittweise über den gesamten Lebenslauf auf (Hurrelmann und Kolip 2002). Schon bei der Geburt ist die Sterblichkeit von männlichen Säuglingen höher als die von weiblichen. In den anschließenden Lebensjahren, vor allem nach der Pubertät, sind erheblich mehr männliche Kinder von Unfällen betroffen als weibliche. Über den ganzen weiteren Lebenslauf hinweg ist die Unfallhäufigkeit der Männer größer als die der Frauen. Das gilt auch für das Risikoverhalten allgemein. Männer ernähren sich schlechter, treiben weniger Sport und konsumieren mehr Drogen. Sie sind über den ganzen Lebenslauf hinweg, mit Ausnahme vielleicht des ersten Lebensjahrzehnts, stärker als die Frauen durch Krankheiten belastet, die zum Tode führen. Sie sind bei den wichtigsten Todesursachen stärker betroffen als Frauen. Das gilt besonders bei Herzkrankheiten, Krebs, Hirnschlag, AIDS, Lungenkrankheiten und Diabetes.

Zu allem Überfluss meiden Männer auch medizinische und psychologische Hilfeleistungen. Vom Jugendalter an suchen sie erst bei ganz akuten Beschwerden einen Arzt auf. Frauen hingegen fühlen sich viel früher und viel häufiger krank und holen sich ärztliche oder andere professionelle Hilfe, übrigens auch persönliche Unterstützung im Freundes- und Familienkreis. Männer sträuben sich geradezu davor, frühzeitig Hilfe anzurufen. Sie neigen zum Verdrängen von Belastungen im körperlichen und psychischen Bereich, was zu einem Aufschaukeln von Krankheitssymptomen und schließlich dann eben zu einer höheren Sterblichkeit führen kann.

Während Männer Beeinträchtigungen und Beschwerden am liebsten aus dem Bewusstsein verbannen wollen, sind Frauen geneigt, auch schon kleine Störungen als aussagekräftige Hinweise auf eine beeinträchtigte Gesundheit zu werten. Frauen sind kritischer und unzufriedener mit ihrem Gesundheitszustand als Männer, sie haben die größere Sensibilität und Empfindlichkeit, die oft sogar bis zur Überempfindlichkeit gehen kann (Bründel und Hurrelmann 1999).

2. Soziale Rollenmuster und ihre persönliche Verarbeitung

Die im ersten Teil skizzierten Ergebnisse von aktuellen Untersuchungen weisen deutlich darauf hin, dass der Hintergrund für die Defizite der jungen Männer im Leistungs- und Kompetenzbereich mit ihrem sozialen Rollenverständnis als Mann in der modernen Gesellschaft eng in Verbindung stehen. Wenn wir also erklären wollen, warum es in den Bildungsinstitutionen zu einer Benachteiligung der männlichen Schüler gegenüber den weiblichen Schülerinnen kommt, dürfen wir nicht nur alleine auf die schulischen und unterrichtlichen Strukturen des Umgangs miteinander, der Interaktion und der Kommunikation schauen, sondern wir müssen die dahinter liegenden Kulturmuster betrachten, die mit den gesellschaftlich geprägten Rollen von Mann und Frau in Verbindung stehen.

Diese unterschiedlichen Rollenmuster richten sich in allererster Linie auf den Körper. Der Umgang mit dem eigenen Körper ist immer auch ein Ausdruck von Männlichkeit oder Weiblichkeit. Viele Männer betrachten ihren Körper funktional, als eine Art Leistungsmaschine, die nur dann gewartet werden muss, wenn sie völlig aus dem Takt geraten ist. Sie betrachten ihren Körper häufig als einen inneren Gegner, der bekämpft und besiegt werden muss, um übergeordnete soziale und berufliche Ziele zu erreichen. Gesundheit wird in diesem Sinne als Leistungsfähigkeit verstanden, um Körper und Psyche der (beruflichen) Arbeit unterzuordnen.

Ein solches instrumentelles Verhältnis zum Körper prägt sich im gesamten Gesundheitsverhalten aus. Viele Männer reagieren auf gesundheitliche Störungen erst dann, wenn ihre Leistungsfähigkeit ernsthaft beeinträchtigt ist. Sie glauben, dass Disziplin und Arbeit für sich genommen gesundheitsfördernd wirken. Sie suchen meist dann einen Arzt auf, wenn die Krankheit sich schon in einem fortgeschrittenen Stadium befindet.

Hier schimmert das alte Muster durch, das immer noch in Erziehung und Sozialisation vorherrscht: Ein Mann ist ein „Indianer", und ein Indianer kennt keinen Schmerz. Entsprechend sind Anspannungen und Belastungen im körperlichen und psychischen Bereich heroisch zu ertragen. Wenn Jungen vor Schmerzen weinen, dann riskieren sie ihren Platz in der männlichen Hierarchie. Frauen werden hingegen schon im Jugendalter dazu angehalten, mit ihrem Körper pfleglich und sorgsam umzugehen. Durch die monatliche Regelblutung werden sie immer wieder an ihren Körper erinnert und dadurch mehr oder weniger gezwungen, im Einklang mit ihren physiologischen Möglichkeiten zu leben. Sie sind es gewohnt, sich auf ihren Körper einzustellen und Rücksicht zu nehmen (Kolip 1997).

Die verhängnisvolle Fixierung auf die tradierte Männerrolle

Diese Differenz der Geschlechter, auch und gerade ihre gesundheitlichen Unterschiede, sind nicht – wie häufig angenommen wird – genetisch programmiert und festgeschrieben. Biologische Faktoren legen das Geschlecht in einem Dispositionsraum fest, ermöglichen aber erhebliche Einflüsse durch Eigenaktivität und Umweltimpulse. Weiblichkeit und Männlichkeit werden gelebt und gewissermaßen auch individuell hergestellt, indem ein Mann oder eine Frau mit der jeweils angelegten physiologischen Ausstattung, der körperlichen Konstitution, dem angelegten Temperament und den psychischen Grundstrukturen individuell arbeitet und diese mit der sozialen und physischen Umwelt in eine Einheit bringt. Die jeweilige individuelle Ausgestaltung dieses Wechselverhältnisses ist es, welche die Persönlichkeit definiert und die Gesundheitsdynamik bestimmt (Hurrelmann und Kolip 2002).

Die Fixierung der Männer auf die Berufsrolle, die in unserem Kulturkreis spätestens seit der Industrialisierung vorherrscht, unterstreicht die instrumentalistische Haltung dem eigenen Körper und der Gesundheitspflege gegenüber, die Männer an den Tag legen. Demgegenüber ist die Doppel- und Dreifachbelastung durch Beruf, Haushalt und Kindererziehung, die immer typischer für Frauen wird, nicht nur alleine von Nachteil. Die Mehrfachbelastung scheint auch Mehrfachgestaltungsmöglichkeiten mit entsprechender Flexibilität der Lebensführung mit sich zu bringen. Frauen sind nicht wie Männer auf eine Berufsrolle fixiert, sondern können auch Erfahrungen und Erfolge durch einen Wechsel ihres Lebensmittelpunktes erzielen. Sie können vorübergehend die Berufsrolle verlassen, um die Mutterrolle zu übernehmen, ohne dabei in irgendeiner Form gesellschaftlich geächtet zu werden.

Demgegenüber sind traditionell orientierte Männer darauf festgelegt, die gesellschaftlich erwartete Position zu erfüllen und die finanzielle Absicherung einer Familie zu gewährleisten. Männer genießen Macht und Einfluss, Anerkennung und Aufmerksamkeit, sie sind aber zugleich in der modernen Konkurrenzgesellschaft auf Gedeih und Verderb auf Erfolg angewiesen.

Die traditionellen „drei K" der Frau waren Kinder, Küche und Kirche – heute ist als viertes K die Karriere hinzugekommen. Die drei K des Mannes sind, spöttisch gesprochen, Konkurrenz, Karriere und Kollaps. Ein Scheitern im Beruf ist für einen Mann auch ein Scheitern im Leben, weil es wenige Ausweichfelder für die Selbstbetätigung und die Selbstbestätigung gibt. Die tradierte Männerrolle wird ihnen zum Verhängnis. Erst wenn sie sich vom Familienleben, vom häuslichen Kontext und von der Kindererziehung nicht ausschließen und sich der breit gefächerten Anforderung von Berufs- und Privatbereich, Haushalt und Kinderhaben stellen, können sie ihre Gesundheitsbilanz verbessern.

Unterschiedliche Formen der Bewältigung von Belastungen

Die Muster von Erziehung und Sozialisation stützen sich auf pädagogische Vorstellungen von Männlichkeit und Weiblichkeit. Männer gelten in unserer Gesellschaft als das starke Geschlecht, und das heißt, sie werden als leistungsfähig und machtvoll und damit auch automatisch als gesund wahrgenommen. Der Preis für diese Wahrnehmung ist: Männer dürfen nicht krank werden. Zugespitzt lässt sich deswegen sagen, dass die soziale Rollenvorstellung von Mann und Männlichkeit in unserer Kultur einen strukturellen Risikofaktor für die Gesundheit darstellt. Denn das traditionelle Rollenmuster bekräftigt Männer darin, über erste Krankheitssymptome hinweg zu sehen und sie mit Entschiedenheit zu ignorieren. Männer halten ihren Körper für einen Besitz, mit dem sie wuchern können. Sie sind verärgert, wenn ihr Körper nicht funktioniert. Sie sind bereit, den Körper zu trainieren, wenn sie sich davon soziale Vorteile versprechen, aber sie nehmen ihren Körper nicht eigentlich als Bestandteil ihres Wesens wahr.

Ganz offensichtlich gibt es hier Parallelen zur Leistungserbringung. Aus Beobachtungen und Studien an Schulen geht hervor, wie schwer sich männliche Schüler mit Zurücksetzungen und Versagenserlebnissen tun. Sie können Hinweise auf Unzulänglichkeiten ihrer Kompetenz nicht in einer solchen Weise verarbeiten, dass sie hieraus zusätzliche Anstrengungen ableiten lassen. Vielmehr reagieren die meisten Jungen mit Enttäuschung und Bitterkeit auf schlechte Beurteilungen und ungünstige Noten. Ihre Frustrationstoleranz scheint sehr klein zu sein. Ein großer Anteil der männlichen Schüler zieht aus negativen Leistungsbilanzen die Konsequenz, das Engagement für das schulische Lernen ganz einzustellen und gewissermaßen „aus dem Felde" zu gehen. Wenn man so will, kann man hierin eine Art „Beleidigung" der männlichen Erwartung verstehen: Das Schulsystem hat es nicht geschafft, dem Schüler als Angehörigen des vermeintlichen starken männlichen Geschlechtes die dominante Rolle zu zu spielen. Entsprechend trotzig zieht sich der männliche Schüler aus dem Einzugsbereich dieses Systems zurück und wendet sich solchen Systemen zu, in denen die Männlichkeit stärker gewürdigt wird. Die Hinwendung zur Gleichaltrigengruppe mit Freizeitaktivitäten, bei denen schnell sichtbare (Schein-) Erfolge erzielt werden, bis hin zu Aggressions- und Gewaltausübungen, ist hier einzuordnen.

Die geschlechtsspezifisch akzentuierten Muster der Belastungsverarbeitung zeigen sich auch in anderen Bereichen. Sowohl die Jungen als auch die Mädchen leiden unter der dichten Folge von Entwicklungsaufgaben in verschiedenen Lebensbereichen, aber sie reagieren auf Überforderungen auf unterschiedliche Weise. Kommt es zu starken Anforderungen im schulischen Leistungsbereich, zu Spannungen und Problemen der Anerkennung in der Gleichaltrigengruppe, zu Schwierigkeiten bei der sozialen Einbindung und Integration in Familie und Umfeld, dann überwiegen bei den Jungen die nach außen gerichteten Formen der Verarbeitung bis hin zu Aggressivität, Gewalt und Kriminalität. Die Mädchen hingegen machen solche Anspannungen sehr viel mehr mit sich selbst ab, lenken sie nach innen und leiden entsprechend unter psychosomatischen Störungen verschiedenster Art bis hin zu Depressionen und selbstaggressivem Verhalten. Nicht ganz so stark sind die Unterschiede bei einer dritten Form der Belastungsverarbeitung, dem ausweichenden Verhalten: Der Konsum von Medikamenten zur Beruhigung oder zur Leistungssteigerung ist etwas stärker bei Mädchen, der Gebrauch von legalen und illegalen Substanzen wie Tabak, Alkohol und Drogen stärker bei den Jungen.

3. Ansätze einer Leistungs- und Kompetenzförderung für junge Männer

Förderansätze im schulischen wie im außerschulischen Bereich sollten auf diese Leistungs- und Verhaltensmuster des männlichen und des weiblichen Geschlechtes sensibel eingehen. Ganz offensichtlich ist es in den letzten 10 bis 20 Jahren gelungen, durch eine gezielte Mädchen- und Frauenförderung den noch in den 1960er und 1970er Jahren auffälligen Leistungsrückstand von Schülerinnen in den allgemeinbildenden Schulen nachhaltig auszugleichen. Die Förderansätze konzentrierten sich darauf, die Schwächen der Mädchen zu identifizieren und durch gezielte Impulse auszugleichen, und zugleich ihre Stärken weiter auszubauen. Das war möglich, weil Mädchen in ihren typischen und charakteristischen, tief verankerten Verhaltensmerkmalen angesprochen wurden.

Genau darum, das ist meine zentrale These, geht es nun fortan auch bei der gezielten männlichkeitsorientierten Förderung. Die Kunst dieser Förderung besteht darin, die grundsätzlich angelegten und wahrscheinlich genetisch disponierten Muster der geschlechtsorientierten männlichen Lebensführung als Ausgangspunkt zu nehmen. Erst von diesem Ausgangspunkt aus können weiterführende Perspektiven erschlossen werden. Wichtig ist im ersten Schritt die Kenntnis und die einfühlsame Berücksichtigung dieser archetypischen Kerne der Rollenmuster.

Die genetische Disposition nach Geschlechtsrollen aufnehmen

Der Kern des prototypischen männlichen Stils der Lebensführung kann als aktivitätsorientiert bezeichnet werden. In der englischen Sprache wird der anschauliche Begriff der „Agency" hierfür eingesetzt. Männer gelten in unserer Gesellschaft als das „starke" Geschlecht, das leistungsfähig, machtvoll und überlegen ist. Männliche „Agency" beschreibt die aktive Sicherung der Existenz als Individuum, betont die Selbstbehauptung, die Abgrenzung von Anderen, das Bemühen um die Ausweitung des Selbst und die Eroberung des sozialen Raumes, wird charakterisiert durch Selbstkontrolle und ein hohes Ausmaß von Selbstdisziplin.

Diesem Muster steht die für „typisch weiblich" gehaltene Orientierung gegenüber, die als sozial sensibel bezeichnet werden kann. Im Englischen findet sich hierfür auch der Begriff der „Community", was die starke Orientierung der Teilhabe am sozialen Organismus und am Gemeinwesen zum Ausdruck bringen soll. „Community" repräsentiert das Bemühen, ein Teil der Gemeinschaft sein zu wollen, zusätzlich auch das intensive Bestreben um Kooperation und Bindung an andere Menschen, den Aufbau von Beziehungen und Netzwerken. Dieser Kristallisationspunkt für die Rollengestaltung, die Frauen als besonders charakteristisch zugeschrieben wird, betont die Eigenschaften psychisch sensibel und empfindlich, einfühlsam und sozial integrationsorientiert. Der soziale Schwerpunkt wird in der Gestaltung von Beziehungen im überschaubaren Rahmen von Familie, Freundschaft und Bezugsgruppen gesehen. Demgegenüber wird Männern die Gestaltung und Strukturierung wirtschaftlicher und politischer Rahmenbedingungen zugesprochen, ihre Tätigkeit geht in die Beeinflussung der Strukturen der instrumentellen Arbeit über. Männer stehen für die aktive, Frauen für die sozial sensible Lebensführung.

Meine These lautet also: Es gibt tief in der Persönlichkeit von Jungen und von Mädchen verankerte stereotype Muster des Rollenverhaltens, die vor allem in Anspannungs- und Belastungssituationen deutlich erkennbar werden. Sollen Mädchen und Jungen in ihren Leistungs- und Kompetenzentwicklungen positiv beeinflusst werden, ist in einem ersten Schritt an diese Dispositionen anzuknüpfen. Es ist eine geschlechtersensible Arbeitweise erforderlich, die einfühlsam das typisch Männliche und das typisch Weibliche an den jeweiligen Verhaltensweisen identifiziert. Diese Ausgangssituation dient erklärtermaßen dazu, die stereotypen Rollenmuster zu überwinden und durch weiterführende flexiblere Muster abzulösen.

Das enge Rollenklischee ausweiten

Bei der Leistungsförderung von Jungen und jungen Männern kommt es also darauf an, an ihre Aktivitätsorientierung anzuknüpfen, um sie im Laufe der Förderarbeit durch eine Empathie- und Gemeinschaftsorientierung zu ergänzen. Ziel einer erfolgreichen Jungen- und Männerarbeit muss es sein, die Fixierung auf die Rollenstereotype abzubauen. Immer mehr Männer leiden darunter, dass ihnen das Klischee der „Agency" angeheftet wird, obwohl sie nur wenige Möglichkeiten zu dessen Realisierung in ihrer Umwelt haben und obwohl sie zugleich spüren, dass ihre inneren Ressourcen und Anlagen mehr als nur eine Agency-Orientierung wünschen. Ziel der Männerarbeit muss es sein, die Gestaltung der Geschlechtsrolle „Mann" in die Regie jedes einzelnen Angehörigen des männlichen Geschlechtes zu geben.

In einer individualisierten Gesellschaft ist es heute ohne weiteres möglich, eine kreative Kombination der beiden Pole von Agency und Community zu erreichen. Genau dieses sollte meiner Ansicht nach das zentrale Thema der präventiven Jungenförderung innerhalb und außerhalb der Schule werden. In der amerikanischen Literatur wird diese Gestaltbarkeit der Geschlechtsrolle anschaulich als „Doing gender" bezeichnet. Ich gehe hier von der These aus, dass eine kreative Kombination von Agency und Community erheblich leistungs- und zugleich gesundheitsfördernder ist als die Fixierung auf nur einen der beiden Pole. In dieser These steckt die Vermutung, dass die gesundheitliche und leistungsmäßige Situation der jungen Frauen heute deswegen besser ist als die der jungen Männer, weil sie die Gestaltung ihrer Geschlechtsrolle aktiver angehen und zur Community-Komponente schon seit vielen Jahren eine Agency-Komponente hinzugefügt haben.

Jungenförderung als Kombination von Leistungs- und Rollentraining gestalten

Neben der Leistungsförderung spielt also die soziale Kompetenzförderung in der pädagogischen Jungenarbeit eine wachsende Rolle. Die Förderung von sozialen

Regeln und die Einübung von Spielregeln für den Umgang miteinander ist ein Schwerpunkt dieser Arbeit. Hierhin gehören auch die Gewaltprävention und die Förderung der Konfliktfähigkeit. Zentrale Aufgabe ist es, den jungen Männern Spaß und Freude am Leben in einer sozialen Gemeinschaft zu vermitteln, bei dem sie sich auf bestimmte Prinzipien und Vorgaben einlassen müssen. Hierzu gehört eine Sensibilisierung für die Interessen Anderer und die Möglichkeit von deren Durchsetzung. Hierzu gehören auch die Fähigkeit der Wahrnehmung von alltäglicher Aggression und das Eingeständnis der passiven und aktiven Betroffenheit durch Gewalt. Förderung des Vertrauens, der Kooperationsbereitschaft, das Erkennen der Wichtigkeit, Spielregeln einzuhalten, Förderung von Kooperation und von Grenzen im Umgang miteinander gehören ebenfalls mit in diesen Förderbereich hinein.

Ein eng hiermit zusammenhängender Schwerpunkt ist die Förderung von Körpersensibilität. Entsprechend wichtig ist es, mit Jungen zusammen ein sensibles Gefühl für den eigenen Körper und seine Stärken und Schwächen zu entwickeln. Die Autonomie über den eigenen Körper muss zu einem zentralen Thema werden – mit dem Ziel, die Selbstbestimmung darüber zu betonen, was man mit dem Körper machen, wie man ihn einsetzen möchte und in welcher Weise er von einem anderen Menschen berührt werden darf. In den letzten Jahren haben sich hierfür eine breite Palette von Übungen und praktischen Spielen herausgeschält, die weiterentwickelt werden können. Auch die Thematisierung von Schönheitsidealen einschließlich der sexuellen Orientierung gehört mit in diesen Komplex.

Für die Ausrichtung der pädagogischen Arbeitsabläufe ist es wichtig, transparente und explizite Umgangsregeln zu definieren, sodass auch die wenig im Erschließen von sozialen Umgangsformen geschulten Jungen klar auf soziale Normen hingewiesen werden. Um dem Bedürfnis der Jungen nach Bewegung und Raumergreifung Rechnung zu tragen, ist auch über neue Formen von körperlicher Tätigkeit und Mobilität im Raum nachzudenken. Das gilt natürlich in der Schule etwa für den Sport- und Technikunterricht, kann aber auch in anderen Unterrichtsbereichen umgesetzt werden. Jungen müssen die Möglichkeit haben, ihr Terrain selbst zu erschließen, es zu gestalten und hierin ihre „Duftmarken" zu setzen. Der Unterricht muss ihnen ermöglichen, körperlich aktiv und unruhig zu sein, ohne dass damit unproduktive Störungen einhergehen. Außerdem müssen die typisch männlichen Formen von Aggressivität in einer Anfangsphase zugelassen werden, sodass sie nicht unterdrückt an anderer Stelle ausbrechen. Ganz wichtig ist auch die realistische Rückmeldung des Leistungsstandes an die männlichen Schüler, damit sie nicht in Gefahr einer Überschätzung ihrer Fähigkeiten sind. Die Rückmeldung muss aber sehr einfühlsam erfolgen, um keine Rückschläge und Frustrationen auszulösen.

Nach den positiven Erfahrungen bei der Mädchen- und Frauenförderung ist über geschlechtshomogenen Unterricht nachzudenken. Er könnte in den Fächern eingeführt werden, in denen die Jungen leistungsmäßig strukturell schwächer als die Mädchen sind. Das gilt in erster Linie für alle Unterrichtsfächer mit einer starken sprachlichen Komponente. Die isolierte Unterrichtung nur von Jungen und Mädchen getrennt in Gruppen kann unfruchtbare Vergleichsaktivitäten zurückschrauben, die oft Lernprozesse behindern.

Explizite Regelsetzung und klare Sanktionierung einführen

Für die gesamte Schulorganisation und ebenso natürlich auch die Organisation der Freizeit- und Jugendarbeit ist es wichtig, transparente und klar ausbuchstabierte Umgangsformen, Rituale und Symbole zu etablieren. Jungen und junge Männer benötigen zur Orientierung solche symbolischen Vorgaben. Sie sind eben weniger als Mädchen in der Lage, den sozialen Code eines Systems zu erschließen, weil sie nicht so stark auf Harmonie und Gemeinschaftsorientierung ausgerichtet sind. Das soziale System muss ihnen deswegen in einer expliziten und sehr klar erkennbaren Weise die Umgangsformen und Spielregeln vorgeben, die in ihm gelten. Den männlichen Schülern hilft das, sich zu orientieren und einzubringen, es stimuliert zugleich ihre Bereitschaft, sich auch aktiv zu beteiligen.

Sowohl in der schulischen als auch der außerschulischen Jungenarbeit steht bei der Förderung von Leistungen und Kompetenzen ein Zeit- und Belastungsmanagement im Vordergrund. Männliche Schüler haben deutlich größere Strukturierungsschwächen als weibliche. Sie knicken bei komplexen Aufgabenstellungen ein und kommen mit vielschichtigen Problemen oft nicht zurecht. Viele Ganztagsschulen und gute private Nachhilfeinstitute haben diese Defizite bereits erkannt und bieten in diesem Bereich gezielte Programme an. Sie reichen von der Tagesorganisation über Ordnungshilfen und Merkhilfen bis zu der Gestaltung von Arbeitseinheiten ohne störende Unterbrechungen, zum Training von Durchhaltevermögen und Enttäuschungsfestigkeit und eben zur realistischen Einschätzung von Fähigkeiten, also von Stärken und von Schwächen.

Mehr Männer für pädagogische Berufe gewinnen

Schließlich stellt sich auch die Frage, ob eine Förderung von jungen Männern in Bildungsinstitutionen möglich ist, wenn im gesamten Erziehungsprozess der Familie und anschließend auch der organisierten Bildungseinrichtungen vom Kindergarten bis zum Gymnasium die professionellen pädagogischen Rollenträger Frauen sind. Eine durch weibliche Elemente geprägte Erziehungsinstitution – kann sie wirklich auch Jungen und junge Männer in ihrer Leistungs- und Kompetenzentwicklung fördern? Nach der vorliegenden Fachliteratur ist das durchaus möglich, weil die professionellen Impulse von männlichen und weiblichen Lehrkräften offenbar nicht sehr stark unterscheiden.

Problematisch wird es aber auf der Ebene von Modelllernen. Unterrichten zum Beispiel in einer Grundschule nur weibliche Lehrkräfte, dann fehlt den männlichen Schülern das soziale Rollenmodell ihres Geschlechtes. Der wichtige Ansatz einer flexiblen Rollenförderung kann dadurch nur sehr schwer umgesetzt werden. Sicher lassen sich weibliche Lehrkräfte darin schulen, diejenigen Aspekte der Unterrichts- und Lehrplangestaltung umzusetzen, die oben erwähnt wurden. Aber sie sind nun einmal keine sozialen Modelle für die jungen Männer. Sie können nicht mit der gleichen Selbstverständlichkeit wie Männer dafür werben, flexible und umfassende Kompositionen von Rollenelementen vorzunehmen, also eine selbstbewusste Kombination von Agency und Community zu praktizieren. Es fällt ihnen schwer, junge Männer darin zu ermuntern, die scheinbar femininen Anteile in ihrem Verhalten zuzulassen und sich zu ihnen zu bekennen.

Das Problem vor allem der Jungen, die an einen sehr klischeehaften männlichen Rollenbild festhalten und hierin durch ihre Elternhäuser unterstützt werden, liegt darin, dass sie in von Frauen dominierten Kollegien den Eindruck gewonnen haben, die schulische Leistungserbringung sei eine typische weibliche Angelegenheit, die femininen Verhaltensmuster folge. Jungen mit einer stereotypen Rollenorientierung können hierdurch in ihrer Leistungsentwicklung blockiert werden. Es widerstrebt ihnen, durch sanfte Regelsetzungen, Anforderung von Stille, hohe Bewertung von Anpassung und Unterordnung zu guten Leistungen zu kommen.

Es stellt sich also die Frage, ob wir durch eine Förderung von Männern in Lehrerkollegien und in anderen pädagogischen Teams auch die Möglichkeiten der Leistungs- und Kompetenzförderung von jungen Männern verbessern können. Es spricht vieles dafür, diesen Weg einzuschlagen, denn es wäre auch aus grundsätzlichen Gründen viel gewonnen, wenn wir mehr Männer für Erziehungs- und Bildungsberufe gewinnen könnten. Das spräche für eine gezielte Werbekampagne für das Arbeiten in pädagogischen Berufen, die gezielt Männer anspricht.

Literatur

Bründel H & Hurrelmann K (1999) Konkurrenz, Karriere, Kollaps. Männerforschung und der Abschied vom Mythos Mann. Stuttgart: Kohlhammer

Hurrelmann K &Kolip P (Hg.) (2002) Geschlecht, Gesundheit und Krankheit. Bern: Huber

Hurrelmann K, Klocke A, Melzer W & Ravens-Sieberer U (Hg.) (2003) Jugendgesundheitssurvey. Weinheim: Juventa

Hurrelmann K (2006) Gesundheitssoziologie. Weinheim: Juventa (6. Aufl.)

Hurrelmann K, Albert M & Infratest Sozialforschung (2006) 15. Shell Jugendstudie. Frankfurt: Fischer

Kolip P (1997) Geschlecht und Gesundheit im Jugendalter. Opladen: Leske und Budrich

Liv-Berit Koch

Evaluation des Pilotprojektes „Stadtteilmütter in Neukölln (2006 – 2008)"

Präsentation zentraler Ergebnisse auf dem 15. DPT[1]

Sehr geehrte Damen und Herren,

ich freue mich sehr, Ihnen heute zentrale Ergebnisse der Evaluation des Neuköllner Stadtteilmütter-Projektes (2006 – 2008) vorstellen zu können.

Bevor ich zu den konkreten Ergebnissen der Evaluationsstudie komme, möchte ich Ihnen einen kurzen Überblick über die Gliederung der heutigen Präsentation geben:

1. **Evaluationskonzept:** Ziele und Fragestellungen der Evaluation, methodische Vorgehensweise und einbezogene Untersuchungsgruppen.

2. **Zentrale Ergebnisse:** Entlang der vier Teilevaluationen (Teilnehmerinnen-Statistik, Befragung von besuchten Familien, von ausgebildeten Stadtteilmüttern sowie von internen und externen Expert/innen.

3. **Konkrete Empfehlungen** für die Fortführung des Projektes; anhand von Bewertungskriterien, die für niedrigschwellige Präventionsangebote für Familien und Eltern üblich sind.

4. **Kurze Zusammenfassung** der Evaluation und Ausblick.

Evaluationskonzept

Ziele und Fragestellungen der Evaluation

Die Evaluationsstudie hatte vor allem **zwei Ziele**:

- Erstens, die Überprüfung der Projektziele im Hinblick auf die Frage nach der Erreichbarkeit der Zielgruppen und den bewirkten Veränderungen bei den Zielgruppen, sowie

- zweitens, die Formulierung von Empfehlungen zur Fortsetzung des Projektes.

Vor diesem Hintergrund war die Evaluation vorwiegend **summativ** ausgerichtet, d. h. ergebnisorientiert. Sie hatte aber auch eine begleitende Funktion.

Die untersuchungsleitenden Fragestellungen der Evaluation haben folgende **vier Dimensionen** einbezogen:

---

[1] Dieser Vortrag wurde nach der Projektvorstellung von Maria Macher gehalten. Für die Zusammenarbeit möchte ich mich an dieser Stelle herzlich bedanken.

1. Familie: Welche Familien wurden mit dem Präventionsangebot erreicht und welche Zugangswege spielten eine zentrale Rolle? Welche Veränderungen konnten in Bezug auf das Erziehungsbewusstsein bzw. -verhalten der Eltern beobachtet werden?

2. KiTa/Schule: Wie sah die Beteiligung der Kinder der erreichten Familien an institutioneller (vorschulischer) Betreuung aus? Konnten die erreichten Familien mit Hilfe des Projektes motiviert werden, ihre Kinder (frühzeitig) in die KiTa zu geben? Konnte das Projekt einen Beitrag leisten, den Zugang zu den Bildungseinrichtungen zu verbessern?

3. Sozialraum: Wie gestaltete sich die Anbindung des Projektes an vorhandene lokale Strukturen (QM-Büros, KiTas/Schulen, Moscheevereine)? War eine Öffnung der Familien in den Sozialraum zu beobachten? Nutzten die besuchten Familienmütter außerhäusliche Angebote wie beispielsweise den Müttertreff des Projektes oder Sportvereine, Deutschkurse, Bibliotheken im Bezirk/Nahraum?

4. Modellhaftigkeit/Fortführung des Projektes: Sollten zukünftig Anpassungen bezüglich der Ziele, Zielwerte und Zielgruppen des Projektes vorgenommen werden? Was waren die förderlichen und hinderlichen Faktoren des Projektes? Welche Empfehlungen können in Bezug auf die Fortführung des Projektes gegeben werden?

Methodische Vorgehensweise

Insgesamt ging es im Rahmen der Evaluation um die Erhebung von

- **objektiven Tatbeständen** (Anzahl und soziodemographische Merkmale der erreichten Zielgruppen) und

- **subjektiven Sichtweisen** (Einschätzungen zum aktuellem Wissensstand der besuchten Familienmütter im Hinblick auf die Erziehungs-, Bildungs- und Gesundheitsthemen des Projektes und zu den bewirkten Veränderungen im Erziehungsbewusstsein bzw. -verhalten)

mit Hilfe **quantitativer und qualitativer Forschungsmethoden**. Ziel der Kombination der Erhebungsmethoden war die Herstellung eines umfassenden Bildes des untersuchten Evaluationsgegenstandes sowie eine größere Generalisierbarkeit der Ergebnisse. Ferner diente sie der wechselseitigen Überprüfung der Ergebnisse und der Gewinnung neuer Erkenntnismöglichkeiten.

Im Rahmen der Evaluation wurden die Ergebnisse aus **vier Teilevaluationen** zusammengeführt und miteinander verknüpft:

Teilevaluation 1 : **Teilnehmerinnen-Statistik**
Diese umfasst die Anzahl aller am Stadtteilmütterangebot teilgenommenen Zielgruppen (ausgebildete Stadtteilmütter und besuchte Familienmütter) sowie eine umfängliche Beschreibung der Teilnehmerinnen anhand von soziodemographischen Daten wie

z.b. Alter, Geschlecht, Anzahl der Kinder, Geburtsland, Familiensprache, Inanspruchnahme von KiTas sowie weiterer Hilfen im Bezirk/Nahraum.

Teilevaluation 2: **Befragung besuchter Familien**
In diesem Zusammenhang wurden mithilfe eines standardisierten Fragebogens und vertiefender Leitfadeninterviews die zehn Hausbesuche mit ihren zehn Themenschwerpunkten in den Blick genommen und umfassende Wissens-, Einstellungs- und Verhaltensfragen gestellt. Hierfür wurden interne und externe muttersprachliche Interviewerinnen herangezogen.

Teilevaluation 3: **Befragung ausgebildeter Stadtteilmütter**
Diese Teilevaluation enthält eine leitfadengestützte Befragung von ausgebildeten Stadtteilmüttern zu ihren Erfahrungen mit der Qualifizierungsmaßnahme und den daran anschließenden Hausbesuchen. Dazu wurden die persönlichen, familiären und beruflichen (Weiter-)Entwicklungen erhoben.

Teilevaluation 4: **Expert/innen-Befragung**
In der letzten und vierten Teilevaluation wurden die Fragen nach der Zielgruppenerreichung und den durch das Projektangebot bewirkten Wissens-, Einstellungs- und Verhaltensänderungen bei den Zielgruppen aus der Sicht der Projekt-Koordinatorinnen, lokalen Kooperationspartner/innen und Steuerungsrundenmitglieder eingeschätzt.

Einbeziehung aktueller Studien zum Thema
Schließlich wurden in die Projektevaluation Ergebnisse anderweitiger Studien, die Erziehungs-, Bildungs- und Gesundheitsthemen berühren, herangezogen, wie beispielsweise Ergebnisse des Länderreports Frühkindliche Bildung 2008 (Berlin), der beiden nationalen Bildungsberichte, der DJI-Kinderbetreuungsstudie sowie der Studie zur Gesundheit von Kindern und Jugendlichen in Deutschland (KiGGS), um in einer Gesamtanalyse Aussagen darüber machen zu können, ob herkunftsbedingte Nachteile womöglich durch die Teilnahme an einem Präventionsprojekt ausgeglichen werden können.

Untersuchungsgruppen
Zur besseren Übersicht sind die in der Evaluationsstudie einbezogenen Untersuchungsgruppen und Methoden in nachfolgender Tabelle zusammengefasst:

Abbildung 1 Triangulation verschiedener Perspektiven und Methoden

Verfahren	Zielgruppe	Anzahl der Untersuchten[2]
Teilnehmerinnen-Statistik	ausgebildete Stadtteilmütter	157[3]
	besuchte Familienmütter	815
Fragebogen	besuchte Familienmütter	90
Einzelinterviews	besuchte Familienmütter	5
	ausgebildete Stadtteilmütter	14
Gruppendiskussion	besuchte Familienmütter	5
Experteninterviews	Projekt-Koordinatorinnen	7
	lokale Kooperationspartner/innen	3
Expertengestütztes Bewertungsverfahren	Steuerungsrunde und QM-Managerinnen	8

Zentrale Untersuchungsergebnisse

Teilevaluation 1: Die Teilnehmerinnen

Die Ergebnisse der Teilnehmerinnen-Statistik können wie folgt zusammengefasst werden:

Insgesamt ist es dem Stadtteilmütter-Projekt gelungen, eine Zielgruppe zu erreichen, die mit herkömmlichen Angeboten der Prävention in der Regel nicht erreicht wird, nämlich *vorwiegend Frauen türkischer und arabischer Herkunft mit wenig Schulausbildung, ohne berufliche Qualifikation und mit geringem Einkommen.*

Davon wurden auch, jedoch weniger, migrantische *Mehrkind- und Mehrgenerationenfamilien* mit *erheblichen Sprachbarrieren* und Kindern, die den *vorschulischen Bildungseinrichtungen systematisch fernbleiben,* erreicht. Allerdings geben die Ergebnisse Hinweise darauf, dass die vorschulische Betreuung von den Zielgruppen eher spät in Anspruch genommen wird.

Dazu einige Grafiken, die die Zielgruppe der besuchten Familienmütter abbilden:

---

[2] Die hier angegebenen Zahlen bilden die tatsächliche Größe der Untersuchungsgruppe ab und unterscheiden sich von den Zahlen des geplanten Evaluationsdesigns.

[3] Davon wurden 16 Stadtteilmütter im Vorgängerprojekt „Stadtteilmütter in der Schillerpromenade" ausgebildet.

Abbildung 2 Geburtsländer FamM (n= 815)

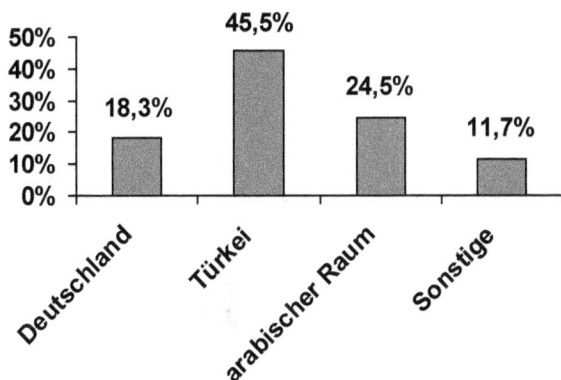

Knapp die Hälfte der hier Befragten gibt die Türkei als ihr Geburtsland an. Fast ein Viertel der Befragten kommt aus dem arabischen Raum, davon 17,2% aus dem Libanon.

Abbildung 3 Berufs- und Hochschulabschluss FamM (n=806)

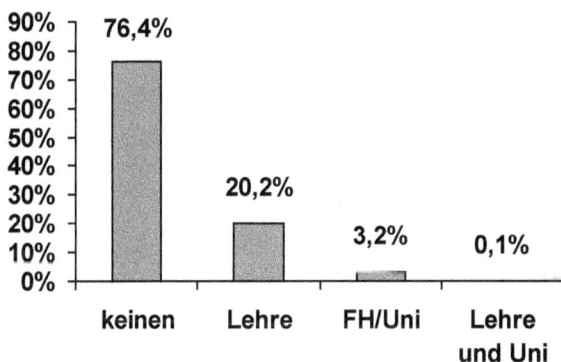

Über drei Viertel der Betragten haben keine Ausbildung nach der Schulpflicht absolviert. Etwas mehr als ein Fünftel hat eine Lehre gemacht, der Großteil davon in Deutschland. Die knapp über 3% der Teilnehmerinnen, die über einen Hochschulabschluss verfügen, haben diesen in ihrem Herkunftsland erreicht.

Abbildung 4 Haushaltseinkommen FaM (n=815)

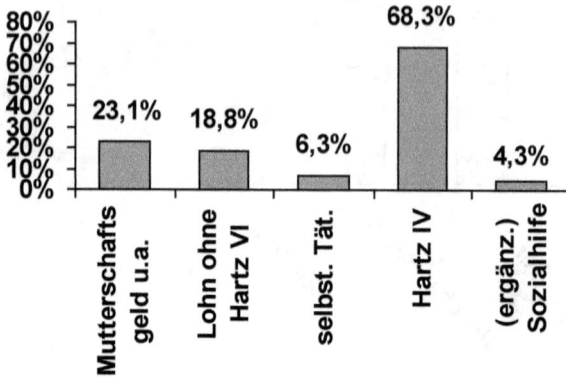

Insgesamt geben fast 70% der Teilnehmerinnen an, Hartz IV-Leistungen zu beziehen. Werden die Angaben zum Bezug von Harzt IV und (ergänzender) Sozialhilfe zusammengerechnet, so leben knapp drei Viertel aller Befragten von diesen Transferleistungen (72,6%).

Abbildung 5 Anzahl der Kinder FamM (n=805)

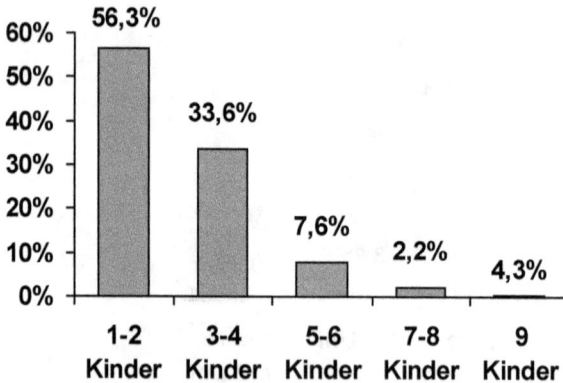

Die besuchten Familienmütter haben im Durchschnitt 2,6 Kinder (Mittelwert). Davon haben 56,3% ein bis zwei Kinder und 10% fünf bis neun Kinder. Differenziert nach Herkunftssprachen zeigt sich, dass türkischsprachige Frauen im Durchschnitt 2,3 Kinder und arabischsprachige Frauen 3,4 Kinder haben. Insbesondere Frauen aus dem Libanon zeigen mit 3,8 Kindern eine überdurchschnittlich hohe Anzahl an Kindern auf; aber auch kurdischsprachige Frauen liegen mit 3,1 Kindern über dem Durchschnitt.

Abbildung 6 Familiensprache/n FamM (n=815)

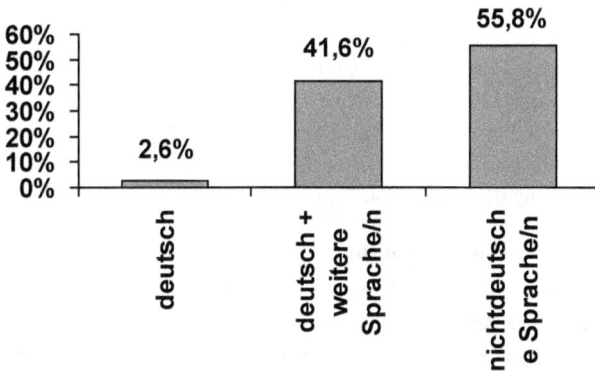

Hier zeigen die Ergebnisse, dass 2,6% der Befragten ausschließlich die deutsche Sprache als ihre Familiensprache angeben. 41,6% der Befragten sagen aus, dass sie sowohl deutsch als auch eine bzw. mehrere nichtdeutsche Sprache/n zu Hause sprechen. Die Mehrheit der Befragten gibt mit 55,8% an, auschließlich eine bzw. mehrere nichtdeutsche Sprachen zu Hause zu verwenden.

Abbildung 7 KiTa-Besuch – Insgesamt und nach Altersgruppen – Kinder FamM (n=2064)

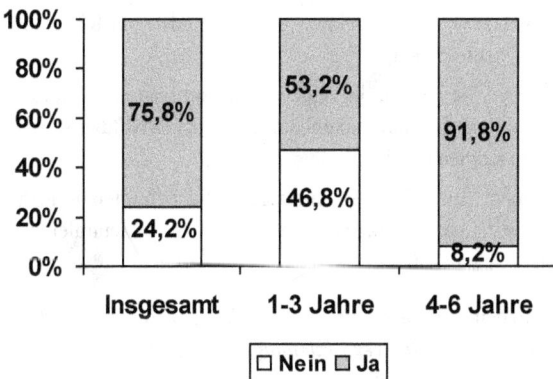

Über drei Viertel von insgesamt 2064 gezählten Kindern der Teilnehmerinnen besuchen zum Zeitpunkt der Erhebung eine KiTa bzw. haben in der Vergangenheit eine KiTa besucht. Differenziert nach Altersgruppen zeigt sich, dass etwas mehr als die Hälfte der Kinder, die zum Zeitpunkt der Erhebung zwischen 1 und 3 Jahre alt waren, institutionell betreut wurde. Bei der Altersgruppe der 4- bis 6-Jährigen waren es über 90%. D. h., dass mit dem Stadtteilmütterangebot viele Familien erreicht wurden, die ihre Kinder eher später in die KiTa geben, nämlich zwischen 4 und 6 Jahren.

Hinsichtlich der *politischen Zielvorgabe* des Projektes kann ausgesagt werden, dass die Planzahlen bezüglich der Ausbildung der Stadtteilmütter übertroffen und hinsichtlich der Durchführung von Familienbesuchen mit beachtlichem Erfolg erreicht werden konnten, jedoch nicht in vollem Umfang. Insgesamt wurden 159 Stadtteilmütter ausgebildet (geplant waren 150) und ungefähr 70%[4] der 2000 geplanten Hausbesuche mit Familien, die Kinder zwischen 0 und 6 Jahren haben, durchgeführt. Die Gründe, warum potentielle Familien nicht für die Hausbesuche gewonnen werden konnten, sind Gegenstand der dritten Teilevaluation.

Teilevaluation 2: Die besuchten Familienmütter

Über 100 Familien wurden nach Abschluss der zehn Hausbesuche[5] quantitativ und/ oder qualitativ befragt. Die Befragungen beinhalteten umfängliche Wissens-, Einstellungs- und Verhaltensfragen zu Themen der Bildung, Erziehung und Gesundheit von Kindern.

Die Befragungsergebnisse lassen sich wie folgt zusammenfassen[6]:

Insgesamt weisen die Antworten der Teilnehmerinnen (TN) auf einen tendenziell *hohen theoretischen Wissenstand* hin, was die zehn Themenschwerpunkte des Projektes anbetrifft.

Beispiele:

- Über 80% der TN geben an, das Angebot von mindestens zwei KiTas in ihrer Wohngegend (eher) gut zu kennen.

- Fast durchgängig geben die TN an, die wichtigsten Adressen und Telefonnummern für Notfälle wie z. B. Kinderkrankenhäuser, ärztlicher Notdienst, Apotheken und Giftnotruf zu kennen (94,5%).

- Einen tendenziell hohen Informationsstand zeigen die befragten Frauen beispielsweise auch in Bezug auf die Frage nach der Kenntnis von zentralen Anlaufstellen bei häuslicher Gewalt (80%).

Daran anknüpfend wird in den Antworten der TN ein *hohes Bewusstsein für die Relevanz frühkindlicher Förderung bzw. aktiver Erziehungsgestaltung* deutlich.

---

[4]   Insgesamt wurden 1457 Hausbesuche im gesamten Projektzeitraum durchgeführt. 815 wurden in der TN-Statistik registriert, davon hatten jedoch knapp 70 Teilnehmerinnen keine Kinder in der Altersgruppe von 0 und 6 Jahren.

[5]   Die standardisierte Befragung fand etwa acht Wochen, die Interviews circa drei Monate bis zu einem Jahr nach Abschluss der zehn Hausbesuche statt.

[6]   In diesem Zusammenhang wurden die TN gebeten, ihre Einschätzungen anhand einer Skala von vier Antwortmöglichkeiten, wie beispielsweise „ja", „eher ja", „eher nein" und „nein", zu geben. Diese wurden dann in der Auswertung zu zwei Antwortkategorien zusammengefasst, um ein zumindest tendenziell in eine Richtung weisendes Urteil der Befragten aufzeigen zu können, wie beispielsweise „(eher) ja" und „(eher) nein". Vor diesem Hintergrund fallen die Prozentwerte entsprechend hoch aus.

Beispiele:

- KiTa-Besuch: Über 90% der TN sind (eher) der Auffassung, dass ihr Kind mit drei Jahren oder früher eine Kindertageseinrichtung besuchen sollte (wie vorab in den Ergebnissen der TN-Statistik aufgezeigt, haben die besuchten Familienmütter vor dem Hausbesuchangebot ihre Kinder häufig zwischen 4 und 6 Jahren in die KiTa gegeben).

- Zweisprachige Erziehung: Obgleich fast 90% der Befragten im Alltag überwiegend in ihrer Muttersprache mit ihrem Kind sprechen, gibt die Mehrheit der TN an, zu Hause deutschsprachige Bücher, Kassetten u.ä. für ihre Kinder zu haben (87,8%). Ferner wird von ihnen angegeben, dass sie sich mindestens 15 Minuten gezielt in ihrer Herkunftssprache mit ihren Kindern beschäftigen, und zwar mit Vorlesen, Singen und Spielen (85,5%).

- Geschlechtsspezifische Erziehung und Rechte des Kindes: Auch in diesem Zusammenhang weisen die Antworten der Befragten auf eine (eher) aufgeklärte Haltung hin. Über 90% der TN geben an, dass ihr Kind (eher) am Schwimmunterricht teilnehmen darf; 86% geben dies für Klassenfahrten an. Jeweils über 80% der TN sind der Ansicht, dass ihre Tochter (eher) selbstbestimmt entscheiden darf, ob sie ein Kopftuch tragen möchte bzw. dass ihr Kind den Lebenspartner/ die Lebenspartnerin frei wählen darf. Im Umkehrschluss heißt dies jedoch auch, dass mindestens jedes fünfte Elternteil diese demokratischen Werte (Selbstbestimmung in Bezug auf das Tragen eines Kopftuches, das Recht auf freie Partnerwahl) (eher) ablehnt. Bei den Angaben über die Auswahl des Freundeskreises und das Freizeitverhalten der Kinder der Befragten zeichnet sich ebenfalls eine notwendige Wertediskussion in Bezug auf die Gleichstellung von Mädchen und Jungen in der ethnischen Community ab.

Abbildung 8 „Jungen sollten mehr Freiheiten haben als Mädchen" FamM (n=90)

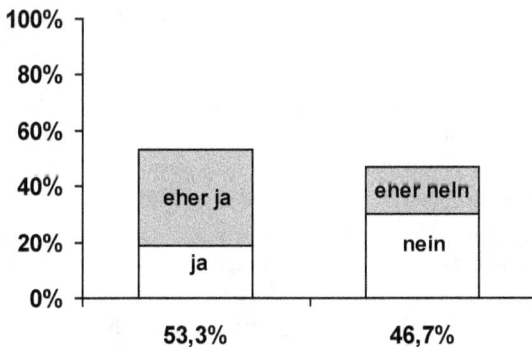

So ist die Mehrheit der Befragten (eher) der Auffassung, dass Mädchen weniger Freiheiten haben sollten als Jungen (53,3%), d. h. also jedes zweite Elternteil. Diese Aussagen unterstreichen die Notwendigkeit, Menschenrechtsbildung als einen festen Bestandteil der Präventions- und Integrationsarbeit der Stadtteilmütter anzusehen und verstärkt in die Erziehungs-, Bildungs- und Gesundheitsfragen zu integrieren.

Ferner geben die Ergebnisse *erste Hinweise auf Verhaltensänderungen,* zumindest wird eine *hohe Motivierung zur Verhaltensänderung bei den Zielgruppen* deutlich. Insbesondere die qualitativen Ergebnisse liefern zahlreiche Beispiele, wie das erlernte Know-how im Alltag der Befragten integriert wird.

Beispiele, die von den Befragten genannt werden, sind:

- Veränderungen des Einkaufs- und Essverhaltens in der Familie (gesündere Nahrungsmittel); obgleich auch fast 30% der Befragten angeben, dass ihr Kind (eher) mehrmals in der Woche Fastfood wie Döner, Hamburger und Pommes frites essen würde, d.h. bei diesen 30% kann lediglich von einer Motivierung zur Verhaltensänderung gesprochen werden

- Veränderungen im Umgang mit Medien (größere Kontrolle)

- Veränderungen in der Kommunikation mit Bildungseinrichtungen (regelmäßigerer Besuch von Elternabenden)

- Veränderungen im Bewegungsverhalten der Kinder (vermehrtes Aufsuchen von Spiel- und Sportplätze, auch von Sportvereinen)

Auch die befragten Stadtteilmütter bestätigen *einen hohen Wissensstand bei den besuchten Familien hinsichtlich der Präventionsthemen des Projektes und damit einhergehend Veränderungen des Bewusstseins für die Relevanz frühkindlicher Förderung und aktiver Erziehungsgestaltung.* Dabei benennen sie weitere, auch nachhaltige Veränderungen bei den besuchten Familien, die durch das Projektangebot bewirkt werden konnten, wie beispielsweise die Verbesserungen der finanziellen und aufenthaltsrechtlichen Situation von besuchten Familien, die Öffnung von Familien in den Sozialraum und die Qualifizierung besuchter Mütter zu Stadtteilmüttern.

Schließlich unterstreicht die Heranziehung von Ergebnissen anderer Studien in der Gesamtanalyse den hohen präventiven Charakter des hier untersuchten Projektes und lässt mögliche *Rückschlüsse* darauf zu, *dass soziale Risikofaktoren,* die die Entwicklung von Kindern beeinträchtigen – wie beispielsweise Armut, ein niedriges Bildungsniveau der Eltern sowie Sprachbarrieren aufgrund geringfügiger Deutschkenntnisse – *durch die Teilnahme an einem Elternbildungsprojekt kompensiert und Erziehungskompetenzen gestärkt werden können.* Insbesondere bei Fragen der Vorbeugung von Kinderunfällen, Suchtvorbeugung, zahn- und kinderärztlichen Vorsorgeuntersuchungen, aber auch der Stillhäufigkeit von Müttern weisen die in dieser Evaluationsstudie einbezogenen Mütter, die am Hausbesuchsangebot teilgenommen haben, im Vergleich zu migrantischen Eltern anderer Studien ein hohes Gesundheitswissen bzw. Bewusstsein für die Gesundheit ihrer Kinder auf.

Teilevaluation 3: Die ausgebildeten Stadtteilmütter

Die Ergebnisse der qualitativen Befragung von Stadtteilmüttern können wie folgt zusammengefasst werden:

Im Hinblick auf die Qualifizierungsmaßnahme berichten die befragten Stadtteilmütter von einer *ausreichenden Vorbereitung auf die Hausbesuchstätigkeit und die Zielgruppen sowie von einer kontinuierlichen fachlichen und persönlichen Begleitung* durch die Projekt-Koordinatorinnen.

Ferner informieren die Befragten über vielfältige Gründe für die Nicht-Inanspruchnahme des Präventionsangebotes durch potentielle Familien, die auch Fragen nach der Ausgestaltung und Zumutbarkeit des Stadtteilmütterangebotes aufwerfen. Als Gründe werden u. a. angegeben:

- die Eingrenzung des Radius der Hausbesuche auf die jeweiligen QM-Gebietsgrenzen, da sich diese nur teilweise mit den sozialen Netzwerkstrukturen der Stadtteilmütter decken würden, die wiederum als maßgeblich für den Zugang zu den Zielgruppen eingeschätzt werden (die Gebietskulisse wurde auch von den befragten Projekt-Koordinatorinnen problematisiert),

- Vorbehalte und Ängste potentieller Familien, dass sie im Auftrag des Jugendamtes tätig sein könnten,

- die Einschränkung der Ansprechbarkeit der Mütter durch die Ehemänner bzw. Schwiegermütter, wenn diese das Angebot als eine störende Einmischung empfanden,

- ein Zeitmangel bzw. eine zeitliche Überforderung insbesondere bei vielfach belasteten Familien,

- die Ablehnung von interessierten Familien, weil sie nicht zur originären Zielgruppe des Projektes gehörten (deutsche Familien) bzw. weil zu wenig oder gar keine Stadtteilmütter aus der entsprechenden Community ausgebildet wurden (kurdische Familien oder Roma-Familien).

Schließlich werden in den Befragungsergebnissen bei der Zielgruppe der Stadtteilmütter, die die längste Verweildauer im Projekt aufweist, die *integrationsfördernden Wirkungen* des Projektes sichtbar.[7] Insgesamt kann hier ausgesagt werden, dass den Stadtteilmüttern durch die Teilnahme am Projekt *Chancen auf eine Mehrfachintegration*, d. h. Integrationsmöglichkeiten sowohl in die Aufnahmegesellschaft als auch

---

[7]   In diesem Zusammenhang können in Anlehnung an der Integrationstheorie nach H. Esser sowohl kognitive/kulturelle, strukturelle als auch soziale Integrationsprozesse bei den Stadtteilmüttern identifiziert werden, auf die jedoch aus zeitlichen Gründen hier nicht näher eingegangen wird.

in die jeweilige Migrantencommunity, angeboten werden. Sowohl die aktive Mehrsprachigkeit der Stadtteilmütter als auch ihre Interaktionsaktivitäten in den beiden Kontexten belegen, dass auch weniger bildungsnahe Schichten – wenn ihnen dazu die Gelegenheit gegeben wird – eine multiple Integration erlangen können. Dies bedeutet, dass eine erfolgreiche Integration in die Aufnahmegesellschaft nicht zwangsweise einhergehen muss mit dem Verlust der Herkunftssprache oder der Aufgabe von ursprünglicher Lebensweise und intraethnischen Kontakten.

Teilevaluation 4: Die Expert/innen

Die Ergebnisse der qualitativen Expertenbefragungen decken sich in vielen Teilen mit den vorangegangenen Ergebnissen und werden darum etwas kürzer dargestellt:

Die **Projekt-Koordinatorinnen** machen in erster Linie Aussagen über die sozialräumlichen Zusammenhänge des Projektes. Dabei berichten sie über *unterschiedliche Ausgangslagen in den neun QM-Gebieten* während der Implementierungsphase des Projektes. Für alle Gebiete gleichermaßen bedeutsam waren ihrer Erfahrung nach die *Anknüpfungsmöglichkeiten des Projektes* an vorhandene Netzwerkstrukturen der Stadtteilmütter und QM-Büros vor Ort.

Im Hinblick auf die Wirkungen des Projektes auf die Quartiere und ihre Bewohner/innen schätzen die Projekt-Koordinatorinnen ein, dass es e*rste Hinweise auf quartiersbezogene Veränderungen* gibt, wie beispielsweise eine beginnende Imageverbesserung und mehr Bewohner/innenbeteiligung. Die *größten Veränderungen* zeichnen sich jedoch ihrer Einschätzung nach bei den *Stadtteilmüttern* ab, die über mehrere Jahre am Projekt beteiligt sind.

Auch die Ergebnisse der Interviews mit **lokalen Kooperationspartner/innen** (KiTa, Schule und Moscheeverein) zeigen, dass die Stadtteilmütter *an vorhandene Strukturen in den QMs anknüpfen* konnten, um Werbung für ihr Präventionsangebot zu machen.

Jedoch berichten die (vor-)schulischen Einrichtungen, dass *bislang nur ein kleiner Teil von Eltern bzw. Müttern* in ihrer Institution *mit dem Projektangebot erreicht werden konnte*. Obgleich die Bildungseinrichtungen auf diverse Angebote für Eltern migrantischer Herkunft hinweisen, an denen die Stadtteilmütter anknüpfen konnten, wie beispielsweise Elternfrühstücks, Elterncafés und themenspezifische Elternabende, blieb der Zugang zu ihnen insgesamt schwierig. Die Erfahrungen zeigen, dass *Gelegenheitstreffen* bevorzugt von den Eltern aufgesucht, regelmäßige und verbindliche Treffpunkte jedoch kaum besucht werden. Ferner hat sich immer wieder gezeigt, dass ein Neuzugang zu den Zielgruppen nur über den *Aufbau eines Vertrauensverhältnisses* gelingt.

Als besonders gelungen wird in der Evaluationsstudie die Kooperation mit einem Moscheeverein beschrieben, die *große Erfolge beim Zugang zu eher schwer erreichbaren, isoliert lebenden Familien* aufgezeigt hat. Sowohl die Akzeptanz von Stadtteilmüttern, die selber Mitglieder der Moschee sind, als auch positive Voten der Imame zu dem Projektansatz führten dazu, dass auch religiöse Familien Zugang zum Projekt gefunden haben. Somit konnte ihrer Einschätzung nach auch in diesen Kreisen die Anerkennung öffentlich geförderter Maßnahmen im Bezirk befördert werden.

Im Rahmen der abschließenden Expertenbefragung mit **Vertreter/innen der Steuerungsrunde und Quartiersbüros** beurteilen die Befragten, aber auch eine breite Fachwelt weit über Neukölln und Berlin hinaus, den *aufsuchenden Ansatz* mit geschulten Multiplikatorinnen aus derselben Zielgruppe für besonders geeignet, um niedrigschwellig das Bewusstsein von migrantischen Familien *für frühe Bildungsförderung* zu stärken. Die besondere Kombination der aufklärenden Tätigkeit im Rahmen einer Beschäftigungsmaßnahme wurde ebenfalls als beispielhaft bewertet und als *ein sinnvolles Instrument der Arbeitsförderung* eingeschätzt.

Bei der Frage nach der Gestaltung der Anbindung des Projektes an lokale Strukturen wird von den Befragten ausgesagt, dass viele der *Kontakte zu KiTas und Grundschulen* sich mühsam über die zwei Jahre aufgebaut haben und unbedingt fortgesetzt werden sollten, damit die vorrangig auf persönlicher Ansprache basierende Form der Werbung funktionieren kann. Auch das *„Andocken"* der besuchten Familienmütter an bestehende *Familienzentren oder Müttertreffs* durch die Begleitung der Stadtteilmütter gelang ihrer Einschätzung nach nur in weit geringerer Zahl als gedacht. Offenbar waren für viele besuchte Frauen die Hürden zu groß, regelmäßig aus ihren familiären Strukturen herausgehen zu können.

Abschließend wird von allen Kooperationspartner/innen zum Ausdruck gebracht, dass das umgesetzte Projektvorhaben *kein gewöhnliches Pilotprojekt* darstellte. Es gab eine *große Unterstützung vonseiten des Neuköllner Bezirksbürgermeisters*, der die Idee der Stadtteilmütterarbeit aus dem QM-Gebiet Schillerpromenade ins Rathaus holte. Darüber hinaus wäre die Realisierung des Stadtteilmütterprojektes ohne die *problemsensible Politik des Senats* für den Bereich Nord-Neukölln (und der Gropiusstadt) und seine wohlwollende Begleitung und Genehmigung des Pilotcharakters im Rahmen des Programms „Soziale Stadt" nicht möglich gewesen. Schließlich erlebte das Neuköllner Vorzeigeprojekt eine außergewöhnlich *große mediale Aufmerksamkeit* weit über die Neuköllner QM-Grenzen hinaus, die erhebliche personelle Ressourcen gebunden und ein hohes Engagement aller Beteiligten erfordert hat.

Konkrete Empfehlungen für die Fortführung des Projektes

Im Folgenden werden aus den dargelegten Evaluationsergebnissen Empfehlungen für die Fortsetzung des Projektes formuliert unter Berücksichtigung der Beurteilungskriterien, die für präventive Elternbildungsprojekte gelten bzw. als wichtig eingeschätzt werden. [8]

---

[8]   Vgl. Haug-Schnabel/Bensel (2003): Niederschwellige Angebote zur Elternbildung. Eine Recherche im

Niedrigschwelligkeit

Bei der Frage nach einem besonders erleichterten Zugang von sozial benachteiligten Eltern migrantischer Herkunft zu familien- und erziehungsunterstützenden Hilfen haben sich nachstehende Kriterien als besonders geeignet erwiesen:

- die Schulung von Multiplikatorinnen aus den Zielgruppen,

- die Ansprechbarkeit über Mütter (obgleich auch eine partielle Einbindung der Väter für sinnvoll erachtet wird),

- die Freiwilligkeit des Angebotes,

- die aufsuchende Form der Stadtteilmütterarbeit durch das Hausbesuchsangebot (Bring-Strukturen).

Dabei hat sich die vertrauensvolle Beziehung zur Hausbesucherin als besonders niedrigschwellig erwiesen. Insgesamt wird jedoch empfohlen, das Hausbesuchsangebot unter geänderten, flexibleren Bedingungen weiter zu führen, wie beispielsweise durch die Möglichkeit von „Tandem-Einsätzen" zu Beginn der Hausbesuchsphase bzw. durchgehend bei Multiproblemfamilien. Auch die Ausweitung der Hausbesuche bei besonders beratungsbedürftigen Familien wird hier vorgeschlagen. Daneben wird eine Kombination von Bring- und Komm-Strukturen für sinnvoll erachtet, um den primär auf persönlicher Ansprache basierenden Zugang des Projektes zu den Zielgruppen weiter auszubauen.

- Institutionelle Anbindung (Komm-Strukturen)

Vor diesem Hintergrund wird eine stärkere Wirksamkeit der Stadtteilmütter in den KiTas und Grundschulen empfohlen, um neue Familien für das Präventionsangebot gewinnen zu können.

Dabei werden u. a. die stundenweise Präsenz vor Ort und die regelmäßige Teilnahme der Stadtteilmütter an laufenden Angeboten und Projekten in den Einrichtungen für sinnvoll erachtet. Darüber hinaus kann die institutionelle Anbindung der Stadtteilmütter eine feste Anlaufstelle sowohl für bereits besuchte Familien darstellen, die einen weitergehenden Unterstützungsbedarf aufzeigen, als auch ein Ort für Familien sein, die nicht zu Hause besucht werden können.

- Flankierende Angebote (Gelegenheitsstrukturen)

Um eine intensivere Bindung der bereits besuchten Familienmütter zu ermöglichen, wird die Kooperation von Stadtteilmüttern mit Einrichtungen in den QMs empfohlen, die über Gelegenheitsstrukturen Angebote zu Erziehungs-,

Auftrag der Katholischen Sozialethischen Arbeitsstelle (KSA) in Hamm, Arbeitsstelle der Deutschen Bischofskonferenz, http://web23.server70112.mivitec.net/site/uploads/media/Elternbildung_01.pdf, Zugriff: 10.12.08 sowie Deutscher Verein für öffentliche und private Fürsorge e.V. (Hrsg.) (2005): Niedrigschwelliger Zugang zu familienunterstützenden Angeboten in Kommunen. Handlungsempfehlungen des Deutschen Vereins, http://www.bagfamilie.de/endg.pdf, Zugriff: 10.12.08.

Bildungs- und Gesundheitsthemen machen. Für eine Zusammenarbeit können sich beispielsweise Familienzentren eignen, die weitergehende Kooperationen mit Sportvereinen, Kultureinrichtungen und der vor Ort ansässigen Wirtschaft eröffnen können.

Spezielles Konzept für Problem-Zielgruppen

- Fokussierung auf bestimmte Zielgruppen

  Der bisherige Fokus auf bestimmte Zielgruppen – nämlich türkische, arabische und später auch kurdische sozial benachteiligte Familien mit Kindern im Vorschulalter – sollte beibehalten werden. Sinnvoll erscheint darüber hinaus eine Ausweitung der Zielgruppe auf Familien mit Kindern im Grundschulalter.

- Neue Konzepte und Werbestrategien für spezielle Zielgruppen

  Weiterhin gilt es, verstärkt nach neuen Konzepten und Werbestrategien zu suchen bzw. solche zu entwickeln, um zukünftig vermehrt isoliert lebende Familien zu erreichen, deren Kinder den vorschulischen Bildungseinrichtungen fernbleiben. Hierbei kann die gezielte Kooperation mit Moscheevereinen und Grundschulen ein wichtiger Baustein sein.

Vorbereitung auf die Zielgruppen

Eine weitere Voraussetzung für bedarfsgerechtes Arbeiten besteht in der ausreichenden Vorbereitung der Stadtteilmütter auf die Zielgruppen und deren Bedarfe.

- Stärkere Verankerung von Menschenrechts- und demokratischer Wertebildung in den zehn Themenschwerpunkten des Projektes

  Hier empfehlen wir eine stärkere Verankerung von Menschenrechts- und demokratischer Wertebildung in den zehn Themenschwerpunkten des Projektes (z. B. Religionsfreiheit, freie Partnerwahl, Gleichberechtigung zwischen den Geschlechtern).

- Sozialpädagogische Begleitung der Stadtteilmütter

  Ferner hat die Evaluation gezeigt, dass die Stadtteilmütter kontinuierlich Hilfe und Unterstützung im Umgang mit Problemfamilien und in der Netzwerkarbeit benötigen.

Primärpräventiver Ansatz

- Fokus auf früher Bildungsförderung

  Wir empfehlen die Beibehaltung des Fokus auf der frühen Bildungsförderung, d. h., dass die Zielgruppen bereits zu einem Zeitpunkt angesprochen werden, an dem die Kinder noch nicht gefährdet sind bzw. noch keine Auffälligkeiten zeigen.

- Kooperation mit Fachleuten bei Interventionsbedarf

  Auch gilt es, zukünftig verstärkt Kooperationsstrukturen zwischen Stadtteilmüttern und Fachleuten aufzubauen, um Familien bei erhöhtem Hilfe- und Interventionsbedarf an kompetente Einrichtungen weiterleiten zu können.

Ressourcenorientiertes Arbeiten

- Stärkung des Empowerment- bzw. des lebensweltorientierten Ansatzes des Projektes

  Sinnvoll erscheint die Aufhebung der QM-Grenzen zugunsten einer systematischen Nutzung der sozialen Netzwerkressourcen der Stadtteilmütter, d.h. quartiersübergreifende und gezielte Einsätze von Stadtteilmüttern in Kontexten, in denen sie bekannt und engagiert sind, z.b. Moscheevereine oder aber KiTas und Grundschulen, die von den eigenen Kindern besucht werden.

- Einbindung der Stadtteilmütter in QM-Strukturen

  Eine engere Beteiligung der Stadtteilmütter an QM-Beteiligungsverfahren (Beirat, Jury, Stadtteilversammlung) und die Kooperation mit laufenden und geplanten Projekten in den QMs könnte das Projekt stärker vor Ort verankern.

Planung und Steuerung des Projektangebotes

- Ausweitung der Gebietskulisse auf den gesamten Norden Neuköllns

- Überprüfung der inhaltlichen Vorgaben des Projektes

  Ferner wird als wichtig erachtet, zukünftig eine Überprüfung der inhaltlichen Vorgaben des Projektes vorzunehmen, die die Vermittlung des Themenspektrums und diesbezüglich verbundene Wertefragen im Rahmen der Hausbesuche betreffen.

- Kontinuierliche Qualitätssicherung der Hausbesuche

  Für sehr wichtig halten wir die Einführung eines Abschlussgespräches, das die Stadtteilmütter mit den besuchten Familien nach Beendigung der Hausbesuchsphase führen.

- Öffentlichkeitswirksamkeit des Projektes

  Für die Öffentlichkeitsarbeit des Projektes, z. B. das Angebot von Beratung für Nachahmer-Modelle in anderen Kommunen und Ländern, müssten mehr Ressourcen eingeplant werden.

- Regelförderung des Projektes

  Wichtiges und zentrales Ziel ist, eine Regelförderung der Stadtteilmütterarbeit zu erreichen.

Kurze Zusammenfassung der Evaluation und Ausblick

Die hier vorgelegten Evaluationsergebnisse basieren auf einer statistischen Erhebung von nahezu 1000 Teilnehmerinnen, einer standardisierten Fragebogen-Erhebung von knapp 100 Teilnehmerinnen sowie auf fast 30 qualitativ geführten Einzelinterviews und zwei Gruppendiskussionen.

Durch die Zusammenführung der Ergebnisse aus den vier Teilevaluationen und den Einsatz vielfältiger und für den Evaluationsgegenstand geeigneter Methoden, Perspektiven und Datenquellen ergeben sich *valide Ergebnisse*, die letztlich der Gewinnung von Empfehlungen zur Fortführung und Weiterentwicklung des Projektes bzw. der Projektidee dienten.

Ein Großteil der hier formulierten Empfehlungen ist über die Pilotphase hinaus in die *weitere konzeptionelle und praktische Stadtteilmütterarbeit* eingeflossen. Im Rahmen des Modellprojektes **„Stadtteilmütter gehen in die Grundschule – Stadtteilmütter II (2009 – 2010)"** werden neben der geographischen Ausweitung der Familienbesuche auf den gesamten Norden Neuköllns die Stadtteilmütter in dem neuen inhaltlichen Modul „Förderung von Kindern im Grundschulalter" qualifiziert. Das heißt, dass neben den Eltern von vorschulischen Kindern auch verstärkt Eltern von Schulkindern in die Hausbesuchstätigkeit der Stadtteilmütter einbezogen werden, um deren Aufklärung hinsichtlich spezifischer Fragen zur schulischen Förderung, zum Übergang von der Grundschule in die Oberschule, zur (vor-)pubertären Entwicklung etc. zu unterstützen.

Das Modellprojekt Stadtteilmütter II hat eine Laufzeit vom 1. Januar 2009 bis zum 31. Dezember 2010 und wird ebenfalls von Camino evaluiert.

Abschließen möchte ich gerne mit einem Zitat des spanisches Lyrikers Antonio Machado, welches auch das Motto von Camino darstellt: „Wanderer, es gibt keinen Weg. Der Weg entsteht, indem man geht."

In diesem Sinne vielen Dank für Ihre Aufmerksamkeit!

! Hinweis: Dieser Vortrag wurde bereits auf dem 10. Berliner Präventionstag gehalten und im Berliner Forum Nr. 41 veröffentlicht.

Hans Rudolf Leu

Kindertagesbetreuung im Ausbau - Voraussetzungen für präventive Effekte

Eckdaten zum Ausbau

Das öffentliche Angebot von Kindertagesbetreuung ist in Ost- und Westdeutschland immer noch sehr unterschiedlich. Während es in der DDR bereits in den 1980er Jahren flächendeckend für die Mehrzahl der Kinder im Krippen-, Kindergarten- und Grundschulalter Betreuungsplätze gab, lag die Versorgungsquote für Kinder unter drei Jahren in der Bundesrepublik unter 2%, für Hortkinder zwischen 4% und 5% (vgl. Konsortium Bildungsberichterstattung 2006, S. 227 und S. 245). Für Kinder im Kindergartenalter kam es in den 1990er Jahren mit der Einführung eines Rechtsanspruchs auf einen Kindergartenplatz für alle Kinder ab drei Jahren bis zum Schuleintritt zu einem erheblichen Ausbau. Die Versorgungsquote stieg von 75% in 1994 auf 91% im Jahre 2002 (a.a.O., S. 228).

Im Fokus des Ausbaus in den letzten fünf Jahren stehen die Plätze für Kinder unter drei Jahren. Mit Blick auf die Einführung eines Rechtsanspruchs auf einen Betreuungsplatz für Kinder ab dem vollendeten ersten Lebensjahr gilt hier für 2013 das Ziel, für 35% der Kinder unter drei Jahren einen Platz anbieten zu können. Auch hier gibt es weiterhin enorme Unterschiede zwischen Ost- und Westdeutschland. In Westdeutschland stieg die Quote der Inanspruchnahme von Plätzen (in Kindertageseinrichtungen und -tagespflege) durch Kinder unter drei Jahren von 8% in 2006 auf 15% in 2009, in Ostdeutschland von 39% auf 45%. Bundesweit entspricht das von 2006 bis 2009 einem Anstieg von 14% auf 20% (vgl. Autorengruppe Bildungsberichterstattung 2010, S. 235).

Mit diesem Ausbau sind erhebliche Ausgaben verbunden, die sich allerdings aufgrund der Komplexität der Finanzierung der Kindertagesbetreuung nicht einfach abbilden lassen (vgl. Diller u.a. 2004). Anders als bei der Schule gibt es dafür keine staatliche Vollfinanzierung. Der Verankerung in der Kinder- und Jugendhilfe entsprechend spielen „Freie Träger" eine große Rolle (namentlich die Diakonie, die Caritas, die Arbeiterwohlfahrt, das Rote Kreuz und im Deutschen Paritätischen Wohlfahrtsverband zusammengeschlossene Träger). Allerdings erhalten sie dafür von öffentlicher Seite, namentlich den Ländern und der Kommune in großem Umfang Fördermittel. Ihr Eigenanteil liegt nach einer Schätzung für das Jahr 2006 lediglich bei ca. 5% der Gesamtkosten für Kindertagesbetreuung, damit deutlich niedriger als der durch Elternbeiträge gedeckte Anteil von ca. 14% der bundesweiten Gesamtkosten in Höhe von 14,1 Mrd. Euro (vgl. DJI/ Dortmunder Arbeitsstelle Kinder- und Jugendhilfestatistik 2008, S. 223). Einen Eindruck von dem Ausbau der Angebote in Kindertageseinrichtungen kann die Zunahme an Personal vermitteln. Umgerechnet in Vollzeitstellen stieg die Zahl der pädagogisch tätigen Personen in diesem Bereich von 2002 bis 2009 um 16% von rund 247.000 auf 286.000 Vollzeitäquivalente in ganz Deutschland (vgl. Autorengruppe Bildungsberichterstattung 2010, S. 239). Das ist das Personal für das gesamte Angebot der Kindertagesbetreuung für Kinder von Geburt an bis zum Hort. Die Zunahme der Stellen ist aber im Wesentlichen auf die größere Zahl von Angeboten für Kinder unter Drei zurückzuführen, weil hier der stärkste Ausbau stattfindet.

Mit dem Ausbau verbundene Erwartungen

Die Erwartungen, die mit dem Ausbau verbunden werden, sind enorm. Traditionell steht dabei die Vereinbarkeit von Familie und Erwerbstätigkeit im Vordergrund. Seit einigen Jahren spielt aber auch der Bildungsauftrag von Kindertageseinrichtungen eine besondere Rolle. Angestoßen wurden die darauf bezogenen Diskussionen vor allem durch die für Deutschland ernüchternden Ergebnisse der PISA-Studie. Dazu kamen Ergebnisse der Kleinkindforschung, die deutlich machen, dass entscheidende Lernprozesse spätestens mit der Geburt einsetzen und Kinder schon in frühestem Alter wichtige Fertigkeiten mitbringen und an ihren Bildungs- und Entwicklungsprozessen aktiv beteiligt sind.

Im Kontext der Debatte um den Ausbau spielen auch ökonomische Argumente eine erhebliche Rolle (vgl. Leu 2011). Es wird dargestellt, wie die günstigeren Möglichkeiten der Eltern zur Erwerbsbeteiligung und das für die Kindertagesbetreuung zusätzlich erforderliche Personal zu mehr Beschäftigung führt, die Gefahr der Entwertung von Berufserfahrung durch längere Unterbrechungen der Erwerbstätigkeit mindert und es damit zu wachsenden Steuereinnahmen, zu Einsparungen bei Sozialleistungen und bei der Arbeitslosenversicherung kommt. In einer von Wößmann/Piopiunik (2009) im Auftrag der Bertelsmann Stiftung durchgeführten Studie „Was unzureichende Bildung kostet" werden bildungsökonomische Berechnungen vorgelegt, die zeigen sollen, wie sich der in den PISA-Erhebungen festgestellte Anteil von rund 20% „Risikoschülern" als Minderung des Wirtschaftswachstums auswirkt. Als Risikoschüler wird dabei die Gruppe Jugendlicher bezeichnet, „die nicht über die unterste Kompetenzstufe (von 420 PISA-Punkten) hinauskommt und damit die Grundfähigkeiten nicht erreicht" (a.a.O., S. 13). Bei Ihnen wird erwartet, dass sie bei der Suche nach einem Ausbildungsplatz und später im Berufsleben erhebliche Probleme haben werden. Das politische Ziel einer demokratischen Gesellschaft, vorhandene Chancenungerechtigkeiten zu mindern, wird so auch ökonomisch begründet.

Besondere Anforderungen der Bildungsförderung bei Kindern aus benachteiligten Familien

Es liegen inzwischen unterschiedliche Untersuchungen vor, in denen Bildungseffekte des Kindergartenbesuchs aufgezeigt werden (vgl. z.B. Becker 2010; Kratzmann/ Schneider 2009). Es handelt sich dabei um Studien, bei denen der Übergang vom Kindergarten in die Grundschule im Vordergrund steht. Längsschnittstudien, in denen solche Effekte über einen längeren Zeitraum untersucht werden und bei denen Kinder aus benachteiligten Familien im Mittelpunkt stehen, liegen für Deutschland nicht vor. Deshalb wird hier auf eine Publikation von Heckman (2006) Bezug genommen, der eine pointierte Zusammenfassung einschlägiger us-amerikanischer Studien vorgenommen hat und zum Schluss kommt, dass Bildungsinvestitionen umso ertragreicher sind, je früher sie stattfinden. Er bezieht sich bei seiner Argumentation namentlich auf das Perry Preschool Program und das Abecedarian Program, mit denen Kinder aus sozial benachteiligten Familien gefördert wurden. Grundlage dafür ist ein besserer Schulerfolg, der nicht auf einen höheren Intelligenzquotient, aber auf eine stärkere Lernmotivation der Kinder zurückgeführt wird, die an diesem Programm teilgenommen haben. Im Alter von 40 Jahren hatte diese Gruppe nicht nur zu einem höheren Anteil einen HighSchool-Abschluss. Sie hatten auch höhere Gehälter, wohnten zu einem höheren Anteil in einem eigenen Haus bzw. einer eigenen Wohnung, nahmen weniger Sozialhilfe in Anspruch und kamen seltener mit dem Gesetz in Konflikt. All das summiert sich nach den bildungsökonomischen Berechnungen zu einer Rendite für die mit dem Programm verbundenen hohen Ausgaben zwischen 15% und 17%. Eine solche Rendite lässt sich nach Heckman nur mit Bildungsinvestitionen erreichen, die bereits vor dem Schuleintritt wirksam werden.

Ein zentrales Argument für die hohe Rendite ist die Annahme, dass frühkindlich Fertigkeiten und Handlungsdispositionen grundgelegt werden, auf denen alles spätere Lernen und Handeln aufbaut. Neben der Lernmotivation gehören dazu Beharrlichkeit und Ausdauer und sozio-emotionale Kompetenzen, die für eine erfolgreiche Alltagsbewältigung erforderlich sind. Allgemein bekannt ist, dass für die Entwicklung dieser Grundlagen der Anregungsgehalt der familialen Umwelt und die hier mögliche kognitive und sozio-emotionale Stimulierung und Förderung von größter Bedeutung ist. Die Benachteiligung, die Kinder in Familien erfahren, die das nicht dem Alter der Kinder angemessen gewährleisten können, ist gravierender als die Benachteiligung durch mangelnde finanzielle Ressourcen. Angebote, mit denen diese Benachteiligung zumindest in Teilen kompensiert werden kann, brauchen aber zum einen eine besondere Qualität in der pädagogischen Arbeit mit den Kindern und dem entsprechend qualifiziertes Personal. Zum anderen gehört eine intensive Zusammenarbeit mit den Eltern dazu. Angesichts der großen Bedeutung der Familie sind sie zentrale Ansprechpartner bei dem Ziel, durch familienergänzende Angebote bei den Kindern kompensatorische Bildungseffekte zu erzielen.

Sicherlich lassen sich die us-amerikanischen Programme, für deren Evaluation solche Längsschnittstudien vorliegen, nicht nahtlos auf die Frühpädagogik in Deutschland übertragen. Verbunden mit dem aktuellen Stand der Kleinkindforschung lassen sich darauf aber doch einige Aussagen dazu machen, was erforderlich ist, wenn frühpädagogische Angebote präventive Effekte erzielen und zum Abbau von Chancenungleichheit beitragen sollen.

Unabdingbar ist zunächst das Vorhandensein eines ausreichenden Angebots auch für Kinder unter drei Jahren. Die in Westdeutschland oft noch knappen Plätze werden entsprechend den rechtlichen Vorgaben in erster Linie an Eltern vergeben, die beide entweder erwerbstätig oder in Ausbildung sind. Beides sind Kriterien, die für sozial benachteiligte Familien oft nicht zutreffen. Dabei zeigen die aktuellen Entwicklungen und v.a. die oben bereits dargestellte Inanspruchnahme solcher Plätze in Ostdeutschland, dass der für 2013 angestrebte Ausbaustand mit einem Angebot für 35% der Kinder bis zum Alter von drei Jahren nicht ausreichen dürfte und weiter angehoben werden muss.

Aus verschiedenen Untersuchungen wissen wir, dass gerade Eltern mit niedrigerer Schulbildung Angebote der Kindertagesbetreuung seltener in Anspruch als Eltern mit Abitur. Ähnliches gilt für Familien mit Migrationshintergrund. Nachdem das auch für Kinder im Kindergartenalter gilt (vgl. Konsortium Bildungsberichterstattung 2006, S. 38), für die die Angebote aufgrund ihres Rechtsanspruchs auf einen Kindergartenplatz insgesamt gut ausgebaut sind, ist davon auszugehen, dass diese Zurückhaltung nicht allein durch ein noch ungenügendes Platzangebot bedingt ist. Aus der Fachpraxis ist bekannt, dass der Schritt in die Kindertageseinrichtung gerade für sozial benachteiligte Familien nicht einfach ist und für sie niedrigschwellige Angebote wichtig sind. Besonders geeignet scheinen dafür Familienzentren, die über die Kindertagesbetreuung hinaus weitere bereichernde soziale Kontakt anbieten und Eltern in der Wahrnehmung ihrer Aufgaben der Kindererziehung unterstützen (vgl. Colberg-Schrader 2008). Die hier geforderte Art der Zusammenarbeit mit Eltern erfordert aber zum einen zeitliche Ressourcen, zum anderen entsprechende Qualifikationen der Fachkräfte.

Es ist aber nicht nur die Zusammenarbeit mit den Eltern, welche besondere Qualifikationen bei den Fachkräften erfordern. Mit der (Neu-)Entdeckung des Bildungsauftrags der familienergänzenden Kindertagesbetreuung sind die Erwartungen enorm gewachsen, dass frühpädagogische Fachkräfte in den unterschiedlichsten Bildungsbereichen bzw. Entwicklungsdomänen über differenzierte Kenntnisse verfügen, um alle Kinder individuell und ihren Kompetenzen entsprechend in ihren Bildungs- und Lernprozessen unterstützen zu können. Am augenfälligsten wurde das in den letzten Jahren im Bereich der Sprachförderung. Ebenso wird aber gefordert, dass schon im frühkindlichen Bereich Grundlagen etwa für mathematisches und naturwissenschaftliches Denken gelegt werden, ganz abgesehen von motorischen, musischen und gestalterischen Fertigkeiten, die zum Kern der Elementarpädagogik gehören, heute allerdings manchmal ins Hintertreffen zu geraten drohen.

Die damit angesprochene Vielfalt an frühkindlichen Bildungs- und Lernprozessen lässt sich nicht in Lern-Lehrsituationen organisieren, die von externen Experten angeboten werden. Das liegt daran, dass das Lernen bei Kindern in diesem Alter eingebettet in ihren Alltag, „beiläufig", erfolgt (vgl. Leu 2008). Kinder sind dabei angewiesen auf verlässliche Beziehungen zu ihnen vertrauten Bezugspersonen, die „feinfühlig" mit ihnen in Kontakt stehen, ihre Interessen und Bedürfnisse wahrnehmen und darauf reagieren und mit denen sie so in einen wechselseitigen Austausch treten, der ihnen „Selbstwirksamkeitserfahrungen" ermöglicht, das Erleben, etwas bewirken zu können, sei es in der materialen Umwelt, sei es bei anderen Menschen. All diese Voraussetzungen machen deutlich, dass die Förderung frühkindlicher Bildungs- und Lernprozesse und die darin liegenden Chancen für kompensatorische Leistungen der Kindertagesbetreuung mit Blick auf Prävention und Verbesserung der Chancengerechtigkeit durch die den Kindern vertrauten pädagogischen Fachkräfte im Rahmen ihres „Alltagsgeschäfts" erbracht werden müssen.

Für die Aussicht auf präventive Effekte von Bildungsförderung in Kindertageseinrichtungen wichtige Rahmenbedingungen

Um diesen hohen Anforderungen gerecht zu werden, sind entsprechende Rahmenbedingungen erforderlich, die bei den weiteren Maßnahmen zum Ausbau bzw. zur Qualitätsentwicklung stärker beachtet werden sollten. Auf drei davon wird im Folgenden kurz eingegangen.

Zu nennen ist als erstes der Personalschlüssel, der über die Anzahl Kinder informiert, die auf eine Fachkraft entfallen. Für Kinder unter drei Jahren wird hier ein Schlüssel von einer Fachkraft auf 3 Kinder empfohlen. Wenn man davon ausgeht, dass die Fachkräfte 25% ihrer Tätigkeit nicht in unmittelbarem Kontakt mit den Kindern ausübt, ergibt sich daraus eine Fachkraft-Kind-Relation von 1:4. Die Situation in den in meisten Bundesländern ist von einer solchen Ausstattung weit entfernt. Am Nächsten kommen diesem Wert laut der Publikation der Bertelsmann Stiftung (2010, S. 198) im Jahr 2008 Kindertageseinrichtungen aus dem Saarland mit einem Schlüssel von 1:3,5. Die ungünstigsten Werte mit 1:7,4 werden für Brandenburg und Nordrhein-Westfalen gemeldet. Für Deutschland insgesamt beträgt der Schlüssel 1:6,0, mit erheblich schlechteren Werten für Ostdeutschland (1:6,5) als für Westdeutschland (1:5,2). Abgesehen davon, dass diese Daten zeigen, dass neben dem quantitativen Ausbau auch noch erhebliche Anstrengungen für eine bessere personelle Ausstattung erforderlich sind, werden auch die großen Unterschiede deutlich, die zwischen Bundesländern bestehen und die sich in Unterschieden nach Kommunen fortsetzen. Von deutschlandweit vergleichbaren Bedingungen für die Förderung von Kindern in Kindertageseinrichtungen kann vor diesem Hintergrund nicht die Rede sein.

Ein weiterer für die Qualität der pädagogischen Arbeit wichtiger Aspekt ist die Qualifikation des Fachpersonals. Die „Standardqualifikation" für die Arbeit in Kindertageseinrichtungen ist in Deutschland die Ausbildung zur Erzieherin bzw. zum Erzieher an Fachschulen bzw. Fachakademien. 72% der Fachkräfte in Deutschland brachten 2008 diesen Abschluss mit (vgl. Bertelsmann Stiftung 2010, S. 200). Die zweitstärkste Gruppe sind die geringer qualifizierten Kinderpflegerinnen bzw. Sozialassistentinnen, die insgesamt 15% des Personals stellen, allerdings mit großen Unterschieden nach den Ländern. Den größten Anteil stellen sie mit 37% in Bayern, gefolgt von Schleswig-Holstein und dem Saarland mit jeweils 21%. Demgegenüber macht diese Berufsgruppe in Ostdeutschland nur knapp 1% der frühpädagogischen Fachkräfte in Kindertageseinrichtungen aus (ebd). Für die Tätigkeit im Bildungsbereich auffallend gering ist die Zahl von Hochschulabsolventinnen und -absolventen. Leidglich jede dreißigste Beschäftigte in diesem Arbeitsfeld konnte 2008 einen solchen Abschluss vorweisen (ebd.). Man geht davon aus, dass sich der Anteil von Personen mit einem Hochschulabschluss angesichts der zahlreichen neu eingerichteten Studiengänge zu Frühpädagogik und Kindheitsforschung in den nächsten Jahren erhöhen wird. Allerdings ist nicht zu übersehen, dass die Bezahlung dieser Berufsgruppe im Vergleich zu Lehrkräften an Grundschulen deutlich schlechter ist und es - wenn sich daran nichts ändert - schwierig sein dürfte, die Akademikerquote in erheblichem Umfang zu erhöhen. Hinzu kommt, dass sich in den kommenden Jahren erst zeigen kann, inwiefern und bei welchen Aufgaben die derzeit angebotenen, zum Teil sehr unterschiedlichen hochschulischen Qualifikationen die pädagogische Qualität der Arbeit in Kindertageseinrichtungen verbessert. Eine wichtige Unterstützung für dieses Ziel leistet die Weiterbildung der bereits Berufstätigen (vgl. dazu die „Weiterbildungsinitiative Frühpädagogische Fachkräfte (WiFF)", www.weiterbildungsinitiative.de):

In der Fachdiskussion sind die enorm gewachsenen Anforderungen an die Fachkräfte unstrittig, welche neben den Eltern– wie oben skizziert – die entscheidenden Bezugspersonen für die Entfaltung frühkindlichen Lernens sind, das seinerseits wiederum als wichtige Grundlage der weiteren Bildungs- und Lernbiografie der Kinder gilt. Der Status frühpädagogischer Fachkräfte entspricht bislang in keiner Weise der mit dieser Tätigkeit verbundenen gesellschaftlichen Bedeutung und den daran geknüpften Qualifikationserwartungen. Bereits erwähnt wurden die großen Einkommensunterschiede im Vergleich zu Lehrkräften in der Grundschule. Hinzu kommen arbeitsvertragliche Regelungen, die der von frühpädagogischen Fachkräften geforderten Professionalität diametral entgegenstehen. Das betrifft insbesondere die große Zahl von Teilzeitbeschäftigten. Lediglich knapp 40% der Beschäftigten arbeiten wöchentlich mindestens 38,5 Stunden (vgl. Autorengruppe Bildungsberichterstattung 2010, S. 240). Dabei werden aufgrund der sich ausbreitenden Regelung der öffentlichen Förderung von Kindertagesbetreuung nach der Zahl und den Anwesenheitszeiten von Kindern in den Einrichtungen in zunehmendem Maße befristete und im zeitlichen Umfang variable Arbeitsverträge ausgestellt, die den Lebensunterhalt der Beschäftigten nicht absichern und es erforderlich machen, dass andere Finanzierungsquellen erschlossen werden, z.T. durch die Übernahme vergleichsweise unqualifizierter „Zweitjobs".

Insgesamt ist festzuhalten, dass in den letzten Jahren in Westdeutschland mit großem Aufwand ein bemerkenswerter Ausbau der Kindertagesbetreuung auch für Kinder unter Drei geleistet wurde. Die Nachfrage nach diesen Plätzen ist allerdings immer noch wesentlich größer als das Angebot. Das bedeutet, dass der Ausbau dringend weiter forciert werden muss, wenn auch Kinder aus Familien erreicht werden sollen, in denen bildungsförderliche Anregungen relativ gering sind oder in denen Deutsch nicht die Familiensprache ist. Gerade diese Kinder sind bislang in den Einrichtungen vergleichsweise wenig anzutreffen. Dabei ist der quantitative Ausbau ein zwar notwendiger, aber nicht hinreichender Faktor, um mit diesen Angeboten bei Kindern aus benachteiligten Milieus kompensatorische bzw. präventive Effekte zu erzielen. Förderprogramme aus den USA und die dazu durchgeführten Untersuchungen machen deutlich, dass dafür eine intensive und hochqualifizierte Arbeit nicht nur mit den Kindern, sondern auch mit ihren Familien erforderlich ist. Auch wenn diese Programme nicht eins zu eins auf Deutschland übertragbar sind, steht doch fest, dass dafür ein erheblicher Einsatz zusätzlicher Mittel erforderlich ist. Wie die erwähnten Analysen von Heckman zeigen, kann man davon ausgehen, dass sich diese Ausgaben bzw. Investitionen auch auszahlen. Allerdings sind das Renditen, die sich - anders als die Rendite aufgrund einer besseren Vereinbarkeit von Familie und Erwerbstätigkeit - erst mittel- bis langfristig auszahlen, Für beide gilt dabei, dass sie in der Regel nicht in den gleichen Haushaltsposten anfallen, in denen die Ausgaben getätigt wurden. In diesem Sinne handelt es sich immer um volkswirtschaftliche Renditen.

Literatur

Autorengruppe Bildungsberichterstattung (2010): Bildung in Deutschland 2010. Ein indikatorengestützter Bericht mit einer Analyse zu Perspektiven des Bildungswesens im demografischen Wandel. Bielefeld: Bertelsmann

Becker, Birgit (2010): Wer profitiert mehr vom Kindergarten? Die Wirkung der Kindergartenbesuchsdauer und Ausstattungsqualität auf die Entwicklung des deutschen Wortschatzes bei deutschen und türkischen Kindern. In: Kölner Zeitschrift für Soziologie und Sozialpsychologie, 62, Heft 1, S.139-163.

Bock-Famulla, Kathrin, Große-Wöhrmann, Kerstin (2010): Länderreport Frühkindliche Bildungssysteme 2009. Transparenz schaffen - Governance stärken. Gütersloh: Bertelsmann Stiftung

Colberg-Schrader, Hedi (2008): Eltern-Kind-Zentren in Hamburg - Kinder fördern, Eltern stärken, Gefährdungen frühzeitig erkennen. In: Diskowski, Detlef, Pesch, Ludger (Hrsg.): Familien stützen, Kinder schützen. Was Kitas beitragen können. Weimar, Berlin: verlag das netz, S. 216-222

Diller, Angelika, Leu, Hans Rudolf, Rauschenbach, Thomas (2004): Kitas und Kosten. Die Finanzierung von Kindertageseinrichtungen auf dem Prüfstand. Band 1 der Reihe DJI-Fachforum Bildung und Erziehung. München: Deutsches Jugendinstitut

Deutsches Jugendinstitut, Dortmunder Arbeitsstelle Kinder- und Jugendhilfestatistik (2008): Zahlenspiegel 2007. Kindertagesbetreuung im Spiegel der Statistik. Internetpublikation: www.bmfsfj.de/bmfsfj/generator/Kategorien/Forschungsnetz/forschungsberichte,did=107256.html

Heckman, James J. (2006): Skill Formation and the Economics of Investing in Disadvantaged Children. In: Science, vol 312, pp 1900-1902

Konsortium Bildungsberichterstattung (2006): Bildung in Deutschland. Ein indikatorengestützter Bericht mit einer Analyse zu Bildung und Migration. Bielefeld: Bertelsmann

Kratzmann, Jens, Schneider, Thorsten (2009): Soziale Ungleichheiten beim Schulstart. Empirische Untersuchungen zur Bedeutung der sozialen Herkunft und des Kindergartenbesuchs auf den Zeitpunkt der Einschulung. In: Kölner Zeitschrift für Soziologie und Sozialpsychologie, 61, Heft 2, S. 211-234.

Leu, Hans Rudolf (2008): Früher, schneller, besser? - Grenzen der Instrumentalisierung frühkindlichen Lernens. In: Zeiher, Helga, Schroeder, Susanne (Hrsg.:) Schulzeiten, Lernzeiten, Lebenszeiten. Pädagogische Konsequenzen und zeitpolitische Perspektiven schulischer Zeitordnung. Weinheim und München: Juventa, S. 45-55

Leu, Hans Rudolf (2011): Betreuungsrendite oder Bildungsrendite? Zum Ertrag der frühkindlichen Bildung, Betreuung und Erziehung. In: Bien, Walter, Rauschenbach, Thomas (Hrsg.): Aufwachsen in Deutschland – zwischen Disparität und Heterogenität. Der neue DJI-Survey. Weinheim und München: Juventa (im Erscheinen).

Wößmann, Ludger, Piopiunik, Marc (2009): Was unzureichende Bildung kostet. Eine Berechnung der Folgekosten durch entgangenes Wirtschaftswachstum. Gütersloh: Bertelsmann Stiftung

Ulrike Meyer-Timpe

Was Armut für die Bildungschancen bedeutet.
Die Folgen der Kinderarmut belasten Deutschlands Zukunft - Perspektiven und konkrete Handlungsvorschläge

Nürnberg, im Mai 2009. Die Bürgerstiftung hat in den historischen Ratssaal der Stadt eingeladen. Das Thema der Jahrestagung: Kinderarmut. Dabei treten Erst- und Zweit-klässler aus einer benachbarten Grundschule auf, in der es einen besonders hohen Anteil an Kindern aus Hartz-IV-Familien gibt. Sie singen und untermalen ihre Lieder mit passenden Gesten. Es ist ihnen deutlich anzumerken, wie sie sich darauf kon-zentrieren, alles richtig zu machen. Ein ausgesprochen rührender Auftritt. Einerseits spürt man den Stolz der Kleinen, in diesem prachtvollen Ambiente vor all den wohl-situierten Leuten aus der Bürgerstiftung aufzutreten – und andererseits sticht gerade in diesem Umfeld besonders krass ins Auge, wie ärmlich viele von ihnen angezogen sind. Jedem im Publikum wird sehr deutlich, dass diese Kinder unsere Hilfe brauchen. Und dass sie eine Chance im Leben verdienen.

Kinderarmut ist ein Thema, über das man in Deutschland lange Zeit nicht sprach. Noch vor zehn Jahren haben viele Menschen schlicht geleugnet, dass es sie in Deutschland überhaupt gibt. „Wir leben ja nicht in Afrika." In der jüngsten Zeit hat sich das gewandelt. Nahezu täglich finden irgendwo in Deutschland Veranstaltungen zu Gunsten armer Kinder statt. Für Prominente gehört es plötzlich zum guten Ton, sich da zu engagieren. Und Politiker beteuern, wie wichtig sie den Kampf gegen die Kinderarmut finden.

Tatsächlich ist Kampf gegen die Kinderarmut und ihre Folgen das wichtigste Zu-kunftsthema unseres Landes. Unter den Folgen der explodierenden Kinderarmut wer-den wir alle in nicht allzu ferner Zukunft zu leiden haben – wenn wir nicht umgehend präventiv tätig werden.

Deutschlandweit leben insgesamt 1,75 Millionen Kinder bis einschließlich 14 Jahre in Hartz-IV-Familien. In Hamburg ist es sogar jedes vierte Kind. Diese Zahlen stammen von der Bundesagentur für Arbeit. Das bedeutet, dass die tatsächliche Kinderarmut noch viel größer ist. Die Kinder von Geringverdienern, die auch nicht mehr Geld zur Verfügung haben als Hartz IV, sind nicht berücksichtigt. Und vor allem betreffen die offiziellen Zahlen nur Kinder bis 14 Jahre. Sobald die kleinen Sozialgeldempfänger 15 Jahre alt werden, wird ihre Zahl nicht mehr erfasst. Die Statistik ignoriert ihre Existenz. Und auch in der öffentlichen Wahrnehmung existieren sie plötzlich nicht mehr als arme Kinder, die unsere Hilfe brauchen.

Kinder wie die kleinen Sänger aus Nürnberg erreichen unsere Herzen. Ihnen gilt un-ser Mitgefühl, und sehr viele Menschen empfinden es inzwischen als eine Frage der

Gerechtigkeit, dass ihnen geholfen wird. Doch sobald diese Kinder in die Pubertät kommen, ändert sich unser Blick auf sie total. Schlagartig werden sie in den Augen der Gesellschaft vom armen Opfer zum verhassten Täter. Man will mit ihnen nichts zu tun haben. Niemand steigt gern in ein Zugabteil, in dem eine Gruppe von gepiercten, tätowierten und grell geschminkten Jugendlichen sitzt, darunter zu allem Überfluss womöglich junge Migranten.

Allerdings: Diese Jugendlichen, deren Nähe uns so unangenehm ist, waren noch vor kurzem genauso anrührende Kinder wie die, die im historischen Ratssaal von Nürnberg auf der Bühne standen. Noch vor kurzem hätten wir Mitleid mit ihnen gehabt. Was ist also geschehen, dass sie sich plötzlich als so unangenehm, als geradezu missraten entpuppen?

Die Eltern haben versagt, lautet eine gängige Meinung. Sie haben sich nicht genug um ihre Kinder gekümmert und waren nicht in der Lage, sie anständig zu erziehen. Und weil die auffälligen Jugendlichen zum Großteil aus armen Familien stammen, verallgemeinern wir diesen Eindruck. Und so wird dann obendrein in der öffentlichen Diskussion so getan, als seien alle Hartz-IV-Eltern grundsätzlich unfähig – nach dem Motto: Wenn man ihnen mehr Geld für ihre Kinder gibt, versaufen sie es ja doch nur.

Um es in aller Deutlichkeit zu sagen: Der weitaus überwiegende Teil der 1,75 Millionen Hartz-IV-Kinder bis 14 Jahre wächst bei Eltern auf, die sich mit aller Kraft um ihre Söhne und Töchter bemühen und alles daran setzen, ihnen eine bessere Zukunft zu ermöglichen. Die vernachlässigten Kinder, die das Bild in den Medien und auch bei den Jugendämtern dominieren, sind nur ein winziger Bruchteil unter den armen Kindern. Trotzdem, also obwohl sich die Eltern kümmern, wird aber ein relativ hoher Anteil der Jugendlichen aus armen Familien auffällig.

Den Hartz-IV-Eltern daran die Schuld zu geben, ist zynisch. Denn sie stehen vor einer nahezu unlösbaren Aufgabe. Sie sollen ihre Kinder genauso gut fördern wie Mittelschichtsfamilien und haben doch gar nicht die Mittel dafür. Und sie sollen ihren Kindern Perspektiven geben, die ihnen die Gesellschaft aber strikt verweigert. Die Sorge um die Zukunft ihrer Kinder wird für arme Eltern zusehends zum Kampf gegen Windmühlen, den sie nicht gewinnen können.

Eine Studie der Konrad-Adenauer-Stiftung („Eltern unter Druck") belegt: Die Anforderungen an Eltern sind seit den 1980-er Jahren enorm gestiegen. Angesichts der Massenarbeitslosigkeit sind die Mittelschichtseltern zusehends in Panik geraten und tun inzwischen alles, um die berufliche Zukunft ihrer Kindern möglichst früh zu sichern. Vom Babyschwimmen bis zum frühkindlichen Englisch buchen sie schon für Kleinkinder alle möglichen Kurse. Später fahren die Mütter ihre Kinder vom Hockey- zum Klavier- und danach auch noch zum Nachhilfeunterricht. Das machen sie, weil sie glauben, dass all das für die Entwicklung ihrer Kinder sehr wichtig ist und ihnen bessere Perspektiven gibt. Von armen Eltern erwartet man, dass sie dafür sorgen, dass ihre Kinder auch ohne diese vielfältige Förderung mit denen aus der Mittelschicht mithalten.

Anders als noch vor wenigen Jahrzehnten setzen es die Schulen inzwischen als selbstverständlich voraus, dass die Eltern bei den Hausaufgaben helfen. Zusätzlich geben Deutschlands Eltern pro Jahr rund eine Milliarde Euro pro Jahr für Nachhilfeunterricht aus. Selbst Grundschüler bekommen schon professionelle Unterstützung, damit sie auf jeden Fall fit werden für das Gymnasium. Dass die Kinder armer Familien immer mehr abgehängt werden, hat also auch mit dem massiv gestiegenen Engagement der wohlhabenderen Eltern zu tun – das man ihnen natürlich nicht vorwerfen kann.

Tatsächlich war es zu Zeiten der Bildungsoffensive in den 60er und 70er Jahren für Arbeiterkinder leichter als heute, das Abitur zu machen und zu studieren. 1985 stammten 36 Prozent der Studenten aus Akademikerfamilien, 2006 waren es bereits 51 Prozent. Entsprechend gesunken ist der Anteil von Kindern aus weniger priviligierten Familien. Gleichzeitig ist aber die Bedeutung von möglichst hochwertigen Abschlüssen gestiegen. Wer früher nur den Hauptschulabschluss machte, konnte auf jeden Fall eine Ausbildung beginnen und es womöglich sogar bis zum Handwerksmeister bringen. Seit Mitte der 90er Jahre ist das anders. Ausbildungsplätze sind heiß umkämpft, und Hauptschüler ziehen den Kürzeren gegenüber Gymnasiasten und Realschülern. Nur noch fünf Prozent aller Hauptschüler erhalten unmittelbar im Anschluss an die Schule eine ganz normale, nicht von der Arbeitsagentur geförderte Lehrstelle in einem Betrieb. Wie aber sollen die Eltern ihren Kindern vermitteln, dass es sich lohnt, in der Schule aufzupassen und sich anzustrengen, wenn das für Hauptschüler gar nicht mehr stimmt?

Viele Jugendliche aus armen Familien landen auf der Hauptschule, obwohl sie eigentlich genauso begabt sind wie ihr Klassenkamerad, dessen Vater Arzt ist. Und weil auch ihre älteren Geschwister und die Nachbarskinder lediglich die Hauptschule besucht haben, kennen immer mehr arme Jugendliche in ihrem Umfeld niemanden, dem es gelungen ist, einen Ausbildungsplatz zu bekommen.

Bildungsministerin Annette Schavan hat kürzlich behauptet, im vergangenen Herbst seien 17.000 freie Lehrstellen übrig geblieben, aber nur 9000 Bewerber. Die Betriebe hätten also Schwierigkeiten gehabt, genug Bewerber zu finden. Tatsächlich handelt es sich bei diesen Zahlen um eine infame statistische Schönfärberei. Zwar gab es nur 9000 Bewerber, die vollkommen auf der Straße standen. Aber nach Schätzungen des Bundesinstituts für Berufsbildung wurden etwa 300 000 Jugendliche in allen erdenklichen Maßnahmen geparkt, etwa im Berufsvorbereitungsjahr (BVJ) – und deshalb als Bewerber einfach nicht mehr mitgezählt.

Sie alle hätten viel lieber eine Ausbildung begonnen, und die allermeisten von ihnen haben Dutzende von Bewerbungen geschrieben und mussten entsprechend viele Absagen verkraften, bevor sie sich in die sogenannte Warteschleife eingereiht haben.

Und viele warten schon mehrere Jahre auf eine Lehrstelle. Für sie ist es ein Schlag ins Gesicht, wenn jetzt behauptet wird, es gebe zu wenig Bewerber für die freien Stellen.

Die Pubertät ist eine Lebensphase, in der Jugendliche sehr empfindlich werden, was Fragen der Gerechtigkeit angeht. Da wird den Kindern aus armen Familien plötzlich klar, dass ihnen diese Gesellschaft kaum eine Chance gibt. Sie fühlen sich abgeschrieben und ungerecht behandelt – und das aus gutem Grund. Auch der OECD-Bildungsexperte Andreas Schleicher sagt: „Nirgendwo sonst spielt der soziale Status der Eltern auch nur annähernd so eine entscheidende Rolle wie in Deutschland, wenn es um den Schulerfolg der Kinder geht." Wer akademisch gebildete Eltern hat, besucht selbstverständlich das Gymnasium. Wer aus einer armen Familie stammt, für den muss die Hauptschule reichen. Was heute leider bedeutet: keine Chance auf ein besseres Leben.

Wenn man nicht nach den Zensuren geht, sondern die tatsächlichen Leistungen von Viertklässlern testet, dann stellt man fest: Bei identischen (!) Leistungen hat das Kind eines Arztes oder Anwalts in Deutschland eine dreimal so große Chance, eine Empfehlung fürs Gymnasium zu bekommen wie das Kind eines ungelernten Arbeiters. Das haben die Pisa-Forscher ermittelt, die in ihrer umfangreichen Iglu-Studie auch den Leistungsstand von Zehnjährigen testen. Sie sind zu dem Ergebnis gekommen, dass vierzig Prozent der Empfehlungen für die Schullaufbahn ab der fünften Klasse schlicht falsch sind: zu gut für Akademikerkinder – und zu schlecht für Kinder aus armen Familien.

Und wir wundern uns, dass die betroffenen Jugendlichen vor lauter Frust anfangen, um sich zu schlagen, weil sie sich ungerecht behandelt fühlen? Und wenn sie ausflippen, sagen wir: Die Eltern sind Schuld, sie haben versagt? Nein, wir alle als Gesellschaft sind Schuld, weil wir den Kindern aus armen Familien nicht die selben Chancen geben wie den Kindern aus der Mittelschicht – weil wir sie vor verschlossenen Türen stehen lassen. Hauptschullehrer berichten, dass ihre Fünftklässler durchaus schon begriffen haben, dass sie zum Looser abgestempelt wurden. Und schon mit zehn Jahren resignieren. Sie wissen bereits, dass sie so gut wie keine Chance haben. Immer mehr von ihnen nennen deshalb als Berufswunsch „Hartzer".

Die Empfehlungen, die über das gesamte künftige Leben der Zehnjährigen entscheiden, spiegeln also nicht den tatsächlichen Leistungsstand der Kinder wider. Und auch die Zensuren sind keineswegs objektiv, das haben die Leistungstests der Bildungsforscher nachgewiesen. Denn Lehrer sind auch nur Menschen und haben tief im Unbewussten womöglich die heimliche Überzeugung, dass der Professorensohn natürlich aufs Gymnasium gehört und der Sohn der kurdischen Hartz-IV-Familie vermutlich nicht. Das schlägt sich in den Zensuren nieder, womöglich zusätzlich zur Angst des Lehrers vor dem Ärger, den der Professor machen wird, wenn sein Sohn die Empfehlung fürs Gymnasium nicht bekommt. Die kurdische Familie hingegen wird höchstwahrscheinlich keinen Zweifel an der Urteilskraft des Lehrers äußern.

Migrantenkinder, die ja weit überproportional häufig in armen Familien aufwachsen, werden in keinem anderen EU-Land derartig in der Schule benachteiligt wie in Deutschland. Und das, obwohl ihr Anteil an den Kindern in Deutschland beständig wächst. Heute hat ein Viertel der aller jungen Menschen zwischen 20 und 24 Jahre – das klassische Alter von Berufsanfängern – Migrationshintergrund, in zehn Jahren werden es 30 Prozent und 2032 bereits 40 Prozent sein. Da ist es mehr als logisch, dass wir als Gesellschaft ihnen schon aus purem Eigeninteresse die Chance auf einen Beruf geben müssen. Wer soll sonst künftig die Arbeit leisten in diesem Land, wenn wir selbst Rentner sind?

Im vergangenen Jahr habe ich verschiedene junge Migranten aus einfachen Familien interviewt. Sie hatten alle ein Einser-Abitur gemacht und haben daraufhin von der Vodaphone-Stiftung ein Stipendium für eine teure Privatuni bekommen. Und jeder einzelne von diesen jungen Leuten hat mir mit großem Nachdruck versichert, dass es reine Glücksache war, dass er überhaupt das Abitur machen durfte. Denn keiner von ihnen hatte nach der vierten Klasse die Empfehlung fürs Gymnasium bekommen. Sie hatten meist erst später, auf der Haupt- oder der Realschule, Lehrer gefunden, die ihr Potential erkannten und sie massiv unterstützt haben, damit sie noch nachträglich aufs Gymnasium wechseln konnten. Um dort, wie gesagt, ein Einser-Abitur zu machen. So viel zur Zuverlässigkeit von Empfehlungen.

Die nachweisbare Ungerechtigkeit unseres Schulsystems ist entsetzlich für die Kinder aus benachteiligten Familien. Sie trägt viel dazu bei, dass sich Armut in diesem Land inzwischen von einer Generation auf die nächste vererbt – dass sie zum Teufelskreis geworden ist. Und sie ist obendrein eine Katastrophe für unsere Gesellschaft. Im Jahr 2005 gab es 12,3 Millionen Schüler an Deutschlands allgemeinbildenden Schulen. 2020 werden es nur noch 10,1 Millionen sein, hat die Kultusministerkonferenz hochgerechnet. Auch angesichts dieser demografischen Entwicklung können wir es uns keinesfalls leisten, die Talente junger Menschen zu vergeuden, nur weil sie aus armen Familien stammen.

Ein Viertel jeden Jahrgangs macht heute maximal den Hauptschulabschluss und hat somit kaum Aussichten auf einen Lehrberuf. Eine solche Perspektivlosigkeit führt bei Jugendlichen oft dazu, dass sie sich gegen ihr Schicksal aufbäumen. Sie wollen nicht einsehen, dass die Gesellschaft sie nicht teilhaben lässt an ihrem Wohlstand und nehmen sich womöglich mit Gewalt das, wovon sie glauben, dass es auch ihnen zusteht. In den Jugendstrafanstalten haben Gymnasiasten Seltenheitswert, selbst Realschüler findet man dort kaum. Dafür sind sie voll von Hauptschülern und vor allem von Jugendlichen ohne Schulabschluss. Voll von Kindern aus armen Familien.

Zu diesem Thema gibt es eine beeindruckende Studie vom Kriminologischen Forschungsinstitut Niedersachsen (KFN), die den direkten Zusammenhang zwischen Jugendkriminalität und Bildungschancen nachweist. Sie beschäftigt sich mit der Situation von türkischen Jugendlichen, deren Armutsquote ja erheblich höher ist als die ihrer deutschen Altersgenossen. Fast die Hälfte der türkischen Familien in Deutschland ist arm, das heißt, sie haben ein Einkommen unterhalb der Armutsgrenze.

Die KFN-Studie vergleicht die Lage in München und in Hannover, und das jeweils 1998 und dann wieder Mitte der 2000er Jahre. 1998 besuchten in München 18 Prozent der türkischen Neuntklässler ein Gymnasium, 2005 war die Rate tragischerweise auf 12 Prozent gesunken. Ihre Bildungschancen sind dort also heute viel geringer als noch in den neunziger Jahren. Und: Die Rate der Mehrfachtäter unter den jungen Türken hat sich parallel dazu binnen nur sieben Jahren verdoppelt.

In Hannover gab es die genau gegenläufige Entwicklung. Weit über tausend Menschen haben dort in den vergangenen Jahren ehrenamtlich türkischen Kindern und Jugendlichen bei den Hausaufgaben geholfen. Innerhalb von acht Jahren hat man so den Anteil der jungen Türken, die aufs Gymnasium gehen, verdoppelt und auch den der Realschüler drastisch erhöht. Nur noch ein knappes Drittel der jungen Türken in Hannover besucht die Hauptschule. In München hingegen sind es sechzig Prozent. Was seinen Niederschlag auch in der Kriminalitätsstatistik findet: In Hannover hat sich die Quote der Mehrfachtäter unter ihnen im selben Zeitraum mehr als halbiert. „Die Hauptschule ist in den vergangenen 15 Jahren zu einem eigenständigen Verstärker der Jugendgewalt geworden", sagt Christian Pfeiffer, der Chef des Kriminologischen Forschungsinstituts.

Dieses Beispiel macht deutlich: Es ist nicht fair, allein den Eltern die Schuld daran zu geben, wenn arme Jugendliche entgleisen. Wir als Gesellschaft dürfen uns nicht von der Verantwortung für diese Kinder freisprechen. Wir dürfen nicht die – finanziell ohnehin eingeschränkten – Bemühungen armer Eltern boykottieren, indem wir deren Kindern jede Perspektive verweigern und sie aufs Abstellgleis schieben.

Damit die Kinder aus Hartz-IV-Familien eine echte Chance bekommen, etwas aus ihrem Leben zu machen und irgendwann der Armut zu entrinnen, ist ein ganzes Bündel von Maßnahmen nötig. Es ist natürlich schön und wichtig, dass sich inzwischen viele Menschen ganz persönlich für arme Kinder engagieren. Noch wichtiger ist sicher, dass die Wirtschaft auch diesen Kindern die Chance auf eine Ausbildung gibt. Und vor allem muss die Politik den Kampf gegen die Kinderarmut über alle Parteigrenzen hinweg zu einem Schwerpunktthema machen, und das sowohl auf Bundes-, als auch auf Landes- und auf kommunaler Ebene. Wir brauchen einen Masterplan, der die Maßnahmen auf den verschiedenen Ebenen des föderalen Systems darauf überprüft, was sie für arme Kinder bedeuten, und sie auf einander abstimmt.

Viele Städte und Gemeinden sind heute durchaus engagiert im Kampf gegen die Kinderarmut. Allerdings ist Deutschland, was die kommunalen Anstrengungen betrifft, ein Flickenteppich. Für arme Kinder ist es reine Glückssache, ob sie in eine

Stadt geboren wurden, in der die Kita kostenlos ist und das Mittagessen in der Schule subventioniert wird. Ob sie in ihrer Stadt kostenlos in den Sportverein eintreten oder vergünstigt die Musikschule besuchen können, ob sie eine Monatskarte für den Nahverkehr erhalten oder zu einem Billigtarif ins Freibad können. Außerdem werden solche Vergünstigungen momentan in vielen Städten gestrichen, weil die Kommunen finanziell am Ende sind.

Vor allem aber: Was nutzen diese Anstrengungen der Kommunen, wenn sie auf Bundes- oder Landesebene konterkariert werden? Auf das Schulsystem beispielsweise, das von fundamentaler Bedeutung für die Zukunftschancen armer Kinder ist, hat die Stadt keinerlei Einfluss. Das ist Ländersache. Und außerdem nutzen viele Bundesländer die sinkenden Schülerzahlen, um Lehrerstellen zu streichen – anstatt für einen umso besseren Unterricht zu sorgen. Sie freuen sich über die sogenannte „demografische Rendite", mit deren Hilfe sie ihren Haushalt entlasten können.

Der Bund wiederum will uns mit dem Betreuungsgeld beglücken, das die CSU fordert. Ich gönne es den Hausfrauen, die sich rund um die Uhr um ihre Kinder kümmern, dass sie 150 Euro Taschengeld vom Staat bekommen sollen. Aber eine solche kleine Geste der Anerkennung für die einen hätte verheerende Folgen für die anderen. Für arme Kinder bahnt sich damit eine Katastrophe an. Keine der heute so sehr engagierten Mittelschichtsmütter wird von diesem Geld die Entscheidung abhängig machen, ob sie ihr Kind in die Krippe gibt. Für arme Eltern hingegen, deren Kinder die Anregung und die Förderung dort besonders nötig hätten, sind 150 Euro eine Menge Geld – rund dreiviertel dessen, was sie insgesamt an Sozialgeld für ihr Kind kriegen. Da ist die Versuchung sehr groß, das Kind zu Hause zu behalten. Und das, obwohl Studien belegen, dass gerade für sozial benachteiligte Kinder der möglichst lange Besuch der Kita enorm positive Auswirkungen auf den späteren Erfolg in der Schule hat. Bei Migranten steigt die Aussicht, aufs Gymnasium zu kommen, um 56 Prozent, wenn sie bereits als Zweijährige in der Krippe waren, hat eine Bertelsmann-Studie nachgewiesen. Und bei den Kindern von ungelernten Arbeitern steigt diese Chance sogar um 80 Prozent.

Um den Kampf gegen die Kinderarmut mit Erfolg zu führen, brauchen wir den unbedingten politischen Willen dazu. Allerdings: Wer politisch wirklich etwas bewegen will, der muss ökonomisch argumentieren. Sonst geschieht gar nichts. Die Umweltbewegung hat es vorgemacht: So lange sie nur das Aussterben von Tier- und Pflanzenarten beklagte, erntete sie allenfalls ein wohlmeinendes Nicken. Erst seit sie mit den Kosten des Klimawandels und den Folgen für die Wirtschaft argumentiert, befasst sich die Politik ernsthaft mit ökologischen Fragen. Bei allem Mitgefühl für die betroffenen Kinder: Nur wenn den politisch Verantwortlichen klar wird, was Kinderarmut auch für unsere Wirtschaft bedeutet, werden sie handeln.

Die USA sind sicher kein Musterbeispiel für einen fürsorglichen Sozialstaat. Dort hat man einen sehr pragmatisch ökonomischen Blickwinkel. Entsprechend gibt es dort auch zu sozialen Projekten zahlreiche Studien, die den Nutzen in Dollar umrechnen. Besonders viel Furore machte das Perry-Preschool-Projekt – eine Langzeitstudie, bei der die Effekte von frühkindlicher Bildung seit mehr als 40 Jahren beobachtet werden.

1962 suchte man dafür 120 Kinder aus armen afroamerikanischen Familien aus. Die eine Hälfte davon wurde in einer qualitativ hochwertigen Kita betreut, und obendrein wurden die Eltern regelmäßig besucht und darin beraten, wie sie die Entwicklung ihrer Kinder fördern können. Die andere Hälfte der Kinder diente als Vergleichsgruppe. Bis heute wird der Werdegang der beiden Gruppen verglichen. Dabei zeigte sich, dass die ehemaligen Preschool-Kinder erheblich seltener die Schule abgebrochen haben und viel bessere Schulabschlüsse gemacht haben, dass sie seltener kriminell wurden, seltener arbeitslos waren und im Schnitt später viel mehr verdient haben als ihre Altersgenossen, um die man sich nicht gekümmert hatte.

Sie verursachten der Gesellschaft also erheblich geringere Sozialhilfe- und Kriminalitätskosten und konnten gleichzeitig mehr zum Gemeinwesen beitragen, indem sie mehr Steuern zahlten. So wurden aus jedem Dollar, den man 1962 in das Projekt investiert hatte, binnen 40 Jahren stolze 17 Dollar. Das entspricht einer Verzinsung von 7,34 Prozent pro Jahr über 40 Jahre. Die Investitionen in die Kita und die Erziehungshilfen haben sich für die Gesellschaft also enorm gelohnt.

Solche Rentabiliätsberechnungen stoßen in Deutschland traditionell auf ideologische Vorbehalte. Dabei geht es gar nicht darum, die Kinder als künftige Arbeitskräfte zu instrumentalisieren. Sondern darum, der Politik Entscheidungshilfen zu geben. Die öffentliche Hand muss mit ihren knappen Mittel haushalten und den gesellschaftlichen Nutzen ihrer Ausgaben bedenken. Dieser Nutzen ist bei der Förderung von Kindern aus armen und bildungsfernen Familien ganz besonders hoch. Das kann man mit Studien wie der zum Perry-Preschool-Projekt klar belegen.

Der Kampf gegen die Kinderarmut ist also nicht einfach ein Thema für besonders mitfühlende oder sozial engagierte Menschen. Er ist fundamental auch für die ökonomische Zukunft Deutschlands. Mit ihrer Hände und Köpfe Arbeit müssen auch diese Kinder dazu beitragen, dass wir alle unsere Rente bekommen. Wir müssen sie also unbedingt in die Lage versetzen, dass sie diese Aufgabe übernehmen können – schon aus purem Eigeninteresse.

Die Bildung armer Kinder wird zur Schicksalsfrage unseres Landes werden. Nur wenn wir ihnen eine Bildung gewähren, die ihren Talenten und Möglichkeiten entspricht, können sie eines Tages ihren Beitrag zur Finanzierung unseres Gemeinwesens leisten. Und nur so werden ihre eigenen Kinder nicht auch wieder arme Kinder sein. Nur so ist der Teufelskreis der Armut zu durchbrechen, in dem sich die Armut aus sich selbst heraus immer wieder neu produziert, weil sie erblich geworden ist. Wenn wir jetzt nicht mit aller Kraft gegen die dramatisch gestiegene Kinderarmut angehen, dann werden wir alle dafür in wenigen Jahren teuer bezahlen. Und unsere eigenen Kinder erst recht.

Nils Neuber

Bildungspotenziale im Sport – ein vernachlässigtes Feld der Bildungsdebatte?

1. Einleitung

Das Sporttreiben gehört zu den häufigsten und wichtigsten Tätigkeiten von Kindern und Jugendlichen. Der Sportunterricht ist das beliebteste Fach in der Schule, mit Bindungsraten von bis zu 60% erreicht der Sportverein mehr Heranwachsende als jede andere Jugendorganisation, und rund 90% aller Jugendlichen bewegen sich selbstorganisiert (vgl. Schmidt, Hartmann-Tews & Brettschneider, 2006). Sport treiben kann damit ohne Bedenken als *jugendspezifische Altersnorm* bezeichnet werden (Zinnecker, 1991). Bewegung, Spiel und Sport bieten aber nicht nur ein großes Erlebnispotenzial, sondern sie haben auch eine herausragende Bedeutung für die *Entwicklung von Heranwachsenden*: Für die Herausbildung einer „eigenständigen Persönlichkeit ist der Kinder- und Jugendsport ein wichtiges Erfahrungsfeld im Aufwachsen von Kindern und Jugendlichen – und die Wichtigkeit einer stabilen Persönlichkeit und Identität ist gar nicht hoch genug einzuschätzen" (Rauschenbach, 2006, S. 36).

Die *pädagogische Bedeutung* von Sport und Bewegung ist in der Sportwissenschaft weitgehend unbestritten. Auch die Sportpraxis in Schulen und Vereinen geht ganz selbstverständlich vom Bildungspotenzial des Sports aus. Außerhalb dieser Szenen wird die pädagogische Bedeutung jedoch oft nicht erkannt. Die Tatsache, „dass Sport im Prozess des Aufwachsens von Kindern und Jugendlichen eine reale Bedeutung besitzt, ist gesellschaftlich viel zu wenig vermittelt" (Rauschenbach, 2006, S. 36). Auch die Kindheits- und Jugendforschung blendet die Relevanz von *Körper- und Bewegungserfahrungen* für Bildungsprozesse oftmals aus. So stellen die Autoren einer repräsentativen Jugendbefragung fest, dass Heranwachsende „Lernen, sich bilden" nicht zu ihren liebsten Freizeitbeschäftigungen zählen, fragen in diesem Kontext aber nur nach „Lesen, um etwas zu lernen", „Theater, Oper gehen" oder „Museen, Ausstellungen besuchen" (Zinnecker, Behnken, Maschke & Stecher, 2002, S. 68). „Sich Bewegen, aktiv Sport treiben" zählt in ihrer Untersuchung nicht zu den bildungsrelevanten Aktivitäten.

Da erstaunt es umso mehr, wenn der zwölfte Kinder- und Jugendbericht der Bundesregierung das Bildungspotenzial von Bewegung, Spiel und Sport explizit herausstellt: „Dem Sport wird insgesamt eine maßgebliche Bildungswirksamkeit zugesprochen, die zunächst die unmittelbar körperbezogenen Kompetenzen (Körpererfahrung, -ästhetik, -ausdruck), aber auch nicht unmittelbar sportbezogene Kompetenzen im sozialen, politischen und kognitiven Bereich einschließt (Teamfähigkeit, Selbstvertrauen, Selbstorganisation, Verantwortungsfähigkeit)" (BMFSFJ, 2005, S. 376). Offensichtlich wird sportlichen Aktivitäten hier doch mehr zugetraut, als es auf den ersten Blick scheint. Es stellt sich allerdings die Frage, welches Bildungsverständnis diesen Überlegungen zugrunde liegt. Der Beitrag skizziert zunächst die sportpädagogische Bildungsdebatte und stellt ihr die außerschulische Bildungsdebatte gegenüber. In einem Zwischenfazit wird der Stand der Bildungsdiskussion im Sport resümiert, bevor auf dieser Grundlage aktuelle Befunde zum informellen Lernen im Sport berichtet werden, die die Bildungsbedeutung des Kinder- und Jugendsports belegen.

2. Sportpädagogische Bildungsdebatte

Die pädagogische Bedeutung des Sports ist in sportpädagogischen Kreisen weitgehend unbestritten. Im Sinne einer Erziehung *zum* Sport und *durch* Sport werden innersportliche und außersportliche Begründungen als zentrale Argumentationsmuster genannt, deren pädagogischer Impetus nach wie vor ungebrochen scheint (vgl. Scherler, 1997). Auch bildungstheoretische Begründungen orientieren sich im Kern an diesen beiden Argumentationslinien, wenn sie den Sport als objektive und das Individuum als subjektive Voraussetzung sportpädagogischen Handelns begreifen und daraus die Strukturierung des Denkens, Fühlens und Handelns als *Erziehung* sowie die individuelle Lebensgestaltung als *Bildung* ableiten (Beckers, 2001). In beiden Fällen wird das sportpädagogische Handeln als intentionaler Prozess verstanden, in dessen Verlauf ein ‚Erzieher' systematisch im Sinne von ‚Unterricht' auf das Verhalten eines ‚Zöglings' einwirkt.

Diese schulpädagogische Argumentation eines intentionalen Erziehungsprozesses wird auch in außerschulischen Feldern des Sports aufgegriffen. So konzipieren Baur und Braun (2000) das ‚Pädagogische einer Jugendarbeit im Sport' als Erziehung zum und durch Sport, die lediglich durch eine allgemeine, außersportliche Jugendarbeit ergänzt wird. Auch die viel beachtete Untersuchung von Brettschneider und Kleine (2002) zum Jugendsport im Verein geht von einer Erziehung zum und durch Sport aus. Dabei gibt es durchaus andere Begründungsansätze. So kommt Schmidt-Millard (1991, S. 147) zu dem Schluss, dass von Erziehung im Sportverein „zunächst nur im funktionalen Sinne die Rede sein [kann], d.h. die leitenden Wertvorstellungen dieses Ausschnitts der Lebenswelt werden aufgegriffen oder modifiziert und wirken so indirekt beim Aufbau des Selbst- und Weltverständnisses mit". Das bedeute keineswegs, dass der Verein pädagogisch unbedeutend sei, denn der dadurch entstehende Freiraum „bietet Gelegenheit für die Eröffnung eigener Handlungsentwürfe in einem sozialen Umfeld und ist so auch ein Spiel-Raum für Selbstentwürfe. Hierin liegt seine eigentliche Bildungsbedeutung" (Schmidt-Millard, 1991, S. 147). Diese Schlussfolgerung ist allerdings in der sportpädagogischen Diskussion bislang nicht aufgegriffen worden.

3. Außerschulische Bildungsdebatte

Bildung wird zunächst als formalisierter Prozess verstanden, der an speziell dafür eingerichteten Institutionen nach vorgegebenen Regeln und vorgefertigten Plänen arrangiert und curricular gestaltet stattfindet (BMfFSFJ, 2005, S. 127). Die Verknüpfung von *Lernen und Schule* liegt auf der Hand. In der jüngeren Diskussion werden darüber hinaus jedoch weitere, ebenso bedeutsame Lernorte und -gelegenheiten herausgestellt (vgl. Harring, Rohlfs & Palentien, 2007). So formulieren beispielsweise die Leipziger Thesen des Bundesjugendkuratoriums: „Bildung ist der umfassende Prozess der Entwicklung und Entfaltung derjenigen Fähigkeiten, die Menschen in die Lage versetzen, zu lernen, Leistungspotenziale zu entwickeln, zu handeln, Probleme zu lösen und Beziehungen zu gestalten. Junge Menschen in diesem Sinne zu bilden, ist nicht allein Aufgabe der Schule. […] Angebote und Dienste der Kinder- und Jugendhilfe bieten einen *spezifischen* Erfahrungs-, Erlebnis- und Erkenntnisraum und dienen der allgemeinen Förderung junger Menschen" (Bundesjugendkuratorium, 2002; Hervorhebung N.N.).

Unterschiedliche Orte stehen nach dieser Diktion für unterschiedliche Modalitäten des Lernens (vgl. Tab. 1). In der nationalen und internationalen Diskussion scheint sich dabei „die Differenzierung in formales, non-formales und informelles Lernen durchzusetzen" (Rauschenbach, Düx & Sass, 2006, S. 7). *Formales Lernen* findet vor allem in schulischen Kontexten statt und wird definiert als „Lernen, das üblicherweise in einer Bildungs- oder Ausbildungseinrichtung stattfindet, (in Bezug auf Lernziele, Lernzeit oder Lernförderung) strukturiert ist und zur Zertifizierung führt. Formales Lernen ist aus der Sicht des Lernenden zielgerichtet" (Overwien, 2006, S. 46). *Nonformales Lernen* findet üblicherweise nicht in einer Bildungseinrichtung statt und führt auch nicht zu einer Zertifizierung, wie z.B. dem Abitur. Gleichwohl ist es in Bezug auf Lernziele, Lerndauer und Lernmittel weitgehend systematisch organisiert (Overwien, 2006, S. 46). Auch dieser Lernprozess erscheint den Lernenden als ein zielgerichteter. Gegenüber dem formalen Lernen basiert das non-formale Lernen jedoch explizit auf der Freiwilligkeit der Lernenden.

Tab. 1: Modalitäten des Lernens (modifiziert nach Pauli, 2005).

Formales Lernen	Non-formales Lernen	Informelles Lernen
Zielgerichtet, strukturiert, verpflichtend	Weitgehend zielgerichtet, organisiert, freiwillig	Ungeplant, unorganisiert, freiwillig
Erziehung und Unterricht	Kurse, Übungsstunden, offene Angebote	Innere oder äußere Impulse
Kindergarten, Schule, Hochschule	Jugendzentrum, Sportverein, Volkshochschule	Familie, Peergroup, Medien
Zertifikate	Zumeist keine Zertifikate	Keine Zertifikate

Ein qualitativ wie quantitativ bedeutsamer Anteil der Bildung vollzieht sich schließlich auf der Ebene des *informellen Lernens*. Laut Faure-Kommission der UNESCO umfasst informelles Lernen ca. 70% aller menschlichen Lernprozesse (Overwien, 2006, S. 37). Als informelles Lernen „gelten alle (bewussten und unbewussten) Formen des praktizierten Lernens außerhalb formalisierter Bildungsinstitutionen und Lernveranstaltungen" (BMBF, 2004, S. 29). Informelles Lernen ist also ein *Lernen in der Lebenspraxis*. Allerdings sind die Verläufe des informellen Lernens schwer greifbar, da sie selten geplant, vielmehr „vielfältig und bunt, häufig aber auch unstrukturiert, unsystematisch, zufällig und unübersichtlich" ablaufen (Düx, 2006, S. 237) und sich damit von formalen und non-formalen Lernprozessen deutlich unterscheiden. Gleichwohl wird dem informellen Lernen ein hohes Potenzial zugeschrieben, eben jene Kompetenzen zu vermitteln, die Heranwachsende benötigen, um sich in modernen Gesellschaften zurechtzufinden und eine eigene Identität aufzubauen.

4. Zwischenfazit

Fasst man die bisherigen Ausführungen zusammen, können Bildungspotenziale im Sport mindestens in zweifacher Hinsicht als vernachlässigtes Feld betrachtet werden. Zum einen werden informelle Lernprozesse in der sportpädagogischen Bildungsdebatte weitgehend ausgeblendet. Bildung wird hier fast ausschließlich intentional gedacht, d.h. sie folgt dem formalen Bildungsverständnis der Schule, ohne die Besonderheiten außerschulischer Felder zu berücksichtigen. Zum anderen werden in der außerschulischen Bildungsdebatte zwar unterschiedliche Bildungsmodalitäten diskutiert. Dabei wird das Medium ‚Bewegung, Spiel und Sport' bislang jedoch weitgehend vernachlässigt. Es bedarf also eines Ansatzes, der die Vielfalt der Bildungsorte und -modalitäten berücksichtigt, zugleich aber auch die besondere Bedeutung von Bewegung, Spiel und Sport für die Entwicklung von Kindern und Jugendlichen thematisiert.

Einen Vorschlag dazu hat Heim (2008) in Anlehnung an den 12. Kinder- und Jugendbericht der Bundesregierung vorgelegt. Er unterscheidet einerseits formale und non-formale Rahmenbedingungen, z.B. in Schule und Sportverein. Anderseits differenziert er zwischen formellen und informellen Bildungsprozessen, die sowohl unter formalen als auch unter non-formalen Bedingungen auftreten (vgl. Abb. 1). So kann der Sportunterricht in der Schule als formeller Bildungsprozess in einem formalen Setting verstanden werden, das freie Spiel auf dem Schulhof dagegen als informeller Bildungsprozess unter formalen Bedingungen. Eine Gruppenhelferausbildung im Sportverband ist ein weitgehend formalisierter Bildungsprozess in einem non-formalen Setting, während das Gespräch unter Jugendlichen in einer Wettkampfpause informellen Charakter hat und unter non-formalen Bedingungen stattfindet. Insgesamt greifen die verschiedenen Bildungsformen also unter den jeweils spezifischen Bedingungen ineinander. Die Wirkungen dieser unterschiedlichen Rahmenbedingungen gilt es, näher zu beschreiben und empirisch zu erfassen (vgl. Neuber, 2010).

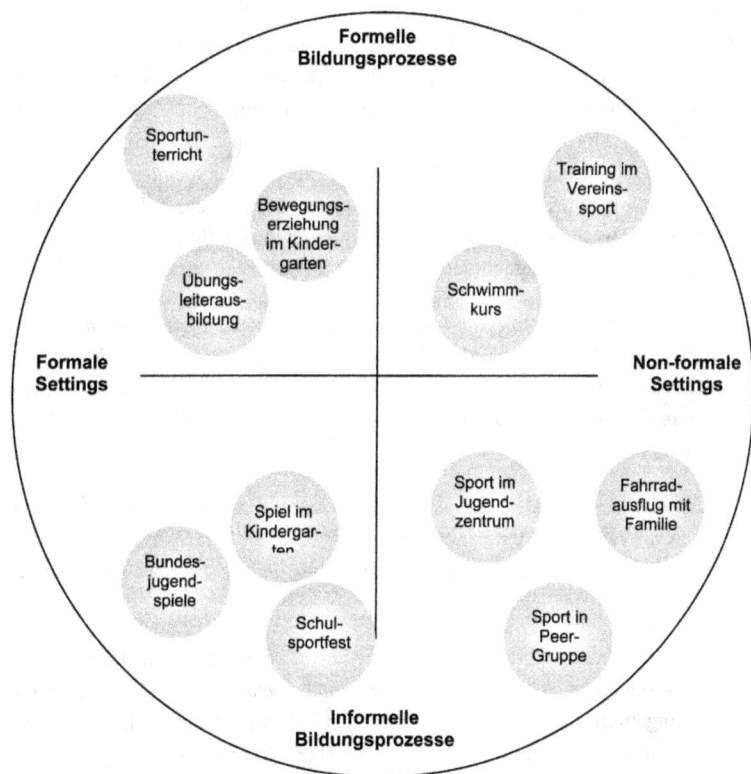

Abb. 1: Sportbezogene Bildungsorte und Bildungsmodalitäten (Heim, 2008, S. 38).

5. Informelles Lernen im Sportverein

Bislang liegen kaum Untersuchungen zum informellen Lernen im Sportverein im Jugendalter vor. Aus diesem Grund haben die Deutsche Sportjugend und die Sportjugend NRW die Westfälische Wilhelms-Universität Münster beauftragt, *Jugendbildungsprozesse im Sportverein* näher zu untersuchen. Das Projekt „Kinder- und Jugendarbeit im Sportverein und ihre Bildungschancen" wurde in den Jahren 2006 bis 2008 durchgeführt (vgl. Neuber, Breuer, Derecik, Golenia & Wienkamp, 2010). In einem qualitativen Forschungsdesign wurden exemplarische zwölf nordrhein-westfälische Sportvereine untersucht, die sich durch eine besonders gute Jugendarbeit auszeichnen. Im Zentrum des Projekts stand die Frage, inwiefern informelle Lernprozesse tatsächlich im Sportverein stattfinden und welche Kompetenzen dabei erworben werden.

5.1 Kompetenzspektrum

Zur Beantwortung der Leitfrage „Welche Kompetenzen erwerben Jugendliche im Sportverein?" haben Mädchen und Jungen im Alter von 14 bis 18 Jahren in insgesamt 12 Gruppendiskussionen unterschiedliche personenbezogene und sachbezogene Kompetenzen genannt, die zu einer umfangreichen Kompetenzmatrix führen (vgl. Abb. 2). Am häufigsten nennen die Heranwachsenden dabei *soziale Kompetenzen*, wie z.B. Teamfähigkeit, Rücksichtnahme, Kompromissbereitschaft, Durchsetzungsvermögen oder Zuverlässigkeit. Beispielhaft illustrieren das die folgenden Zitate zu Teamfähigkeit und Rücksichtnahme:

> *„Ja weil das sieht man dann auch so, also Zusammenhalt, wenn man dann vielleicht mal ein Spiel hat und man dann zurückliegt und es geht um was, dass man dann als Team zum Beispiel beim Time Out zusammen geht und sich gegenseitig motiviert, das ist ja auch so Zusammenhalt" (Marc, 18 Jahre; Handball).*

> *„Ja, man lernt soziales Verhalten in dem Sinne, dass man nicht immer seinen eigenen Kopf versucht durchzusetzen, dass man auch Rücksicht auf Teammitglieder nimmt oder wenn's zum Beispiel nur um die Platzbelegung geht..."* *(Dennis, 18 Jahre; Tennis).*

Daneben nennen die Heranwachsenden *personale Kompetenzen*, wie Belastbarkeit, Konzentrationsfähigkeit oder Selbstvertrauen, und *sachbezogene Kompetenzen* in kognitiven, organisatorischen und sportbezogenen Feldern, z.B. das Wissen über Bewegungstechniken, Organisationskompetenz oder sporttaktisches Denken und Handeln.

Sportverein

Personbezogene Kompetenzen — **Sachbezogene Kompetenzen**

Personale Kompetenz | **Soziale Kompetenz** | **Kognitive Kompetenz** | **Organisatorische Kompetenz** | **Sportliche Kompetenz**

Personale Kompetenz:
- Selbstbewusstsein Selbstwertgefühl Selbstvertrauen
- Handeln in Leistungssituationen
- Körper- und Selbstbeherrschung
- Selbstständigkeit
- Psycho-physische Stabilität

Soziale Kompetenz:
- Interaktionsfähigkeit und -bereitschaft
- Kooperationsfähigkeit und -bereitschaft
- Anpassungsfähigkeit und -bereitschaft
- Durchsetzungsfähigkeit und -bereitschaft

Kognitive Kompetenz:
- Beobachtungskompetenz
- Wissen über Bewegungen (Technik/Taktik)
- Wissen über den Umgang mit Materialien
- Wissen über die Organisation Sportverein
- Wissen über Erste Hilfe
- Wissen über gesunde Lebensweisen

Organisatorische Kompetenz:
- Durchführungskompetenz (Trainingseinheiten)
- Organisationskompetenz

Sportliche Kompetenz:
- Erfahren neuer Erlebnisdimensionen
- Erlernen von Bewegungen
- Kennenlernen einer Sportart / Kultur
- Kennenlernen und Ausbilden des Körpers
- Verschieben von Leistungsgrenzen
- Verstehen von Taktiken

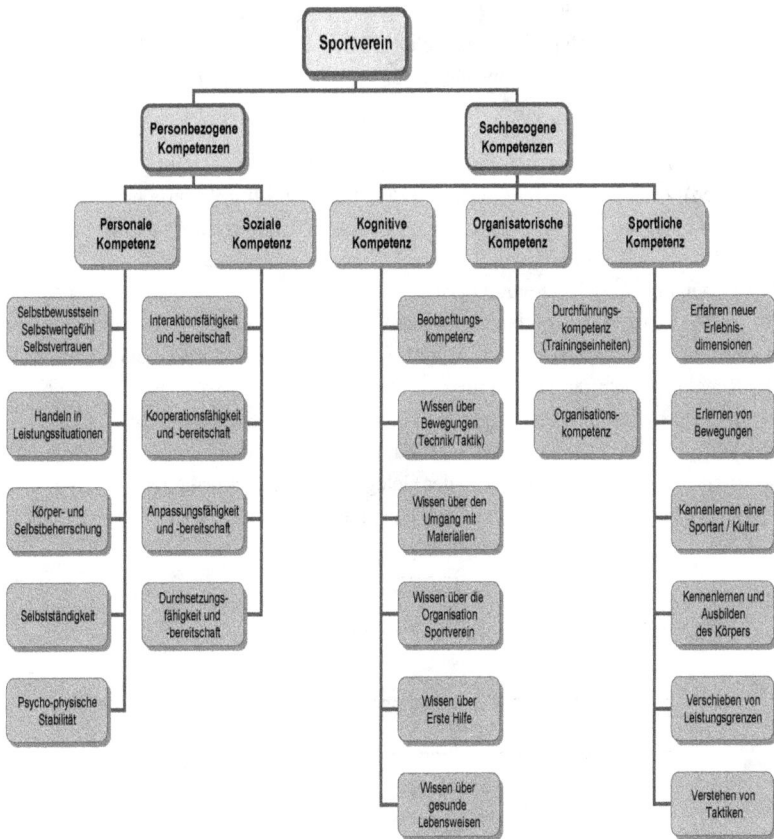

Abb. 2: Zusammenfassung der Kompetenzen, die Jugendliche nach eigenen Angaben im Sportverein erwerben.

5.2 Kompetenzerwerb

Eine vertiefende Analyse in 20 Einzelinterviews zeigt darüber hinaus, dass für das Lernen der aufgezeigten Kompetenzen fünf idealtypische *Handlungssituationen* von Bedeutung sind:

Gemeinsames *Anstreben von Erfolg* (z.B. zielbezogene Bewältigung von Herausforderungen), *Umgang mit Heterogenität* (z.B. Ältere und Jüngere arbeiten gemeinsam, treffen Absprachen und helfen sich gegenseitig), *Gemeinschaftliches Handeln* (z.B. Organisation von Aktivitäten), *Übernahme von Verantwortung* (z.B. Ausübung von Positionen und Ämtern) sowie *Interaktion mit dem Trainer* (z.B. Anerkennen der Autorität des Trainers; Identifikation mit dem Trainer als Vorbild; Trainer als Ansprechpartner und Bezugsperson) (vgl. Abb.2). Gemeinsam ist den Situationen, dass sie in der Regel nicht explizit vom Trainer geplant oder angeleitet werden, sondern dass sie im Sportvereinsalltag „auftreten" und von den Jugendlichen weitgehend selbständig bewältigt werden. Das ist ein Hinweis darauf, dass der Sportverein tatsächlich einen *sozialen Handlungsrahmen* bietet, der Gelegenheiten für informelles Lernen eröffnet – und von den Heranwachsenden auch entsprechend genutzt wird.

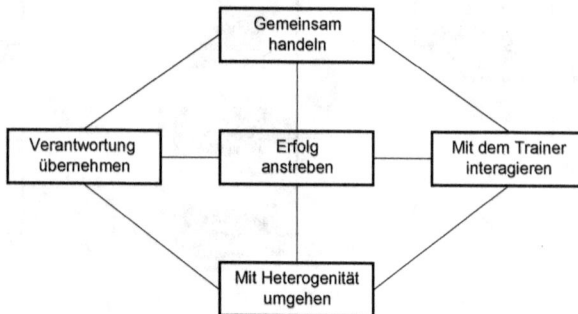

Abb. 3:   Zentrale Handlungssituationen für den Kompetenzerwerb im Sportverein.

6. Schluss

Das Feld Bewegung, Spiel und Sport erweist sich als ein Bereich, der bei Kindern und Jugendlichen nicht nur sehr beliebt ist, sondern der auch vielversprechende Bildungspotenziale bietet. In der sportpädagogischen Bildungsdebatte werden bislang allerdings fast ausschließlich intentionale Erziehungs- und Bildungsprozesse thematisiert; informelle oder non-formale Formen werden ausgeblendet. In der der außerschulischen Bildungsdebatte werden unterschiedliche Bildungsorte und -modalitäten diskutiert, jedoch spielen Sport und Bewegung hier bislang nur eine untergeordnete Rolle. Aktuelle empirische Untersuchungen zeigen, dass insbesondere informelle Lernprozesse im Sportverein zu einem umfassenden Kompetenzerwerb von Heranwachsenden beitragen können. Insgesamt bietet sich damit eine neue Argumentationslinie jenseits zielgerichteter Erziehungsprozesse, wie sie von staatlichen Bildungsinstitutionen inszeniert werden. Der Sportverein ist in diesem Sinne weniger ein Ort formalen Lernens als vielmehr ein Ort des Sporttreibens, der darüber hinaus – vielleicht sogar gerade deshalb – günstige *Lerngelegenheiten informeller Art* bereithält.

Literatur

Baur, J. & Braun, S. (2000). Über das Pädagogische einer Jugendarbeit im Sport. *Deutsche Jugend*, 48 (9), 378-386.

Beckers, E. (2001). Renaissance des Bildungsbegriffs in der Sportpädagogik? Orientierungssuche zwischen Widerstand und Aushöhlung. In R. Prohl (Hrsg.), Bildung & Bewegung (Schriften der Deutschen Vereinigung für Sportwissenschaft, 120, S. 29-42). Hamburg: Czwalina.

Brettschneider, D. & Kleine, T. (Hrsg.). (2002). *Jugendarbeit im Sportverein – Anspruch und Wirklichkeit*. Schorndorf: Hofmann.

Bundesjugendkuratorium (Hrsg.). (2002). *Leipziger Thesen zur aktuellen Bildungsdebatte*. Zugriff am 10. Oktober 2006 unter http://72.14.221.104/ search?q=cache:b8UB_web-WsJ:www.bmfsfj.de/ RedaktionBMFSFJ/ Abteilung5/Anlagen_binear/PRM-22373-Leipziger-Thesen-zur-aktuellen, property%3_Dblob.doc+Leipziger+Thesen+zur+ak-tuellen+ Bildungsdebatte& hl=de&gl=de&ct=clnk&cd=1&lr=lang_de&client=firefox-a

Bundesministerium für Bildung und Forschung. (BMBF). (Hrsg.). (2004). *Non-formale und informelle Bildung im Kindes- und Jugendalter – Konzeptionelle Grundlagen für einen Nationalen Bildungsbericht*. Bonn, Berlin: Referat Öffentlichkeitsarbeit.

Bundesministerium für Familie, Senioren, Frauen und Jugend. (BMFSFJ). (Hrsg.). (2005). *Zwölfter Kinder- und Jugendbericht*. Berlin: Selbstverlag.

Düx, W. (2006). „Aber so richtig für das Leben lernt man eher bei der freiwilligen Arbeit". Zum Kompetenzgewinn Jugendlicher im freiwilligen Engagement. In T. Rauschenbach et al. (Hrsg.), *Informelles Lernen im Jugendalter – Vernachlässigte Dimensionen der Bildungsdebatte* (S. 205-240). Weinheim, München: Juventa.

Harring, M., Rohlfs, C. & Palentien, C. (2007). Perspektiven der Bildung – eine Einleitung in die Thematik. In M. Harring, C. Rohlfs & C. Palentien (Hrsg.), *Perspektiven der Bildung – Kinder und Jugendliche in formellen, nicht-formellen und informellen Bildungsprozessen* (S. 7-14). Wiesebaden: VS.

Heim, R. (2008). Bewegung, Spiel und Sport im Kontext von Bildung. In W. Schmidt (Hrsg.), *Zweiter Deutscher Kinder- und Jugendsportbericht – Schwerpunkt Kindheit* (S. 21-42). Schorndorf: Hofmann.

Neuber, N. (Hrsg.). (2010). *Informelles Lernen im Sport – Beiträge zur allgemeinen Bildungsdebatte*. Wiesbaden: VS.

Neuber, N., Breuer, M., Derecik, A., Golenia, M. & Wienkamp, F. (2010). *Kompetenzerwerb im Sportverein – Eine empirische Studie zum informellen Lernen im Jugendalter*. Wiesbaden: VS.

Overwien, B. (2006). Informelles Lernen – Zum Stand der internationalen Diskussion. In T. Rauschenbach, W. Düx & E. Sass (Hrsg.), *Informelles Lernen im Jugendalter – Vernachlässigte Dimension der Bildungsdebatte* (S. 35-62).

Weinheim, München: Juventa.

Pauli, B. (2005). Kooperation Schule und Jugendarbeit – Neue Bildungsvielfalt durch ganztägige Bildungs- und Betreuungsangebote. *Die Ganztagsschule* (Heft 2/3). Zugriff erfolgte am 14.11.2005 unter http://www.ganztagsschul-verband.de/Download/Koope-rati¬on.pdf

Rauschenbach, T. (2006). Statements. In Sportjugend NRW & Innenministerium NRW (Hrsg.), *Die Zukunft des Kinder- und Jugendsports* (Dokumentation der Talkrunde am 20.2.2006 in Köln). Duisburg: Sportjugend NRW.

Rauschenbach, T., Düx, W. & Sass, E. (Hrsg.). (2006). *Informelles Lernen im Jugendalter – Vernachlässigte Dimension der Bildungsdebatte*. Weinheim, München: Juventa.

Scherler, K. (1997). Die Instrumentalisierungsdebatte in der Sportpädagogik. Sport-pädagogik, 21 (2), 5-11.

Schmidt, W., Hartmann-Tews, I. & Brettschneider, W.-D. (Hrsg.). (2006). *Erster Deutscher Kinder- und Jugendsportbericht* (2. Aufl.). Schorndorf: Hofmann.

Schmidt-Millard, T. (1991). Der Sportverein – Versuch einer pädagogischen Ortsbe-stimmung. *Brennpunkte der Sportwissenschaft*, 5 (2), 134-151.

Zinnecker, J. (1991). Jugend als Bildungsmoratorium. Zur Theorie des Wandels der Jugendphase in west- und osteuropäischen Gesellschaften. In W. Melzer, W. Heitmeyer, L. Liegle & J. Zinnecker (Hrsg.), *Osteuropäische Jugend im Wandel* (S. 9-25). Weinheim, München: Juventa.

Zinnecker, J., Behnken, I., Maschke, S. & Stecher, L. (2002). *Null zoff & voll busy – Die erste Jugendgeneration des neuen Jahrhunderts*. Opladen: Leske + Budrich.

Carlo Schulz

Aller guten Dinge ist eins
Plädoyer für ein besseres Schulsystem

1. Fakten/Impressionen

Die OECD bescheinigt der Bundesrepublik, dass der Zugang zu besserer Bildung so stark von der sozialen Herkunft abhängt, wie in kaum einem anderen vergleichbaren Land.

Die OECD sieht die Ausgaben der Bundesrepublik für Bildung als unzureichend an.

Beim prozentuellen Anteil der Abiturienten pro Jahrgang, so die OECD, belegt die Bundesrepublik den vorletzten Platz von 24 Nationen.

PISA-Studien sehen deutsche Schülerleistungen auf mittleren Rängen.

Die Ausgaben für Nachhilfe steigen beständig.

Nur knapp 50 Prozent der Fünftklässler des Gymnasiums erreichen das Abitur.

Das Sitzenbleiben als pädagogische Maßnahme erweist sich als wenig wirksam.

Schulwechsel über Ländergrenzen schaffen erhebliche Probleme.

2. Ist-Zustand

Die Bundesrepublik bietet zu wenig Kinderkrippen und Kindergärten an; obendrein ist der Besuch in der Regel mit Kosten verbunden und die Gruppenstärken sind viel zu groß.

Erzieher/innen sind deutlich unterbezahlt.

In den meisten Krippen und Kindergärten stellen (deshalb) Erzieherinnen den größten Teil des Personals.

Die <u>Grundschule</u> ist die fortschrittlichste aller Schulformen, in ihr wird weitgehend selbstständig in Tages- und Wochenplänen gelernt.

Aber:
Die Klassenfrequenzen sind zu hoch.

Die Unterrichtsverpflichtung der Lehrkräfte ist zu hoch.

Das Verhältnis von weiblichen und männlichen Lehrkräften ist bei Weitem nicht ausgeglichen.

Und:

Die viel zu frühe Entscheidung über den weiteren Bildungsgang nach der Grundschule verursacht einen hohen Leistungsdruck.

Es gibt sehr viele Mischformen im traditionellen Schulsystem:

Grund- und Förderstufenschulen; Grund-, Haupt- und Realschulen; Förderschulen u.a.m..

Solche Schulen verlieren in der Regel die Leistungsbesten nach der 4. Klasse an die Gymnasien.

Mit Beginn der 5. Klasse werden zumeist die Hauptfächer Mathematik und Englisch in auf Leistung orientierten Kursen unterrichtet, was den eigentlich positiven Ansatz der Förderstufe zu längerem gemeinsamen Lernen konterkariert.

Die Hauptschule ist das Auffangbecken für alle mit zuvor nur ausreichenden oder unzureichenden Leistungen.

Die Motivation der Schüler geht häufig mit Eintritt der Pubertät völlig verloren.

Nur mit großen Anstrengungen hat man geschafft, dass ihre Abschlussquote inzwischen bei ca. 90 Prozent liegt.

Hauptschüler mit Abschluss haben nur geringe Aussichten auf dem Arbeitsmarkt.

Das traditionelle Gymnasium hat die gesellschaftlich höchste Wertschätzung. Seinen Absolventen wird unterstellt, später studieren zu können und zur geistigen Elite der Nation zu gehören.

Seine Lehrkräfte werden für den Unterricht in der Oberstufe ausgebildet, unterrichten aber auch in den Klassen 5 – 9/10.

G 8 erhöht den ohnehin hohen Leistungsdruck, weil der Stoff nicht entrümpelt/gekürzt worden ist und die Schulgebäude nicht auf die Ganztagsschule vorbereitet wurden.

Die Beruflichen Schulen leisten Überirdisches im Spagat zwischen heterogener Schülerschaft und angestrebten Qualifikationen.

Das gängige Duale Prinzip verhindert häufig einen frühen Einstieg in die berufliche Praxis.

Die Versuche hin zu einer früheren Praxis-Begegnung (in Hessen „SchuB") sind richtig; sie sollten evaluiert und optimiert werden.

Abschließend ein Wort zur Gesamtschule:

So lange man über integrierte und kooperative Gesamtschulen streitet und diese versucht, mit Leistungsdifferenzierung und abschlussbezogenen Klassen das dreigliedrige System zu kopieren, verrät man das Prinzip der Gesamtschule und wird auf diese Weise weiterhin dem Spott der Konservativen ausgeliefert sein!

3. Übergreifende Aspekte

Schulen: Klassenfrequenzen sind so hoch, dass Lehrkräfte neben dem Unterrichten dem Erziehen, Beraten und Fördern kaum nachkommen können.

Chancengleichheit: Der eingangs erwähnten OECD-Studie ist nichts hinzuzufügen!

Schulgemeinde: Noch immer quasi ein Fremdwort; die Mehrheit, nämlich die Eltern, bleibt draußen vor der Tür.

Eliteförderung ist Trumpf in Bund und Ländern; Privatschulen haben Hochkonjunktur.

Universität: Einseitige Ausrichtung auf den Fachlehrer, zu wenig Pädagogik, Psychologie, Didaktik und Methodik, Eignungstest erst in der Masterphase!

Verkürzung der Schulzeit: Richtige Entscheidung, allerdings getroffen ohne die notwendigen Kürzungen der Bildungspläne.

Föderalismus: Er war nach der Nazi-Diktatur richtig, ist durch die Entwicklung jedoch längst überholt.

Schulsozialarbeit: Sie ist eine Folge der Arbeitszeit für Lehrkräfte und obendrein finanziell nicht dauerhaft gewährleistet.

Schulpsychologie: Noch immer als Einzelkämpfer ausgebildet, haben Schulpsychologen inzwischen bis zu 1000 Schüler und mehr zu betreuen.

Staatliche Schulaufsicht: Sie ist ein Relikt und eher hemmend denn progressiv – sie sollte der autonomen Schule weichen.

Migration: Ungeachtet ihrer IQ-Quotienten bleiben vorwiegend die Migranten-Kinder auf der Strecke. Dies zu ändern ist die Herausforderung von Krippen, Kindergärten und Schulen. Sie müssen den Zugang zur deutschen Sprache erleichtern und zugleich fordern.

Rechtschreibung: Sie ist noch immer ein Herrschaftsinstrument derer, die sie zu beherrschen vorgeben und sollte abgelöst werden durch die Prinzipien der englischen Rechtschreibung.

4. Konkretisierung

Das dreigliedrige Schulsystem wird von einem System nach skandinavischem Muster ersetzt:

Alle Schüler besuchen die Klassen 1 – 9 gemeinsam, ein 10. Schuljahr ist freiwillig.

Der Besuch dieser Schule schließt mit der Zentralen Abschlussprüfung ab.

Das Ergebnis der Zentralen Abschlussprüfung berechtigt zur Fortsetzung der Schullaufbahn auf weiteren Schulformen, darunter die Gymnasiale Oberstufe, bis zur Klasse 12 bzw. 13 (siehe freiwilliges 10. Schuljahr).

Prinzipien: Die Schulgemeinde entwickelt eine Philosophie, die von allen Mitgliedern gelebt wird.

Das Sitzenbleiben gehört als pädagogisches Prinzip der Vergangenheit an.

Die Innere Differenzierung ermöglicht es, jeden Schüler optimal nach seinen Möglichkeiten zu fördern.

Die Klassenfrequenzen liegen bei maximal 20 Schülern pro Klasse.

Die Schule ist Ganztagsschule.

Sie bietet den Unterricht und ihre Arbeitsgemeinschaften im Wechsel von Spannung und Entspannung an.

Zum Angebot gehören grundsätzlich gesunde Speisen und Getränke sowie ein warmes Mittagessen. Die Speisen werden von Schülern selbst zubereitet.

Die Hausaufgabenhilfe wird von Lehrkräften und Schülern der Klassen 8 – 9/10 durchgeführt.

Die Schule versteht sich als regionaler Treffpunkt für Jung und Alt.

An die Stelle von Zeugnissen in den Klassen 1 – 6 treten drei Eltern-Schüler-Lehrer-Gespräche pro Schuljahr.

In den Klassen 7 und 8 werden ein Halbjahres- und ein Schuljahresabschluss-Zeugnis ausgegeben sowie zwei Eltern-Schüler-Lehrer-Gespräche realisiert.

In der Klasse 9 bzw. 10 werden drei Zeugnisse ausgegeben und drei Eltern-Schüler-Lehrer-Gespräche realisiert.

Der Fächer übergreifende Unterricht und das Lernen in Projekten beginnen in Klasse 1 und ist Prinzip bis zum Schulabschluss.

Schriftliche Klassenarbeiten in den Hauptfächern werden wie folgt verlangt:

Klasse 5: 2   Klasse 6: 3   Klassen 7-9/10: 4

Die mündlichen Leistungen ab Klasse 5 gehen mit mindestens 50 Prozent in die Bewertung der Schüler ein.

Die Schule bezieht sich auf staatliche Bildungspläne und ist autonom. Ihre Leitung besteht aus Schulleiter/in, Konrektor/in und Finanzverwalter/in.

Sie erhält vom Staat festgelegte Beträge analog ihrer Schülerzahl zu einem bestimmten Stichtag.

Sie trennt sich von Lehrkräften und stellt selbstständig neue Lehrer ein.

Sie kann ihre Stundentafel den vor Ort gegebenen Bedürfnissen anpassen.

Sie verfügt über ein lokales/regionales Netzwerk von Sprachheillehrern, Schulpsychologen, Kinderärzten, Sozialarbeitern, Polizei und Jugendrichtern.

Sie bildet Jahrgangs-Teams und Fachbereichs-Teams, die eng mit der Schulleitung kooperieren und im Unterricht Team-Teaching realisieren.

Beständige Evaluation von allen Mitgliedern der Schulgemeinde ist die Basis für innovative Prozesse, auch die Schulleitung wird evaluiert.

Der Schüler-Rat, bestehend aus den Klassensprechern der Klassen 1 – 9/10, ist in der Lehrerkonferenz mit Sitz und Stimme vertreten.

Das oberste Beschlussorgan ist die Schulgemeinde-Konferenz, bestehend aus je einem Drittel der Schüler, Eltern und Lehrer unter Vorsitz des Schulleiters, von der Schulgemeinde gewählt für jeweils zwei Schuljahre.

Die staatliche Schulaufsicht tritt nur dann ein, wenn mehr als 10 Prozent der Schüler bei der Zentralen Abschlussprüfung versagen.

Jeder Lehrer hat einen eigenen Arbeitsplatz in der Schule.

Er unterliegt im Rahmen der Arbeitszeit des Öffentlichen Diensts der Präsenzpflicht.

Die Lehrer-Arbeitszeit entspricht der Regelung im Öffentlichen Dienst; 1 Stunde Unterricht wird durch eine Stunde für Vorbereitung ergänzt. Alle übrigen Aufgaben werden mit der Schulleitung verhandelt und in einem Vertrag festgehalten. Auf diese Weise reduziert sich seine Unterrichtsverpflichtung und er ist auch in der Lage zu beraten, erziehen und zu fördern.

Die Universität bildet Lehramtsstudenten mit einem starken Bezug zur gegenwärtigen und zukünftigen Praxis aus.

Das Studium legt großen Wert auf eine umfassende Beschäftigung mit Pädagogik, Psychologie, Soziologie, Politischer Bildung, Methodik und Didaktik.

Bereits im Studiengang zum Bachelor erhält der Studierende die Möglichkeit, seine Eignung für den Beruf festzustellen.

Das Studium endet mit dem Master-Examen.

Der Absolvent versteht sich in erster Linie als Pädagoge; er beweist sich im sog. „fachfremden Unterricht" des Transfers fähig.

Von den Absolventen wird erwartet, dass sie in der Lage sind, eine Klasse von der 1. bis zur 9./10. Klasse als Klassenlehrer zu begleiten.

5. Fazit

Es ist an der Zeit zu erkennen, dass Kindheit und Jugend nicht mit dem Erwachsenen-Dasein gleichgesetzt werden können. Kinder und Jugendliche bedürfen eines Schutz-raums, der durch Bewegung, Neugier/Wissensdrang, Experimente, Versuche und Irrtümer, vor allem aber durch Freude am Erfolg bestimmt sein muss. Jeder Mensch weiß um das Geheimnis und erlebt es an sich selbst:

Je mehr die Freude am Tun beteiligt ist, desto größer sind Einsatz und Erfolg!

Professor Dr. Gerald Hüther: „Eigentlich braucht jedes Kind drei Dinge… Es braucht Aufgaben, an denen es wachsen kann, es braucht Vorbilder, an denen es sich orien-tieren kann, und es braucht Gemeinschaften, in denen es sich aufgehoben fühlt."[1]

Die gegenwärtige Praxis sieht anders aus:

Die Kinder bekommen Aufgaben, an denen nur ein Drittel wächst, während die Mehr-heit daran knabbert und mindestens ein weiteres Drittel scheitert.

Geben wir endlich den Kindern und Jugendlichen, was sie dringend brauchen: **Aufga-ben, Vorbilder und Gemeinschaft!**

Schluss mit der Auslese – Fördern ist Trumpf!

[1] *Erziehung und Wissenschaft, 11/2007, S. 24*

Carlo Schulz, Mitarbeiter der Koordinierungsstelle Gewaltprävention im Staatlichen Schulamt Weilburg (Hessen)
Autor und Koautor von:

„Aller guten Dinge ist eins…", Mauer Verlag, ISBN 978-3-86812-124-7
„Gewaltfreie Schule", LinkLuchterhand, ISBN 978-3-472-07471-7

Ria Uhle

Veränderungen, Umbrüche, Krisen - Gewaltprävention an Schulen im Wandel

1. Krisenlandschaften

Veränderungen, Umbrüche, Krisen sind Teil unseres Lebens. Das Leben ändert sich, manchmal plötzlich und unvorhergesehen, durchkreuzt unsere Pläne und fordert von uns Anpassungsleistungen, auf die wir mehr oder weniger gut vorbereitet sind. Wer hätte gedacht, dass ein isländischer Vulkan weltweit die Reisepläne von Millionen Menschen auf der ganzen Welt außer Kraft setzen könnte. Auch ich verbrachte ungeplant fünf Tage länger auf einer Reise. Zeit, mich mit dem Krisenphänomen auseinander zu setzen. Wer Kinder hat oder mit ihnen arbeitet, ist kontinuierlich mit Veränderungen konfrontiert, nicht selten auch mit Krisen. Im Kontakt mit kranken oder alten Menschen müssen wir uns der Auseinandersetzung mit dem Tod stellen, der unser Leben „umbricht" und eine Neuordnung verlangt. Politik und Gesellschaft stehen permanent unter Veränderungsdruck, müssen krisenhafte Entwicklungen auffangen und Lösungen für komplexe Probleme wie z.b. die Finanzkrise entwickeln. Als das Ausmaß sexueller Misshandlungen in kirchlichen und schulischen Einrichtungen in Deutschland öffentlich wurde, setzte dies einen Prozess individueller, institutioneller und gesellschaftlicher Krisenbewältigung in Gang.

Die deutsche Hauptstadt präsentierte sich erstmals als Gastgeber des Deutschen Präventionstages. Ich nehme dies zum Anlass, das Thema des Vortrages an Beispielen und Erfahrungen aus der Berliner Praxis zu erläutern. Auch wenn Berlin als Stadt der Teilung und Wiedervereinigung gern damit prahlt, „arm aber sexy" zu sein, wirkt sich Armut für die persönlich Betroffenen meist lebenslang aus. Nach Angaben des Deutschen Kinderschutzbundes lebt jedes dritte Berliner Kind unterhalb der Armutsgrenze. Ca. 64% der Schülerschaft an Berliner Haupt- und Sonderschulen sind lernmittelbefreit, gelten somit als „arm". An Gymnasien sind es nur 12%. Herkunft und Bildungserfolg stehen auch in Berlin in enger Verbindung. Ein Vergleich der zwei Berliner Nachbarbezirke Mitte und Pankow, zwischen denen die Reste der früheren Mauer noch zu besichtigen sind, zeigt, welchen sozialen Unterschieden sich Schulen in enger Nachbarschaft stellen müssen. Ca. 69% der Schülerschaft in Mitte ist „nicht deutscher Herkunftssprache", in Pankow ca. 4%. Im Bezirk Mitte ist jedes zweite Schulkind lernmittelbefreit, sprich arm, im Nachbarbezirk Pankow nur jedes fünfte. Die Reform der Berliner Schulstruktur will nun Rahmenbedingungen für mehr Bildungsgerechtigkeit und Chancengleichheit für alle Jugendlichen schaffen.

Schule als „der zentrale öffentliche Bildungsort für Kinder und Jugendliche im Prozess des Aufwachsens"(Rauschenbach, zitiert von Steffen, S.75)[1], ist immer auch ein

---

[1] Steffen, Wiebke; Gutachten für den 15.Deutschen Präventionstag

heftig kritisierter Ort, der mit Erwartungen und Ansprüchen überhäuft wird, der Sicherheit und Orientierung bieten soll und sich doch im Zuge gesellschaftlicher Veränderungen immer wieder selbst neu finden muss. In Berlin befinden sich aktuell 1090 Schulen mit über 400.000 Schülerinnen und Schülern in diesem Spannungsfeld. Schule hat noch ein weiteres Erbe zu integrieren. Nach der Wende prallten die Bildungssysteme von Ost und West aufeinander. Lehrkräfte, Erzieherinnen, Eltern und die Heranwachsenden brachten ihre Sozialisation, ihre individuellen und gesellschaftlichen Erfahrungen mit. Das führte zwangsläufig zu individuellen und systemischen Krisen, die zu verstehen und zu bewältigen waren. Auch nach 20 Jahren wirken im schulischen Kontext unterschiedliche Haltungen, Erfahrungen, Ansprüche und Erwartungen nach. Verständlich auch angesichts eines Altersdurchschnitts der Berliner Lehrkräfte von ca. 50 Jahren.

2. Was Krisen mit Gewaltprävention zu tun haben

Schule fungiert als ein Sammelbecken unterschiedlichster Lebens- als auch Krisenerfahrungen von Schülerinnen, Schülern, deren Familien, Lehrkräften und sonst in der Schule Tätigen. Dazu gehören

- Gewalt im familiären Umfeld wie sexueller Missbrauch, Misshandlung und Vernachlässigung,

- Notfälle und Krisen im Lebensumfeld, ausgelöst durch Trennung, Krankheit, Tod, Kriminalität, Unfälle, Katastrophen,

- Gewalterfahrungen im schulischen Kontext wie z.B. Beleidigung, Bedrohung, Mobbing, körperliche Gewalt.

Rausch (1996, S.87)[2] beschreibt die psychologische Krise in aller Kürze als *„dramatisch erlebtes Ungleichgewicht zwischen Anforderungen und Möglichkeiten"*. Diese Diskrepanz kann bei Einzelnen als auch in der Schule als Institution ein Krisenerleben auslösen, wenn die durch frühere Erfahrungen erworbenen Fähigkeiten und erprobten Hilfsmittel zur Erreichung wichtiger Ziele oder zur Bewältigung einer Situation nicht mehr ausreichen. Das führt erst einmal zu Stress, Orientierungslosigkeit und der Suche nach einer Lösung. Dieses Ungleichgewicht muss entschärft werden. Damit eröffnet sich gleichzeitig neue Lernfelder und ein Erfahrungszuwachs, der die Handlungskompetenz in späteren Krisensituationen verbessert. Gelingt dies, kann die „Krise als Chance" wahrgenommen werden. Unabhängig davon, ob die Ursache der Krise der Schule selbst, dem familiären Umfeld oder dem öffentlichen Raum zuzuschreiben ist, muss Schule mit den Folgen in Form von Konflikten und Aggressionen, Rückzug, Krankheit, Schuldistanz, psychischen Erkrankungen usw. umgehen. Damit diese

---

[2]   Rausch K. (1996), Krisenintervention in suizidalen Krisen – Gefahren der Übertragung der Symptomdynamik auf Berater und das Team. In K. Egidi & M. Boxbücher (Hrsg.), Systemische Krisenintervention. (S.87–123). Tübingen: dgvt- Verlag

Anforderungen nicht regelmäßig in der Überforderung landen, brauchen Schulleitungen und Lehrkräfte eine gute Krisenkompetenz, verlässliche Strukturen und fachliche Unterstützung. Dazu gehört auch die Akzeptanz persönlicher und institutioneller Grenzen. Schule kann nicht alle an sie herangetragenen Erwartungen hinsichtlich der Verhinderung von Gewalt und Krisen erfüllen. Aber sie muss sich den o.g. Prozessen stellen, Situationen einschätzen und notwendige Maßnahmen einleiten, um die Betroffenen angemessen zu unterstützen, gegebenenfalls Opferhilfe zu leisten und das Funktionieren des Schulalltags wieder herzustellen. Das Schulleben erfordert, dass grundlegende Präventionsansätze im Sinne der Schulentwicklung und des sozialen Lernens mit einem planvollen Krisenmanagement verknüpft werden. U.a. können Krisenteams an Schulen hier einen wichtigen Beitrag leisten. Gewaltprävention steht immer im Spannungsfeld von Kontinuität und der Forderung nach schnellen Reaktionen auf aktuelle Ereignisse (Abb.1).

Abb.1 Gewaltprävention und Krisen im Schulalltag

3. Gewaltprävention braucht Schulentwicklung

Schulentwicklung ist ein „Muss", wenn Gewaltprävention erfolgreich und nachhaltig sein soll. Die universelle Prävention oder Primärprävention vereint diese mit Sozialem Lernen, Lehrerqualifizierung sowie Kooperation und Vernetzung. Sie bereitet Schule gleichzeitig darauf vor, auf Gewalt und krisenhafte Entwicklungen angemessen zu reagieren, da diese auch ohne „Verschulden" der Schule auftreten können und bewältigt werden müssen. Basis einer gelingenden Gewaltprävention ist ein gutes Schulklima, das idealerweise von gegenseitiger Achtung und Achtsamkeit aller Akteure geprägt ist. Ein gutes Schulklima ist nicht zum Nulltarif zu haben. Es benötigt materielle Ressourcen, die Berücksichtigung lokaler Besonderheiten, die Motivation zum sozialen Lernen und nachhaltige Konzepte, die im Schulprogramm verankert sein sollten. In der Praxis zeigt sich immer wieder, dass die zufällige Aneinanderreihung einzelner Gewaltpräventionsmaßnahmen in Schulen keine langfristige Wirkung zeigt. Ein „Projektaktionismus" zeugt oft von der Hilflosigkeit mancher Schulleitungen, irgendwas machen zu müssen und dient dann allenfalls als Feigenblatt bei kritischen Nachfragen von Eltern oder der Öffentlichkeit.

Die kreative Vielfalt gewaltpräventiver Schulentwicklung ließ sich beispielhaft auf dem diesjährigen Präventionstag erfahren. So zeugten u.a. der Vortrag zum Campus Rütli, das live erlebbare musikbetonte Schulkonzept der Fritzlar-Homberg-Grundschule und das im Filmforum präsentierte Ganztagskonzept der Heinrich-Seidel-Grundschule von engagierten Berliner Schulen, die Krisen als Chance nutzen und schwierige Bedingungen als Herausforderungen annehmen.

Die größte Herausforderung in Berlin stellt gegenwärtig die Schulstrukturreform dar, deren Chancen für die Gewaltprävention auf dem Präventionstag von Siegfried Arnz vorgestellt wurden. Ab dem Schuljahr 2010/11 wird es in Berlin neben den Gymnasien nur noch eine weitere Schulform geben, die Integrierte Sekundarschule mit den Kernpunkten

- Ganztag als Rahmenbedingung
- Kooperation mit der Jugendhilfe und weiteren außerschulischen Partnern
- Differenzierte Lernangebote für Jugendliche mit unterschiedlichen Voraussetzungen.

Die strukturelle Veränderung in der Bildungslandschaft soll die Chancengleichheit für alle Schülerinnen und Schüler verbessern. Damit folgt Berlin den Erkenntnissen der Bildungsforschung, dass ein längeres gemeinsames Lernen sowie Ganztagsangebote die Bildungschancen von Kindern und Jugendlichen verbessern und die Nachteile sozialer Herkunft ausgleichen kann. Es zeichnet sich ab, dass die Zeit der Einführung begleitet sein wird von Enthusiasmus als auch Mutlosigkeit, Neuorientierung als auch Chaos, kreativen Ideen als auch Widerständen. Die Senatsverwaltung für Bildung begleitet diesen Prozess mit einem Qualifizierungsprogramm sowie Beratungs- und

Coachingangeboten, die die Schulleitungen und Kollegien stärken sollen, diesen Prozess gemeinsam zu tragen. Gelingt er, sind strukturell die Voraussetzungen für eine universelle Gewaltprävention gesetzt. Bewährte Programme und Projekte der Gewaltprävention müssen in die neue Schulstruktur integriert werden. Auch die Fortführung an den Grundschulen muss weiter gesichert werden. Dazu gehören z.B.

- „Das Buddyprogramm" an fast allen Grundschulen, mit einem geplanten Transfer in den Oberschulbereich,

- das Programm „Die gute gesunde Schule",

- Projekte zur Lehrergesundheit und Burn-out-Prophylaxe,

- „Schule ohne Rassismus-Schule mit Courage"

- die Regionale Fortbildung mit ihren Veranstaltungen zur Gewaltprävention,

- das Konfliktlotsenprogramm,

- die Kooperation mit der Polizei, die Antigewaltveranstaltungen in den 5.-8. Klassen durchführt und Kooperationsverträge mit Schulen hat,

- das „Rechtskundepaket", das in der Sekundarstufe I in Projektwochen stattfindet.

4. Gewalt- und Notfallsituationen an Berliner Schulen

4.1 Pflicht zur Aufarbeitung und Meldung

Schule ist mit einer Vielzahl von Ereignissen konfrontiert, die sie nur in geringem Maße selbst verursacht hat und die sie auch nur bedingt beeinflussen kann. Dazu gehören Gewalt-, Krisen- und Opfererfahrungen in der Familie und im Lebensumfeld, die sich auch in der Schule auswirken können. Gewalt im schulischen Kontext entfaltet ebenfalls ihre eigene Dynamik. Schule steht unter dem Druck, angemessen zu reagieren und ihre Fürsorgepflicht für ihre Schülerschaft und die Lehrkräfte wahrzunehmen.

In Berlin wurde 1992 eine Meldepflicht von Gewaltvorfällen an Schulen eingeführt. Sie entstand im Kontext öffentlich diskutierter Gewalttaten an Schulen und ist im Laufe der Zeit in Abhängigkeit von politischen Forderungen in ihren Schwerpunktsetzungen immer wieder verändert und differenziert worden. 2003 wurde mit dem Rundschreiben „Hinsehen und Handeln" der Senatsbildungsverwaltung die Meldung von Gewaltvorfällen an Berliner Schulen geregelt. Erstmals wurde der Aspekt der Hilfe und Unterstützung für Betroffene und Opfer von Gewalt betont. 2009 wurde dieses Rundschreiben durch das „Informationsschreiben zum Umgang mit Gewalt- und Notfallsituationen an Berliner Schulen"[3] ersetzt. Das Spektrum wurde über Gewalthandlungen hinausgehend, auch auf andere Situationen erweitert, die an Schulen zu krisenhaften Entwicklungen und Notfallsituationen führen, wie z.B. Verdacht auf

---

[3]   im Internet unter http://www.berlin.de/sen/bildung/hilfe_und_praevention/gewaltpraevention/

Kindeswohlgefährdung, Suizidversuch, Todesfälle. Es erfolgte eine direkte Anbindung an die seit 2005 allen Schulen zur Verfügung stehenden „Notfallpläne für die Berliner Schulen". Kernpunkt der neuen Regelung ist die Verpflichtung der Schule, Gewaltvorfälle und Notfallsituationen aufzuarbeiten.

Dazu gehört

- Hilfe und Unterstützung für alle Betroffenen, insbesondere für die Opfer einzuleiten,

- die Fürsorgepflicht sowohl gegenüber den Schülerinnen und Schülern als auch dem Schulpersonal wahrzunehmen,

- zeitnah zwischen Schule, Eltern, Helfersystemen und der Senatsverwaltung für Bildung zu kommunizieren,

- die Pflicht, Vorfälle, die sich in der Schule ereignen oder die einen direkten Bezug zur Schule sowie ihren Schülerinnen und Schülern haben, entsprechend der „Notfallpläne für die Berliner Schulen", zu melden,

- täterbezogene Maßnahmen einschließlich der Erziehungs- und Ordnungsmaßnahmen nach §§ 62, 63 SchulG einzuleiten, mit dem Ziel, den Konflikt zu lösen, die Tat wieder gut zu machen und den Schulfrieden wiederherzustellen,

- mit außerschulischen Kooperationspartnern wie Schulpsychologie, Jugendamt, Polizei, Gesundheitseinrichtungen zusammenzuarbeiten.

Die Meldungen dienen dazu, die Bildungsverwaltung, die Schulaufsicht, die Schulpsychologie, den Schulträger und ggf. das Jugendamt schnell zu informieren und Maßnahmen zur Aufarbeitung abzustimmen. Sie bilden u.a. die Grundlage für die statistische Erfassung und Auswertung von Gewaltvorfällen und Notfallsituationen durch die Senatsbildungsverwaltung sowie für die Planung und Gestaltung gewaltpräventiver Maßnahmen im Schulbereich. Im Rahmen der datenschutzrechtlichen Bestimmungen dienen sie der Erteilung von Auskünften gegenüber den Erziehungsberechtigten, dem Parlament und der Berliner Öffentlichkeit bezüglich konkreter Vorfälle und allgemeiner Entwicklungen von Gewalt und Extremismus an den Berliner Schule.

4.2 Der Gewaltbegriff in den Notfallplänen

Die „Notfallpläne für die Berliner Schulen" wurden 2005 in einer Erstauflage allen Berliner Schulen zur Verfügung gestellt. Sie

- bilden die Handlungsgrundlage für den Umgang mit Gewaltvorfällen und Notfallsituationen,

- unterstützen die Entscheidungsfindung der Schule bei der Einschätzung und Aufarbeitung eines Ereignisses,

- helfen, angemessene Interventionsschritte unter dem Grundsatz der Opferhilfe zu planen und umzusetzen.

Eine Neuauflage der Notfallpläne ist in Vorbereitung. Die Begrifflichkeiten und Handlungsempfehlungen der Erstauflage wurden überarbeitet und ergänzt. Dennoch kam das Autorenteam nicht umhin, strafrechtlich besetzte Begriffe wie z.b. Nötigung, Erpressung, Raub mit aufzunehmen, da solche Vorfälle in der Schule auch vorkommen. Im Schulalltag kommt es darauf an, bei der Beurteilung von Gewalthandlungen immer den psychischen Entwicklungsstand der Beteiligten, die Schwere eines Vorfalls und die Folgen für das Opfer im Blick zu haben, um angemessen pädagogisch zu reagieren. In den neuen Notfallplänen ist dieser Aspekt stärker berücksichtigt. Ich teile aus Erfahrung die Auffassung von Sommerfeld (2007, zitiert im Gutachten des 15. DPT, S.73), dass die Verwendung des „Gewaltbegriffs" für kindliches Verhalten ohnehin problematisch ist und Gewalt ein „Containerbegriff für eine breite Palette von sozial unerwünschten, aber dennoch alterstypischen Verhaltensweisen bis zu destruktiven Verhaltensmustern" ist. Einerseits muss vermieden werden, dass Kinder und Jugendliche durch strafrechtliche Begriffe im pädagogischen Kontext vorschnell kriminalisiert und stigmatisiert werden. Andererseits müssen Lehrkräfte frühzeitig problematische Entwicklungen erkennen, Grenzen setzen und im Interesse der Opfer und Betroffenen von Gewalthandlungen notwendige Hilfen und Wiedergutmachung einleiten. Um die Handlungssicherheit zu verbessern, werden Lehrkräften und Schulleitungen spezifische Fortbildungsangebote zur Verfügung gestellt.

4.3 Gewaltmeldungen und Einflussfaktoren
Ein Blick auf die Gewaltmeldezahlen aus Berliner Schulen seit 2002 (Abb. 2) lässt einen steilen Anstieg bis 2005/06 erkennen. Dann spielen sich die Zahlen mit geringeren Schwankungen auf einem höheren Niveau ein.

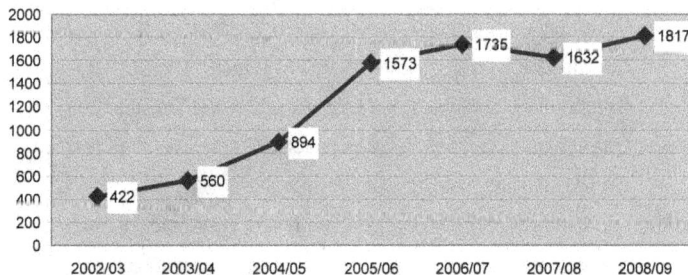

Abb. 2: Entwicklung der Gewaltmeldezahlen

Die Praxis zeigt, dass administrative und politische Maßnahmen das Melde-
verhalten der Schulen beeinflussen. Das geschieht auch, wenn sich Strukturen
verändern, sich z.b. die Unterstützungssysteme verbessern oder ein innerschu-
lischer Diskurs zur Gewaltproblematik und Gewaltprävention in Gang kommt.
Bisher sind diese Verknüpfungen in Berlin nicht umfassend evaluiert worden.
Dennoch lassen sich folgende Zusammenhänge beobachten: Die Meldungen
nehmen ab 2003 drastisch zu, was immer als „eine Erhellung des Dunkel-
feldes" und nicht als eine explosionsartige Zunahme von Gewalt an Schulen
verstanden wurde. Schulen meldeten häufiger Gewalt, nachdem das Meldeverfahren neu geregelt wurde, Schulpsychologen/innen den Schulen im Feld
der Gewaltprävention und Krisenintervention zur Verfügung standen, Fortbildungsangebote zum Umgang mit Gewalt und Krisen bereitgestellt sowie Bro-
schüren herausgegeben wurden. All dies begleitet von einer intensiven regio-
nalen und überregionalen Aufklärungsarbeit.

Politisch reagierte der Berliner Senat auf die Amoktat am Erfurter Guten-
berg-Gymnasium, indem 15 Schulpsychologenstellen ausschließlich für das
Arbeitsfeld „Gewaltprävention und Krisenintervention" besetzt wurden. Anzumerken ist allerdings, dass keine zusätzlichen Stellen geschaffen wurden.
Schulpsychologie in Berlin ist parallel personell abgebaut worden. Insbesondere sind die psychotherapeutischen Angebote gestrichen worden. Dennoch
wurde ein schulpsychologisches Unterstützungssystem etabliert, was sich be-
währt hat und bis heute in dieser Form einmalig in Deutschland ist. Seit 2003
verfügt jeder Bezirk und zusätzlich bezirksübergreifend die berufsbildenden
Schulen über mindestens eine/n Schulpsychologen/in für Gewaltprävention
und Krisenintervention. Diese Fachleute arbeiten im überregionalen Team für
Gewaltprävention und Krisenintervention zusammen. Die Berliner Schulpsychologie bekam damit konzeptionell ein neues Gesicht. Schulen wurden ab
jetzt explizit unterstützt und beraten,

- Gewaltprävention zu entwickeln und umzusetzen,
- Gewalt- und Notfallsituationen zu bewältigen,
- Opfern und Betroffenen von Gewalt- und Notfällen zu helfen,
- Gewalthandlungen insbesondere auch mit den Tätern aufzuarbeiten,
- das Krisenmanagement zu verbessern,
- mit der Jugendhilfe und der Polizei besser zusammenzuarbeiten,
- und sich mit anderen Partnern der Gewaltprävention zu vernetzen.

Als im gleichen Jahr die Präventionsbeauftragen der Berliner Polizei ihre Arbeit aufnahmen, rückte der gemeinschaftliche Auftrag der Gewalt- und Kriminalitätsprävention an Berliner Schulen noch stärker in den Blickpunkt des

Schulalltages als auch des öffentlichen Interesses und ermutigte die Schulen, offener mit Gewaltvorfällen umzugehen. Susanne Bauer berichtete auf dem Präventionstag über die vielfältigen Aktivitäten der Berliner Polizei an Schulen.

2005 erschienen die bereits erwähnten „Notfallpläne für die Berliner Schulen", die allen Schulen als Handreichung für Gewalt- und Notfallsituationen zur Verfügung gestellt wurden. Begleitet von Fortbildungsveranstaltungen für alle Schularten wurden Schulleitungen und Lehrkräfte weiter für Gewaltphänomene an Schulen sensibilisiert und konnten so ihre Handlungskompetenz verbessern. Die Notfallpläne wurden im Laufe der Jahre um aktuelle Themen wie „Happy Slapping", „Verdacht auf Kindeswohlgefährdung" und „Umgang mit Medien" ergänzt.

2006 wurde das Schul- und Jugend-Rundschreiben Nr.1/2006 über die gegenseitige Information und Zusammenarbeit von Jugendämtern und Schulen herausgegeben[4] und in den Bezirken verstärkt an der Umsetzung gearbeitet. „Der Handlungsleitfaden - Zusammenarbeit zwischen Schulen und bezirklichem Jugendamt im Kinderschutz" (2009)[5] unterstützt die Schulen dabei, Kindern und Jugendlichen, deren Kindeswohl gefährdet ist, schnellstmöglich zu helfen.

Der Amoklauf in Winnenden hat auch in Berlin zu heftigen Reaktionen geführt, die sich deutlich in der Entwicklung der Meldezahlen widerspiegeln. Die Meldung von Gewaltvorfällen im Schuljahr 2008/09 hat im Vergleich zum Vorjahr wieder zugenommen. Sie stieg von 1632 im Schuljahr 2007/08 auf 1817 im Schuljahr 2008/09. Während die Zahlen im ersten Schulhalbjahr etwa auf Vorjahresniveau lagen, stiegen sie ab März 2009 sprunghaft an. Schulleiter meldeten ab März 2009 deutlich mehr Bedrohungen, in denen Schülerinnen und Schüler verbal oder im Internet mit einem „Amoklauf" drohten, Todeslisten fertigten oder Winnenden in Gesprächen als nachahmenswert rechtfertigten. Innerhalb der *ersten Woche* nach Winnenden wurden allein 11 solcher Fälle gemeldet. Im Vergleich dazu wurden im gesamten ersten Schulhalbjahr 2009 sieben entsprechende Drohungen gemeldet (Abb. 3).

[4/5.] Im Internet unter www.kinderschutznetzwerk-berlin.de

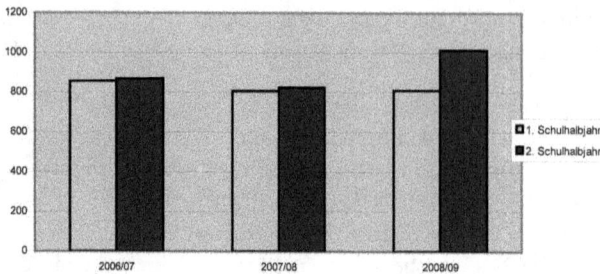

Abb. 3: *Gewaltmeldungen je Schulhalbjahr (absolut)*

Die Berliner Bildungsverwaltung hat daraufhin gemeinsam mit der Berliner Polizei eine Präventionsstrategie entwickelt, die im Abschnitt 5.1 vorgestellt wird.

Grundsätzlich ist festzustellen: Die Sensibilität gegenüber Gewalt an Schulen hat ebenso zugenommen wie die Akzeptanz des Hilfe- und Meldeverfahrens. An vielen Schulen wird die Gewaltmeldung nicht mehr als peinlicher Ausdruck eigenen Versagens wahrgenommen, sondern zielgerichtet genutzt,

* um problematische Entwicklungen einzelner Kinder und Jugendlicher als auch Gewaltschwerpunkte zu erkennen,
* schulisches Handeln Eltern gegenüber transparent zu machen,
* Hilfen für Opfer einzuleiten,
* Tätern Grenzen als auch Perspektiven aufzuzeigen.

Das Verfahren stärkt einerseits die Schulen, Gewaltvorfälle eigenverantwortlich aufzuarbeiten, sichert ihnen aber auch Hilfe und Unterstützung zu, wenn die innerschulischen Ressourcen nicht ausreichen.die Kernaussagen aus den Gewaltmeldungen stimmen im Wesentlichen mit den Untersuchungen zur Kinder- und Jugendgewalt überein (Zahlen aus dem Schuljahresbericht 2008/09[6]) und haben sich über die Jahre nur unwesentlich verändert:

* In 88 % der gemeldeten Fälle waren die Täter und in 54% die Opfer männlich.
* Der Anteil der Tatbeteiligten mit Migrationshintergrund im Verhältnis zur Schülerzahl ist überproportional hoch.
* Die meisten Gewaltmeldungen pro Schule im Verhältnis zur Anzahl der Schulen kommen aus den Sonderschulen sowie den Haupt- und Gesamtschulen.

---

[6] im Internet unter http://www.berlin.de/sen/bildung/hilfe_und_praevention/gewaltpraevention/ verfügbar

- Körperliche Gewalt mit 65 % ist häufigster Meldegrund, gefolgt von Bedrohung mit 19%.

- Psychische Gewalt, Mobbing ist mit 1,2 % unterrepräsentiert. Es lässt sich mit dem Meldeverfahren kaum abbilden.

- Schulpersonal wurde in ca. jedem dritten Fall als Opfer genannt.

- Schulpersonal als Täter kommt in den Meldungen praktisch nicht vor.

Der letzte Punkt wurde auch im Gutachten des diesjährigen Präventionstages als ein wenig beleuchteter Aspekt schulischer Gewalt thematisiert. Im Berliner Meldeverfahren ist explizit auch die Meldung von Schulpersonal als Täter vorgesehen. Davon wurde bisher jedoch kaum Gebrauch gemacht, da traditionellerweise die Gewalt von Schülern, hier allerdings auch *gegen* Schulpersonal, im Fokus der Aufmerksamkeit steht. Hier muss weiter aufgeklärt und diskutiert werden. Im Rahmen der Missbrauchsdebatte ist dieses Thema aus aktuellem Anlass aufgegriffen worden (siehe 5.2)

5. Sekundärprävention – Lernen aus Krisen

5.1 Maßnahmen zur Amokprävention in Berlin

Wie im Abschnitt 4.3 beschrieben, hat die Amoktat von Winnenden auch an Berliner Schulen zu einem Krisenerleben geführt. Daraufhin überprüfte die Senatsbildungsverwaltung gemeinsam mit den Bezirken und der Berliner Polizei die bisher gültigen Präventionsmaßnahmen an Berliner Schulen. In der Folge wurden Maßnahmen auf unterschiedlichen Ebenen eingeleitet:

- Die Baustandards für eine Nachrüstung der Schulen mit Lautsprecheranlagen wurden geändert,

- ein einheitliches Signal bei Amokgefahr eingerichtet,

- Checklisten und Lagepläne aller Schulen für die Polizei bereitgestellt,

- die Notfallpläne „Amokdrohung" und „Amoktat" überarbeitet,

- *alle* Schulleiter/innen in Kooperation mit der Polizei geschult,

- die Bildung von Krisenteams an Schulen unterstützt,

- das Schulpersonal in Fortbildungen mit einbezogen,

- eine Broschüre zu schwerer zielgerichteter Gewalt an Schulen gemeinsam mit der Unfallkasse Berlin herausgegeben.

Berliner Schulen beteiligen sich am Projekt „NETWASS" der FU Berlin, das in Kooperation mit der Senatsbildungsverwaltung und der Schulpsychologie vorbereitet und durchgeführt wird. Der Schwerpunkt liegt auf der Prävention schwerer Schulgewalt. Die Einrichtung von Krisenteams an Schulen wird begleitet und das Kollegium geschult. Professor Scheithauer stellte das Projekt auf dem Präventionstag vor.

5.2 Sexueller Missbrauch in Bildungseinrichtungen

Als die langjährig verdeckten sexuellen Übergriffe von Schulpersonal an (kirchlichen) Bildungseinrichtungen in früheren Jahren offengelegt wurden, löste dies eine Welle der Verunsicherung an Berliner Schulen aus. Gerade das Thema des Missbrauchs Schutzbefohlener in öffentlichen Einrichtungen verstörte erheblich. Die Berliner Bildungsverwaltung nahm dies zum Anlass, Erkenntnisse zum aktuellen Stand an Berliner Schulen zusammenzutragen und vorhandene Präventionsmaßnahmen zu überprüfen. Es zeigte sich, dass seit 2000 gegen 14 Lehrkräfte wegen des Verdachts des sexuellen Missbrauchs disziplinarrechtlich ermittelt wurde. In sieben Fällen stellte sich der Verdacht als begründet heraus. Im Schuljahr 2008/09 wurden 43 Fälle sexueller Übergriffe durch Schüler untereinander oder durch Schulfremde gemeldet und aufgearbeitet. In allen Berliner Bezirken wurde das Thema verbindlich in Schulleitersitzungen behandelt. Schulen, an denen Missbrauchsfälle aktuell oder aus vergangenen Jahrzehnten öffentlich wurden, stellten sich einer intensiven Debatte der Aufarbeitung und Prävention.

Bei dieser Thematik zeigte sich beispielhaft, dass eine Vielzahl von Hilfen, Aufklärungsmaterialien und Netzwerken existiert, die in eine kontinuierliche Präventionsarbeit eingebunden und immer wieder aufgefrischt werden müssen. Der laute Ruf nach neuen Regelungen und Gesetzen in einer Krisensituation ist zwar verständlich, dient aber vielmehr der Regulierung von Ängsten und Ohnmachtsgefühlen als einer Bewältigung mit Augenmaß.

6. Fazit

Schulen bleiben von Gewalt und Krisen nicht verschont. Auch wenn Sie diese nicht selbst verursacht haben, muss Schule sich damit auseinandersetzen und reagieren. Krisen sind auch Lernfelder und haben Chancen. Je besser Lehrkräfte und Schulleitungen im Krisenmanagement geschult sind und zusammenarbeiten, umso besser lassen sich gefährliche Entwicklungen erkennen und bewältigen. Eine gute Krisenkompetenz mindert die Folgen von Gewalt- und Notfallsituationen für die Betroffenen als auch für die Institution Schule. Der Vortrag stellt beispielhaft die Berliner Erfahrungen dar. In Berlin sind Schulen verpflichtet, Gewalt- und Notfallsituationen zu melden und aufzuarbeiten. Sie werden dabei nicht allein gelassen und können professionelle Netzwerke, Unterstützungs- und Fortbildungsangebote nutzen. Krisenprävention ist immer auch ein Teil von Gewaltprävention. Es gibt keine nachhaltige Gewaltprävention ohne Schulentwicklung. Auch wenn einzelne Präventionsmaßnahmen umschriebene Probleme kurzfristig lösen können, bedarf es umfassender Konzepte, die Soziales Lernen, Lehrerqualifizierung, Kooperation und Vernetzung vereinen. Ziel ist ein gutes Schulklima für alle, die dort täglich lernen und arbeiten.

Die Berliner Schulstrukturreform wird Rahmenbedingungen für mehr Bildungsgerechtigkeit und Chancengleichheit für alle Jugendlichen schaffen und somit die strukturellen Grundlagen für eine nachhaltige Gewaltprävention legen. Es ist abzusehen, dass dies nicht ohne Widerstände und krisenhafte Phasen ablaufen wird. Es bleibt den Verantwortlichen und allen Beteiligten zu wünschen, dass sie dies mit Augenmaß und Fehlerfreundlichkeit bewältigen, um eine sozial gerechtere Schulstruktur Wirklichkeit werden zu lassen.

Haci-Halil Uslucan

Verkannte Potenziale: Bildungsbeteiligung und Bildungsförderung von Jugendlichen mit Zuwanderungsgeschichte

Einführung

In dem folgenden Beitrag werden zunächst einige empirische Daten und Forschungen in Deutschland zu Bildungsbeteiligung und Bildungserfolg von Kindern und Jugendlichen mit Zuwanderungsgeschichte vorgestellt und kritisch diskutiert. Daran anschließend wird skizziert, worin im internationalen Vergleich die weitestgehend ungünstigeren Entwicklungsbedingungen (in der Familie, in der Struktur der Bildungseinrichtungen, im sozioökonomischem Kontext) dieser Schüler liegen, die sehr früh schon zu einer Öffnung der Schere zwischen Kindern mit und ohne Migrationshintergrund führen. Danach fokussiert der Autor auf einige ausgewählte systematisch wirkende Mechanismen im pädagogischen Alltag, die vorhandene Begabungen und Potenziale von Kindern und Jugendlichen mit Zuwanderungsgeschichte nicht oder nur unzureichend erkennen. Abschließend werden dann einige Vorschläge gemacht, welche Änderungen/Verbesserungen im Kontext von Kita, Schule und Familie entwickelt und ausgebaut werden können.

1. Bildung und Migration

Warum ist dieses Thema sowohl für Präventionsfragen als auch für die Bildungsdiskussion relevant? Hier geben insbesondere demographische Entwicklungen eine unmissverständliche Antwort für die Dringlichkeit dieser Engführung: So hatten bspw. im Jahre 2006 bei Kindern unter 15 Jahren jedes fünfte, bei Kindern unter 10 Jahren jedes vierte, und bei Kindern unter 5 Jahren jedes dritte Kind einen Migrationshintergrund (Geissler & Weber-Menges, 2008). Insofern ist der unterschiedliche kulturelle Hintergrund - unabhängig davon, wie man sonst zu Fragen von Migration und Integration steht- für pädagogische Kontexte und Institutionen ein wesentlicher Aspekt, der nicht ignoriert werden kann; und auch gleiche Bildungschancen sind keine marginale, sondern eine der zentralen gesellschaftlichen Aufgaben.

Empirisch ist jedoch die Evidenz erdrückend, dass junge Menschen mit Migrationshintergrund deutlich ungünstigeren Entwicklungsbedingungen im familialen Umfeld ausgesetzt sind, die ihre Gründe sowohl im sozioökonomischen Status als auch in ihrer ethnischen Herkunft haben. Sie weisen schlechtere Werte in der Bildungsbeteiligung auf, die aber nicht zu vollen Anteilen auf ihre geringeren Kompetenzen zurückgehen. Diese beginnen teilweise recht früh und verfestigen sich schon in der Schuleingangsphase.

So gibt es Belege dafür, dass insbesondere in den unteren Klassen Migrantenkinder häufiger die Klasse als Einheimische wiederholen: In den Klassenstufen 1-3 ist die Rate etwa viermal so häufig. Sowohl das Risiko, in eine Sonderschule verwiesen zu

werden, als auch das Risiko, von einem anderen Schultyp auf eine Hauptschule herun-
tergestuft zu werden, ist bei ihnen doppelt so hoch (Geissler & Weber-Menges, 2008).

Werden jedoch die Bildungserfolge differenziert nach Herkunftsländern betrachtet, so
zeigen sich deutliche herkunftsspezifische Differenzen: Während Schüler mit kroati-
schem, spanischem und slowenischem Hintergrund eher im oberen Drittel rangieren,
belegen Schüler mit italienischen, mazedonischen, türkischen, serbischen und marok-
kanischen Wurzeln eher Plätze im unteren Drittel. Für die Erklärung dieser auffälligen
Diskrepanzen zwischen verschiedenen Einwanderergruppen reichen jedoch Ansätze,
die auf die mitgebrachte Humankapitalausstattung der Eltern rekurrieren, nicht ganz
aus. So sind bspw., wie Thränhardt (2005) feststellte, spanischstämmige Migranten
aus eher armen und „bildungsfernen" Gebieten nach Deutschland gekommen, haben
aber seit den siebziger Jahren mittels gut organisierter Elternvereine in Deutschland
eine Bildungsoffensive gestartet, haben ihre Interessen gut durchgesetzt und zu einem
Bildungsaufstieg ihrer Kinder beigetragen.

Darüber hinaus wird für die Erklärung der auffälligen Differenzen zwischen deutschen und Schülern mit Migrationshintergrund im internationalen Vergleich der Befund herangezogen, dass Deutschland durch Migration eine stärkere Unterschichtung
erfahren hat bzw. erfährt als andere Teilnahmeländer. Das heißt, dass der sozioöko-
nomische Status zugewanderter Familien im Durchschnitt deutlich geringer ist als
der der Einheimischen und insofern Migrantenfamilien über geringere materielle wie
symbolische Ressourcen verfügen.

Andererseits ist aber auch festzuhalten: Im internationalen Vergleich ist auch die „Kultur des Förderns", wie es Geissler & Weber-Menges (2008) bezeichnen, in Deutschland
deutlich schwächer entwickelt als in anderen Ländern: Statt alle Kinder zu befähigen,
existieren wirkungsvolle „institutionalisierte Abschiebemechanismen" für leistungs-
schwächere Schüler. Deutschland liegt hier auf Rang 26 von 29 teilnehmenden OECD-
Ländern. Klassenwiederholungen, Abstiege in einen niedrigeren Schultyp sind Teil des
deutschen Schulalltags, womit die „Problemfälle" entledigt werden.

Darüber hinaus scheinen jedoch auch leistungsunabhängige soziale Filter wirksam zu
werden; so zeigen einige empirische Befunde, dass unabhängig vom Migrationshintergrund, bei gleichen Fähigkeiten und Leistungen, Jugendliche aus Elternhäusern mit
prestigereicheren Berufen, „höheren Dienstklassen", drei Mal häufiger ein Gymnasium besuchen als Facharbeiterkinder. Auch bei der Notengebung und Empfehlungen
zu weiterführenden Schulen in der Grundschule werden leistungsunabhängige soziale
Filter wirksam: Kinder der unteren Schichten werden etwas schlechter, Kinder oberer
Schichten etwas besser beurteilt bzw. benotet als ihre tatsächlichen Leistungen (Geissler
& Weber-Menges, 2008).

Des Weiteren sind auch unterschiedliche Bildungspolitiken in den verschiedenen Bundesländern mit divergierenden Schulerfolgen assoziiert: So ist die Chance auf eine weiterführende Schule nach der zehnten Klasse in NRW höher als in Bayern (Hunger & Thränhardt, 2004). Ferner haben Bundesländer mit einem integrativem Schulsystem (Schleswig-Holstein, NRW) geringere Anteile ausländischer Schüler an Hauptschulen, was zu einem anderen Bild in den Bildungsstatistiken führt.

Auch bildungspolitische Optionen, wie etwa freie Elternwahl der Schule, können zu segregativen Effekten führen, da in der Regel bildungsmäßig und ökonomisch besser gestellte Eltern eher in der Lage sind, ihre Kinder in sog. „besseren Schulen" anzumelden. Bei einer Aufhebung der Schulbezirksgrenzen kann es also zu starken Entmischungen und zu einer ethnischen und sozialen Homogenisierung kommen. Ähnlich potenziell segregative Effekte können durch eine stärkere Schulautonomie erzeugt werden: Schulen, die durch ein besonderes Profil (Musik, Philologien etc.) ihre Schüler auswählen können, haben dadurch Möglichkeiten zu einer weiteren institutionellen Diskriminierung (Vgl. Radtke, 2004).

Betrachtet man auf der anderen Seite die migrationsspezifischen Ursachen der geringen Bildungserfolge, so scheinen vorhandene bzw. fehlende Deutschkenntnisse eine zentrale Rolle zu spielen: Sie klären rund 40 % der Kompetenzunterschiede zwischen einheimischen Jugendlichen und hier geborenen Jugendlichen mit Migrationshintergrund in den Fächern Mathematik, Naturwissenschaften und Lesen auf.

Generell lassen sich als Bedingungen des schulischen Erfolges folgende zentrale Aspekte identifizieren:

1. Vorschulische Bildung der Kinder,

2. Sozioökonomischer Status der Eltern,

3. Kulturelles Vermögen der Eltern, die Kinder unterstützen zu können.

Darüber hinaus hat sich aber gezeigt, dass auch die Haushaltsgröße ein wichtiges Merkmal sein kann; so war bei größeren Familien bzw. mehr Kindern in der Familie die Gelegenheit, einen höherwertigen Schulabschluss zu erlangen, geringer (Hunger & Thränhardt, 2004).

Ebenso sind gute Deutschkenntnisse in der Familie sowie eine Vertrautheit der Eltern mit dem Bildungssystem Schlüsselressourcen für eine erfolgreiche Bildungslaufbahn, aber auch entwicklungspsychologisch relevante Aspekte wie etwa das Einreisealter: Ist das Kind im Alter von bspw. 3 Jahren oder mit 13 Jahren nach Deutschland gekommen? Denn die menschliche Natur ist nicht zu allen Phasen gleichermaßen plastisch und sensitiv für Entwicklungsstimuli; frühere Einreise geht in der Regel mit besseren sprachlichen Kompetenzen einher. Ferner können auch Rückkehrabsichten der Eltern - weil möglicherweise ihr Aufenthalt unsicherer ist – die Bildungsmotivation des Kindes beeinflussen.

Zu unterstreichen ist aber, dass kulturelle Erklärungsmodelle (unterschiedlicher religiöser Hintergrund, unterschiedliche Werteorientierungen etc.) die Bildungsungleichheiten nicht ganz erklären können: denn die Annahme, Wertedivergenzen müssten zu einer Disparität führen, könnte sich prima facie nur auf türkische Schüler bzw. Schüler mit türkischem kulturellem Hintergrund beziehen; faktisch ist aber, dass italienische Schüler bzw. Schüler mit italienischen Wurzeln ebenso in den Bildungserfolgsstatistiken untere Rangplätze belegen, diese aber den gleichen religiösen Hintergrund wie Einheimische teilen.

2. Zuwanderung als Chance und ihre Verkennung

Dass Migration bzw. Zuwanderungsgeschichte auch eine Chance sein kann, wird viel zu wenig thematisiert. Eine große Ausnahme stellt hier das jüngste Buch des Nordrhein-Westfälischen Integrationsministers Armin Laschet (2009) dar, das den bezeichnenden Titel trägt „Die Aufsteigerrepublik. Zuwanderung als Chance". Auf psychologische Voraussetzungen und Folgen gelingender Integrationsverläufe ist bereits Uslucan (2005) eingegangen. Dabei liegt doch eigentlich der Blick auf Ressourcen und Resilienzfaktoren bei Migranten recht nahe: Denn gerade wenn Migranten unter intensiveren Risiken und höheren Stressbelastungen leiden, dann muss man sich fragen, auf welche Weise viele von ihnen es dennoch schaffen, eine ganz „normale", unauffällige Lebensführung zu erreichen, d. h. im Wissenschaftsjargon, welche Resilienzfaktoren dafür verantwortlich sind, die sie vor bzw. in belasteten Lebenskontexten tatsächlich schützen bzw. zukünftig schützen könnten. Denn generell sind Entwicklungsauffälligkeiten und Pathologien als ein dynamisches Zusammenspiel von Risiken und ihnen entgegenstehenden Ressourcen zu verstehen (Petermann, Scheithauer & Niebank, 2004).

Festzuhalten bleibt aber, dass Forschungen zu Ressourcen von Migranten ein Desiderat bilden, wie es zum Beispiel am Fehlen von Studien zu überdurchschnittlich begabten Migranten deutlich wird - ein Manko, das nicht nur für die Forschung, sondern auch für die Praxis zu verzeichnen ist. So liegt etwa der Anteil von Migrantenkindern in Hochbegabtenförderprogrammen sowohl in angelsächsischen Ländern als auch in Deutschland zwischen 4 bis 9 Prozent, obwohl es Konsens ist, dass Hochbegabung in allen Kulturen und Kontexten vorkommt (Stamm, 2007), und der Anteil von Kindern mit Migrationshintergrund an der Gesamtbevölkerung deutlich höher ist. Denkbar ist hier, dass gegenwärtig ungleiche Konzepte zum Umgang mit Hochbegabung folgerichtig zu einer ungleichen Selektion und dadurch zu einer Unterrepräsentation von Migranten führen, da kulturspezifische Begabungen zu wenig berücksichtigt werden. Die Vorstellung, was als besonders gut und wer als begabt gilt, gehorcht spezifischen gesellschaftlichen Vorstellungen; insbesondere spiegeln sich darin die Ideale der herrschenden (Mittel- und Oberschicht) Gruppen wider. Migranten in Deutschland rekrutieren sich jedoch weitestgehend aus unteren Schichten bzw. anderen Milieus.

Deshalb müssten beispielsweise Identifikationsprozeduren breiter angelegt werden, damit auch andere kulturelle Stärken in der pädagogischen Praxis durch eine geschärfte Wahrnehmung eine Relevanz bekommen und eine Chance haben, entdeckt zu werden; die Kompetenzen und Potenziale junger Migranten sollten wahrgenommen, herausgestellt und gefördert werden (so etwa keine Abwertung der Muttersprache).

So sind immer wieder Probleme bei der Diagnostik der Begabungen von Migranten festzustellen, die zum einen darauf beruhen, dass sprachgebundene Wissenstests oft die Ergebnisse verzerren, wenn die Person bzw. der Schüler nur geringe Deutschkenntnisse hat und u.a. die Instruktion nicht ganz versteht. Zu bedenken ist auch, dass abgefragte Wissensinhalte in Intelligenz-Tests für Migranten nicht dieselbe Alltagsrelevanz haben wie für Einheimische bzw. kulturell nicht immer angemessen sind.

Vorhandene Begabungen werden manchmal auch deshalb nicht erkannt bzw. gesehen, wenn sie in dem hiesigen Kontext keine kulturelle Wertschätzung erfahren (z.B. bestimmte Formen der Musikalität und Umgang mit hier wenig verbreiteten Musikinstrumenten, bestimmte manuelle Fähigkeiten, die in hochtechnisierten Kontexten als irrelevant eingeschätzt werden etc.).

Auf der anderen Seite ist auch daran zu denken, dass Migranten den gesellschaftlichen Blick auf sie und ihre soziale Einschätzung so sehr verinnerlicht haben, es zu einem Bestandteil des Selbstbildes geworden ist, dass sie ihrerseits kaum an eigene besondere Begabungen und Talente glauben. Nicht zuletzt verengen in einigen Fällen Migrantenkinder bzw. ihre Eltern die intellektuellen Potenziale auf gesellschaftlich akzeptierte und unmittelbar konvertierbare Formen symbolischen Kapitals: d.h. sind nicht bereit, ästhetische, expressive, poetische Talente zu erkennen bzw. diese zu fördern und auszubauen, weil diese mit einem geringeren Prestige in den Herkunftsländern verbunden sind.

3. Veränderungen - Verbesserungen

Generell gilt in der entwicklungs- und jugendpsychologischen Forschung, sich für eine positive Jugendentwicklung an den „five Cs: competence, confidence, connection, character and caring" zu orientieren (Lerner u. a., 2005).

1. Damit Schüler mit Zuwanderungsgeschichte nicht schon mit Schuleintritt Versagenserfahrungen machen, gilt es, schon für eine qualitativ bessere Bildung im vorschulischen Bereich zu sorgen (bessere sprachliche Förderung).

2. Das Schulsystem ist bemüht, sehr früh schon leistungshomogene Gruppen zu bilden; dadurch entstehen frühe Aussonderung und frühe Schereneffekte, von denen bestimmte Gruppen (Kinder mit Zuwanderungsgeschichte, aber auch deutsche Schüler aus der Unterschicht stärker negativ betroffen sind). Deshalb sollte die frühe Selektion aufgegeben werden.

3. Eine weitere Verbesserung könnte durch die Errichtung von Ganztagsschulen erreicht werden, um die Hausaufgabenbetreuung nicht von den Eltern abhängig zu machen; davon würden auch andere, sogenannte „bildungsferne" Schichten profitieren.

4. Eine Reihe von Studien zeigt, dass ein positives Schulklima eine fördernde und schützende Wirkung hat, insbesondere wenn eine gute Beziehung zu den Lehrern vorhanden ist, die die Schüler als an ihnen interessiert und sie herausfordernd wahrnehmen. An diesen Befund anknüpfend, lässt sich folgern, dass eine Verbesserung des Schulklimas und mehr persönliches Engagement der Lehrkräfte bei Migrantenkindern resilienzfördernd wirken. Vor allem kann ein Schulklima, das die kulturelle Vielfalt der Schüler als Reichtum und nicht als Hemmnis betrachtet, einen Beitrag zur Resilienz leisten, weil es so dem Einzelnen das Gefühl von Wichtigkeit, Bedeutung und Anerkennung verleiht (Speck-Hamdan, 1999).

5. Als weitere Fördermöglichkeit ist im Schulkontext zu erwähnen, Migrantenjugendliche - ungeachtet ihrer möglicherweise geringeren sprachlichen Kompetenzen - noch stärker in verantwortungsvolle Positionen einzubinden. Sie werden sich dann erfahrungsgemäß stärker mit der Aufgabe identifizieren: Ihre inneren Bindungen zur Schule werden gestärkt, während sie auf diese Weise Erfahrungen der Nützlichkeit und der Selbstwirksamkeit machen.

6. Auch ist zu bedenken, dass im Übergang von Schule in Berufsausbildung bzw. von der Berufsausbildung in den Arbeitsmarkt insbesondere für muslimische Schüler/ Heranwachsende eine weitere Barriere hinzukommt: Ihnen stehen Arbeitsmöglichkeiten bei kirchlichen Trägern kaum zu. Auch eine Öffnung in dieser Richtung könnte ein Teil der ungleichen Bildungs- und Erwerbschancen mindern.

7. Zuletzt gilt es, ethnische Diskriminierung als ein Thema stärker ins öffentliche Bewusstsein zu bringen, und auf eine Änderung/Verbesserung des gesellschaftlichen Klimas, der medialen Berichterstattung über Zuwanderung und ihre Folgen hinzuwirken.

Literatur

Geissler, R. & Weber-Menges, S. (2008). Migrantenkinder im Bildungssystem: doppelt benachteiligt. Aus Politik und Zeitgeschichte, 49, 14-22.

Hunger, U. & Thränhardt, D. (2004). Migration und Bildungserfolg: wo stehen wir? IMIS Beiträge 23, 179-198.

Laschet, A. (2009). Die Aufsteigerrepublik. Zuwanderung als Chance. Köln.

Lerner, R. M./Almerigi, J. B./Theokas, C. & Lerner, J. (2005). Positive Youth Development. A View of the Issues. Journal of Early Adolescence, Vol. 25, 10-16.

Petermann, F./Scheithauer, H. & Niebank, K. (2004). Entwicklungswissenschaft. Berlin/Heidelberg.

Radtke, F.-O. (2004). Die Illusion der meritokratischen Schule. Lokale Konstellationen der Produktion von Ungleichheit im Erziehungssystem. IMIS Beiträge 23, 143-178.

Speck-Hamdan, A. (1999). Risiko und Resilienz im Leben von Kindern aus ausländischen Familien. In G. Opp, M.Fingerle & A. Freytag (Hrsg.), Was Kinder stärkt - Erziehung zwischen Risiko und Resilienz (S. 221-228). München.

Stamm, M. (2007). Begabtenförderung und soziale Herkunft. Zeitschrift für Soziologie der Erziehung und Sozialisation, 27, 227—242.

Thränhardt, D. (2005). Spanische Einwanderer schaffen Bildungskapital: Selbsthilfe-Netzwerke und Integrationserfolg in Europa. In K. Weiss & D. Thränhardt, (Hrsg.), SelbstHilfe. Wie Migranten Netzwerke knüpfen und soziales Kapital schaffen (S. 93-111). Freiburg.

Uslucan, H.-H. (2005). Chancen von Migration und Akkulturation. In U. Fuhrer & H. H. Uslucan (Hrsg.), Familie, Akkulturation & Erziehung (S. 226-242). Stuttgart.

Autoren

Prof. Dr. Meinrad Armbruster
Hochschule Magdeburg-Stendal (FH) , Magdeburg

Silke Baer
Cultures Interactive e.V., Berlin

Dr. Jörg Dittmann
ISS - Institut für Sozialarbeit und Sozialpädagogik e. V., Frankfurt

Prof. Dr. Dieter Dölling
Institut für Kriminologie der Universität Heidelberg; Fachbeirat Vorbeugung und
Fachbeirat Strafrecht des Weissen Rings, Heidelberg

Dr. Stefan Fischer
Klinik für Kinder- und Jugendpsychiatrie, Psychosoziales Zentrum des
Universitätsklinikums Heidelberg

Dr. Jan Goebel
Deutsches Institut für Wirtschaftsforschung - Abteilung SOEP, Berlin

Dr. Johann Haffner
Klinik für Kinder- und Jugendpsychiatrie, Psychosoziales Zentrum des
Universitätsklinikums Heidelberg

Cordula Heckmann
Gemeinschaftsschule Campus Rütli, Berlin, Bezirk Neukölln

Dr. Sandra Heisig
ISS - Institut für Sozialarbeit und Sozialpädagogik e. V., Frankfurt

Prof. Dr. Dieter Hermann
Institut für Kriminologie der Universität Heidelberg; Fachbeirat Vorbeugung und
Fachbeirat Strafrecht des Weissen Rings, Heidelberg

Prof. Dr. Klaus Hurrelmann
Hertie School of Governance, Berlin

Vanessa Jantzer
Klinik für Kinder- und Jugendpsychiatrie, Psychosoziales Zentrum des
Universitätsklinikums Heidelberg

Liv-Berit Koch
Camino gGmbH, Berlin

Dr. Hans Rudolf Leu
Deutsches Jugendinstitut, München

Dr. Olaf Lobermeier
proVal - Gesellschaft für sozialwissenschaftliche Analyse, Beratung und Evaluation, Hannover

Erich Marks
Deutscher Präventionstag, Hannover

Ulrike Meyer-Timpe
Die Zeit, Hamburg

Prof. Dr. Nils Neuber
Westfälische Wilhelms-Universität, Münster

Peter Parzer
Klinik für Kinder- und Jugendpsychiatrie, Psychosoziales Zentrum des Universitätsklinikums Heidelberg

Prof. Dr. Franz Resch
Klinik für Kinder- und Jugendpsychiatrie, Psychosoziales Zentrum des Universitätsklinikums Heidelberg

Karla Schmitz
Deutscher Präventionstag, Hannover

Carlo Schulz
Koordinierungsstelle Gewaltprävention, Weilburg

Dr. Wiebke Steffen
Deutscher Präventionstag, Heiligenberg (Baden) / München

Dr. Rainer Strobl
proVal - Gesellschaft für sozialwissenschaftliche Analyse, Beratung und Evaluation, Hannover

Ria Uhle
Senatsverwaltung für Bildung, Wissenschaft und Forschung, Berlin

Prof. Dr. Haci-Halil Uslucan
Helmut-Schmidt-Universität Hamburg

Dr. Harald Weinböck
Violence Prevention Network e. V., Berlin